Dong Hyun Bak

Klagender Gott — klagende Menschen

# Beihefte zur Zeitschrift für die alttestamentliche Wissenschaft

Herausgegeben von
Otto Kaiser

Band 193

Walter de Gruyter · Berlin · New York
1990

Dong Hyun Bak

# Klagender Gott — klagende Menschen

## Studien zur Klage im Jeremiabuch

Walter de Gruyter · Berlin · New York
1990

♾ Gedruckt auf säurefreiem Papier,
das die US-ANSI-Norm über Haltbarkeit erfüllt.


*CIP-Titelaufnahme der Deutschen Bibliothek*

**Bak, Dong Hyun:**
Klagender Gott — klagende Menschen : Studien zur Klage im
Jeremiabuch / Dong Hyun Bak. — Berlin ; New York : de Gruyter,
1990
    (Beiheft zur Zeitschrift für die alttestamentliche Wissenschaft ;
Bd. 193)
    Zugl. Kurzfassung von: Berlin, Kirchliche Hochsch., Diss.,
1988/89
    ISBN 3-11-012341-X
NE.: Zeitschrift für die alttestamentliche Wissenschaft / Beiheft


ISSN 0934-2575

Printed in Germany
Druck: Werner Hildebrand, Berlin 65
Buchbinderische Verarbeitung: Lüderitz & Bauer, Berlin 61

SUHN HOA, EUN SONG und MYUNG SOOK,
die
in die Leidensgemeinschaft mit den Klagenden
hineingenommen worden sind und werden

# Vorwort

Die vorliegende Arbeit ist eine auszugsweise und entsprechend leicht überarbeitete Veröffentlichung meiner Dissertation, die im Wintersemester 1988/89 an der Kirchlichen Hochschule Berlin angenommen wurde ("Klagender Gott - klagende Menschen. Das Klage-Phänomen im Jeremiabuch").

Wenn ich kurz vor meiner Heimkehr auf meine langjährige Fortbildung in Deutschland zurückblicke, habe ich vielen zu danken. So sei mir ein außerordentlich umständliches Vorwort erlaubt.

An erster Stelle genannt seien Prof.Dr. Peter Welten, der mich auf dem mühsamen Weg zur Promotion wissenschaftlich und menschlich begleitet hat, und seine Frau, Rosmarie Welten. Von beiden habe ich das volle Verständnis für die Andersartigkeit der Fremden, ständige Ermutigung im uneingeschränkten Vertrauen zu den Lernenden, die unermüdliche Aufmerksamkeit für meine Familie und schließlich vielfältige praktische Hilfe erfahren. Um ihnen dafür gebührend zu danken, finde ich noch kein angemessenes Wort.

An Prof.Dr. Richard Hentschke, bei dem ich seit Jahren Assistent bin, richtet sich mein aufrichtiger Dank für seine Übernahme des Koreferates. Prof.Dr. Otto Kaiser bin ich für die Aufnahme meiner Arbeit in die BZAW-Serie zu herzlichem Dank verpflichtet.

Finanziell ermöglicht wurde der Auslandsaufenthalt von mir und meiner Familie in den ersten Jahren durch das Stipendium des Deutschen Akademischen Austauschdienstes und der Berliner Landeskirche. In diesem Zusammenhang möchte ich Herrn Oberkonsistorialrat Dr. K.-H.Lütcke meinen Dank aussprechen.

Vielseitig unterstützt haben mich noch mein Bruder, Prof.Dr.Park (=Bak), Woo Hyun (z.Zt. Australien) und mein früherer praktisch-theologischer Lehrer, Prof.Dr. Suh, Jung Woon (Korea).

Kräftig geholfen haben mir bei der Suche nach der Literatur, die in Berlin nicht erhältlich war, Pfr.Dr.Park, Heon Wook (Tokyo), Pfr.Moon, Sung Mo (Münster), Pfr.Hah, Eun Gyu (Edinburgh), Herr Yoo, Sang Hyun (Strasbourg), Pfr.Son, Young Hoon (USA), Pfr. Sohn, Sang Ung Damien (USA), Pfr.Roh, Jin Goul (USA), Pfr.Jung,

Woo (mein Schwager, Korea), die Bibliothek des Presbyterianischen Theologischen Seminars (Seoul/Korea) und Prof.Dr.Min, Young Jin (Seoul), der mich vor 11 Jahren in die hebräische Lektüre einführte und mir neuerdings freundlicherweise ein Exemplar seiner textkritischen Jerusalemer Jeremia-Dissertation zur Verfügung stellte.

Die Lust zur exegetischen Arbeit v.a. am Alten Testament wurde zunächst in der vorkritischen Phase durch meinen Vater und seinen Lehrer, Pfr.Choi, Jung Won (Korea) vermittelt. Beide sind zwar wie die meisten ihrer Altersgenossen in Korea fundamentalistische Theologen, haben mich aber seit meiner Kindheit durch ihre leidenschaftliche und nüchterne Bibelarbeit sehr beeindruckt, die im altostasiatischen Geist des Studiums der religiösen Schriften geleistet worden ist. Die historisch-kritische Bibelforschung lernte ich erst bei Prof.Dr.Moon, Hee Suk Cyrus (z.Zt. USA) am oben erwähnten Seouler Seminar kennen. Für einen Gewinn halte ich außerdem die ernsthafte, noch heute anhaltende Auseinandersetzung seines jüngeren Kollegen, Prof.Dr.Kim, Joong Eun über diese moderne Methode aus dem Westen, die mein Interesse an der Gestaltung einer koreanischen biblischen Theologie verstärkt hat und meine Überlegungen darüber weiterführen wird.

Die deutschsprachliche Korrektur meiner umfangreichen und schwer lesbaren Dissertation übernahmen folgende ehemalige/jetzige Berliner Kolleginnen/Kollegen von mir: Pfr. Gottfried Brezger, Frau Friederike Anz, Herr Andreas Reich und Herr Ernst Michael Dörrfuß. Die Druckvorlage der vorliegenden Publikation hat mein Freund, Herr stud.theol. Titus Reinmuth hergestellt. Die Stellen- und Verfasserregister gehen auch auf ihn zurück.

Nicht zuletzt sind folgende Menschen bzw. Kirchengemeinden zu nennen, die in den vergangenen Jahren mir und meiner Familie verschiedenerweise beigestanden haben: Dr.med.Choi, Chang Suk (mein Schwiegervater, Korea), Frau Ra, Young Mee (meine Cousine, USA), Frau Hyun, Ha Sook (USA) und ihr verstorbener Mann, das Ehepaar Lee, Duck Joong/Jin, Myung Sook (USA), Dr.med.Kim, Bong Oh (USA), Pfr.Park, Hong Suk (Korea), Myung Sung Ev. Kirchengemeinde (Seoul), Shin Chang Ev. Kirchengemeinde (Seoul), Familie Sim, Un Chi Rang (Berlin), Frau Margareth Rothweiler (Schwäbisch Hall), das Ehepaar Martha & Herbert Sigle (Schwäbisch Hall), Frau Lydia Schuh (Schwäbisch Hall) und die Ev. Kirchengemeinde Gropiusstadt Süd (Berlin). Allen Genannten sei aufs Wärmste gedankt!

Berlin-Gropiusstadt, Advent 1989                    Bak, Dong Hyun

# Inhaltsverzeichnis

# Vorbemerkungen

1. Die Schreibweise der biblischen Eigennamen und die Abkürzungen der biblischen Bücher richten sich nach dem "Ökumenischen Verzeichnis der biblischen Eigennamen nach den Loccumer Richtlinien, Stuttgart ²1981 (1971)".

2. Die biblischen Texte werden mit nur wenigen Ausnahmen in eigener Übersetzung zitiert. In den poetischen Texten wird eine Zeile jeweils nach Atnah und Zaqef Qaton in der BHS neu eingesetzt, wobei die Zeile nach Zaqef Qaton (z.B. V.aβ.bβ) der Zeile nach Atnah (d.h. V.bα) etwas nachgerückt wird. Daß manchmal die poetische Gestalt des Textes durch diese mechanische Verteilung nicht korrekt in Erscheinung tritt, wird zugunsten des einfacheren Verweises auf den bestimmten Versteil in der Darstellung in Kauf genommen.

3. In den Anmerkungen wird die Literatur mit dem Verfassernamen, Kurztitel, (u.U. auch Erscheinungsjahr) und mit der Seitenzahl zitiert. Die vollständigen bibliographischen Angaben sind dem Abkürzungs- und Literaturverzeichnis zu entnehmen. Ferner ist folgendes zu beachten:

- Wenn Mißverständnisse ausgeschlossen sind, wird gelegentlich sogar der Kurztitel weggelassen. Das gilt v.a. für die Kommentare zum Jeremiabuch und für die Fälle, wenn ein Verfasser nicht mit mehreren Publikationen vertreten ist.

- Wenn das Zitat auf das ganze Buch oder auf den ganzen Aufsatz hinweist, unterbleibt die Seitenangabe.

- Die Vornamen der Verfasser werden nur dann, wenn mehrere den gleichen Zunamen haben, mit ihren ersten Buchstaben zusätzlich angeführt.

- Da bei dieser Publikation mehr als die Hälfte der eigentlichen Dissertation in ihrer maschinenschriftlichen Gestalt ausgenommen ist, wird sie mit Verfassernamen (Bak) und Seitenzahl zitiert, wenn ein Verweis auf ihren unveröffentlichten Teil nötig ist.

# I. Einleitung

## 1. Fragestellung

Unbestritten ist, daß das Motiv der Klage im Jeremiabuch stärker und mannigfaltiger als in den anderen Prophetenbüchern hervortritt.[1] Als Klagegedichte Jeremias führen die Forscher seit der bahnbrechenden Untersuchung von Baumgartner[2] in erster Linie die sogenannten Konfessionen Jeremias[3] und dann einige weitere Sprüche an, die zur Interpretation der Konfessionen dienen können.[4] Außerdem werden noch etliche jeremianische Sprüche als Klage Gottes herangezogen.[5] In jüngster Zeit ist außerdem darauf auf-

---

1  Dafür spricht bereits das alte Wort "Jeremiade" (Huey, S.7. Vgl. Kent, S.7). Blank (Jer, S.87f.) bezeichnet Jeremia als "master of the dirge".

2  Klagegedichte, 1917.

3  Zum Problem dieser Bezeichnung s. insbesondere Hubmann, Jer 18,18-23, S.271, Anm.2. Zum Näheren s.u. Kap.III.

4  Baumgartner (ebd., S.28-67) nennt zuerst zwei Gruppen der von ihm als jeremianisch angesehenen Gedichte, die den Klagepsalmen entsprechen:
a. Die Klagegedichte Jeremias in der Gattung des individuellen Klageliedes: 11,18-20.21-23; 15,15-21; 17,12-18; 18,18-23; 20,10-13.
b. Die Gedichte, die Klagepsalmen nahestehen: 12,1-6; 15,10-12; 20,7-9.14-18.
Zum Schluß zieht Baumgartner (ebd., S.72-79) noch zwei andere Gruppen der jeremianischen Sprüche heran, die zum Beweis für die Echtheit beider vorhergenannten Gedichte dienen:
a. Die Stücke, in denen man "gewisse Anklänge an den Stil der individuellen Klagelieder" (S.72) findet: 4,19-22; 8,18-23; 10,19-22; 13,17; 14,17f.; 23,9; 45,3.
b. Die Stücke, die mit den öffentlichen Klageliedern zusammenhängen: 14,2-10.19-15,2; 3,21-4,4; 2,27bβ ; 3,4f.; 8,14b.19b.20.

5  Z.B. 2,31f.; 12,7-13; 15,5-9; 18,13-17 (Westermann, Grundformen, S.145f.) Vgl. unten S.11f., 27-38, 80-90.

merksam gemacht worden, daß sich in den Fremdvölkersprüchen
des Jeremiabuches das Motiv der Klage in beträchtlichem Maße
beobachten läßt.[6] Damit ist jedoch das Thema der Klage im Jeremiabuch noch nicht ganz ausgeschöpft. Klageelemente sind noch im
sogenannten Trostbüchlein (Kap.30f.), in den Prosareden und in den
Fremdberichten anzutreffen.[7] Nun stellt sich eine Reihe von Fragen:
Ist eine Fortbildung der Klagetradition im Jeremiabuch anzunehmen
und nachzuzeichnen?[8] Lassen sich auch die Konfessionen, die immerhin als *die* Hauptzeugen für die Klage in diesem Prophetenbuch
gelten, im gesamten Kontext des Buches viel besser verstehen, als
sie die Forscher bisher meistens auf einer recht schmalen Textgrundlage der jeremianischen Sprüche ausgelegt haben?[9] Gibt es im
Buch keine anderen Klagetexte, deren eigenständige Bedeutung im

---

6    Vgl. Kegler, Leid, 1980. Mit den Fremdvölkersprüchen des Jere-
     miabuches sind Kap.46-51 und 25,15-38 gemeint.

7    Damit wird hier auf die gängige Auffassung über die Entste-
     hung des Jeremiabuches zurückgegriffen, als deren Grundlage
     die Untersuchung Mowinckels (Komposition, 1914) vor ihrer
     späteren Modifizierung unter dem traditionsgeschichtlichen Ge-
     sichtspunkt (Tradition, 1946, S.21f., 62-64, 105f., Vgl. Thiel, Jer
     1-25, S.9.16) gilt. Nach der Ausscheidung von Kap.46-52 als ei-
     nem späteren Anhang unterscheidet Mowinckel (Komposition,
     S.14, 17-48) vier Quellen im Jeremiabuch. Seine Quellen A, B, C
     und D entsprechen jeweils ungefähr den als echt-jeremianisch
     angesehenen Sprüchen, den Fremdberichten, den Prosareden und
     den Heilsworten Kap.30f. (vgl. T.H.Robinson, Roll, S.213-221). S.
     noch unten Anm.92 (S.22).

8    Gefehlt hat eine eingehende Untersuchung über das Motiv der
     Klage im *ganzen* Jeremiabuch. Vgl. die Forschungsberichte von
     Carroll (1986, S.38-54), Thiel (1986 und 1985), Ackroyd (1984),
     Crenshaw (1983), Raurell (Jeremias, 1981), Fohrer (Literatur,
     1980, S.109-121), Herrmann (Forschung, 1977). Ferner s. Galeotti,
     1981; Herrmann, 1987 und die nächste Anm.

9    Zu einer kurzen forschungsgeschichtlichen Übersicht über die
     Konfessionen aus jüngster Zeit vgl. Pohlmann, Die Ferne,
     S.3-25; Vermeylen, Confessions, S.240-242; Ittmann, Konfessi-
     onen, S.4-18. Zu der Literatur, die u.a. Hubmann (Jer 18,18-23,
     S.217f., Anm.3) und Vermeylen (Confessions, S.240, Anm.1) an-
     geben, ist noch folgendes zu ergänzen: Pohlmann, Die Ferne,
     1989; Diamond, Confessions, 1987; Hermisson, Konfessionen,
     1987; Sternberger, Confessions, 1986 (nur 12,1-6; 15,10-21 bespro-
     chen); Mottu, Confessions, 1985; O'Connor, Confessions, 1984;
     Hubmann, Stationen, 1984; Polk, Persona, 1984, S.127-162 (nur

Schatten der Konfessionen nicht genug beachtet worden ist? Angesichts solcher Fragestellungen werden in der vorliegenden Arbeit
die sogenannten Konfessionen Jeremias und einige andere Klagetexte des Buches im Rahmen der angenommenen Weiterbildung der
jeremianischen Klagetradition untersucht.[10]

---

17,12-18; 20,7-18 besprochen); Brandscheidt, Gotteszorn, 1983,
S.236-294; Bourguet, Confessions, 1983; Ahuis, Gerichtsprophet,
1982; Donner, Confessions, 1982 (nur 11,18-12,6 besprochen);
Carroll, Chaos, 1981, S.107-135; Eichler, Der klagende Prophet,
1978. Ferner vgl. Kleinknecht, Gerechtfertigte, 1984, S.33-40;
Langdon, 'Ebed Yahweh, 1984, S.174-194.

10  In dieser Hinsicht unterscheidet sich die vorliegende Arbeit von
der Untersuchung Pohlmanns (Die Ferne, 1989), obwohl beide in
der Spätdatierung der Konfessionen miteinander übereinstim-
men. Pohlmanns Forschungsinteresse liegt darin, die Stellen-
werte der in den Konfessionen niedergeschlagenen Frömmigkeit
"in de(m) Gesamthorizont spät- und nachexilischer Eschatolo-
giefrömmigkeit" (S.108) möglichst genau zu bestimmen. Das
führt bei der Durchführung der Untersuchung v.a. dazu, die
sachlichen Bezüge der Konfessionen zu den eschatologischen
Prophetentexten aus späterer Zeit herzustellen und die Verhältnisse zwischen ihnen zu erläutern. Hingegen werden den im
ganzen Jeremiabuch verstreuten zahlreichen Klagematerialien
von Pohlmann wie von anderen Forschern nur teilweise Rech-
nung getragen.

## 2. Von der Klage-Gattung zum Klage-Phänomen: ein methodischer Ansatz

Die Erweiterung des Blickwinkels auf das ganze Jeremiabuch bei der Zielsetzung der Arbeit führt unvermeidlich zu einem erweiterten Verständnis des Begriffs "Klage". In den alttestamentlichen Forschungen wird das deutsche Wort "Klage" in der Regel stillschweigend in einem speziellen Sinne gebraucht: die Klage des *Menschen vor Gott*.[11] So wird "Klage" als ein *Gattungsbegriff* mit dem Klagelied bzw. -psalm gleichgesetzt. Aber "Klage" ist eigentlich ein umfassender Begriff, wie die Definition des Duden'schen Wörterbuches zeigt:[12]

1. (geh.) (mit entsprechenden Gesten verbundene) Worte oder Laute, durch die man Schmerz, Kummer, Trauer zum Ausdruck bringt. 2. Worte od. Äußerungen, durch die man Mißmut, Unmut, Ärger, Beschwerden zum Ausdruck bringt. 3. (Rechtspr.) bei Gericht vorhergebrachte Beschwerde u. das Geltendmachen dieses Anspruches durch ein gerichtliches Verfahren.

Eine ähnliche Auffassung vertritt Hohenstein[13], und zwar über das englische Wort "lament":[14]

...And what is the mood of the lament? Varied and alternating. Doubt, despair, anger, hostility, bitterness, resentment, hopelessness, perplexity, fear and accusation appear side by side with hope, faith, confidence and courage...

---

11  Vgl. z.B. Westermann, Theologie, S.147f.; Gerstenberger, Der klagende Mensch, S.72; Brueggemann, Formfulness, S.269f. Westermann betrachtet Klage in ihrem eigentlichen Sinne als den Appell an Jahwe. Er weiß jedoch auch von der Klage Gottes zu reden (s.o.Anm.5).
12  Duden Universalwörterbuch, 1983, S.689.
13  Rage, S.164.
14  S. gleich die nächste Seite.

Bei "Klage" kann es sich nun um unmittelbare Reaktion auf Leiden, Schmerz, und Trauer handeln sowie um außergerichtliche und gerichtliche Unmutsäußerungen. Anhand des Begriffs "Klage" in einem solchen weiteren und allgemeinen Sinne haben wir einen besseren sachgerechteren Zugang zum Klage-*Phänomen* im Jeremiabuch. Mit dem Ausdruck "Klage-Phänomen" werden in der vorliegenden Arbeit die unterschiedlichen Erscheinungsformen der Klage im erweiterten Sinne bezeichnet.[15] In diesem Verständnis für das Klage-Phänomen haben nicht nur die Unterscheidung zwischen "lament" und "complaint",[16] sondern auch die Abgrenzung zwischen der Klage als einem Schrei aus der Not und dem Einwand als einer überlegten Gegenantwort[17] keine große Bedeutung.[18]

Im folgenden wird mit Hilfe einiger Beispiele konkretisiert, was mit dem Ausdruck "Klage-Phänomen" gemeint wird.[19]

Das Klage-Phänomen im Jeremiabuch läßt sich auf zwei sich einander ergänzenden Ebenen beobachten: 1) durch die Erweiterung des Anwendungsbereiches von Elementen der Klagelieder[20] und 2) an den spezifischen Vorstellungen und der dazu gehörigen Terminologie. Dafür werden zunächst einige Beispiele angeführt:

A. Warum ist mein Schmerz dauernd geworden
   und meine Wunde bösartig,

---

15    Vgl. Duden Universalwörterbuch, S.945 (s.v. "Phänomen"). Ferner s. BAK, S.172f.

16    Gerstenberger, Complaints, S.405, Anm.50. Vgl. Brueggemann, Formfulness, S.266.

17    Eichler, Der klagende Prophet, Sp.919.

18    Noch suggestiv für das Klage-Phänomen im allgemeinen ist der Vergleich von Brueggemann (Formfulness, S.267-275) zwischen den alttestamentlichen Klageliedern und den abgestuften Reaktionen der ungläubig (d.h. an die Existenz eines göttlichen Adressaten der Klage nicht denkend) Sterbenden, die von Kübler-Ross (On Death and Dying, New York 1969) untersucht worden sind.

19    Gegen den Vorwurf, den mir ein kritischer Leser wegen der eventuellen Unschärfe des Begriffs machen kann, möchte ich vorbringen, daß sich die Auswahl des Wortes "Klage-Phänomen" aus meiner sorgfältigen Sichtung der bei der intensiven Lektüre gesammelten Materialien ergeben hat.

20    Vgl. z.B. Westermann, Loben, S.39-59; Baumgartner, Klagegedichte, S.6-27; Gunkel/Begrich, Einleitung, S.117-139, 172-265.

will nicht heilen?
> Wirklich erweist du dich mir ein Trugbach,
> Wasser, die nicht zuverlässig sind.[21]                    (15,18)

B. ...: "Ich habe mich nicht besudelt, bin den Baalen nicht nachge-
laufen".[22]                                             (2,23aα)

C. Darum gib ihre Kinder dem Hunger preis und liefere sie in die
Gewalt des Schwertes! ...
> ihre Männer sollen von Pest erwürgt werden,
> ihre Jünglinge
> vom Schwert erschlagen im Kampf!
> Geschrei erschalle aus ihren Häusern,
> wenn du jählings die Horden über sie bringst!
> Denn sie haben eine Grube gegraben, um mich zu fangen,
> und Schlingen gelegt für meine Füße.[21]              (18,21f.)

D. Ja, so spricht Jahwe: Unheilbar ist dein Bruch,
> bösartig dein Schlag.                                  (30,12)

E. ...: Du lügst! Ich laufe nicht zu den Chaldäern über.[22]   (37,14a)

F. ...: Dieser Mann muß getötet werden! Denn er macht die Hände
der Kriegsleute ... die Hände des ganzen Volkes schlaff, indem
er zu ihnen solche Worte redet. Denn dieser Mann sucht nicht
Heil für dieses Volk, sondern Unheil.                   (38,4)

Auf den ersten Blick haben wir das Gefühl, daß wir hier Formen
der Klage begegnen. Genauer betrachtet können die oben angeführten Stellen nach den daran beteiligten Personen und nach dem
Inhalt der Rede folgendermaßen analysiert werden.[23]

A. Ein Mensch klagt über seine eigene Notlage vor Gott.
B. Ein Mensch beteuert seine Unschuld vor Gott.
C. Ein Mensch bittet Gott um die Bestrafung seiner Gegner und
begründet diese Bitte.
D. Gott klagt über die Notlage des Menschen vor diesem.
E. Ein Mensch beteuert seine Unschuld vor seinem Gegner.
F. Einige Menschen bitten einen anderen Menschen um die Bestra-
fung ihres Gegners und begründen diese Bitte.

In den ersten drei Fällen sind einige Elemente des Klageliedes zu
finden:

---

21  Zur Übersetzung s.u.S.178.
22  Übersetzung nach der ZB.
23  Bei der Analyse wird auf den jeweiligen Textzusammenhang
Rücksicht genommen. Die Frage, wer der Sprecher und seine
Gegner in Wirlichkeit sind, sei vorläufig dahingestellt.

A. Klage (Selbstklage einschließlich der Klage über Gott).
B. Unschuldsbeteuerung.
C. Bitte mit Klage (Verwünschung mit Feindklage).

Demgegenüber ist das Klage-Phänomen in den übrigen drei Fällen auf folgende Weise zu erkennen:

D. Hier fallen Wortverbindungen auf, die zum Vorstellungskreis von Verwundung/Heilung gehören und zum Teil bereits in A vorkommen: "Schlag/Wunde" (מכה)/"Bruch" (שבר) + "unheilbar" (אנוש)/"bösartig" (נחלה).[24]

E. Hinsichtlich der Terminologie und Vorstellungen sind keine Berührungen mit den Klageliedern festzustellen. Nur vom sachlichen Gesichtspunkt her ist die Rede als eine Unschuldsbeteuerung zu bezeichnen, die jedoch nicht an Gott wie in B, sondern an den Menschen gerichtet ist.

F. Die Rede hat denselben Aufbau wie C: Bitte um die Bestrafung der/des Gegner/s mit der Klage als Begründung. Ebenso wie in E ist die Rede hier an den Menschen, nicht an Jahwe gerichtet. Darin liegt der Unterschied zwischen C und F.

## 2.1. Erweiterte Anwendung der Kategorien von Elementen der Klagelieder

### 2.1.1. Klage des Menschen vor Gott

Außer den von Baumgartner genannten Textstücken[25] finden sich im Jeremiabuch noch einige Stellen, die den Elementen der Klagelieder entsprechen:

A. ... Ach, Herr Jahwe! Wahrlich,            Klage über
schwer getäuscht hast du dieses         Gott
Volk und Jerusalem!

---

24  Nach der Koch'schen Terminologie (K.Koch, Formgeschichte, S.303-312) bilden "Schlag/Wunde" und "Bruch" ein Wortfeld, während "Schlag/Wunde"/"Bruch" und "unheilbar"/"bösartig" einen Worthof bzw. eine Sinnkoppelung bilden.
25  S.o. Anm.4.

| | | |
|---|---|---|
| Du sprachst: "Heil wird euch sein" | | |
| Aber das Schwert geht ans Leben.[26] | (4,10) | (Selbstklage) |
| B. "Ich bin unschuldig!" | (2,35aα) | Unschulds- |
| | | beteuerung |
| C. denn du bist Jahwe, mein Gott.[26] | (31,18bβ) | Vertrauens- |
| | | äußerung |
| D. ... Ach, Herr Jahwe! Siehe, die | | |
| Propheten sagen ihnen: Ihr werdet | | Feindklage |
| das Schwert nicht sehen...[27] | (14,13) | mit Wortzitat |
| E. Mein Unrecht und mein Leiden | | |
| komme über Babel! | (51,35aα) | Verwünschung |
| F. Führe mich heim, daß ich heimkehre.[27] | (31,18bα) | Bitte |

Hinzu kommen noch 51,34 als Feindklage, 51,35b als Verwünschung, 2,23a.35bβ als Unschuldsbeteuerung und eventuell 32,24f.
als Klage über Gott in Betracht.[28]

## 2.1.2. Verallgemeinerung der Dreiseitigkeit in den Klageliedern

Wie oben bereits erwähnt, geht das Klage-Phänomen an sich
über die Klage des Menschen vor Gott hinaus, deren Äußerung als
Klagelied/-psalm bezeichnet wird. Man klagt unter Umständen inmitten der Not ohne Berücksichtigung des göttlichen Hörers. Oft
beklagt man sich bei den Mitmenschen. Im ersteren Fall hat das
Klage-Phänomen die Form eines Monologs, während im letzteren
Fall jemand wie Jahwe in den Klageliedern vom Klagenden angeredet wird. Außerdem sprengt das Klage-Phänomen in der Gottesrede,
die auch nicht nur in einem Monolog, sondern auch in einer Anrede
an ein anderes Wesen formuliert werden kann, den Rahmen der
Klagelieder.

### Exkurs: Zu den Termini "Anrede"/"Monolog"

Die Termini "Anrede"/"Monolog" benutze ich zuerst hinsichtlich
der *literarischen* Form einer Rede, nicht als Bezeichnungen der Re-

---

26  Zur Übersetzung s.u.S.70.
27  Zur Übersetzung s.u.S.70, 74f.
28  S.u.S.19.

deformen im alltäglichen Leben,[29] in dem man unter dem Monolog die Rede ohne ein Gegenüber und unter der Anrede die Rede an andere Personen versteht. In der vorliegenden Arbeit wird die Rede, in der die zweite Prson ("Du"/"Ihr" und deren Varianten) nicht zu erkennen ist, als Monolog bezeichnet. Im Gegensatz dazu wird die Rede, die an das "Du"/"Ihr" gerichtet wird, Anrede genannt. Anrede ist dann ein Teil des Dialogs, der gegenseitigen Rede zwischen den beiden unterschiedlichen Partnern. Ob eine monologisch oder dialogisch formulierte Rede tatsächlich als solche gehalten wird, ist eine andere Frage. Obwohl manchmal bei der Formulierung der Unheilsankündigung weder das Volk, noch der Prophet angeredet werden, ist doch eine Unheilsankündigung ohne wirkliche Adressaten kaum vorstellbar.[30] Außerdem ist die Rede des Menschen, in der weder Jahwe (in der 2. oder 3. Person) genannt, noch eine andere Person angesprochen wird, nicht selten aus ihrem Kontext her als ein Teil der Anrede an Jahwe zu beurteilen.[31] Demgegenüber hat die Anrede an die unbestimmte Mehrzahl[32] oder an die Natur[33] fast dieselbe Funktion wie der Monolog. Auf diesen Aspekt nimmt Bratsiotis[34] bei der Definition des Monologes in seinen Untersuchungen über die Monologe Jeremias und im ganzen Alten Testament[35] Rücksicht. Für Bratsiotis ist eine Rede, wenn sie auch formal einen Adressaten hat, noch ein Monolog, insofern keine

---

29 Vgl. die Unterscheidung von Lapointe (Monologue, S.162) zwischen "monologue as a *form* and a literary *device*" (Hervorhebung: original)

30 Den Monolog wie in diesem Fall nennt Lapointe (ebd., S.161f.) einen "public monologue", wobei er mit dem Wort "public" "inhabitants of the literary world in which the words are pronounced" meint.

31 Die monologischen Formulierungen in den Konfessionen dienen als Beispiele dafür (s.u.S.220). Auch die monologisch formulierten Teile eines Psalms wie Ps 35 lassen die Aufgeschlossenheit des Monologs Jahwe gegenüber erkennen (Lapointe, ebd., S.165f., Anm.22). Zum Wechsel zwischen der Anrede und dem Monolog in einem Text vgl. die Wir-Rede des Volkes 3,22b-25 und die Ich-Rede Jahwes 15,5-9 (s. Bak, S.128-130, 152-158, 239f.).

32 Z.B. 18,13f.; 2,10f.; 5,1 (s. Bak, S.159-166).

33 Z.B. "Himmel" in 2,12 (s. Bak, S.161).

34 Μπρατσιωτου, 'Εισαγωγ ή, 1959. Als die Belege für die Monologe Jeremias führt Bratsiotis 4,19-21.30f.; 5,4-6; 6,10-12b.28-30; 8,18-23; 9,1-5; 14,17b-18; 15,10; 20,7b-9.10f.14-18; 23,9 an. Dabei fallen noch weitere Belege wie 6,14; 13,17 aus, geschweige denn die für die Monologe Jahwes wie 12,7-9 und die des Volkes wie 3,23-25.

35 Bratsiotis, Monolog, 1961. Seine Argumente bedürfen insofern noch der Korrekturen und Ergänzungen, als die Texte einseitig herangezogen worden sind. Beispielhaft ist darauf hinzuweisen,

wirkliche Antwort darauf erwartet wird.[36] Deshalb hält Bratsiotis
z.B. auch die Rede an ein unpersönliches Wesen wie Jerusalem in
den Prophetenbüchern, in der die Stadt im femininen "Du" angeredet wird und auf die keine Erwiderung Jerusalems folgt, für einen
Monolog.[37] Da Jerusalem in dieser Personifikation für das Gottesvolk steht,[38] ist die Anrede Jahwes oder des Propheten an Jerusalem unabhängig von dessen Antwort doch als ein Teil des Dialogs
zwischen Jahwe oder dem Propheten und dem Volk anzusehen.
Sachgemäß differenziert Lapointe[39] die unbeantwortete Anrede mit
der Bezeichnung "half dialogue"/"one way dialogue" im Sinne vom
unvollständigen Dialog sowohl von einer richtigen Wechselrede
zwischen den beiden Partnern als auch vom echten Selbstgespräch.

Westermann[40] hebt die Dreiseitigkeit der Klage in den Klageliedern hervor: Klage über Gott, Selbst- und Feindklage. Diese
Dreiseitigkeit gilt auch für die anderen Arten des Klage-Phänomens
(Klage des Menschen im Monolog oder vor einem anderen Menschen, Klage Jahwes im Monolog oder vor einem anderen Wesen),
wenn sie folgendermaßen verallgemeinert wird:

| Das Klage-Phänomen in den Klageliedern | Das Klage-Phänomen im allgemeinen |
|---|---|
| Selbstklage | Klage über die eigene Notlage Klage 1 (=K 1) |
| Klage über Gott | Klage über den Angeredeten Klage 2 (=K 2) |
| Feindklage | Klage über den Dritten Klage 3 (=K 3) |

Die Zahlen (1, 2 und 3) bezeichnen jeweils den Klagenden
("ich"/"wir"), den Angeredeten ("du"/"ihr") und den Dritten ("er"/
"sie"/"es"/"sie").

---

daß die in seiner Dissertation außer acht gebliebenen Monologe
Jahwes und des Volkes bei Jeremia (s. die letzte Anm.) in
diesem Aufsatz immer noch nicht berücksichtigt werden.

36   Zur Definition des Monologs bei Bratsiotis s.v.a. ebd., S.30f.
37   Ebd., S.39f.
38   Die Personifikation Jerusalems spielt beim Verstehen des Kla-
     ge-Phänomens im Jeremiabuch eine große Rolle. Vgl. Bak,
     S.367-376 (Exkurs: Die Anrede an das ganze Volk im femininen
     Du).
39   Monologue, S.163.
40   Klage, S.132-134, 139f.

## 2.1.3. Monologische Klage des Menschen bzw. Gottes

A. Vorbei die Ernte, zu Ende die Lese,                    K 1
   aber wir sind nicht gerettet![41]      (8,20)         (Volk)
B. Wehe uns, denn wir sind verwüstet![41]                 K 1
                                          (4,13b)        (Jeremia)[42]
C. Wegen des Zusammenbruches der Tochter                  K 1
   meines Volkes bin ich zusammengebrochen,[41]
                                          (8,21a)        (Jeremia)
D. "Wir sind beschämt, denn wir hören                     K 1
   Schmach,                                               (Volk)
       Scham bedeckt unser Angesicht,                     K 3
   denn Fremde sind gekommen                              (Feinde)
       über die Heiligtümer des Hauses
   Jahwes".[41]                           (51,51)
E. Zu wem soll ich reden und bezeugen,                    K 1
   daß sie es hören?                                      (Jeremia)
       Siehe, ihr Ohr trägt eine Vorhaut,                K 3
       daß sie nichts vernehmen können!                   (Volk)
   Siehe, das Wort Jahwes ist ihnen zur
   Schmach geworden, sie haben keinen
   Gefallen daran!                        (6,10)
F. Ich habe mein Haus verlassen,                          K 1
       mein Erbe verworfen,                               (Jahwe)
   ...
   Mein Erbe ist mir geworden wie ein                     K 3
   Löwe im Walde,                                         (Volk)[43]
   hat wider mich seine Stimme erhoben,
   darum hasse ich es.                    (12,7f)         K 1

Anlaß der Klage ist die eigene Notlage: Sie wird in D, E und F durch feindliche Handlungen bzw. Haltung des/der Dritten verursacht. So werden K 1 und K 3 miteinander verzahnt. Im Vergleich damit hat die Klage in C in der Notlage der Dritten ihren Grund. Das Klage-Phänomen sowohl in C als auch in A, B, E und F hat mehr oder weniger mit dem Mitleiden des Propheten und Gottes etwas zu tun.[44]

Das Klage-Phänomen in monolgischer Formulierung wie in A-F ist noch in 4,8b.19-22.31; 6,26b; 8,14.18-23; 9,1.18.20f; 10,19-21; 14,18f.; 15,7-9; 23,9; 45,3; 48,36-39 zu beobachten.

---

41  Zur Übersetzung s. Bak, S.76, 100f., 519f.
42  Zu dem "Wir" des mitleidenden Propheten hier und in 4,7b;
    6,26b; 8,14; 9,16f. u.a. s. Bak, S.37f., 42-49, 63-66.
43  Genau genommen, das Land (s.u.S.30f.)
44  S. Bak, S.77f., 111f., 121f., 150f., 181-183.
45  S. Bak, S.261f.

### 2.1.4. Zwischenmenschliche Klage

| | | |
|---|---|---|
| A. Was habe ich gegen dich, gegen | | K 2 |
| deine Diener und gegen dieses Volk | | (Zidkija) |
| gesündigt, daß ihr mich ins Gefängnis | | K 1 |
| geworfen habt? | (37,18b) | (Jeremia) |
| B. ...: Du mußt sterben! Warum | | K 2 |
| weissagst Du im Namen Jahwes: Wie | | (Jeremia) |
| Schilo soll dieses Haus werden, ... | (26,8f.) | |
| C. Dieser Mann ist des Todes schuldig! | | K 3 |
| Denn er hat wider diese Stadt geweissagt, | | (Jeremia) |
| wie ihr mit eigenen Ohren gehört habt. | (26,11b) | |

Anlässe der Klage sind die als ungerecht vorkommenden Handlungen bzw. Worte des Angeredeten und/oder des Dritten. Die Dreiseitigkeit in der Klage ist unter Berücksichtigung des jeweiligen Textzusammenhangs folgendermaßen festzustellen:

| 1 (Klagender) | 2 (Angeredeter) | 3 (Dritter) |
|---|---|---|
| A Jeremia | Zidkija | Diener Zidkijas und das Volk |
| B Priester/ Propheten | Jeremia | - - - |
| C        " | Fürsten | Jeremia |

In diesen Fällen handelt es sich um zwischenmenschliche Konflikte, sei es gerichtlich (C), sei es außergerichtlich (A und B). Auffallend ist dabei, daß das Klage-Phänomen mit der Strafe zusammenhängt. Von besonderer Bedeutung ist die strukturelle Nähe von C (Forderung der Strafe mit begründender Klage) zu den Klageliedern und auch zu dem prophetischen Gerichtswort.[46]

### 2.1.5. Gottes klagende Anrede

| | | |
|---|---|---|
| A. ...: Was fanden eure Väter Unrechtes | | K 3 |
| an mir, | | (Väter) |
| daß sie sich von mir entfernen, ...[47] | (2,5) | |

---

46  Dazu s. Bak, S.279-284.
47  Zur Übersetzung s. Bak, S.128,131,158.

| | | |
|---|---|---|
| B Wer hat Mitleid mit Dir, Jerusalem<br>  wer drückt dir sein Beileid aus,<br>  ...<br>Du selbst hast mich verworfen, ...[47] | | K 1<br>(Jahwe) |
| | (15,5f.) | K 2<br>(Jerusalem) |
| C. ...: Fragt doch unter den Heiden,<br>  wer je dergleichen gehört hat!<br>Gar Schauriges hat getan<br>  die Jungfrau Israel![47] | (18,13) | K 3<br>(Israel) |

Anlässe der Klage sind sowohl der unverständliche bzw. bei-
spiellose Abfall des Gottesvolkes (A, B und C) als auch seine Notlage (B). Da in A und C Jahwe vor dem Angeredeten über den
Dritten klagt, ist die Dreiseitigkeit vollständig:

| 2 (Angeredeter) | 3 (Dritter) |
|---|---|
| A. Das Gottesvolk<br>  zur Zeit Jeremias | Väter |
| B. Unbekannte Mehrzahl | Israel |

Daß in A die angeredete jetzige Generation des Volkes in die
Klage Jahwes über die Väter einbezogen wird, ist eine andere
Sache.[48]

Das Klage-Phänomen wie in A-C ist noch in 2,10f.32; 4,22; 8,19b;
15,7-9; 30,12-15; 48,31-33 zu beobachten.

## 2.2. Vorstellungen und Worte für das Klage-Phänomen

### 2.2.1. Trauer/Bestattung

Daß Ausdrücke für die Trauer/Bestattung auf das Klage-Phänomen hinweisen, versteht sich von selbst. Im Jeremiabuch finden
sich folgende Ausdrücke:[49]

---

48  Vgl. Bak, S.131-135, 240f.
49  Vgl. Ruppert, Feinde, S,220-223; Muilenburg, Adversity, S.55-59;
    Albertz, צעק, Sp.569; A.Baumann, ילל, Sp.640-645; Scharbert,
    Schmerz, S.60-62; Kutsch, Trauerbräuche, S.26, 38; Welten, Be-
    stattung.

a) Einzelne Worte: "weinen - Weinen" (בכה - בכי,), "Träne - Tränen vergießen" (רמע - דמעה), "heulen - Geheul" (ילל) hif. - (יללה,), "schreien - Geschrei" (צ/זעקה - צ/זעק), "wehklagen - Totenklage" (קין) pil. - (קינה,), "Totenkage" (נהי,), "klagen - Klage" (קבורה/קבר - קבר,), "begraben - Grab" (אבל - אבל,), "kahlscheren - Glatze" (קרחה - קרח,), "(sich) bedauern" (נוד) qal./hitp.), "trauern - Trauer" (מספר - ספר,), "ach!" (הוי,)[50] u.a.

b) Wortverbindungen:[51] "Totenklage anheben" (נשא קינה/נהי,)[52], "Augen" + "Tränen" + "herabströmen" (עין pl. + דמעה + ירד,)[53], "Sack umgürten" (שק pl./sg. חגר) u.a.

c) Wortfelder: "trauern"/"heulen"/"schreien"/"bedauern"/"kahlscheren"/"Sack umgürten"/"Trauer anstellen"/"sich Einschnitte machen"/"sich in der Asche wälzen" (נוד/ צ/זעק/ ילל/ספד) hif./זעק, "begraben"/"sammeln"/ "trauern" (ספד/אסף/קבר,)[55], "Totenklage"/" Totenklage"/"Weinen" (בכי/נהי/קינה).[56]

Die bisher genannten Ausdrücke sind zwar auch in den anderen alttestamentlichen Büchern belegt, kommen aber im Jeremiabuch verhältnismäßig häufig vor.

## 2.2.2. Verwundung/Heilung

Das Motiv "Verwundung/Heilung" wird sowohl in den Psalmen als auch in den Prophetenbüchern zum Ausdruck des Klage-Phänomens gebraucht.[57]

---

50  S.u.S.17.
51  "Wortverbindung" entspricht ungefähr "Worthof"/"Sinnkoppe-lung" bei K.Koch (s.o. Anm. 24).
52  7,29; 9,9.17.
53  9,17; 13,17; 14,17.
54  "Trauern"/"heulen"/"Sack umgürten" in 4,8; 49,3, "trauern"/"be-dauern" in 16,5, "trauern"/"sich Einschnitte machen"/"kahlsche-ren" in 16,6, "schreien"/"heulen" in 25,34; 47,2; 48,20.31, "Sack umgürten"/"sich in der Asche wälten"/"Trauer anstellen" in 6,26.
55  "Begraben"/"sammeln" in 8,2, "begraben"/"trauern" in 16,4.6, "begraben"/"sammeln"/ "trauern" in 25,33.
56  בכי/נהי/קינה in 9,9, נהי/קינה in 9,9.16.19, בכי/נהי in 31,15.
57  Vgl. Seybold, Gebet, S.19-31; Muilenburg, Adversity, S.45-48, 61f.

a) Einzelne Worte: "schlagen - Schlag/Wunde" (נכה hif. -
מכה),[58] "zusammenbrechen - Zusammenbruch" (שָׁבַר - שֶׁבֶר),[59]
"krank sein - Krankheit - bösartig" (נחלה - חלי - חלה), "heilen -
Arzt - Heilung" (רפואה/מרפא - רפא - רפא), "unheilbar" (אנוש),
"Heilung" (ארוכה) u.a.

b) Wortverbindungen: "unheilbar/bösartig" + "Schlag/Bruch"
(אנוש/נחלה + מכה/שבר),[60] "Wunde/Bruch heilen" (רפא
מכה/שבר),[61] "großer Zusammenbruch" (שבר גדול)[62] u.a.

c) Wortfelder: "Schlag"/"Bruch" (שבר/מכה),[63] "bösartig"/"unheilbar" (אנוש/נחלה).[64]

Im Jeremiabuch werden die Ausdrücke für Verwundung/Heilung
intensiv und hauptsächlich zur Darstellung des Schicksals des Gottesvolkes gebraucht, das ausschließlich vom Unheils- und Heilshandeln Jahwes abhängt.[65]


2.2.3. Beschämung/Verspottung

Beschämung/Verspottung ist auch ein bekanntes Motiv in den
Klagepsalmen.[66] Im Jeremiabuch kommen folgende Ausdrücke dafür
vor:

a) Einzelne Worte: "sich schämen - beschämt werden - Scham"
(בוש qal - hif. - בשׁת), "sich schämen - Scham" (כלם nif./hof. -
כלמות/כלמה), "sich schämen" (חפר III), "Schmach" (חרפה),
"spotten - Spott" (שרק - שרקה) u.a.

---

58  S. Bak, S.380.
59  שֶׁבֶר ist noch mit "Bruch"/"Riß" zu übersetzen (s. Bak, S.112-116)
60  מכה נחלה in 10,19; 14,17; 30,12; Nah 3,19 und שבר אנוש in Jer
    15,18; 30,15; Mi 1,9.
61  רפא מכה in Jer 30,17 und רפא שבר in 6,14. Vgl. נכה hif.+
    מרפא in 14,19
62  4,6; 6,1; 14,17; 48,13; 50,22; Zef 1,10.
63  30,12; 10,19.
64  30,12.
65  S. Bak, S.380 u.ö.
66  Vgl. Ruppert, Feinde, S.193-199; Stolz, בוש, Sp.271f. und s.
    Klopfenstein, Scham, besonders S.29,39f., 52-54, 64-71, 74f.

b)   Wortverbindungen:   "wegen   aller   Wunden   spotten"
(על־כל־מכות שרק).[67] "Kopf schütteln" (נוד ראש hif.)[68] u.a.

c) Wortfelder: "sich schämen - beschämt werden - Scham"/"sich
schämen - Scham"/"Schmach" (בוש qal - hif. - בשת כלם/בש nif./hof.
- חרפה/כלמה)[69] u.a.

Diese Ausdrücke stehen in erster Linie mit den Unheilserfahrun-
gen des Gottesvolkes, die auf das Gerichtshandeln Jahwes zurückgehen, im unmittelbaren Zusammenhang.[70]


## 2.2.4. Sonstiges

Zum Ausdruck von Schmerz, Kummer, Angst, Furcht und Unruhe
dienen noch folgende Worte, die teils in den Klagepsalmen belegt
sind:[71] "kreißen - Geburtswehen" (חיל - חיל), "Geburtswehen"
(חבל), "Schmerz" (מכאוב), "Kummer" (יגון) und "Grauen" (מגור).

Darunter werden besonders häufig die Geburtswehen im übertra-
genen Sinne zur Schilderung der Notlage des Gottesvolkes im Jeremiabuch gebraucht.[72] Außerdem wird das Klage-Phänomen durch
Worte zum Ausdruck gebracht, die eigentlich in der Unheils- bzw.
Fluchankündigung beheimatet sind: z.B. "verwüsten - Verwüster"
(שדד - שדד), "Leichnam den Vögeln des Himmels und den Tieren
der Erde zum Fraße geben/dienen" (נתן/היה נבלה למאכל לעוף
והשמים ולבהמת הארץ).[73]

Ausdrücke wie diese sind nur in Verbindung mit den anderen
Worten bzw. Kriterien als Hinweise auf das Klage-Phänomen zu
betrachten.[74]

---

67  18,16; 19,8; 49,17.
68  18,16.
69  Die beiden ersten Wurzeln kommen in unterschiedlichen Formen
    nebeneinander vor: כלמה + בשת (3,25), בוש hif./qal + כלם nif.
    (6,15; 8,12; 22,22), בוש qal + כלם hof. (14,3), כלמה + בוש qal
    (20,11), בוש qal + כלם nif. + חרפה (31,19)
70  S. Bak, S.65.
71  Vgl. Ruppert, Feinde, S.209-215, 223-227; Muilenburg, Adversity,
    S.48-51.
72  S. Bak, S.344-352 (Exkurs: Das Bild einer Gebärenden).
73  S. Bak, S.298f.
74  S. Bak, S.458-461.

## 2.3. Weitere Merkmale für das Klage-Phänomen

Zur Beobachtung des Klage-Phänomens im Jeremiabuch sind noch folgende Stellen heranzuziehen, wenn sich auch in den Psalmen keine genau entsprechenden Textstücke finden lassen:

### 2.3.1. Aufforderungen zur Klage

Darum gürtet den Sack um, trauert und heult! Denn nicht hat sich gewandt die Zornesglut Jahwes von uns.[75] (4,8)

In der ersten Hälfte des Verses sind einige Ausdrücke für die Trauer zu finden. Aufforderungen zur Klage[76] wie diese sind im Jeremiabuch reichlich belegt (noch 6,26; 7,29; 9,16f.20; 22,10.20; 25,34; 48,17.20; 49,3; 51,8).

### 2.3.2. Ausrufe mit klagendem Anklang

Die Ausrufe, die in Betracht kommen, sind "wie!" (איך/איכה), "ach!" (הוי), "wehe!" (אוי/הוי), "ach!" (אהה) und "horch!" (קול).

A. Sprecht: "Wie (איכה) ist zerbrochen der starke Stock,
   der prächtige Stab!"
                                                            (48,17b)
B. ...
   Nicht wird man ihn beklagen:
   "ach (הוי), mein Bruder!", "ach (הוי), Schwester!"
   ...
                                                            (22,18)
C. ...: Wehe (הוי) über Moab, denn es ist verwüstet!
   ...
                                                            (48,1)
D. Wehe (הוי) uns, wenn wir verwüstet!                      (4,13b)
E. Ach (אהה), Herr Jahwe! Wahrlich, schwer getäuscht hast du
   dieses Volk ...                                          (4,10)

---

75  Zur Übersetzung s. Bak, S.33-35.
76  Vgl. "Aufruf zur Volksklage" bei H.W.Wolff (1964) und "Traueraufruf" bei Hardmeier (Trauermetaphorik, S.342-347). Dazu s. Bak, S.35f., 72f., 468.

F. ...: Horch (קול)! in Rama hört man Klage. bitteres Weinen.[77]

(31,15aα)

Wie in B deutlich zu erkennen ist, gilt der Ausruf הוי eigentlich als ein Merkmal der Totenklage. In C wird dieser Ausruf auf ein Kollektiv angewandt.[78] In demselben Zusammenhang steht der Ausruf איכה in A.[79] Mit "wehe!" (אוי) in D und "ach!" (אהה) in E wird jeweils eine Klage eingeleitet.[80] "Horch!" (קול) in F hat eine ähnliche Funktion wie diese.[81]

Als weitere Belege für die genannten Ausrufe gelten:

A. 9,18; 47,7; 48,17b.39a; 49,25; 50,23; 51,41.
B 34,5.
C. 30,7; 47,6; 50,27.
D. 4,13.31; 6,4; 10,19; 13,27; 15,10; 45,3; 48,46.
E. 1,6; 4,10; 14,13; 32,17.
F. 3,21; 8,19; 9,18; 10,22; 25,36; 48,3; 50,22.28; 51,54.

Unter den oben aufgeführten Partikeln sind in den Psalmen nur איך (Ps 11,1; 137,4) und איכה (Ps 73,11) zu finden, und zwar als Frageworte. Im selben Sinne wie אוי wird אויה in Ps 120,5 gebraucht.

---

77   Zur Übersetzung s. Bak, S.384f.
78   "Untergangsklage" bei Hardmeier (Trauermetaphorik, S.16-18, S.154f.). Zu הוי vgl. Kegler, Leid, S.272; Krause, Hôy; Clifford, Hôy; Gerstenberger, Woe-Oracles; Hillers, Hôy; W.Janzen, Mourning Cry; Wanke, אוי und הוי. Ferner s. Bak, S.457f.
79   Z.B. s. Bak, S.469 und 505f.
80   Mit Wanke (אוי und הוי, S.215-218) und gegen H.W.Wolff (Aufruf). Nach Gerstenberger (Woe-Oracles) ist אוי zunächst von הוי zu differenzieren (vgl. Hardmeier, Trauermetaphorik, S.189, 199-202). Zu אהה vgl. Jenni, אהה, Sp.73f.; Sp.73f.; Baumgärtel, Gottesnamen, S.9f., 27). Ferner s.u.S.50, 131 und Bak, S.77f., 92, 103, 305f.
81   Dazu Bak, S.387-389 (Exkurs: קול als Interjektion im Jeremiabuch

## 2.4. Schlußbemerkungen

Bisher haben wir als Kriterien zur Auswahl der Texte im Jeremiabuch, in denen das Klage-Phänomen zu beobachten ist, einzelne
Elemente herausgestellt. Zweifellos spielen dabei die Klagepsalmen
in bezug auf ihre Struktur und Sprache eine entscheidende Rolle.
Hinzu kommen noch andere Aspekte, die in den Psalmen nur selten
oder gar nicht vorkommen.

Schließlich ist noch folgendes zu bemerken:

a) Nicht alle Texte, in denen die oben in 2.1-3 angeführten Elemente zu finden sind, werden zur Beobachtung des Klage-Phänomens im Jeremiabuch in der vorliegenden Arbeit herangezogen. In
den meisten Fällen wirken mehrere Elemente der Klage zusammen
und das Klage-Phänomen tritt dadurch zutage. Ein Element allein
reicht in der Regel nicht aus, um einen Text dem Klage-Phänomen
zuzuordnen.[82] Sachlich ist z.B. 2,35aα zwar als eine Unschuldsbeteuerung zu bezeichnen,[83] aber sie ist im jetzigen Textzusammenhang nicht in eine Klage eingebettet,[84] sondern gilt als ein Teil
des Schuldaufweises in der Jahwerede. Auch 32,17-25 könnte man
vor allem im Hinblick auf den Ausruf "ach!" (אהה) in V.17 für eine
Klage über Jahwe halten. Das ganze Gebet läßt sich jedoch m.E.
als eine Frage nach dem Grund des unverständlichen Befehls Jahwes verstehen.[85]

b) In einigen Texten dienen auch rhetorische Fragen und Pronominalsuffixe in der ersten Person - besonders dann, wenn sie sich
anhäufen - als stilistische Merkmale des Klage-Phänomens (z.B.
8,19.22; 12,7-12; 13,20-23).[86]

---

82  S.o.S. 17 und Bak, S.458-461.
83  S.o.S. 8.
84  Zu 2,35a s. Bak, S.36f.
85  Vgl. Vogels, Prière, S.231; Wang, Hope, S.18f.; Eissfeldt, Voraus-
    sage-Empfang, S.61f.; Bright, Lament, S.74; Rost, Väter, S.68;
    Balla, Das Ich, S.108.
86  S.u.S.29f., 33 und Bak, S.54-58, 108f. u.ö.

Als weitere Texte, die mit dem Klage-Phänomen etwas zu tun haben, sind noch 13,18f. von Giesebrecht, Blackwood, Thompson und Bennett, 22,28 von Hermisson und 4,14; 5,7-9; 9,7.9 von Fretheim angesehen worden.[87]

---

87 Giesebrecht, z.St.; Blackwood, z.St.; Thompson, z.St.; Bennett, Outline, S.51; Hermisson, Jojakim, S.259f.; Fretheim, Suffering, S.121-123.

## 3. Weitere methodische Überlegungen

### 3.1. Gegenstand und Aufbau der Arbeit

Auf der Grundlage der bisher dargestellten Kriterien, anhand derer das Arbeitsmaterial zum Beobachten des Klage-Phänomens im Jeremiabuch ausgesucht worden ist,[88] werden im Hauptteil der Arbeit die sogenannten Konfessionen (11,18-12,6; 15,10-21; 17,12-18; 18,18-23; 20,7-18)[89] einerseits (III) und einige beispielhafte Klagetexte in anderen Partien des Buches (12,7-12; 14,1-15,4; 31,18-20; 48,31-39) andererseits (II) untersucht.

Die monologische Klage Gottes über sein verwüstetes Land in 12,7-12 (II.1) und die Klage/Bitte Efraims in einem monologischen Liebeswort Jahwes in 31,18-20 (II.3) gehen auf Jeremia zurück. Dabei befindet sich die letztere in der Sammlung der Heilsworte (Kap.30 f.) und die erstere in der Sammlung der Unheilsworte. In der sogenannten Prophetischen Liturgie[90] 14,1-15,4 (II.2.) läßt sich eine Ent-

---

88 Obwohl das Material in der Dissertation (Bak) ziemlich sparsam gesammelt und gesichtet worden ist, erweist sich das Ergebnis recht umfangreich. Das erklärt sich zweifellos aus dem Forschungsinteresse, Klagestellen aus dem ganzen Jeremiabuch herauszufinden und zu bearbeiten. Die in der Dissertation mit unterschiedlichem Gewicht besprochenen Stellen sind 2,5.10f.32; 3,4f.21-25; 4,5-8.10.13.19-22.31; 5,1.12-14; 6,10.14.22-26; 7,12.29.33; 8, 1.7.14.18-23; 9,1.9f.16-20; 10,19-22; 11,11f.18-12,6.7-12; 13,17.20-23.27; 14, 1-15, 4.5-9.10-21; 16,4-7; 17,12-18; 18,13-17.18-23; 19,7; 20,7-18; 22,10. 18f.20-23; 23,9; 24,9; 25,15-38; 26,8f.11; 29,18; 30,5-7.12-17; 31,15-17. 18-20; 32,3-5; 34,20; 36,29; 37,18; 38,4.22; 42,18; 44,8.12; 45; 46,3-12.14-24; 47; 48,1-6.17.20.25.31-39.46; 49,1-6.23.27.; 50,2.22f.27f.43; 51, 7-10.34f.41-43.51.54f. Vgl. Bak, S.i-vi (Inhaltsübersicht).

89 Zum Problem von Umfang und Abgrenzung der Texte vgl. v.a. Hubmann, Jer 18,18-23, S.271, Anm.2; Welten, Leiden, S.138, Anm.71.

90 Zu der Bezeichnung "Prophetische Liturgie" vgl. Gunkel/Begrich, Einleitung, S.137f., 314; Gerlach, Liturgien, S.1-8.

wicklung verfolgen, in deren Rahmen eine spätere Generation in Anlehnung an den klagenden Propheten ihre eigene Klage und Bitte formuliert. Die Klage Jahwes um ein Fremdvolk Moab in 48,31-39 (II.4.) zeigt deutlich, in welcher Weise sogar die Fremdvölkersprüche in der späteren Zeit jeremianisiert werden. Da jedoch die Prosareden und die Fremdberichte bei der Textauswahl in II nicht vertreten werden[91] und das Klage-Phänomen in den ausgewählten Texten erst in ihrem größeren Zusammenhang recht zu verstehen sind, wird am Ende von II dafür Platz geschaffen, die wesentlichen Ergebnisse der zahlreichen Einzelbeobachtungen über das Klage-Phänomen in den verschiedenen Schichten des Jeremiabuches zusammenfassend darzubieten, wobei natürlich die Konfessionen für eine eigenständige und ausführliche Interpretation in III vorbehalten werden.[92] Auf diese Weise wird ermöglicht, u.a. den Stellenwert der Konfessionen im gesamten Prozeß der Fortbildung der Klagetradition im Jeremiabuch zu bestimmen.

Außerdem ist in der Konstruktion der vorliegenden Arbeit darauf Rücksicht genommen, mindestens zwei von verschiedenen Aspekten des Klage-Phänomens im Buch ersichtlich zu machen: Klage der Menschen vor/über Gott und Gottes Klage vor/über Menschen. Da-

---

91   Aus Raumgründen.

92   In meiner Dissertation, deren Ziel in einer Darstellung des Klage-Phänomens im ganzen Jeremiabuch liegt, sind die oben (Anm. 88) erwähnten Stellen in folgender Reihenfolge bearbeitet worden: die in den als echt-jeremianisch anerkannten Sprüchen, die in den Prosareden und in den Fremdberichten, die in dem sogenannten Trostbüchlein (Kap. 30f.), die in den Fremdvölkersprüchen und die sogenannten Konfessionen. Abgesehen von Kap.30f und den Fremdvölkersprüchen, die wegen ihrer sachlichen Eigenart gesondert behandelt werden, liegt hierbei eine chronologische Abfolge der Entstehung der Schichten, wie sie von Welten (Leiden, besonders S.146f.) angenommen wird, zugrunde. Nach Welten sind die Prosareden, die Fremdberichte und die Konfessionen jeweils in der exilischen, früh- und spätnachexilischen Zeit entstanden. Diese Annahme, der ich zustimme, wird in der Untersuchung über das Klage-Phänomen beiläufig bestätigt und teilweise weitergeführt, was sich im einzelnen in meiner Dissertation zeigt. In der vorliegenden Arbeit wird hauptsächlich die Spätdatierung der Konfessionen noch ausführlicher begründet. Vgl. Bak, S.25-27 u.ö. Neuerdings setzt Pohlmann (Die Ferne, 1989, S.38) die Konfessionen im 4./3.Jh. an (s. noch unten S.223, Anm.19.).

bei scheint jene umfangmäßig gewichtiger als diese zu sein. Denn die in Not geratenen Menschen sprechen Gott an sowohl in den Konfessionen als auch in 14,1-15,4 sowie in 31,18-20. Gott wird demgegenüber lediglich in 12,7-12; 48,31-39 als Klagender dargestellt und redet in 31,18-20 in Worten mit mehr oder weniger klagendem Anklang. Die beiden Aspekte des Klage-Phänomens stehen jedoch zueinander in einem so engen Verhältnis, daß der eine ohne Verbindung mit dem anderen nicht richtig verstanden werden kann.[93] In dieser Hinsicht dienen die in II untersuchten Texte nicht nur als Hintergrund, vor dem die Eigentümlichkeiten der Konfessionen zutage treten, sondern stehen auch zu diesen in gewissem Kontrast.


## 3.2. Methodischer Grundsatz


Das erweiterte Verständnis des Begriffs "Klage" im Sinne des "Klage-Phänomens", das das breit gesetzte Ziel der Arbeit nach sich zieht, setzt bereits voraus, daß die Texte in erster Linie formgeschichtlich und jedoch nicht nur in herkömmlicher Weise bearbeitet werden. Einzelne Elemente bzw. Merkmale des Klage-Phänomens, die sich sowohl analog von denen der Klagelieder im traditionellen Sinne als auch an den spezifischen Vorstellungen und Termini sowie von weiteren Gesichtspunkten her erkennen lassen,[94] werden auf ihre Verwendung im Jeremiabuch und in den anderen alttestamentlichen Texten hin untersucht. Getan wird das noch in Verbindung mit den einzelnen Beobachtungen u.a. über ihre Verhältnisse zueinander, über den Aufbau, die Sprache und den Stil des jeweiligen Textes. So kennzeichnet sich die vorliegende Arbeit methodisch im großen und ganzen durch eine *Verbindung* von *literarischer Analyse* und *modifizierter formgeschichtlicher Fragestel-*

---

93  S.z.B. Bak, S.181-183. In der vorliegenden Arbeit werden v.a. die zwischenmenschlichen Klagen, deren strukturelle Verwandtschaft mit den Klageliedern von Bedeutung ist, nur andeutungsweise behandelt, s. Bak, S.248-287, insbesondere die zusammenfassende Tabelle, S.284.

94  S.o.S.4-20.

*lung.* Eine strenge Abgrenzung verschiedener Methodenschritte voneinander wird dabei nicht vorgesehen.

Die freie Vermischung der verschiedenen Methoden und Gesichts-
punkte in der Darstellung des Klage-Phänomens könnte zwar u.U.
die Durchsichtigkeit und Nachprüfbarkeit der einzelnen Argumente
beeinträchtigen. Die gleichzeitige Anwendung der verschiedenen
Methodenschritte ist aber angesichts des methodischen Dilemmas in
der bisherigen Jeremiaforschung nicht nur berechtigt, sondern auch
in gewissem Sinne unvermeidlich. Darüber hinaus wird auf diese
Weise die Eigenart des Klage-Phänomens im jeweiligen Text als
Ganzem viel besser vor Augen geführt. Die Unzulänglichkeit der
einseitigen und mechanischen Anwendung dieser oder jener Methode
auf die Klagestellen im Jeremiabuch wird v.a. bei der intensiven
Lektüre der Konfessionen verdeutlicht. Denn die bisher bekannten
formgeschichtlichen Begriffe reichen zur Bezeichnung der Bestandteile der Konfessionen nicht aus. Darauf stoßen wir gleich am
Anfang der ganzen Konfessionen (11,18f.).[95] Deshalb sollten wir die
einzelnen Bestandteile eines Textes nicht bedenkenlos mit den von
außen herangetragenen Begriffen bestimmen wollen, sondern uns
um die Bestimmung bemühen, die sich aus dem Text selbst
ergibt.[96] Dadurch kann die Eigentümlichkeit der einzelnen Bausteine
des Textes besser erklärt werden.[97]

## 3.3. Darstellungsweise

Dem methodischen Grundsatz entsprechend wird versucht, das
Klage-Phänomen in den einzelnen Texten den jeweiligen Erforder-
nissen gemäß in ziemlich freier Weise darzustellen.

Da sich die thematische und sprachliche Einheitlichkeit der jeremianischen Texte, 12,7-12aα und 31,18-20, erkennen läßt, wird die
Übersetzung der ganzen Texte vorangeschickt. Ebenfalls als Ganzer
wird der nachjeremianische Moabtext 48,31-39 vor der Darstellung
des Klage-Phänomens in der eigenen Übersetzung vorgestellt, aber
aus einem anderen Grund: Hier ist zunächst ein Vergleich des

---

95   S.u.S.108f.
96   Darauf hat Begrich (Vertrauensäußerung, S.223) in einem an-
     deren Zusammenhang hingewiesen.
97   Vgl. Wimmer, Sociology, S.398.

ganzen Textes mit Jes 15f. unerläßlich. Hingegen werden die anderen Texte Teil für Teil übersetzt und erklärt, wobei auf die Frage nach der angemessenen Gliederung des jeweiligen Textes in der Regel nur im umstrittenen Fall eingegangen wird. Die Darlegung des Klage-Phänomens in 14,1-15,4 und in den Konfessionen wird im Blick darauf, daß sie aus verschiedenen Elementen unterschiedlicher Herkunft zusammengesetzt worden sind, etwas anders durchgeführt. Zuerst wird der Gebrauch der einzelnen Elemente außerhalb des betreffenden Textes verfolgt[98] und daraufhin nach ihren Bedeutungen im jetzigen Textzusammenhang gefragt.[99] Denn sie hatten eigene Bedeutung in ihrem ursprünglichen Gebrauch und erhalten neue Funktion erst in Verbindung mit anderen Elementen des Textes. Schließlich wird geprüft, ob und in welchem Maße das Klage-Phänomen im Text dem in den anderen Partien des Jeremiabuches entspricht.[100] Darin wird die Frage der jeremianischen Verfasserschaft des Textes miteinbezogen. Hinzuweisen ist noch darauf, daß 14,1-15,4 und die Konfessionen als Ganze nicht vollständig mit den Klagetexten in dem Sinne, der in der vorliegenden Arbeit gebraucht wird, identifiziert werden. Deshalb werden die Verse, die nicht direkt etwas mit dem Klage-Phänomen zu tun haben, nicht ausführlich bearbeitet (11,18.22f.; 12,5f.; 14,1.[101] 10-12.14-16; 15,1-4.11-14.19-21; 17,12f.; 20,13).

---

98 Als eine beispielhafte Untersuchung über die Konfessionen unter diesem Gesichtspunkt gilt die von Vermeylen (Confessions, 1981), obwohl sie sich auf 11,18-12,6 beschränkt.

99 Dafür interessiert sich besonders O'Connor (Confessions, 1984, u.a.S.157-170).

100 Nicht gründlich erläutert wird in der vorliegenden Arbeit das Verhältnis des Textes zu seiner Umgebung in der heutigen Gestalt, auf das besonders Diamond (Confessions, 1987, S.149-188) eingeht. Ferner vgl. Pohlmann, Die Ferne, S.45, 68 und 75; Clines/Gunn, Jer 20, S.391 ("Sitz im Buch").

101 Auf die Interpretation der Klage 14,2-6 wird nur aus Raumgründen verzichtet (Dazu s. Bak, S.185-192).

## 3.4. Textkritisches

Bekanntlich ist der Text des Jeremiabuches in der Septuaginta in erheblichem Maß kürzer als im MT.[102] Seit der Veröffentlichung der Qumranfunde wird öfter als früher die Priorität der Septuaginta dem MT gegenüber angenommen.[103]

Die textkritische Entscheidung zwischen MT und der Septuaginta wird jedoch in der vorliegenden Arbeit von Fall zu Fall getroffen.

---

102 Um ein Siebtel nach der jüngsten Untersuchung Mins (Minuses and Pluses, 1977), die mit Hilfe eines Computers durchgeführt worden ist.

103 Cross, Contribution, 1966, S.279,289; J.G.Janzen, Readings, 1967; ders., Text, 1973; Tov, L'incidence, 1972; ders., Translation, 1976; ders., Notes, 1979; ders., Septuagint, 1981; ders., Aspects, 1981; ders., History, 1985; Min, Minuses and Pluses, 1977; Bogaert, Tradition, 1977; ders., Baruch, 1981; ders., Mechanisme, 1981; ders., Introduction, 1981, S.15f; ders., Personnage, 1982; van Selm, Discussion, 1976, S.108-112; Stulmann, Sermons, 1981/2; ders., Difference, 1984; Wells, Indications, 1984; McKane, Jer 1, 1986, S.xviii-xxi; Lundbom, Baruch, 1986; Gosse, Malédiction, 1986. Ferner vgl. Raurell, LXX, 1981; Soderund, Text, 1986.

## II. Das Klage-Phänomen im Jeremiabuch außerhalb der Konfessionen

### 1. Monologische Klage Gottes über sein verwüstetes Land (12,7-12aα)

Der Text 12,7-12 ist, V.12aβb ausgenommen[1], eine monologische Ich-Rede Jahwes.

Gegen die geläufige Auffassung, daß auch V.13 zum Text gehört,[2] ist dieser Vers m.E. als ein selbständiger Spruch zu beurteilen,[3] in dem ebenso wie in 8,20 von der Enttäuschung des Volkes über die ausbleibende Rettung geredet wird. Die Verknüpfung von V.13 mit V.7-12 wird dadurch erleichtert, daß Jahwe in V.13b wie im Zusatz V.12aβb in der dritten Person genannt wird. Eigenartig ist der Vorschlag von Leslie,[4] V.4abα zwischen V.7-12 und V.13 zu versetzen. Nicht zuzustimmen ist Schreiner,[5] der V.7-13 in die Klage Jahwes V.7-11a und die des Propheten V.11b-13 aufteilt. Ebensowenig überzeugend ist die Ansicht von Kroeker,[6] daß in V.7-17 eine Jahwerede über sein Volk an den Propheten vorliegt.

(7) Ich habe mein Haus verlassen (עזבתי את־ביתי)
   mein Erbe verworfen (נטשתי את־נחלתי),

---

1 V.12aβb ist gegen Holladay (S.385) und mit Thiel (Jer 1-25, S.162), Rudolph (z.St.), Weiser (z.St.) und McKane (S.275) als Nachtrag zu betrachten.

2 Hitzig, Keil, Giesebrecht, Duhm, Naegelsbach, Gelin, van Selms, Nötscher, Lamparter, Feinberg, Harrison, Thompson, Blackwood, Boadt, Dalglisch, Holladay, Carroll, z.St.; Bennett, Outline, S.49; Langer, Leiden, S.4.

3 Vgl. Hölscher, Propheten, S.403; M.Simon, Jer, S.63; Hans Schmidt, Propheten, S.314; Cornill, 1905, S.161, 164; McKane, S.275-277.

4 Jer, S.187.

5 Z.St.

6 Z.St.

habe den Liebling meiner Seele in die Hand seiner
Feinde gegeben (נתתי את־ידרות נפשי בכף איביה).

(8)    Mein Erbe ist mir geworden wie ein Löwe[a] im Walde
(היתה־לי נחלתי כאריה[a] ביער),
hat wider mich seine Stimme erhoben, darum hasse ich es
(נתנה עלי בקולה על־כן שנאתיה).

(9)    Ist mein Erbe mir eine Hyäne (הצבוע נחלתי לי),[b]
sind Raubvögel rings darum (העיט סביב עליה)?
Auf, sammelt[c] alles Getier des Feldes, bringt zum Fraße
(לכו אספו כל־חית השדה התיו לאכלה)!

(10)    Viele Hirten haben meinen Weinberg zerstört,
mein Feld (וחלקתי)[d] zertreten,
mein liebliches Feld zu einer öden Wüste gemacht
(נתנו את־חלקת חמדתי למדבר שממה)

(12)    Sie haben es zu einer Öde gewandelt[e] (שמה לשממה),
es trauert[f] vor mir verödet (אבלה עלי[f] שממה),
das ganze Land ist verödet (נשמה כל־הארץ),
doch keiner nimmt sich's zu Herzen.

(12aα)Über alle Höhen in der Wüste kamen Verwüster (שדדים).


Zum Text:
[a]    Mit der Umpunktierung von אַרְיֵה zu אָרְיָה überträgt
Seybold[7] V.8a folgendermaßen: "Geworden ist mir mein Landgut
wie ein Viehstall im Walde". Seine ganze Argumentation beruht auf
der einseitigen Hervorhebung der territorialen Bedeutung des Wortes נחלה im Text.[8]
[b]    Die Schwierigkeit beim Verstehen von V.9a liegt zuerst in der
Verbindung des zweideutigen Hapax legomenon צבוע ("Hyäne" oder
eine Art Vogel) mit עיט ("Raubvogel"). Sollte das erste עיט wegen
einer Dittographie weggelassen werden, könnte in V.9a ein sachlich
zu V.8a paralleler Fragesatz vorliegen. Der obigen Übersetzung
steht die Übertragung McKanes[9] nahe: "Do my people treat me as
a hyena would?".[10]
[c]    Die Vulgata liest אסף im Nif., wobei "alles Getier des Feldes"
als Vokativ zu verstehen ist.[11] Die Qalform des Verbs im MT kann


7    Löwe, S.97-99, 103.
8    S.u.S.30f.
9    Jer I, S.268-273. Vgl. Wambacq, z.St.
10    Zu anderen Vorschlägen vgl. u.a. H.-P.Müller, Vogel; Emerton,
      Jer 12,9; Holladay, Jer 1, S.383, 387f.; Barthelemy, Critique,
      S.572f.
11    So auch z.B. Volz, z.St.; Weiser, z.St.; Rudolph, z.St.; Holladay,
      z.St. Seybold (Löwe, S.100, Anm.29) streicht das Verb als eine
      erklärende Glosse.

jedoch beibehalten werden.[12] Nicht ungewöhnlich ist eine Aufforderung an eine unbestimmte Mehrzahl bei Jeremia, die besonders mit
dem Gerichtshandeln Jahwes im Zusammenhang steht (vgl. z.B.
5,10)[13] und eine ähnliche Funktion wie ein Monolog hat.[14]

d  Nicht nötig ist die Emendation von חלקחי zu נחלתי wie in
mehreren Manuskripten.[15]

e  שָׁמָה im MT ist zu שָׁמָה zu korrigieren.[16]

f  Das Wort אבלה kann man als das erklärende Wort zu שממה
betrachten, sei es im Sinne von "traurig" (אבל I)[17] oder von "aus-
getrocknet" (אבל II)[18]. Das Wort steht jedoch in einem besseren
Zusammenhang, wenn man es wie in der obigen Übersetzung mit
den darauffolgenden Worten עלי שממה in Verbindung bringt.[19]

Im ersten Vers redet Jahwe von seinem eigenen Unheilshandeln
gegen sein Eigentum. Das wird durch die dreifache Verbindung des
Verbs in der ersten Person Jahwes mit dem Objekt, das ebenfalls
das Pronominalsuffix in der ersten Person Singular hat,[20] ein-
drucksvoll formuliert. Im Hebräischen ist die Anhäufung von י.
deutlich zu erkennen:

עזבתי את־ביתי נטשתי את־נחלתי
נתתי את־ידדות נפשי בכף איביה

Die Äußerung, daß Jahwe sein Haus verlassen hat, ist singulär
und erinnert an die Beschreibung Ezechiels von der Verlagerung der
Herrlichkeit Jahwes vom Tempel auf den Berg östlich von Jerusa-

---

12  So auch Carroll, z.St.

13  S.u.S.36

14  Diese unbestimmten Adressaten könnten eine fiktive Hörer-
    schaft sein (Dazu s. Bak, S.161).

15  Mit Soggin (Jer 12,10a) und Holladay (z.St.) und gegen Volz
    (z.St.) und Rudolph (z.St.).

16  Z.B. Rudolph, z.St.; McKane, z.St.

17  Rudolph, z.St.; Weiser, z.St.

18  Holladay, S.383f. Zur Zweideutigkeit der Wurzel אבל s.u.S.37
    und Bak, S.186.

19  Carroll, z.St.; McKane, Jer I, S.268, 274f. Zu weit geht McKane,
    wenn er V.11a folgendermaßen übersetzt: "They have laid it
    waste;/its desolation makes me mourn".

20  Das wird von Blackwood (z.St.) als "the affectionate posse-
    sives" bezeichnet. Ferner vgl. Collins, Line-Forms, S.83-88, 90f.
    und s.u.S.33.

lem (Ez 9,3; 10,18f.; 11,23). Hier wie dort wird damit der Vollzug des Gerichts Jahwes über sein Volk gemeint.[21] "Mein Haus" in unserer Stelle, das für "das Haus Jahwes" (בית יהוה)[22] steht, ist mit Rücksicht auf seine Parallele "mein Erbe" und auf Hos 8,1; 9,15 weniger eine Bezeichnung des Tempels[23] als eine Umschreibung des Landes Israel.[24]

Nicht selten will man das Wort "Haus" in Jer 12,7a im Sinne der Familie interpretieren.[25] Dabei kommt "das Haus deines Vaters" in V.6 in Betracht.[26] Aber die Anknüpfung von V.7 an V.6 ist als sekundär zu beurteilen, zumal sie sog. Konfessionen später entstanden sind.[27]

Wenn in V.7 davon die Rede ist, daß Jahwe selbst sein Erbe (נחלה) verworfen hat, geht es zuerst um das Unheil über das *Land* Juda.[28] Das Substantiv נחלה bezeichnet bei Jeremia noch nicht so explizit wie in anderen alttestamentlichen Büchern das Gottesvolk als das Eigentum Jahwes.

Die Verbindung von נחלה mit עם ist in Dtn 4,20; 9,26.29; 1 Kön 8,51; Jes 47,6; Joel 2,27; 4,2; Mi 7,14; Ps 28,9; 78,62.71; 94,5.14; 106, 4f.40 belegt. Weder eine solche Verbindung noch ein unmittelbarer Zusammenhang zwischen dem Erbe Jahwes und dem Gottesvolk sind sowohl in den jeremianischen Belegen für נחלה (2,7; 3,19; 12,7.8.9;

---

21    Vgl. Zimmerli, Ez 1-24, S.234. Er scheidet 9,3a als eine Nachinterpretation aus (ebd., S.204).

22    Der Ausdruck ist unter den Prophetenbüchern am häufigsten im Jeremiabuch belegt (Jenni, בית, Sp.310).

23    Z.B. Henry, S.487.

24    So z.B. Duhm, z.St. Vgl. H.W.Wolff, Hosea, S.176; J.Jeremias, Hosea, S.104, 125.

25    Z.B. Graf, Cornill, Rudolph und McKane, z.St.

26    Zu 12,6 s.u.S.124.

27    S.u.III. Die Stichwortanknüpfung der beiden Verse hinsichtlich von בית wird genauso wie zwischen 15,8f. und 10 hinsichtlich von אם (s.u.S.132) häufig beobachtet (Z.B. Naegelsbach, z.St.; Kuist, z.St.; Church, Lives, S.147; Bennett, Outline, S.49. Vgl. Strobel, S.54). zu den weiteren Entsprechungen zwischen 12,7-12 und 11,18-12,6 s.v.a. Blackwood, S.122f.

28    Gegen Cunliffe-Jones (z.St.), Thompson (z.St.), McKane (S.269 f.), Holladay (S.384, 386) u.a. So versteht Thompson auch "mein Haus" in V.7a als Bezeichnung des Gottesvolkes. McKane übersetzt נחלה in V.7-9 durchgehend mit "my people".

17,4) als auch in den Belegen aus späteren Zeiten (10,16=51,19; 12,14. 15; 16,18; 50,11) zu finden.[29]

Im ganzen Text 12,7-12 bewegen sich die Bilder und die Ausdrükke überwiegend im Vorstellungsfeld eines Territoriums.[30] Dabei ist aber nicht zu übersehen, daß in die Klage über das Land das Unheilsschicksal und Verhalten des Gottesvolkes einbezogen werden. Dafür spricht bereits das Verb "verwerfen" (נטש).[31] Dieses Verb wird sonst nicht auf das Land allein angewandt, wenn es um das Handeln Jahwes geht. Jahwe verwirft sein Volk (Ri 6,13; 1 Sam 12, 22; 1 Kön 8,57; 2 Kön 21,14; Ps 94,14; Jes 2,6; Jer 7,29[32]; 23,23.29.[33] Vgl. 12,15), den Psalmisten (Ps 27,9), Pharaoh (Ez 29,5; 32,4) und sein Heiligtum in Schilo (Ps 78,60). Der letzte Beleg ist mit der ersten Aussage Jahwes in Jer 12,7 zu vergleichen[34]: "Ich habe mein Haus verlassen (עזבתי)". Die parallele Verwendung der Verben עזב und נטש[35] ist jedoch nur noch in der Bitte zu finden, daß Jahwe den Psalmisten (Ps 27,9) oder das Gottesvolk (1 Kön 8,57) nicht im Stich lassen möge. Auffallend ist noch die Verbindung von "verwerfen" mit der Redewendung "in die Hand (der Feinde) geben" (נתן ביד / בכף [ איבים ]) in Ri 6,13; 2 Kön 21,14 wie in unserem Vers.[36] Jer 12,7 steht 2 Kön 21,14 näher als Ri 6,13. Denn es ist in 2 Kön 21,14 davon die Rede, daß Jahwe "den Rest meines (=Jahwes) Erbes (נחלה)" verwerfen wird.[37] Umso wichtiger ist der Zusammenhang, in dem diese Jahwerede steht. In der Unheilsankündigung

29  Vgl. Wanke, נחלה, Sp.58; Seybold, Löwe, S.93f; Loewenstamm, נחלת ה', S.157, 170f.
30  Gegen Orlinsky, Nationalism-Universalism, S.69. Vgl. Brueggemann, Place, S.159f.
31  Vgl. Lundbom, נטש, Sp.436f., 439f.
32  Ein jeremianischer Spruch (s. Bak, S.288-293).
33  In 23,29 steht noch "die Stadt" (העיר), nämlich Jerusalem als ein weiteres Objekt von "verwerfen". Der Vers befindet sich in einem nachjeremianischen Text.
34  Zu den Entsprechungen zwischen Ps 78,16f. und Jer 12,7f. vgl. Bonnard, Psautier, S.161-163.
35  Nach Collins (Line-Forms, S.230) ist die semantische Entsprechung zwischen den beiden Substantiven ("Haus"/"Erbe") loser als zwischen den beiden Verben ("verlassen"/"verwerfen").
36  Für "Hand" steht כף in Ri 6,13; Jer 12,7 statt des üblichen Wortes יד wie in 2 Kön 21,14.
37  2 Kön 21,10-15 schreibt Dietrich (Prophetie, S.14, 74f., 102) dem prophetischen Deuteronomisten (=DtrP) zu.

über Manasse (V.10-18) redet Jahwe zuerst über das Unheil über das Land Juda und Jerusalem (V.12f.). Deshalb wird mit "dem Rest meines Erbes" wohl das Volk Juda gemeint sein.[38] Eine solche Annahme wird im Hinblick auf die nächste Aussage noch wahrscheinlicher. Denn die Redewendung "in die Hände (der Feinde) geben" bedeutet im Prinzip die Auslieferung der schuldigen *Menschen* in die Gewalt derjenigen, die das Gericht Jahwes vollstrecken.[39] Dementsprechend weist auch der Ausdruck in Jer 12,7b "der Liebling meiner Seele (נפשי ידדות)" mehr auf das Gottesvolk als auf das Land Juda hin, wenn er auch im jetzigen Zusammenhang zu "meinem Erbe" im Sinne des Landes Juda parallel steht.[40] Das stimmt mit dem Gebrauch des Wortes "Liebling"/ lieblich" (ידיד) überein, das mit dem Hapax legomenon ידדות verwandt ist.

Mit ידיד werden hauptsächlich die geliebten Menschen Jahwes bezeichnet (Dtn 33,12; Jer 11,15; Jes 5,1; Ps 60,7=108,7; 127,2). Nur einmal in Ps 84,2 dient das Wort zur Schilderung der göttlichen Wohnstätten.[41] In Hinsicht auf die Worte wie "Liebling" (ידדות) und Weinberg (כרם) erinnert unser Text (besonders V.7.10) an das sog. Weinberglied Jes 5,1-7, in dem es letzten Endes um das Verhältnis Jahwes zu seinem Volk geht. Die einmalige feminine Form des Wortes ידדות in Jer 12,7b dürfte sich aus dem Vergleich einer Frau mit einem Feldstück erklären, der sowohl im Alten Testament (besonders Jes 5,1-7) als auch außerhalb des alten Israel bekannt ist.[42] Diese feminine Bezeichnung des Eigentums Jahwes in den Worten wie נחלה und ידדות entspricht der Bezeichnung Jerusalems in einem Femininum in 6,22-26; 13,21-27; 15,5-9; 22,20-23 u.a. Jerusalem steht in diesen Texten für das Volk Juda, wie der Weinberg in Jes 5,1-7 und das Erbe Jahwes in unserem Text das Gottesvolk vertreten. Darüber hinaus sind weitere sachliche Entsprechungen zwischen Jes 5,1-7 und Jer 12,7-12 festzustellen: Enttäuschung Jahwes über den erwartungswidrigen Zustand seines Volkes, dessen Preisgabe an die Feinde und dessen Verlassenheit. Die Vorstellung vom Weinberg Jahwes ist zwar noch mehrmals bei Jeremia

---

38   Vgl. Horst, Eigentum, S.142.
39   Vgl. van der Woude, יד, Sp.671f.; Weippert, Jahwekrieg, S.400. Außerdem steht manchmal "die Stadt" (=Jerusalem) (34,2; 38,3) oder "Länder" (27,6) für die Menschen (vgl. Brueggemann, Book, S.140f.).
40   Vgl. Keil, S.167.
41   Wildberger, Jes, S.167.
42   Ebd., S.165, 169.

zu finden (2,21; 5,10; 6,9),[43] aber im Zusammenhang mit anderen Aspekten.

Der personale Bezug in der Jahwerede von seinem Eigentum in V.7 ist an der Bildsprache in den nächsten Versen noch deutlicher zu erkennen. In V.8 wird das Erbe Jahwes mit einem brüllenden Löwen und in V.9a mit einer Hyäne[44] verglichen. In V.11a ist sogar vom "Trauern" (אבל) des Landes die Rede.[45] Die Darstellung des Landes wie eines lebendigen Wesens im Text, die an die Personifikation Jerusalems in den anderen jeremianischen Sprüchen erinnert, wird noch durch die wiederholte Verwendung des Pronominalsuffixes in der ersten Person Jahwes verstärkt: "mir" (לי) (V.8a.9a), "wider mich"/"vor mir" (עלי) (V.8b.11a), "mein Feld" (חלקתי)[46]/ "mein liebliches Feld" (חלקת חמדתי) (V.10a.b) und "mein Weinberg" (כרמי) (V.10a). Die Personifikation des Landes sowie Jerusalems hängt mit der untrennbaren *Zusammengehörigkeit* des *Gottesvolkes* mit seinem *Land* zusammen. Von Jahwe allein hängt das Schicksal der beiden ab.

Die Verbundenheit des Volkes Juda mit seinem Land im vorliegenden Text ist vor allem von Diepold, Jacob, de Jong und Zimmerli erkannt worden.[47] aber das Land steht immer noch im Vordergrund unseres Textes, wie auch in der Klage des Propheten über die Verwüstung des Landes in 4,19-21.[48] Auffallenderweise ist 12,7-12 in der Untersuchung Brueggemanns[49] über das Land als ein zentrales Thema des biblischen Glaubens[50] nicht erwähnt, obwohl er das Thema im Jeremiabuch eingehend bespricht.[51]

---

43  Vgl. Holladay, S.338f.; McKane, S.274; Kaiser, Jes 1-12, S.97-100.
44  S.o.S.28.
45  S.o.S.28f.
46  Vgl. Gerstenberger, חלק, Sp.577.
47  Diepold, Land, S.107-109, 118-121; Jacob, Terre, S.159; de Jong, Volken, S.159f.; Zimmerli, Land, S.37f.; Vgl. Küchler, Jahwe, S.81f.
48  Vgl. Diepold, Land, S.119 und Bak, S.83-91.
49  Land, 1977.
50  Ebd., S.3: "... a central, if not *the central theme* of biblical faith" (Hervorhebung: Original)
51  Ebd., S.107-137. Vgl. noch Davies, Dimension; Orlinsky, Land; Stemberger, Bedeutung; Wildberger, Land.

Im Text wird das Volk nicht einmal ausdrücklich genannt, z.B. mit dem Ausdruck "mein Volk" (עַמִּי) wie in 4,22; 8,18-23.[52] Trotzdem geht es in V.8 zweifellos um das widerspenstige Handeln des Volkes seinem Gott gegenüber, das das Unheil über sich selbst bewirkt. Anders als in den Stellen, wo die Angreifer gegen das Gottesvolk mit den Löwen verglichen werden (2,15; 4,7; 5,6), bringt das Löwenbild in unserem Text das gestörte Verhältnis zwischen Jahwe und seinem Volk zum Ausdruck: Das Gottesvolk ist zum Feind Gottes geworden.[53] Diese ungewöhnliche und einmalige Anwendung des Löwenbildes auf das Gottesvolk stört den Gedankengang des Textes nicht, sondern hängt mit dem personalen Hintergrund der territorialen Rede zusammen.

Wie bereits oben erwähnt,[54] ersetzt Seybold אַרְיֵה in V.8a durch אָרְיָה, weil er die Verbindung des "Erbes Jahwes" mit dem Bild des brüllenden Löwen unvereinbar findet. Seybold[55] versucht eine Rekonstruktion des angeblich ursprünglichen prophetischen Gedichtes, indem er V.7b.8b.9b*.11b.12.13 als kommentierende Nachträge streicht. Dabei wird jedoch die Verbundenheit des Landes mit dem Volk besonders im vorliegenden Text nicht berücksichtigt, wenn Jeremia auch das Wort "Erbe" immer noch im räumlichen Sinne gebraucht.

Durch das feindliche Verhalten seines Volkes ist Jahwe dazu gezwungen worden, sein eigenes Erbe zu hassen. Daß das Land/Gottesvolk zum Gegenstand des Hasses Jahwes wird, ist abgesehen von den falschen Vorwürfen des Volkes in Dtn 1,27; 9,28 nur noch in Hos 9,15 zu belegen.[56] Auch dort wird die Feindschaft Jahwes gegen sein Volk durch dessen feindliches Verhalten erregt.[57] Der Haß Jahwes bedeutet den Entzug seiner Gegenwart aus seinem Eigentum und dessen Preisgabe an die Feinde (V.7)[58] Der Konflikt

---

52   Dazu Bak, S.44f. und 90.
53   Vgl. Botterweck, Löwenbilder, S.125; ders., אֲרִי, Sp.414; Langer, Leiden, S.4. Eigentlich ist Israel die Herde Jahwes (vgl. Pyoun/ Ryu, S.738).
54   S.o.S.28.
55   Löwe, S.92-99.
56   Jenni, שׂנא, Sp.836.
57   Vgl. H.W.Wolff, Hosea, S.217; Jeremias, Hosea, S.124f.
58   Ebd., S.125.

zwischen der fürsorgenden Liebe und dem gerichtsvollziehenden Haß Jahwes[59] läßt sich einerseits an den affektgeladenen Bezeichnungen des Erbes Jahwes als "des Lieblings meiner Seele" (V.7b) und "meines lieblichen Feldes" (חלקת המדתי) (V.10b) und andererseits an der Konjunktion "darum" (על־כן) (V.8b) erkennen. "Darum" in V.8 erinnert an das Verbindungspartikel לכן im prophetischen Gerichtswort, die die an den Schuldaufweis angeschlossene Unheilsankündigung einleitet.[60] In diesem Zusammenhang ist noch zu erwähnen, daß das Wort חמדה ("Lieblichkeit"/"Kostbarkeit") vorwiegend in der Unheilsankündigung/-schilderung vorkommt. Durch die Vernichtung bzw. Wegnahme des Lieblichen wird die Wirkung des Unheils hervorgehoben (Jes 2,16; Hos 13,15; Jer 25,34; Ez 26,12; Nah 2,10; Sach 7,14; 2 Chr 32,27). Die Verbindung von חמדה mit dem ארץ ist in Jer 3,19; Ps 106,24; Sach 7,14 zu finden. In den ersten beiden Fällen ist von der Schuld des Volkes die Rede, während sich Sach 7,14 mit Jer 12,10b berührt.

Daß das Erbe Jahwes wie sein Feind unter dem Gericht steht, ist auch in V.9 aus dem Bild der "Raubvögel" (עיט) um das Erbe Jahwes und aus dem Bild "allen Getiers des Feldes" (כל־חית השדה) zu entnehmen, dem Gottes Erbe "zum Fraße" (לאכלה) angeboten wird. In Jes 18,6 wird die Machtlosigkeit der Äthiopier nach dem Unheil über deren Land im Bild der abgeschnittenen Ranken dargestellt, die an die "Raubvögel" (עיט) als Sommerwohnung und an "das Getier der Erde" (בהמת הארץ) als Winterwohnung überlassen werden.[61] In Ez 39,4 redet Jahwe davon, daß er Gog den "Raubvögeln" (עיט) und dem "Getier des Feldes" (בהמת הארץ) "zum Frasse" (לאכלה) geben wird. Außerdem wird die unbegrabene Leiche

---

59  Vgl. Muilenburg, Adversity, S.54. Zu Unrecht betrachtet Terrien (Presence, S.370) V.7 als eine Antwort Jahwes auf die Frage Jeremias nach der Gerechtigkeit Jahwes.

60  Nach Lenhard (Unterschied, S.269) leitet על־כן die schon eingetretene Folge ein, während לכן die bevorstehende Folge beschreibt. Vgl. לכן in 18,21 und על־כן in 20,11; 48,31 (s.u.S.85, 202).

61  Kaiser, Jes 13-39, S.78f. Ein gewisser Anklang an das Weinberglied (5,1-7) findet sich auch in Spruch 18,1-7, dessen Kern auf Jesaja zurückgeht.

Pharaos in Ez 29,5; 32,4 (vgl.31,13) den "Vögeln des Himmels" und dem "Getier der Erde/des Feldes" (חית הארץ/השדה) überlassen.[62]

Die Imperative in Jer 12,9b schwächen den monologischen Charakter des Textes nicht ab. Ungeachtet dessen, ob sie an die Tiere oder an eine andere unbestimmte Mehrzahl gerichtet sind, haben die Aufforderungen eine ähnliche Funktion wie der Monolog, in dem nicht die Betroffenen angeredet werden.[63] Sachlich berühren sich diese Aufforderungen mit dem Befehl Jahwes zur Vernichtung des Weinbergs in 5,10, als dessen Adressat die Feinde des Gottesvolkes vorstellbar sind. In dieser Hinsicht ist in der Rede von den Hirten in 12,10, die den Weinberg Jahwes zerstört haben, ein guter Anschluß an die Aufforderung in V.9b zu finden.[64] In V.10-12aα wird vorwiegend die Verwüstung des Landes durch feindliche Mächte dargestellt, die in V.10 mit den Hirten (vgl. 25,35)[65] und in V.12 mit den "Verwüstern" (שדדים) (vgl. 6,26b; 15,8)[66] bezeichnet werden.[67] Dazu werden wiederholt die Wurzel שמם (dreimal) und das Substantiv מדבר (zweimal) gebraucht. Außerdem bringen Verben wie "zerstören" (שחת pi.) und "zertreten" (בסס) die rücksichtslose Behandlung des Eigentums Jahwes durch die Feinde zum Ausdruck. So trauert das Erbe Jahwes verödet vor Jahwe (V.11aβ). Die Notlage des Landes ist in erster Linie durch den Angriff der Feinde entstanden (V.10.11a.12aα), nicht durch die Dürre, auf die die Wurzel אבל in V.11aβ anspielen könnte (vgl. V.4).[68] Die Not des Erbes Jahwes spitzt sich nun in seiner Verlassenheit zu: "Keiner

---

62  Die Verbindung der "Vögel des Himmels" mit dem "Getier der Erde" ist noch in verschiedenen Worten über das Gottesvolk belegt (Jer 6,4; 19,7; 34,20; Ps 79,2; Dtn 28,26). Währenddessen kommt עיט in Verbindung mit בהמה/חיה lediglich, wie oben angeführt, in den Fremdvölkersprüchen vor. S. noch Bak, S.294-300.

63  Vgl. die Aufforderung zur Klage über Moab an seine Nachbarn in 48,17 (s. Bak, S.467-471).

64  Bourguet (Métaphores, S.234) hält die Hirten in V.10 für die Adressaten der Aufforderung in V.9b.

65  Zu 25,35 s. Bak, S.529f.

66  Zu 6,26b; 15,8 s. ebd., S.47, 152f.

67  Insofern es jedoch um die Verwüstung des Erbes Jahwes geht, ist K.Gross (Verwandtschaft, S.29f) nicht zuzustimmen, wenn er V.7-11 in zwei Teile zerlegt: V.7-9 über das Erbe Jahwes und V.10f. über die Verwüstung.

68  S.o.S.29 und s.u.S.39f. und Bak, S.186.

nimmt sich's zu Herzen" (V.11bβ). Da das Land von seinem Eigentü-
mer Jahwe verlassen worden ist (V.7), gibt es keinen mehr, der sich
um das Land kümmert (vgl. 15,5.17).[69] Auf diese Weise wird in unserem Text die Einsamkeit des Gottesvolkes als die Folge seiner
Verwerfung durch Gott dargestellt.[70]

Der Text ist im großen und ganzen als eine monologische Klage
Jahwes über sein verwüstetes Land zu bezeichnen, das mit dessen
Bewohnern eine Schicksalsgemeinschaft bildet. In dieser Klage wird
aber nicht nur die Betroffenheit Jahwes durch die Verwüstung
seines Landes zur Sprache gebracht. Sondern auch seine Betroffenheit durch eigenes Unheilshandeln,[71] durch die widerspenstige Haltung seines Volkes und durch die auftragswidrige Behandlung seines Eigentums in der Hand der menschlichen Vollzieher seines
Gerichts klingt mit. Dabei spielt das Suffix in der ersten Person
Jahwes eine große Rolle, das sowohl zu den Substantiven als auch
zu den Präpositionen sowie zu den Verben hinzugefügt wird.[72] Dadurch kommen das besondere Verhältnis der Betroffenen zu Jahwe
und die Urheberschaft Jahwes im Unheil mehrfach deutlich zum
Ausdruck.

Besonders an V.7 erinnert das Bild Jahwes im babylonischen Talmud, der wegen eigenen Unheilshandelns gegen seinen Tempel und
seine Kinder Israel mit dem Klageruf ("wehe mir...") seinen Schmerz
äußert (Ber 3a). Dieses Bild wird von Fackenheim[73] mit dem Bild
der Stammutter Rahel in 31,15, die um ihre verlorenen Kinder
trauert,[74] in Verbindung gebracht. H.W.Robinson[75] sieht 12,7–11 als
einen Ausdruck des Schmerzes Gottes inmitten seines Urteils über
das Gotesvolk an (vgl.15,5f.).[76] Darüber hinaus legt Langer[77] V.7 so
aus, daß Jahwe durch das Verlassen seines Hauses heimatlos ge-

---

69  S.u.S.145f. und Bak, S.129.
70  Seidel, Einsamkeit, S.111.
71  Vgl. Buber, Glaube, S.210 (zu 45,5); Zimmerli, Frucht, S.142f.
72  Insgesamt sechzehnmal, s.o.S.29, 33.
73  Hearts, S.192f.
74  Dazu s. Bak, S.384–396.
75  Cross, S.183f.
76  Zu 15,5f. s. Bak, S.128–130. 12,7–12aα steht in verschiedener
    Hinsicht 15,5f. nahe. Auch dort werden die Verlassenheit des
    Betroffenen in seiner Not, seine Schuld und das ungewollte
    Unheilshandeln Jahwes erwähnt.
77  Leiden, S.4.

worden ist.[78] Daß es sich im vorliegenden Text nicht um das bevorstehende Unheil handelt, ist aus der überwiegend perfektischen Verwendung des Verbs zu erschließen. Lediglich die Imperative in V.9b spielen darauf an, daß die schwierige Zeit noch nicht zu Ende gegangen ist. Obwohl der Text keine konkreten Anhaltspunkte für die Datierung liefert, denken die Kommentatoren häufig an eine Entstehungszeit nach 601 v.Chr.[79]

---

78  Vgl. Bak, S.170-184 ("Das Problem des Leidens Gottes").
79  Seybold, Löwe, S.103; Diepold, Land, S.47; Rudolph, S.87-89; Weiser, S.105. Holladay (S.386) setzt 12,7-12 in das Jahr 605 v. Chr. und V.13, den er für eine Erweiterung von V.7-12 durch den Propheten Jeremia selbst hält, in das Jahr 601/600 v.Chr. an. Ferner vgl. Scharbert, Propheten, S.272f.

## 2. Klage des Propheten und Klage des Volkes in der sogenannten prophetischen Liturgie 14,1-15,4[1]

Abgesehen von der problematischen Überschrift V.1[2], die offenbar auf den Redaktor zurückgeht,[3] ist der poetische Teil V.2-6 die erste Sprucheinheit des Textes, die an und für sich als eine Notbeschreibung betrachtet wird. Sie ist ganz und gar unpersönlich formuliert, und zwar in dem Sinne, daß hier weder der Sprecher noch der Adressat angedeutet oder gar identifiziert werden.[4] Es handelt sich um die *Schilderung* des *Zustandes* eines Landes, das von Dürre in vollem Maß betroffen ist.[5]

Holladay[6] betrachtet die in 14,1ff. geschilderte Dürre als den Hintergrund des in 36,9 erwähnten Fastens,[7] das er nun in Anlehnung

---

1    Die Textabgrenzung ist umstritten:

14,1-15,9: Keil, Duhm, Giesebrecht, Cornill, Condamin, Nötscher, Lamparter, E.Haag, Weiser, Cunliffe-Jones, Huey, Dalglish, Kroeker, Thompson, Naegelsbach, van Selms, Holladay, Bonnard (Jér. Sp.879), Beuken/van Grol (Jer 14,1-15,9), Graf Reventlow (Liturgie, S.149-187).

14,1-15,4: Volz, Rudolph, Gelin, Hyatt, Wambacq, Kuist, Bright, Nicholson, Strobel, Boadt, Davidson, Blackwood, Lauck, Sekine, McKane, J.W.Miller (Verhältnis, S.51), Lindblom (Prophecy, S.257), Thiel (Jer 1-25, S.178-194), Kessler (Drought, 1972).

14,1-15,3: Brandt (S.67), Leslie, Steinmann.

14,1-15,2: M.Simon (S.58-61), Graf Reventlow (Gebet, S.251-260), Fohrer (Propheten 2, S.103-109; Klage, 1982), Carroll (S.307). S. noch unten S.68, Anm.162.

2    Dazu vgl. v.a. Polk, Persona, S.82-84; P.K.D.Neumann, Hört. S.370f.; ders., Wort, S.172, 193-201; Tucker, Superscriptions.

3    Vgl. Thiel, Jer 1-25, S.180f.; Seidl, Wortereignisformel, S.21-25.

4    Blank (Jer, S.89f.) redet bereits in 14,2-6 vom Mitleiden des Propheten. Dagegen hält Holladay (S.425) V.2-6 für eine Jahwerede, die 15,5-9 entspricht.

5    Thiel, Jer 1-25, S.181; Beuken/van Grol, Jer 14,1-15,9, S.312f.; Boadt, Jer 1-25, S.111. Zum Näheren s. Bak, S.181-191.

6    Chronology, S.71-73; Years, S.150f.; Proposal, S.327; Jer 1, S.4.

7    Vgl. Baumann, Urrolle, S.358f.

an Lohfink[8] eher in das Jahr 601 v.Chr. als 605/4 v.Chr. ansetzt.[9] 14,2-6 an sich bietet jedoch keine Anhaltspunkte für eine solche Annahme.

## 2.1. Wir-Klage des Propheten vor Gott (14,7-9)

Die nächste Sprucheinheit V.7-9 erweist sich deutlich als ein Stück des Klageliedes:

(7) Wenn unsere Sünden gegen uns zeugen (אִם־עֲוֹנֵינוּ עָנוּ בָנוּ),
    Jahwe, handle um deines Namens willen
(יהוה עשׂה למען שׁמך)!
Ja, unsere Abkehr ist vielfach (כִּי־רַבּוּ מְשׁוּבֹתֵינוּ),[a]
an dir haben wir gesündigt (לך חטאנו)
(8) Hoffnung Israels (מִקְוֵה יִשְׂרָאֵל),
    sein Retter zur Zeit der Not (מוֹשִׁיעוֹ בְּעֵת צָרָה)![b]
Warum (למה) bist du wie ein Fremdling im Lande
und wie ein Wanderer, der nur über Nacht
einkehrt?[c]
(9) Warum bist du wie ein erschrockener Mann[d]
(למה תהיה כאישׁ[d] נדהם),
    wie ein Krieger[d], der zu retten nicht vermag
(וכגבור[d] לא־יוכל להושׁיע)?
Aber du bist doch in unserer Mitte, Jahwe, und
dein Name ist über uns ausgerufen (ושׁמך עלינו נקרא),
laß uns nicht (אל־תנחנו)!

Zum Text:
[a] Wörtlich: "Ja, unsere Abtrünnigkeiten sind viel".
[b] Vgl. Dahood, Jer 17,13, S.109: "O Pool of Israel who saved it in time of drought!" Dabei nimmt Dahood nicht nur darauf Rücksicht, daß מִקְוֵה sowohl "Hoffnung" als auch "Teich" bedeuten kann,[10] sondern auch auf den Zusammenhang, in dem V.7-9 steht.
[c] Vgl. Rudolph, z.St.; EÜ.
[d] In der Regel korrigiert man כְּגִבּוֹר zu כְּגֶבֶר.[11] Es ist jedoch

---

8    Kurzgeschichte, S.324-328.
9    Vgl. Holladay, Scrolls, S.467; Rudolph, S.233.
10   Auch Holladay, S.433.
11   Z.B. Rudolph, z.St.; Weiser, z.St.

im Hebräischen möglich, daß die beiden Bestandteile des Hendiady-
oins אִישׁ גִּבּוֹר in einer parallelen Struktur getrennt werden.[12]

Von ihrer Umgebung hebt sich die vorliegende Sprucheinheit dadurch ab, daß sie in der Anrede einer Mehrzahl ("wir"/"unser") an
Jahwe formuliert ist. Besonders im Unterschied zur vorigen Sprucheinheit in V.2-6, in der der Sprecher und der Adressat völlig in den
Hintergrund der breit geschilderten Notlage des Landes treten, geht
es hier hauptsächlich um das *Verhältnis* zwischen den beiden,
obwohl die Notsituation des Sprechers den Anlaß zu seiner Anrede
an Jahwe gegeben hat. In V.7 wird die Bitte um die Zuwendung
Jahwes ausgesprochen, die durch das Sündenbekenntnis umrahmt
und unterstützt wird. Dabei ruft der Beter Gott mit seinem Namen
Jahwe an und nennt den Grund für das rettende Eingreifen Jahwes
mit der Redewendung "um deines Namens willen" (לְמַעַן שְׁמֶךְ). In
V.8a wird Jahwe erneut mit den zwei Prädikationen angerufen, in
denen das Vertrauen des Beters auf Jahwe zum Ausdruck kommt:
"Hoffnung/Retter Israels!" Diesmal schließt sich nicht die Bitte an
die Anrufung an, sondern die doppelte "Warum"(לָמָּה)-Frage in
V.8b-9a. In ihr geht es um die *Klage über* das Ausbleiben der Rettung *Jahwes* in der Not des Beters.[13] Das entspricht nicht dem
Vertrauen des Beters auf Jahwe.[14] Trotzdem äußert der Beter zum
Schluß sein Vertrauen noch einmal in V.9b nachdrücklich und bittet
um das "Nicht-Lassen" Jahwes mit dem Hinweis auf seine Zugehörigkeit zu Jahwe.[15] Daß das Gebet durch kollektive Erfahrung veranlaßt worden ist, daran besteht kein Zweifel. Der Beter bezeichnet
sich im Plural und mehrmals explizit oder implizit als das Gottes-

---

12  Talmon, Study, S.340.
13  Gegen Fohrer (Propheten 2, S.105) ist die "Warum"-Frage an
    sich noch keine richtige Bitte. Vgl. Barr, Why?, 1985; Jepsen,
    Warum?, 1978; Bak, S.56f.
14  Die Bedeutung der Klage über Jahwe hebt neuerdings noch
    Limbeck (Klage, 1977) außer Westermann (z.B. Role, 1974) und
    Brueggemann (Loss, 1986; Theology I/II, 1985; Sigh, 1984; Hurt,
    1974) hervor. In der Abschwächung der Klage über Jahwe in der
    späteren Zeit der israelitischen Geschichte sieht Limbeck den
    Grund des Verstummens der Klage. Ferner vgl. Bak, S.178f.
15  Zu den strukturellen und stilistischen Eigentümlichkeiten von
    14,7-9 vgl. Beuken/van Grol, Jer 14,1-15,9, S.326f.

volk: "Israel" (V.8), diejenigen, "über die Jahwes Name ausgerufen wird"[16] und "in deren Mitte Jahwe ist" (V.9b). Die Anwesenheit Jahwes ist auch in der Frage in V.8b-9a vorausgesetzt. Außerdem kommen einzelne Ausdrücke wie "Abtrünnigkeit" (משובה), Hoffnung (מקוה), "Retter" (מושיע) und Not (צרה) vorwiegend im kollektiven Zusammenhang vor.

משובה ist hauptsächlich im Jeremiabuch (2,19; 3,6.8.11.12.22; 5,6; 8,5; 14,7) und sonst nur in Hos 14,5 (vgl. 11,7); Spr 1,32 belegt. Mit Ausnahme des letzten Belegs wird das Wort immer auf das Volk angewandt.

מקוה wird auch in 17,13; 50,7 als Prädikat für Jahwe gebraucht. Die übrigen Belege (Esra 10,2; 1 Chr 29,15) liegen ebenfalls im kollektiven Zusammenhang vor.

Zu מושיע als Gottesbezeichnung s.Stolz, ישע, Sp.789.[17] צרה dient im Jeremiabuch immer zur Beschreibung der Notlage eines Volkes (4,31; 6,24; 15,11; 16,19; 30,7; 49,24; 50,43). Die Wurzel I צרר hat in erster Linie mit den politsch-militärischen Anfeindungen etwas zu tun.[18]

Obwohl "Not" und "Krieger" (גבור)[19] mehr auf die Kriegsnot als auf die Dürre anspielen, läßt sich die Frage kaum mit Sicherheit beantworten, welche geschichtlichen Ereignisse hinter dem Gebet stehen.[20] Hervorgehoben wird vielmehr die *Gegenwart Jahwes* unter seinem Volk, die für dieses die *Rettung* aus der Not bedeutet. Damit hängt zusammen, daß die Bitte ganz kurz und allgemein formuliert ist. In V.7aβ wird um das "Handeln" (עשה) Jahwes und in V.9b um sein "Nicht-Lassen (נוח hif.)" gebeten. Was mit dem "Handeln" gemeint wird, versteht sich, wenn Ps 109,21; 143,11 herangezogen werden:[21]

---

16  Die Redewendung ... קרא שם יהוה על nif. bringt das Besitz- und Hoheitsrecht Jahwes zum Ausdruck (Galling, Ausrufung, 1956). Ferner vgl. 15,16 (s.u.S.144).

17  Zu den Differenzen der Gottesbezeichnungen zwischen den individuellen und kollektiven Klagepsalmen s. Albertz, Frömmigkeit, S.32-37.

18  Jenni, צרר, Sp.582f. Vgl. Dahood (s.o.S.40).

19  Zu גבור s.u.S.201f.

20  Vgl. Carroll, S.312f.

21  Ps 143 ist in die nachexilische Zeit und Ps 109 in die vorexilische Zeit anzusetzen. Vgl. Kraus, Ps, S.922, 1116.

(Ps 109,21)

Du aber, oh Jahwe, mein Herr, handle an mir (עֲשֵׂה אִתִּי)
um deines Namens willen (לְמַעַן שְׁמֶךָ);
nach deiner gnädigen Güte errette mich (הַצִּילֵנִי)!

(Ps 143,11)

Um deines Namens willen, oh Jahwe, erhalte mich am Leben;
in deiner Gerechtigkeit führe meine Seele aus der Not (מִצָּרָה)!

In den beiden *individuellen* Klagepsalmen sind einige wichtige
Ausdrücke bzw. Begriffe von Jer 14,7-9 wiederzufinden. Wie in der
Bitte Jer 14,7aβ dient die Redewendung "um deines Namens willen"
in den beiden Psalmen als Beweggrund zur Erhörung der Bitte.
Besonders in Ps 109,21 wird sie in Verbindung mit dem Verb "handeln" wie in unserem Vers verwandt. Das "Handeln" in V.21a steht
zum "Erretten" in V.21b parallel, das von derselben Wurzel יֵשַׁע wie
"Retter" in Jer 14,8aβ stammt. Außerdem ist das Präpositionalgefüge
"an mir" in Ps 109,21a mit der präpositionalen Verbindung "in unserer Mitte" in Jer 14,9b vergleichbar. In Ps 143,11 ist der Beweggrund
"um deines Namens willen" mit der Bitte um die Rettung aus der
"Not" verbunden. Zwischen Jer 14,7aβ und V.8aβ besteht ein ähnlicher sachlicher Zusammenhang. Das "Handeln" in Jer 14,7aα gilt
nun als ein Ausdruck des rettenden Einschaltens Jahwes, das mit
dem Ruhm Jahwes zusammenhängt.

Die Verbindung zwischen dem "Namen" (שֵׁם) Jahwes und seinem
"Handeln" (עֲשֵׂה) ist noch in Ez 20,44 belegt. Wie in unserer Stelle
wird das Handeln Jahwes dort als Explikation seines Namens dargestellt. der Unterschied liegt darin, daß die Verbindung der beiden
Worte in Jer 14,7 in der Bitte an Jahwe und in Ez 20,44 in der
Anrede Jahwes an die Menschen vorkommt.[22]
Darüber hinaus ist zu bemerken, daß "um deines Namens willen"
in Ps 25,11; 79,9 mit der Bitte um die Vergebung und in Ps 31,4 mit
der Vertrauensäußerung verbunden wird.

Das "Handeln" Jahwes ist nach dem Glauben des Beters von der
rettenden Anwesenheit Jahwes unter seinem Volk untrennbar. Angesichts der ausbleibenden Hilfe Jahwes zur Zeit der Not seines
Volkes redet der Beter, als ob Jahwe nicht mehr mit und unter
seinem Volk wäre. Doch ist er davon überzeugt, daß Jahwe immer

---

22  Vgl. Vollmer, עֲשֵׂה, Sp.367; van der Woude, שֵׁם, Sp.958f.

noch inmitten seines Volkes ist. Deshalb bittet er zum Schluß, daß Jahwe sein Volk nicht "lassen" möge (vgl. V.19; 12,7)[23] Das bisher Dargestellte führt jedoch nicht automatisch zur Annahme, daß in V.7-9 das Gottesvolk spricht.[24] Im Text kommen zweifellos die kollektiven Erfahrungen deutlich zum Ausdruck,[25] aber einige Elemente der individuellen Klagepsalmen sind auch anzutreffen.[26] Die Anrede an Gott 14,7-9 ist u.a. im Hinblick auf das "Wir" des Propheten Jeremia in 4,8b.13b; 6,24.26b; 8,14; 9,16f. als eine *Wir-Klage* des *Propheten* zu verstehen, und zwar wahrscheinlich im Zusammenhang mit dem hereinbrechenden Unheil über sein Volk.

### Exkurs: Das "Wir" des mitleidenden Propheten Jeremia

In den eben erwähnten Versen schließt sich Jeremia in der Form der Wir-Rede mit seinem Volk zusammen, das trotz des unmittelbar bevorstehenden schrecklichen Unheils von der falschen Sicherheit ergriffen, ahnungslos, unverständig, widerspenstig und hartnäckig bleibt (vgl. 2,35; 4,10.30; 5,3.12f.; 6,14; 7,10; 8,19; 13,20-23).[27]

Bei der Begründung der Aufforderung zur Klage in 4,8; 6,26 ändert der Prophet seinen Standpunkt vom Auffordernden zum Mitbetroffenen: "Denn nicht hat sich gewandt die Zornesglut Jahwes von *uns*" (4,8b), "Denn jählings kommt über *uns* der Verwüster"(6,26b).[28] Die Aufforderung zum Herbeiholen der Klagefrauen in 9,16f. läuft letzten Endes auf eine gemeinsame Klage des vorwegnehmend weinenden Propheten (vgl. 13,17; 14,17f.)[29] mit dem Volk hinaus, das nicht in der Lage ist, den Ernst seiner wirklichen Lage zu ahnen: "Sie (=die herbeizuholenden Klagefrauen) sollen ... über *uns* Totenklage anheben, daß *unsere* Augen vor Tränen fließen und *unsere* Wimpern Wasser strömen!" (9,17).[30] In 4,13b; 6,24 nach der Feindschilderung (4,13a; 6,22f.) und in 8,14 in/nach der ironischen Selbst-

---

23  S.o.S.30 und unten S.59
24  Zuletzt Pohlmann, Die Ferne, S.84-86. Nach Willis (Dialogue, S.71-75) handelt es sich in V.7-9 um die Reaktion der Zuhörer (=das Volk Juda) auf die prophetische Verkündigung (vgl. Dalglish, S.66f.).
25  S.o.S.42.
26  S.o.S.43 u.a. Die Formel למען שמך ist nach Podella (S.124) "in der individuellen Gottessprache zu Hause".
27  S.u.S.50-52, 91 und Bak, S.36f., 51-55, 102f., 109, 217, 255-257.
28  Dazu s. Bak, S.36f. und 47-50.
29  S.u.S.53-57 und Bak, S.118f.
30  Dazu s. Bak, S.63f.

aufforderung zur Flucht macht der Prophet, bereits bevor die Katastrophe in vollem Maße sichtbar wird und das Volk endlich zur
Kenntnis über den wahren Sachverhalt kommt, die verzweifelte
Reaktion des vom göttlichen Gericht heimgesuchten Volkes in Form
der Wir-Rede anschaulich, in der er sich als einer unter den
Schicksalsgenossen in sein Volk einbezieht.[31] Auf diese Weise wird
das Gegenüber zwischen dem unheilsankündigenden Gottesboten
und den Empfängern der Unheilsbotschaft in der Wir-Rede des
Propheten aufgehoben und überwunden, was nur in der vorwegnehmenden Sicht des Propheten möglich ist. So dient die Wir-Rede in
solchen Fällen als ein wichtiges Ausdrucksmittel für das solidari-
sche Mitleiden Jeremias.

Die Artikulation des Mitleidens des Propheten in der Wir-Rede
und anderen Formen[32] entspricht im Jeremiabuch der des Mitleidens Gottes mit seinem Volk, das sich z.B. in der monologischen
Klage Jahwes über sein verwüstetes Land beobachten läßt.[33] Sie ist
jedoch weder einfach als ein Appell zur Umkehr[34] noch aus einem
angeborenen besonderen Einfühlungsvermögen des Propheten noch
aus den leidenschaftlichen Gotteserfahrungen Jeremias zu erklären.[35]
Sie ist m.E. eher durch die geschichtliche Lage in den letzten Krisen-
jahren unmittelbar vor dem Exil bedingt,[36] auf die auch die beispiellos zugespitzten Auseinandersetzungen des Propheten mit seinen Gegnern hinweisen.[37]

Eine neue Interpretation erfahren die Wir-Reden in den oben genannten Texten neuerdings von Pohlmann in seiner Suche nach den
Anfängen der Jeremiatradition.[38] Dabei führt Pohlmann die Unheilsworte und die Unheilsklagen, in denen weder Jahwe noch die
Schuld des Volkes erwähnt sind, auf den Propheten zurück. Demgegenüber sind die Unheilsworte und die kollektiven Klageelemente erst nach dem Fall Jerusalems im Rahmen des Versuches zur
Neuorientierung inmitten des unverständlichen Unheilsschicksals
entstanden. Die individuelle Klage bei Jeremia, deren Kern Pohlmann
in 8,18-23 und 9,16-21 sucht und im tatsächlichen Kontext der
Unheilssituaton als Reaktion darauf ausgelegt, wird von den späte-

---

31  Ebd., S.41, 47-50 und 76-82.
32  Z.B. die erste Person des Pronominalsuffixes in verschiedenen
    Verbindungen (s. Bak, S.90, 119f. u.ö.).
33  S.o.S.27-38. Zum Thema "Leiden Jahwes" s. Bak, S.170-184.
34  Gegen Kuhn, Trauer, S.481.
35  In dieser Hinsicht wird Jeremia häufig Jesaja gegenübergestellt.
    Vgl. Hölscher, Propheten, S.275f., 296f.; Duhm, Propheten, S.246,
    255; Volz, Prophetengestalten, S.219f., 242-256; Martin-Achard,
    Esaïe et Jérémie; Doohan, Contrasts; Davidson, Courage, S.122;
    Ewald, Propheten II, S.1-10.
36  Vgl. Stoebe, Jer, S.385f., 409; Park, Expositions, S.82.
37  Hossfeld, Falsche Propheten, S.141f.
38  Pohlmann, Die Ferne, S.129-192.

ren Generationen so weitergeführt, daß sie in Verbindung mit den kollektiven Klageelementen zu einer allgemeinen Klage gedrängt wird.[39] Zu dieser Aktualisierung gehören auch die Wir-Rede in 4,13; 6,24; 8,14b.[40] Außerdem gilt 6,26a für Pohlmann als Weiterführung von 6,22f.25 und 4,8 als eine Neuformulierung im Hinblick auf 6,26.[41] So wird bei Pohlmann zunächst die Klage Jeremias – wenn auch seine Textgrundlage sehr begrenzt ist – als Reaktion auf die Unheilssituation ins rechte Licht gerückt.[42] Gleichzeitig findet aber das Bild eines Propheten, der in seiner vorwegnehmenden Sicht über das bevorstehende Unheil des Volkes klagt, in den von Pohlmann angenommenen jeremianischen Sprüchen keinen Platz mehr.[43] Dabei stützt er sich u.a. auf eine sehr einseitige Interpretation des Motivs "Totenklage", in dessen Rahmen Pohlmann auch den angeblichen Grundbestand von 8,18-23 stellt.[44] In der Übernahme des Motivs "Totenklage" in die prophetische Literatur geht es jedoch im Unterschied zu ihrem ursprünglichen Gebrauch eher um die Vorwegnahme des Untergangs eines Kollektivs[45] als – wie Pohlmann behauptet – um den Rückblick auf das ergangene Unheil.[46] Das läßt sich an Fremdvölkersprüchen, die in Totenklage eingekleidet sind, deutlich erkennen (vgl. Jer 48,17b; 50,23a; 51,8a.41a; Jes 14,4b.12; 21,9 u.a.).[47] Nicht überzeugend ist deshalb sein Argument gegen die jeremianische Herkunft von 6,26, daß der Untergang Judas hier vorausgesetzt ist. Das Bild des Todes bei dem prophetischen Gebrauch durch Jeremia dient im Grunde dazu, die Einstellung des Propheten zur Situation des Volkes mit dessen Einstellung scharf zu kontrastieren.[48] Den Tod seines Volkes sieht der Prophet im voraus und klagt darüber, während das Volk kaum vom bedrohendem Unheil wissen will. In diesem Zusammenhang ist auch die Aufforderung zur Klage bei Jeremia als ein literarisches Ausdrucksmittel aufzufassen,[49] nicht als die Aufforderung zur tatsächlichen

---

39  Ebd., v.a.S.185-187.

40  Ebd., S.157, 161 und 171f.

41  Ebd., S.156 und 158.

42  Vgl. unten S.47 und 91-93.

43  Das wird von Pohlmann (z.B.S.185) nachdrücklich bestritten.

44  Ebd. und S.167.

45  So z.B. Kegler, Verarbeitung, S.308; Wildberger, Jes, S.540. Vgl. Zimmerli, Ez, S.420f.

46  Pohlmann, Die Ferne, S.156f. u.ö. Die Ansicht Keglers (Verarbeitung, S.308-311), daß die Worte mit Klageelementen wie 8,18-20.21-23; 9,16-21; 6,26; 8,14 nach 587 in engem Bezug auf die Katastrophe überliefert worden sind, setzt ihre jeremianische Herkunft voraus.

47  Vgl. Bak, S.469 und 505-507.

48  Vgl. Jahnow, Leichenlied, S.163.

49  Vgl. die "rhetorische" Aufforderung z.B. in Jer 18,13-15a (dazu s. Bak, S.164-168).

Volksklage, wie Pohlmann und andere stillschweigend voraussetzen.[50] Das Motiv "Totenklage" dient bei Jeremia nun nicht nur zur Hervorhebung der Gewißheit des bevorstehenden göttlichen Gerichtshandelns,[51] sondern auch zum Ausdruck der prophetischen Reaktion auf das Gerichtswort Jahwes, worauf u.a. der Aufbau von 4,5-8; 6,16-21 hinweist.[52]

Darüber hinaus erinnert der Wechsel vom "Ich" des Propheten als des Unheilsverkünders zum "Wir" als den vom Unheil Mitbetroffenen bei Jeremia an den Wechsel von "Ich" und "Wir" in einigen Psalmen, den Scharbert[53] aus der Solidarität des "Ich" mit dem "Wir" in einem gemeinsamen Leidensschicksal erklärt. Wenn der Anfang der Entwicklung vom "Ich"- zum "Wir"-Gebet im Alten Testament bereits in der Zeit nach dem Untergang des Nordreichs genommen worden war,[54] läßt sich annehmen, daß sich Jeremia der Form der Wir-Rede bediente, um seine Reaktion auf das Unheil auszudrücken, das hereingebrochen war, dessen Höhepunkt jedoch noch bevorstand. Diese Annahme entspricht besser der geschichtlichen Lage der Propheten, der sich zwischen dem Fall Samarias und dem Jerusalems befand und besonders diesen aus der unmittelbaren Nähe erlebte, als der einseitige Verzicht auf das Bild des klagenden Propheten in seinem vorwegnehmenden Mitleiden.[55] Auf die Interpretation in dieser Richtung weist auch die oben erwähnte auffallende Verzahnung der kollektiven mit den individuellen Aspekten in Jer 14,7-9 hin.[56]

Die Wir-Rede des Propheten V.7-9, in der auch umfangmäßig die Klage, nicht die Bitte vorherrscht, wird in sekundären Verbindungen mit V.2-6 einerseits und mit V.11 andererseits im jetzigen Textzusammenhang als eine Fürbitte Jeremias für sein Volk zur Zeit seiner schweren Dürre verstanden. In diesem Zusammenhang wird oft darauf hingewiesen, daß das Mitleiden des Propheten als Mittler

---

50   Pohlmann, Die Ferne, S.155 u.ö. Vgl. oben S.18 (Anm.76).
51   Vgl.z.B. Gunkel, Einleitungen, S.LVI; Fohrer, Propheten 2, S.102f.
52   Dazu s. Bak , S.38 und 50.
53   Das "Wir", S.300-308.
54   Ebd., S.321f.
55   Eine ähnliche Erklärung findet die Rede von der "Väterschuld" bei Jeremia (3,24f. Vgl.2,5). Dazu s. Bak, S.240f. Vgl. ferner oben S.46.
56   S.o.S.44. Die Vermischung von Kollektivem und Individuellem spielt bei der Interpretaton der Konfessionen eine wesentliche Rolle (S.u.S.129f., 148 u.ö.).

zwischen seinem Gott und Volk zur Fürbitte führt (vgl. 2 Makk 15,14).[57]

In V.10 wird von der Schuld des Volkes und vom Unmut Jahwes darüber geredet. Daran schließt sich das Verbot der Fürbitte (V.11-12a) an, die in eine Unheilsankündigung (V.12b) mündet.

V.10 ist insofern ungewöhnlich, als der erste Halbvers als Jahwerede und der zweite als Prophetenrede konstruiert wird. Die beiden sind monologisch formuliert. In V.10a gibt der Prophet die Worte Jahwes über das Volk wieder und redet in V.10b von der Einstellung Jahwes dem Volk gegenüber. Für Graf Reventlow[58] dient V.10 als ein Nachweis für die Doppelseitigkeit des Prophetenamtes im kultischen Rahmen. In V.10a übermittele der Prophet dem Volk die Antwort Jahwes auf die Klage in den vorigen Versen, die er als Vertreter des Volkes vorgetragen habe. In V.10b spreche er im Auftrag Jahwes "ein deklaratorisches Urteil" über das Volk. V.10b, der offenbar aus Hos 8,13bα stammt,[59] weicht jedoch durch die nachdrückliche Erwähnung des Gottesnamens von der unpersönlichen oder passivischen Formulierung der sog. priesterlichen Anrechnungstheologie ab. V.10b ist vielmehr im Rahmen der prophetischen Polemik gegen diese Anrechnungstheologie zu verstehen, obwohl das Opfer nicht einmal deutlich erwähnt ist.[60] Im jetzigen Textzusammenhang gilt V.10 m.E. als die Überleitung von V.7-9 zu V.11f., was sich auch in einigen sprachlichen Bezügen zu den vorigen und darauffolgenden Versen zeigt.[61] Sachlich steht V.10 mit V.7-9 in einem besseren Zusammenhang als mit V.11f.[62]

Das Verbot von פלל hitp. in V.11 interpretiert Macholz[63] als "die sprachliche Artikulation des Schweigens Jahwes", die durch die

---

57  Ewald, S.76; Riessler, S.28f.; Köberle, S.187; Nicholson, S.128f.; Hertzberg, Prophet, S.140-145; Volz, Prophetengestalten, S.240f.; Herntrich, 1938, S.40f.; H.W.Robinson, Cross, S.188; Zimmerli, Verkünder, S.101; Jacob, Intercesseur, S.213f.; Kurichianil, Prayer, S.37-39; Strus, Ger, S.541-544; Gramlich, Prayer, S.221-223; Bourguet, Confessions, S.53f.; C.C.Kim, Confession, S.192f. U.a. Strus (Ger, S.544-550) sieht die mögliche Umkehr des Volkes als die Grundlage der unnachgiebigen Fürbitte Jeremias an. S. noch unten S.175-177.

58  Liturgie, S.163-165; Gebet, S.255f.

59  Gross, Verwandtschaft, S.4f.,36; Thiel, Jer 1-25, S.181, Anm.16.

60  Rendtorff, Kulttheologie, S.342; ders., Geschichte des Opfers, S.256-258. Vgl. Gerleman, רצה, Sp.812. Zur Kritik der Reventlow'schen Auffassung des prophetischen Amtes s.u.a. H.Gross, Amt, 1983.

61  Vgl. Beuken/van Grol, Jer 141-15,9, S.329f.

62  S.u.S.52.

63  Kontinuität, S.312-330.

Ankündigung von drei Katastrophen in V.12b konkretisiert wird.[64]
Für Macholz bedeutet פלל hitp. hier wie in der Jeremiaüberliefe-
rung eher "(Heils)Orakel einholen" als "Fürbitte tun".[65] Auf die
Frage, ob die Propheten Fürbitter sind, kommen wir später
zurück.[66]


## 2.2. Klage über die Heilspropheten in 14,13


Auf die Jahwerede V.11f. folgt die Erwiderung des Propheten V.13:


(13) Da sprach ich: Ach Herr Jahwe (אהה אדני יהוה)! Siehe, die
Propheten sagen ihnen: Ihr werdet das Schwert nicht sehen und
Hunger wird bei euch nicht sein, denn einen sicheren Frieden gebe
ich euch an diesem Orte".


Der Ausruf "ach, Herr Jahwe!" eröffnet die Rede. Bei diesem
Ausruf geht es nach Baumgärtel[67] um eine alte festliegende Formel
bei kultischen Bittgebeten, die die "Reaktion des Betenden aus dem
Erschrocken- und Verwirrtsein, aus dem In-Not-Geratensein gegenüber einem Tun oder Reden Jahwes" zum Ausdruck bringt. Meistens
steht die Formel mit dem Unheilshandeln Jahwes an dem Gottesvolk im Zusammenhang (4,10; 32,17; Ez 4,14; 9,8; 11,13; 21,5; Jos
7,7).[68] Dieser klagende Ausruf leitet jedoch in unserem Fall keine
Klage über Jahwe, sondern eine *Klage über die Heilspropheten* ein.
An dieser Stelle ist 4,10 zum Vergleich heranzuziehen:

---

64  Ebd., S.326.
65  Vgl. Balentine, Intercessor, S.162-164; Sawyer, Prayer, S.133-136;
    Stähli, pll, Sp.428-430; Blank, Jer, S.92-104, 234-239; Heller,
    Gebet, S.159, 161.
66  S.u.S.175-177.
67  Gottesnamen, S.9f., 27. Vgl. Jenni, אהה, Sp.73f.
68  Sonst kommt sie noch in der Berufung Gideons (Ri 6,22) und
    Jeremias (Jer 1,6) vor. Nach Baumgärtel (ebd., S.1-3) ist "Herr
    Jahwe" (אדני יהוה) im Ezechielbuch am häufigsten belegt,
    während in Jeremiabuch "Jahwe Zebaoth" (יהוה צבאות) am
    intensivsten gebraucht wird.

(4,10)  Dann werden sie sprechen[a]: Ach, Herr Jahwe!
Wahrlich (אכן), schwer getäuscht hast du (השא השאת)
dieses Volk und Jerusalem!
   Du sprachst: "Friede wird euch sein!"
Aber das Schwert geht ans Leben.

**Zum Text:**
   [a] ואמר im MT[69] ist zu ואמרו korrigiert.[70] Manchmal faßt man
ואמרו als eine impersonelle Konstruktion auf.[71]

Nach der eben erwähnten Emendation des ersten Wortes des
Verses bezieht sich das Subjekt des Verbs auf die in V.9 genannten
Persönlichkeiten: König, Beamte, Priester und Propheten. [72] Dann
handelt es sich hier darum, daß die Worte der führenden Leute des
Gottesvolkes am Tag des Unheils[73] zitiert werden. Was dem Zitat
zu entnehmen ist, ist der Unverstand dieser Leute angesichts des
entgegen ihrer Erwartungen ergangenen Unheils, das im Hinblick
auf das Wort "Schwert" vermutlich durch den Krieg über sie her-
einbricht. Eins ist jedoch für sie deutlich, daß sich die gegenwärti-

---

69  So Graf, Cornill, von Orelli, Köberle, Wambacq, Blackwood,
    Freehof, Thompson, Boadt, Feinberg, McKane, Holladay, Carroll,
    z.St.; Skinner, Prophecy, S.47; Stoebe, Seelsorge, S.405-407;
    ders., Jer, S.127f.; Plotkin, Religion, S.26; Althann, Jer 4-6,
    S.58-62; Bourguet, Confessions, S.47; Pohlmann, S.78-82; Lub;
    BJer.
70  Mit Hitzig, Giesebrecht, Duhm, Condamin, Lauck, Nötscher,
    Leslie, Weiser, Cunliffe-Jones, Lamparter, Dalglish, Sekine,
    Schreiner, Schneider, Steinmann, z.St.; Brandt, S.23; Bruno, S.24;
    Scharbert, Propheten, S.85; I.Meyer, Propheten, S.81-85; Hoss-
    feld/I.Meyer, Prophet, S.63.
71  Z.B. Volz, z.St.; BuRo.
72  Unter den Propheten hier so wie in 2,8; 5,31; 6,13-15; 18,18, die
    neben der Priesterschaft erwähnt sind, versteht Hentschke
    (Kultus, S.161f.) die Kultpropheten (vgl. Holladay, Priests, 1965).
73  Zum sachlichen Zusammenhang zwischen dem Ausdruck "an je-
    nem Tag" (V.9) und dem "Tag Jahwes" als Unheilstag gegen das
    Gottesvolk vgl. Munch, bajjōm hāhū, S.45; Graf Reventlow, Li-
    turgie, S.107.

ge Not aus einem vergangenen Unheilshandeln Jahwes erklären läßt
(vgl.14,19; 31,18).[74] Die Unbegreiflichkeit des Unheilshandelns Jahwes
wird zum einen durch die Verwendung von Inf.abs. der Wurzel נשא
("täuschen") und zum anderen durch den zweiten Ausruf אכן
("wahrlich") stark hervorgehoben (vgl. 3,23a.b.). Die Leute beschwe-
ren sich bei Jahwe, weil sie sich von ihm getäuscht fühlen. Dabei
greifen sie die Heilszusage auf, die offenbar von den falschen
Propheten[75] verkündigt und zweifellos als das Wort Jahwes aufge-
nommen worden ist. In ihren Augen geht die Täuschung des Gottesvolkes durch das prophetische Wort auf Jahwe selbst zurück.[76]
Obwohl eine solche Wiedergabe der verkündigten Heilsworte bei
der Klage in den Psalmen nicht belegt ist, kann man die hier zitierten Worte der Menschen ihrem Wesen nach als eine *Klage über
Jahwe* bezeichnen,[77] die u.U. mit einem kultischen Vorgang in Zusammenhang gebracht werden können. V.10 in Verbindung mit V.9
ist wohl als ein Teil der Unheilsankündigung anzusehen, die hauptsächlich aus den Notschilderungen ohne die Ich-Rede Jahwes besteht.

Auf diesem Hintergrund ist die Verteidigung des Volkes mit der
Klage über die Heilspropheten in 14,13 verständlich. Am Abfall des
Volkes sind in erster Linie diejenigen schuld, die vor dem Volk das

---

74  In jüngster Zeit wird nicht selten die Ansicht vertreten, daß es
    sich hier um einen auf den Fall Jerusalems zurückblickenden
    Nachtrag handelt (z.B. Liwak, S.224f.; Carroll, S.161f.; Pohlmann,
    S.78-82). Jedoch könnte V.10 mit der Lage Judas in seinem
    letzten Jahrzehnt, in dem das eingetretene Unheil noch nicht
    den Höhepunkt erreicht hat, in Verbindung gebracht werden.
    Ferner vgl. Kegler, Verarbeitung, S.310f. und Kühlewein, Ge-
    schichte, S.33-38 ("klagende Berichte").

75  Damit sind in der Regel die Heilspropheten gemeint. Aber es
    gibt im Hebräischen weder für die Heilspropheten noch für die
    Pseudopropheten einen entsprechenden Ausdruck. "Pseudopro-
    phet" ist erst in der Septuaginta zu finden. Vgl. Mottu, Hana-
    niah, S.238; Sanders, Hermeneutics, S.22; Manahan, Pseuopro-
    phets, S.77f; Schuttermayr, Jer 5,13, S.221, Anm. 38.

76  Vgl. Carroll, Argument, S.48; ders., Dissonance, S.196-204; Da-
    vidson, S.48.

77  Vgl. "Du"-Aussage in Ps 44,10.14f.; 89,39.46. S.o. Anm. 74 und
    unten S.154.

angekündigte Unheil bestritten (vgl. 5,12)[78] und nur den Heilswillen Jahwes bekräftigt haben. "Ein sicherer Friede" steht zu den Worten "Schwert" und "Hunger" im Gegensatz, die auf die Kriegsnot hinweisen. Dabei ist Hungersnot als eine Begleiterscheinung im Krieg aufzufassen (vgl. V.17f.; 8,18-23; 2 Kön 6,24-7,19).[79]

Nach Holladay,[80] der sich in jüngster Zeit um eine genauere chronologische Anordnung der Texte im Jeremiabuch besonders im Rahmen der Rekonstruktion der sog. ersten und zweiten Rolle bemüht, ist die Verbindung der Dürre bzw. Hungersnot mit der Kriegsnot ein wichtiges Merkmal der zweiten Rolle. Es ist jedoch fraglich, ob die prophetischen Texte so schematisch wie bei Holladay datiert werden können.[81]

In V.14-16 nimmt Jahwe erneut das Wort. Zunächst werden die Heilspropheten als falsche Propheten abgewiesen (V.14). Dann wird das Unheil über sie (V.15) und über das Volk (V.16) angekündigt. V.11-16 ist im Hinblick auf die Sprache und das Thema als ein Zwiegespräch zwischen dem Propheten (V.13) und Jahwe (V.11f.14-16) aufzufassen, das offenbar auf eine spätere Hand zurückgeht.[82] Es läßt sich deutlich erkennen, daß das Schicksal des Volkes im Laufe des Gesprächs allmählich in den Hintergrund der Polemik gegen die Heilspropheten tritt. In diesem Zusammenhang ist auch das Klage-Phänomen so zu beurteilen, daß es mehr zur Unterstreichung der Schuld der Heilspropheten als zur Entschuldigung des Volkes dient.

---

78  Zu 5,12f. s. Bak, S.256f.
79  S.u.S.68f.
80  Scrolls, 1980; Chronology, 1981; Years, 1983.
81  Vgl. McKane, S.lxxxix f.; Herrmann, Jer, 1987, S.569.
82  Thiel, Jer 1-25, S.182-189; Hossfeld/I.Meyer, Prophet, S.71f.; McKane, S.324-328. Vgl. Weippert, Prosareden, S.148-191.

## 2.3. Monologische Klage des Propheten in 14,17f.

In V.17f. herrscht wiederum das Klage-Phänomen vor:

(17) Und sprich zu ihnen dieses Wort:

Meine Augen zerfließen in Tränen Nacht und Tag und können nicht ruhen (תרדנה עיני דמעה לילה ויומם ואל־תדמינה).[a]

Denn schwer zusammengebrochen[b] ist die Jungfrau,[c] die Tochter meines Volkes (כי שבר גדול[b] נשברה בתולת[c] בת־עמי),

ganz unheilbar geschlagen (מכה נחלה מאד)![b]

(18) Gehe ich hinaus aufs Feld, siehe da, vom Schwert Erschlagene (אם־יצאתי השדה והנה חללי־חרב)!

und komme ich zur Stadt (ואם באתי העיר),

siehe da, Hungersqual (והנה תחלואי רעב)!

Ja, sowohl Prophet als auch Priester durchziehen[d] das Land[e] und wissen nicht mehr (סחרו[d] את־ארץ[e] ולא ידעו).[f]

Zum Text:

[a] עיני ... ואל־תדמינה versteht Delekat[83] folgendermaßen: "meine Augen können (sollen) (meinem Schmerz, dem schrecklichen Geschehen) nicht genug tun".

[b] שבר גדול (wörtlich: "großer Zusammenbruch") und מכה נחלה מאד (wörtlich: "ganz unheilbarer Schlag") sind zueinander parallel und syntaktisch als das sog. innere oder absolute Objekt aufzufassen.[84]

[c] "Jungfrau" (בתולת) fehlt in der Septuaginta.

[d] Das Verb סחר versteht Holladay[85] im Sinne von "hausieren" und Westermann[86] in seiner Auslegung von Gen 34,10 im Sinne von "sich frei im Land bewegen".

[e] אל־ארץ im MT ist zu את־ארץ korrigiert.[87]

[f] Zu den textkritischen Problemen in V.18b im ganzen vgl. u.a. Barthélemy, Critique, S.586-588.

83 Wörterbuch, S.24. Vgl. Rudolph, z.St.
84 Gesenius/Kautzsch, Grammatik, §117 q; Volz, z.St. Vgl. noch EÜ, BJer und GNB.
85 Jer 1, S.420, 437.
86 Gen 12-36, S.651.
87 Rudolph, z.St.; Weiser, z.St.; Fohrer, Klage, S.83; ders., Propheten 2, S.107; McKane, S.330f.

Abgesehen von der Einleitung (V.17aα)[88] ist die Rede monolo-
gisch formuliert. Zunächst wird vom unaufhörlichen Weinen des
"Ich" geredet (V.17aβ), das durch die schwere Verwundung der
"Jungfrau", der "Tochter meines Volkes" verursacht worden ist
(V.17b). Anschließend daran wird die Notsituation der Bevölkerung
geschildert. Überall sind Kriegs- und Hungersopfer zu finden (V.18a.
Vgl. Am 5,16f.). Angesichts dieser kritischen Lage sind selbst die
führenden Leute in Verwirrung geraten und völlig ratlos (V.18b).

V.18b wird oft als eine Exilsdrohung interpretiert.[89] Das Verb
סחר paßt jedoch nicht dazu (vgl. Gen 34,10.21; 42,34). Außerdem ist
das Waw vor לא anstößig. Mit der Emendation von אל zu את ist
V.18b am besten als eine Notschilderung der beiden führenden
Schichten der Propheten und Priester aufzufassen.

Die Vorstellungen und die Sprache von V.17 sind aus anderen jeremianischen Sprüchen gut bekannt. V.17aβ berührt sich mit 13,17b;
8,23, 14,17aα mit 8,21a und 14,17bβ mit 30,12b.[90] Die Bildworte für
die Vorstellung von Verwundung/Heilung in V.17b beziehen sich
offenbar auf die Kriegsnot, auf die vor allem der Ausdruck "vom
Schwert Erschlagene" (חרב חללי) (V.18a) hinweist und zu der auch
die Hungersnot gehört.[91] חללי חרב kommt überwiegend in den
Fremdvölkersprüchen des Ezechielbuches - über Ägypten (Ez
31,17.18; 32,20.21.25.28.29.30.31.32) und über Edom (35,8) - und sonst
in den Sprüchen über Jerusalem (Jes 22,2; Klgl 4,9) vor.[92]

Daß hier das Klage-Phänomen mit dem Mitleiden des Propheten
Jeremia[93] zusammenhängt, ist ohne große Schwierigkeiten zu er-

---

88  S.u.S.56.
89  V.a. Graf Reventlow, Liturgie, S.175-178.
90  8,21a.23; 13,17b befinden sich in der Prophetenrede während
    30,12b in der Jahwerede steht, s. Bak, S.111-118 und 365.
91  Vgl. Eissfeldt, Schwerterschlagene, 1950; Dommerhausen, חלל
    II, Sp.982 und s.o.S. 52.
92  Andere Formen der Verbindung von חלל mit חרב sind noch in
    Ez 21,19.19; Zef 2,12; Num 19,16 zu finden. Das Wort חלל ist im
    Ezechielbuch am häufigsten belegt. Im Jeremiabuch kommt das
    Wort außer 8,23; 14,18 nur in späteren Texten vor (25,33; 41,9;
    51,4.47.49.52).
93  Die jeremianische Herkunft von V.17f. ist unbestritten. Thiel
    (Jer 1-25, S.191) denkt an die deuteronomistische Übernahme ei-
    nes jeremianischen Spruches.

kennen. Er weint bitter und dauernd wegen der Notlage seines
Volkes, nicht wegen seiner eigenen Not.[94] Die Solidarität des Propheten mit seinem Volk in dessen Unglück kommt besonders in
der Bezeichnung בת־עמי zum Ausdruck. Mit Rücksicht auf den
Ausdruck חללי חרב in V.18 ist בת־עמי in V.17b als eine Bezeichnung für die Stadt Jerusalem anzusehen, die für ihre Bewohner
steht.[95] Die Betroffenheit des Propheten wird noch durch den
wiederholten Ausruf והנה emotional ausgedrückt. Wie in 1 Kön 10,
6f.; Gen 15,17b; 1 Sam 30,3 ist in unserer Stelle והנה als ein Ausdruck der aufgeregten Wahrnehmung zu betrachten.[96] Auf diese
Weise kommt die Anteilnahme der Person des Propheten am Unheilsschicksal seines Volkes zum Vorschein. Die monologisch formulierte Ich-Rede des Propheten V.17aβ-18 unterscheidet sich von
der Wir-Rede V.7-9 und zugleich von der Notschilderung V.2-6.
Dort wird der innere Prozeß der prophetischen Person angesichts
des Unglücks seines eigenen Volkes nicht so deutlich zur Sprache
gebracht.[97] Die Prophetenrede V.17aβ-18 wird durch die Einleitung
V.17aα umgedeutet. Dadurch entsteht der Eindruck, daß es sich hier
um eine Rede handelt, die der Prophet im Auftrag Jahwes dem
Volk vortragen soll. Infolgedessen bleibt unentschieden, wer das
Ich in V.17aβ-18 ist: Jahwe oder Jeremia. Sollte es hier um das Ich
Gottes gehen, dann wäre von den Tränen Gottes die Rede.[98] Es
entsteht der Anschein, als ob Jahwe in der Person seines Propheten

---

94  Vgl. die Beschreibung des "weeping process" in den Klagepsalmen (Ps 6,7f.; 22,15f.; 31,10f.; 38,9-11; 42,4; 51,19; 69,4.21f.; 77,3-5;
88,10; 102,10) nach Collins (Tears, S.188) und das Kultweinen im
alten Kanaan nach Hvidberg (Weeping, besonders S.124f.; Weinen, 1939. Vgl. Graf Reventlow, Liturgie, S.156f.)
95  Vgl. 6,26 und 8,18-23 (s. Bak, S.43f. und 119f.)
96  "Excited perception" (D.J.McCarthy, wᵉhinnēh, S.239f.). Vgl. Kogut, הנה, S.144-150; Alonso Schökel, Kunstwerk, S.405f. Zimmerli (Experience, S.99) findet הנני auch in den Einleitungsfor-
meln bei der visionären Darstellung im Ezechiel- und Jeremiabuch (z.B. Jer 1,15; 24,1).
97  Zu vergleichen ist noch die Schilderung der Notlage auf dem
Feld und in der Stadt in V.18a mit der Beschreibung der Notsituation in der Stadt und auf dem Lande in V.3f.
98  Die Tränen Gottes kommen in den ägyptischen Mythen in einem
anderen Zusammenhang vor: Die Menschen seien aus den Tränen des Schöpfers entstanden (Beyerlin, Textbuch, S.31, 36, 41).

über das Unglück seines Volkes vorwegnehmend und mitleidend klagte (vgl. 4,8b.13.19-22; 6,24.26b; 8,14.18-23; 9,16f.; 10,19-22).[99]

So sieht Polk[100] in dieser Stelle Jeremia als Jahwes Stellvertreter an. Eine ähnliche Interpretation ist bei Woudstra[101] zu finden: "When Jeremiah weeps it is God who actually does the weeping through his servant". Bourguet[102] hält die Tränen im vorliegenden Vers für die Tränen Jahwes, die sowohl den Tränen des Volkes in 9,17 als auch den Tränen des Propheten in 13,17; 8,23 entsprechen. Daraus erklärt Bourguet das Mitleiden des Propheten als das Echo des Mitleidens Gottes.[103]

Obwohl die Einleitung in V.17aα textkritisch einwandfrei überliefert ist, wird sie als ein redaktioneller Zusatz wie 9,16aα.21aα angesehen.[104] Sie verknüpft V.17aβ-18 mit V.11-16. Die vorwegnehmende Klage des Propheten/Jahwes unterstreicht das Unheil, das in V.11-16 mehrmals erwähnt ist, als unentrinnbar.

Eine ähnliche Auffassung vertritt Rudolph[105]: "Die Ankündigung des verstärkten Unheils setzt sich dem Propheten in eine visionäre Vorschau um". In der Verbindung von V.17f. mit V.11-16 spielt das Wortpaar von "Schwert" (חרב) und "Hunger" (רעב) eine Rolle, das in V.11-18 sechsmal vorkommt (V.12.13.15.15.16.18). In V.12.16 kommt dazu noch "Seuche" (דבר). Außerhalb von V.11-18 ist das Wortpaar in 14,1-15,4 nur noch in 15,2 mit "Tod" (מות) und "Gefangenschaft" (שבי) zusammen zu finden. Für Graf Reventlow[106] sind diese Stichworte "der durchlaufende Faden" von 14,1-15,9.

Durch die Verbindung von V.17f. mit V.11-16 erstreckt sich das Zwiegespräch zwischen Jahwe und seinem Propheten über V.17f. hinaus. Nach dem Gespräch zwischen den beiden über das Volk und über die Heilspropheten in V.11-16 beauftragt Jahwe erst in V.17aα

---

99 Vgl. Calvin, Jer II, S.230f. und Bak, S.48, 65, 99, 245 u.ö.
100 Persona, S.97.
101 Prophet, S.2.
102 Confessions, S.55f.
103 Vgl. Schneider, S.119: "Sein Schmerz ist Befehl Jahwes ..." S. noch Bak, S.181-184.
104 S. Bak, S.62f., 67f., 70.
105 Jer, S.101. Vgl. Schreiner, z.St.; Zimmerli, Experience, S.98; Castellino, Observations, S.407. Hingegen will Davidson (S.122) V.17-22 als Reaktion auf das Ereignis im Jahr 597 v.Chr. interpretieren.
106 Liturgie, S.171. Ferner S.u.S.68f.

den Propheten mit der Verkündigung an das Volk. Inhaltlich ist jedoch V.17aα-18 für eine Verkündigung kaum geeignet.

Ferner erleichtert die Einleitung V.17aα den Übergang von der Ich-Rede Jahwes in V.14-16 zur Wir-Rede des Menschen in V.19-22, weil sich das Ich in V.17aβ-18 nun sowohl auf Jahwe als auch auf den Propheten beziehen kann.

2.4. Klage des Volkes im Exil (14,19-22)

In V.19-22 stößt man noch einmal auf die Klage in der Wir-Rede:

(19) Hast du Juda ganz verworfen, oder ist deine Seele Zions überdrüssig geworden
(הַמָאֹס מָאַסְתָּ אֶת־יְהוּדָה אִם־בְּצִיּוֹן גָּעֲלָה נַפְשֶׁךָ)?
   Warum hast du uns geschlagen, daß für uns keine Heilung mehr ist (מַדּוּעַ הִכִּיתָנוּ וְאֵין לָנוּ מַרְפֵּא)?
Wir harren auf Heil, doch es kommt nicht Gutes
(קַוֵּה לְשָׁלוֹם וְאֵין טוֹב),
   auf eine Zeit der Heilung, aber siehe da, Schrecken
(וּלְעֵת מַרְפֵּא וְהִנֵּה בְעָתָה)!
(20) Wir erkennen, Jahwe, unsere Gottlosigkeit und die Schuld unserer Väter (יָדַעְנוּ יְהוָה רִשְׁעֵנוּ עֲוֹן אֲבוֹתֵינוּ),
ja, wir haben an dir gesündigt (כִּי חָטָאנוּ לָךְ).
(21) Verachte uns nicht, um deines Namens willen
(אַל־תִּנְאַץ לְמַעַן שְׁמֶךָ);
   schände nicht den Thron deiner Herrlichkeit
(אַל־תְּנַבֵּל כִּסֵּא כְבוֹדֶךָ)!
Gedenke deines Bundes mit uns, brich ihn nicht
(זְכֹר אַל־תָּפֵר בְּרִיתְךָ אִתָּנוּ)!
(22) Gibt es unter den Nichtsen der Völker Regenspender
(הֲיֵשׁ בְּהַבְלֵי הַגּוֹיִם מַגְשִׁמִים)?
   oder gibt der Himmel Regenschauer
(וְאִם־הַשָּׁמַיִם יִתְּנוּ רְבִבִים)?
Bist du es nicht, Jahwe, unser Gott?[a] [b]Wir hoffen auf dich
(הֲלֹא אַתָּה־הוּא יְהוָה אֱלֹהֵינוּ[a] [b]נְקַוֶּה־לָּךְ),
   ja, du hast dies[c] alles geschaffen
(כִּי־אַתָּה עָשִׂיתָ אֶת־כָּל־אֵלֶּה[c])!

**Zum Text:**

a  יהוה und אלהינו müssen zusammengenommen werden.[107]
b  ו vor נקוה im MT ist als Dittograhie zu streichen.
c  Statt אֵלֶּה liest Holladay[108] אָלָה ("Fluch").

Bereits am Anfang der Rede wird die Klage über Jahwe laut, der als der Urheber des ergangenen Unheils über das "Wir" betrachtet wird. Der Sprecher im Plural läßt sich als das Gottesvolk erkennen, indem er das Schicksal Judas/Zions mit seinem eigenen identifiziert (V.19a. Vgl. V.8a). Die Frage, ob es sich auch hier wie in V.7-9 um das "Wir" des Propheten handelt,[109] läßt sich später aufgrund der Überlegungen beantworten, die im folgenden dargelegt werden.

Eigentlich erwartete das Volk von seinem Gott das Heil, das mit Worten wie "Heil" (שָׁלוֹם), "Gutes" (טוב) und "Heilung" (מרפא) ausgedrückt wird. Stattdessen erlebte das Volk das Unheil: "Schrecken" (בעתה) (V.19b). Die Unheilserfahrung führt nun zur Frage nach der Verwerfung und Abwendung Jahwes (V.19aα). Denn das "Verwerfen" (מאס) Jahwes bedeutet für das Volk, daß es an das Gericht preisgegeben wird (vgl. 7,29).[110] Als ein paralleler Begriff zu "verwerfen" steht hier "verabscheuen" (נעל),[111] ein Verb, das die Abneigung der "Seele" (נפש) zum Ausdruck bringt.[112] Die göttliche Herkunft des Unheils wird in der "Warum" (מדוע)-Frage in V.19aβ mit dem Wort "schlagen" (נכה hif.) noch deutlicher als in V.19aα zur Sprache gebracht. Dieses Verb ist bei Jeremia ein typischer Ausdruck für das Gerichtshandeln Jahwes und deutet auf die Kriegsnot hin.[113]

Angesichts der Erkenntnis über das Schlagen des Gottesvolkes durch Jahwe in der "Warum"-Frage V.19aβ, die dem Volk zur Zeit

---

107  Gegen Rudolph (z.St.), Weiser (z.St.), Kessler (Drought, S.71), Fohrer (Klage, S.84,86), Beuken/van Grol (Jer 14,1-15,9, S.303) u.a.

108  Jer 1, S.420, 439. Vgl. 18,13 (s. Bak, S.158).

109  S.o.S. 44-48.

110  Wildberger, מאס, Sp.879-892 und s. Bak, S.288-293. Im Jeremiabuch ist מאס als ein Ausdruck der Verwerfung des Volkes durch Jahwe noch in 2,37; 5,30; 31,37; 33,24.26 belegt.

111  "Überdrüssig werden" bei der obigen Übersetzung.

112  Wildberger, מאס, Sp.881; Westermann, נפש, Sp.83.

113  Dazu s. Bak, S.213-218 (Exkurs: "Schlagen" (נכה hif.) als ein Ausdruck für das Unheilshandeln Jahwes).

Jeremias noch fremd war (vgl. 2,35; 4,10.30; 5,3.12f.; 6,14; 7,10; 8,19; 13,20-23),[114] sieht es so aus, als ob auch in V.19-22 wie in V.7-9 der Prophet für das Volk spräche. Dagegen ist einzuwenden, daß der vorliegende Abschnitt nicht wenige Bezüge zu den nachjeremianischen Texten hat. Das erste Beispiel liefert das Nebeneinander von "verwerfen" (מאס) und "verabscheuen" (געל) in V.19a, das sonst nur in Lev 26,15.43.44 zu finden ist. In diesem letzten Kapitel des sog. Heiligkeitsgesetzes, mit dem sich Jer 14,19-22 noch mehrfach berührt,[115] tritt die exilische Situation hervor.[116] Das Gottesvolk im Exil hat ein tiefes Bewußtsein, daß es von Jahwe verlassen und verworfen ist.[117] Die rhetorische Doppelfrage anhand der beiden oben genannten Verben in V.19aα führt wie in V.2-6.7-9 und im Unterschied zu V.17f. die unverständliche Notlage in der *Gegenwart* vor Augen, indem der unerschütterliche Glaube des Volkes an Jahwe in Frage gestellt wird.[118] Diese Frage läßt die Glaubenskrise inmitten der verzweifelten Lage durchblicken, die in V.19aβb mehrmals zum Ausdruck kommt: "keine Heilung" (אין מרפא) nach der Verwundung durch das Schlagen Jahwes (V.19aβ), "kein Gutes" statt des erhofften "Heils" (שלום) (V.19bα) und "Schrecken" statt der erwarteten Zeit der "Heilung" (V.19bβ). Bemerkenswert ist dabei, daß hier אין מרפא zum Ausdruck für die Unheilbarkeit gebraucht wird. In der Regel steht dafür נחלה II in den jeremianischen Sprüchen (V.17bβ; 10,19; 30,12). אין מרפא ist noch in Spr. 6,15; 29,1; 2 Chr 21,18 belegt.[119]

---

114 S.o.S.49-51 und Bak, S.36f.,48, 51-55, 102f., 109, 249f., 255-257.

115 S.u.S.66

116 Preuß, Heiligkeitsgesetz, S.714f.; Thiel, Erwägungen, 1969; Smend, Entstehung, S.61. Vgl. Thiel, Jer 1-25, S.192. Zu den Berührungen von V.19-22 mit anderen nachjeremianischen Texten s.u.S.61-64

117 Veijola, Klagegebet, S.298. Vgl. Janssen, Exilszeit, S.63-71.

118 Brueggemann (Questions, S.361-364, 370f., besonders S.363, Anm. 17) interpretiert die Tripelfrage (...מדוע...אם...ה) in unserer Stelle im Rahmen der prophetischen Auseinandersetzung über den traditionellen Glauben mit der Absicht der Beschuldigung des Volkes.

119 מרפא ohne Verbindung mit אין kommt noch in Jer 8,15; 33,6; Spr 4,22; 12,18; 13,17; 16,24; 2 Chr 36,16; Mal 3,20 vor. Die beiden Belege im Jeremiabuch sind schwerlich auf den Propheten zurückzuführen. Jer 8,15 ist als von unserer Stelle abhängig zu beurteilen (s. Bak, S.81).

Die Klage über Jahwe (V.19a), auf die die Klage über die Notlage (V.19b) folgt, geht in V.20 zum Sündenbekenntnis hinüber. Die Zusammenstellung der drei Wurzeln (רשע, עון und חטא), mit denen das Phänomen der begangenen Sünde in V.20 beschrieben wird, rückt den Vers in die Nähe einiger nachjeremianischer Stellen wie 1 Kön 8,47= 2 Chr 6,37; Ps 106,6; Dan 9,5.15; Neh 9,33.[120] Unter diesen Stellen erweist sich Ps 106,6 als das beste Gegenstück zu Jer 14,20, da dort auch die Väter ins Bekenntnis einbezogen werden: "Wir haben gesündigt gleich unseren Vätern (חטאנו אם־אבותינו)...". Mit den "Vätern" sind die früheren Generationen des Gottesvolkes gemeint.[121] Vom Abfall der Väter, in deren Gefolge auch die Späteren sündigen, redet zuerst Jeremia (2,5; 3,25).[122] Dann wird das Thema überwiegend in den späteren Texten des Jeremiabuches aufgegriffen (7,26; 9,13; 11,10; 16,11.12; 23,27; 31,32; 34,14; 44,9.17.21; 50,7. Vgl. Lev 26,39.40; Klgl 5,7).[123] Die Auffassung Jeremias über den durch die Generationen des Gottesvolkes fortgehenden Abfall von Jahwe hängt m.E. mit der geschichtlichen Situation zu seiner Zeit zusammen. Angesichts des bevorstehenden größten Unheils in der Geschichte des Gottesvolkes[124] blickt der Prophet auf die ganze Vergangenheit als eine Geschichte der Schuld zurück. Dieser Aspekt bei der Verkündigung Jeremias wird weiterhin von seinen Tradenten überliefert und findet auch im Sündenbekenntnis in unserer Stelle seinen Niederschlag.

An das Sündenbekenntnis schließt sich in V.21 die dreifache Bitte an,[125] die den Beweggrund in sich enthält oder damit verbunden

---

120  Im Hebräischen kommen diese Wurzeln in folgenden Formen vor: חטאנו/העוינו/רשענו in 1 Kön 8,47=2 Chr 6,37; חטאנו/ העוינו/הרשענו in Ps 106,6; עוינו/הרשענו/חטאנו in Dan 9,5; רשענו/חטאנו in Dan 9,15 und הרשענו in Neh 9,33. Demgegenüber ist in Jer 3,25; 8,14; 14,7 nur חטאנו zu finden.

121  Scharbert, Väter, S.22.

122  Ebd., S.23-25; ders., Solidarität, S.247f.; Jenni, אב, Sp. 13; E. Haag, Jer I, S.173; H.W.Wolff, Generations, S.89; Knight, Life, S.99; Kilpp, Interpretation, S.220; J.W.Miller, Verhältnis, S.142f.; Vgl. Rost, Väter, 1957. S. noch Bak, S.132 und 240f.

123  Vgl. "Väterargument" bei P.D.K.Neumann, Hört, S.290-304.

124  Vgl. Kuhn, Trauer, S.355; Ayali, Trauer.

125  Hier wird "gedenke" (זכר) nicht mitgerechnet, weil es mit "brich nicht" dasselbe Objekt hat.

wird.[126] Auffallend ist ihre Formulierung im Vetitiv: "verachte
nicht" (אל־תנאץ), "schände nicht" (אל־תנבל) und "brich nicht"
(אל־תפר) (vgl. V.9bβ). Mit den ersten beiden Versen wird die
Haltung Jahwes seinem Volk und Eigentum gegenüber in Hinsicht
auf die jetzige Notlage als negativ bezeichnet. "Verachten" (נאץ)
als ein Ausdruck für das Verhalten Jahwes wie "verwerfen" (מאס)
in V.19a[127] kommt sonst zweimal in nachjeremianischen Stellen (Dtn
32,19; Klgl 2,6) vor.[128] "Schänden" (נבל II pi.) bringt nur im vorliegenden Vers die mißachtende Behandlung des Eigentums Jahwes
durch ihn selbst zum Ausdruck.[129] Als Beweggrund zur Erhörung
der Bitte, daß Jahwe sein Volk nicht verachten möge, dient die Redewendung "um deines Namens willen", die bereits in V.7aβ erwähnt
ist.[130] Anders als dort wird der Beweggrund in V.21aβ ins Objekt
des Verbs "schänden" einbezogen: "den Thron deiner Herrlichkeit"
(כסא כבודך). Das Wort "Herrlichkeit" (כבוד) wird in den Klagepsalmen des Volkes bei der Bitte um das rettende Eingreifen Jahwes
für sein Volk benutzt (Ps 79,9; 115,1).[131] "Der Thron deiner Herrlichkeit" weist hier zweifellos auf Jerusalem als den Wohnort Jahwes hin und entspricht "Zion" in V.19a.[132] Außerdem deutet "Thron"
(כסא) auf das Königtum Jahwes hin.[133] Indem das Volk in seiner
Bitte den Thron der Herrlichkeit Jahwes erwähnt, beruft es sich
auf die Ehre Jahwes als des wahren Königs Israels. Dadurch wird
das untrennbare Verhältnis zwischen dem Beter und dem Angerede-

---

126 Vgl. die Reihenfolge von Sündenbekenntnis – Bitte mit Beweggrund – Sündenbekenntnis in V.7 (s.o.S.41).

127 Wildberger, נאץ, Sp.5.

128 Gegen Holladay (Moses, S.18-21, 25-27), der das sog. Moselied
in Dtn 32 als ein Modell für die Dichtung Jeremias betrachtet,
ist Dtn 32 nicht vor dem Exil anzusetzen (Preuß, Deuteronomium, S.165-169; Kaiser, Einleitung, S.135f.).

129 Mit נבל II pi. ist in Nah 3,6 gemeint, daß Jahwe Ninive ver-
ächtlich behandelt. Hingegen ist in Dtn 32,15 Israel das Subjekt
von נבל II pi. und Jahwe dessen Objekt.

130 S.o.S.41, 43.

131 Westermann, כבד, Sp.806.

132 כסא כבוד wird noch in Jes 22,23 auf einen Menschen und in
Jer 17,12 auf Jerusalem angewandt. In Jer 3,17 heißt Jerusalem
der Thron Jahwes. Die beiden letzten Stellen gehören zu nachjeremianischen Texten (vgl. Thiel, Jer 1-25, S.192 und s.u.S.151).

133 Leslie, z.St.; Soggin, מלך, Sp.916.

ten angedeutet, das in V.21b als Bundesverhältnis zur Sprache
gebracht wird. Daß Jahwe zur Zeit der Not seines Volkes seines
Bundes (ברית) mit den Vätern gedenkt (זכר), ist nur in nachjeremianischen Texten zu finden (Ex 2,24; 6,5; Lev 26,42.42.44; Ps
106,45; 111,5).[134] In Ex 2,24; 6,5; Ps 106,44f. hört Jahwe die Klage[135]
Israels und gedenkt seines Bundes. Das göttliche Gedenken des
Bundes bedeutet für das Gottesvolk Hilfe und Heil. Ähnliches ist
in Lev 26,42 zu beobachten. Dort ist davon die Rede, daß Jahwe bei
der Umkehr des Volkes seines Bundes mit den Vätern gedenken
will. Der Ausdruck "Bund brechen" (פרר ברית hif.), der in Jer
14,21b neben dem Ausdruck "(Bund) gedenken" vorkommt, ist ebenfalls in späteren Texten belegt (Lev 26,44; Ri 2,1; Jer 33,21; Sach
11,10).[136] Wie in der Klage V.19 handelt es sich in der Bitte V.21
hauptsächlich um das Verhältnis zwischen Jahwe und seinem Volk,
auf das sich das Volk zur Zeit der Not immer wieder beruft. Im
letzten Vers häufen sich wiederum rhetorische Fragen. Die Doppelfrage V.22a unterstreicht, daß der Regen weder in der Macht der
fremden Götter noch in der des Himmels steht. נשם hif. für "reg-
nen lassen" in V.22a ist singulär. Das übliche Wort dafür ist מטר
hif. Das Verb נשם hif. entspricht jedoch dem Substantiv נשם in der
Notschilderung V.4. Es kommt auch bei der Auseinandersetzung
Elias mit den Baalpropheten dreimal (1 Kön 18,41.44.45) vor. Außerdem erinnert das Wort "Windhauch" (הבל),[137] mit dem hier die
Götzen der Fremdvölker bezeichnet werden, an die prophetische
Götzenpolemik sowohl bei Jeremia (2,5; 8,19) als auch bei den Deu-
teronomisten (10,15; 16,19; Dtn 32,21; 1 Kön 16,13.26; 2 Kön 17,15.
Vgl. Jer 51,18; 10,3.8).[138] Die Funktion der rhetorischen Doppelfrage

---

134 Vgl. Kutsch, ברית, Sp.347.
135 Für die "Klage" steht נעקה in Ex 2,24a; 6,5a und רנה in Ps
    106,45. In der Geschichte des Exodus (v.a. 2,23-25; 3,7f.;
    22,21-27. Vgl. Ri 2,18) sieht Fretheim (Suffering, S.127-130) die
    Wurzel des Mitleidens Jahwes.
136 Bund mit Israel (Ri 2,1; Lev 26,44), mit David (Jer 33,21) und
    mit den Völkern (Sach 11,10). Vgl. Kutsch, פרר, Sp.488.
137 "Nichts" bei der obigen Übersetzung (s.o.S.58).
138 Vgl. Barstad, HBL; Lauha, hbl, S.19; ders., Kohelet, S.18; Cinal,
    Alien Gods; Fox, HEBEL, S.412. Thiel (Jer 1-25, S.81) und Al-
    bertz (הבל, Sp.468) schreiben den Gebrauch von הבל als Göt-
    terbezeichnung ausschließlich dem Deuteronomisten zu.

V.22a, die als Stilelement zum Götzenspott gehört,[139] ist jedoch
erst in Verbindung mit dem zweiten Halbvers richtig erkennbar, der
aus einer rhetorischen Frage und zwei Aussagen besteht. In dieser
rhetorischen Frage wird hervorgehoben, daß Jahwe allein der Machthaber über den Regen ist. Die Ohnmacht der Götter und der Natur,
von der in V.22a die Rede ist, dient als Kontrastmotiv zur Macht
Jahwes. Diese Gegenüberstellung in unserem Vers ist als eine
Vertrauensäußerung bzw. ein Glaubensbekenntnis aufzufassen.[140]
Dafür spricht zunächst die Anrufung Gottes mit יהוה אלהינו. Diese Formel kommt im Volksbekenntnis bei der Entscheidung für
Jahwe (Jos 24,8) oder bei der Rückkehr zu ihm (Jer 3,22. Vgl. 8,14)
vor,[141] aber nicht in den Klagepsalmen des Volkes.[142]

Dazu kommt die Aussage, die auf die rhetorische Frage folgt:
"Wir hoffen auf dich". Sie ist ohne weiteres eine Vertrauensäußerung. Daß Jahwe die Hoffnung Israels ist, beruht auf den geschichtlichen Erfahrungen des Volkes mit seinem Gott und erinnert
an den Gebrauch in den Klagepsalmen des Volkes. Das Motiv als
ein kollektives Bekenntnis ist jedoch nur in psalmartigen Texten
des Jeremia- und Jesajabuches belegt, die meistens aus späterer
Zeit stammen (Jer 14,8.22; 17,13; 50,7; Jes 25,9.9; 26,8; 33,2).

Außer Jer 14,8 gehören alle Belege in die exilische oder nachexilische Zeit. Hier werden das Verb קוה (qal/pi.) und das Substantiv
מקוה I/ תקוה II berücksichtigt. Die Belege für den Gebrauch der
Wurzel קוה als Ausdruck der Hoffnung auf Gott in den individuellen Zusammenhängen sind ebenfalls vorwiegend in nachexilischen

---

139 Preuß, Verspottung, S.164.
140 Der Gebrauch von הבל in der Vertrauensäußerung als Kon-
    trastmotiv unterscheidet sich, genau genommen, von seinem
    Gebrauch in der Anklage gegen den Abfall Israels (Albertz,
    הבל, Sp.468). Als Beispiele für den ersten Fall sind noch Jer
    16,19; Jona 2,9; Ps 31,7 anzuführen.
141 S. Bak, S.79 und 238f.
142 Albertz, Frömmigkeit, S.34f. Nach Albertz ist lediglich "unser
    Gott" einmal in den Klagepsalmen des Volkes belegt. Sonst
    kommt "unser Gott" in den Hymnen vor, und zwar bei der Un-
    terscheidung Jahwes von den Göttern. Nach Veijola (Klagegebet,
    S.290) ist die Anrufungsform "Jahwe, Gott Israels" seit der
    Exilszeit üblich geworden. Zu Jos 24 vgl. van Seters, Jos 24,
    1984.

Texten zu finden (Ps 25,3.5.21; 37,9.14; 40,2; 52,11; 62,6; 69,7.21; 71,5; 130,5; Klgl 3,25. Vgl. Ps 9,19; 27,14.14; 39,8).[143]

Auch die letzte Aussage V.22bβ bewegt sich in derselben Richtung, wenn das Verb עשה im Sinne von "schaffen" verstanden wird. Dann bezieht sich "dies alles" (כל־אלה) auf Regen/Dürre und Himmel[144] und V.22bβ klingt wie ein Bekenntnis zum Schöpfer Jahwe. Die Verbindung von כל mit עשה findet sich noch in Jes 44,24, wobei auch von der Schöpfung die Rede ist.[145] Außerdem wird עשה in Ex 20,11; 31,17; 2 Kön 19,15; Ps 96,5 in der Rede davon gebraucht, daß Jahwe den Himmel geschaffen hat.[146]

In dieser Hinsicht tritt Jer 14,22 der Jahwerede von der fehlenden Gottesfurcht des Gottesvolkes in 5,24 entgegen:

> (5,24) Und sie sprachen nicht in ihrem Herzen: "Laßt uns doch
> Jahwe, unseren Gott, fürchten,
>     der zu seiner Zeit den Regen spendet (הנתן גשם)..."

Dieser Vers hat mit 14,22 sprachlich folgendes gemeinsam: die Anrufung Gottes mit "Jahwe, unser Gott", die Wurzel גשם und das Verb נתן im Sinne von "(Regen) spenden".[147] Wie das gegen die göttliche Züchtigung abgestumpfte Volk (z.B. 5,3) das Schlagen Jahwes in 14,19 erkennt, so unterstreicht das Gottesvolk, das früher Jahwe als den Regenspender nicht fürchtete (5,24), nun seinen Glauben an den allein über die Natur herrschenden Gott anhand der rhetorischen Fragen und der vertrauensäußernden Aussagen (14,22). Auch hier spiegelt sich die Situation des Volkes *nach* der Katastrophe wider.

---

143 Vgl. Westermann, קוה pi., Sp.624f, 628f.; Lang, Hoffnungstheologie, 1978.

144 So Keil, z.St.; Duhm, z.St.; Fohrer, Klage, S.84. Beuken/van Grol (Jer 14,1-15,9, S.302, Anm. h) halten nur "Regen" (גשם) und "Regenschauer" (רבבים) in V.22a für die Bezugsworte von "diesen" (אלה).

145 Vgl. Elliger, Deuterojesaja, S.466f.

146 Zur Verwendung von עשה zur Beschreibung des Schöpfungshandelns Jahwes s. Vollmer, עשה, Sp.367.

147 Im Gefolge Dahoods (ṭôb, 1973) sieht Rendsburg (rḥm, S.357) auch טוב in 5,25 als einen Ausdruck für Regen an.

Auf das Verhältnis zwischen 5,24 und 14,22 macht auch Weippert[148] aufmerksam, für die 5,21-25 als "Keimstätte vieler im Jeremiabuch überlieferter Schöpfungsaussagen"[149] gilt. Was dort schwach vorgezeichnet sei, komme in 14,21f. deutlicher zum Ausdruck, indem der Bundes- und Schöpfungsgott miteinander verknüpft werden. Bei ihrer Darstellung hält Weippert 14,19-22 für echt-jeremianisch.

Ferner hat V.22 einen Anklang an das Sündenbekenntnis, das bereits in V.20 nachdrücklich abgelegt worden ist. Denn der ausbleibende Regen wird nicht nur in 5,24f., sondern auch in 3,3 (vgl. Am 4,7) als eine Strafe Jahwes wegen des Abfalls des Volkes angesehen. Die Nähe zwischen dem Sünden- und Glaubensbekenntnis kann noch in 3,22b-25 gut beobachtet werden.[150] Darüber hinaus ist das Verb עשה im Gotteslob zum Schluß von Ps 22; 52 zu finden. Wenn עשה in Jer 14,22 eine ähnliche Funktion wie Ps 22,32; 52,11 hat, bedeutet das Verb hier eher "tun"/"handeln" wie in Jer 14,7aβ[151] als "schaffen". Im Unterschied zu den beiden Psalmstellen, in denen sich עשה auf das Heilshandeln Jahwes bezieht, geht es im vorliegenden Vers um das Unheilshandeln Jahwes, das in V.22a als Dürre und in V.19 als Krieg angedeutet wird. Wenn die letzten beiden Aussagen unseres Abschnittes eher mit V.19 als mit V.22a in Zusammenhang gebracht werden sollten,[152] wären sie folgendermaßen zu interpretieren: "Wir hoffen auf dich, weil du allein uns geschlagen hast und heilen kannst!"[153] Dann schiene die Rede vom Regen in V.22a in der Luft zu hängen. Das wäre mit der Absicht des Verfassers aus der späteren Zeit zu erklären, der den Abschnitt mit den vorigen Abschnitten, besonders mit V.2-6 besser verknüpfen will. Auf jeden Fall unterstützt V.22 mit dem Sündenbekenntnis in

---

148 Schöpfer, S.22-26; Bund, S.342f.
149 Weippert, Schöpfer, S.22. Vgl. Bastide/Combet-Galland, Creation, S.46-48.
150 S. Bak, S.237-239.
151 S.o.S.43
152 In diesem Zusammenhang ist noch zu erwähnen, daß das Verb עשה im Sinne von "schaffen" im Alten Testament niemals mit den Worten für den "Regen" verbunden wird.
153 So Calvin, Jer II, S.246; ders., Auslegung, S.247. Vgl. der jahwezentrische Gedanke bei der Anwendung von רפא auf Jahwe in 30,12-15.16f. (s. Bak, S.379f.).

V.20 die Bitte in V.21. Damit findet der vorliegende Abschnitt ein angemessenes Ende.[154]

Im Laufe der bisherigen Darstellung ist deutlich geworden, daß V.19-22 in der nachjeremianischen Zeit entstanden ist. Dabei fällt insbesondere die Nähe des Abschnittes zu Lev 26 auf. Zwischen beiden Stellen fallen folgende Entsprechungen ins Auge: eigene Schuld und die Schuld der Väter (Jer 14,20a; Lev 26,40aα), das "Verwerfen"/"Verabscheuen" (נעל/מאס) des Gottesvolkes durch seinen Gott (Jer 14,19a; Lev 26,44aα),[155] das "Brechen des Bundes" (פרר ברית hif.)[156] durch Jahwe (Jer 14,21b; Lev 26,44aβ),[155] das "Gedenken des Bundes" (זכר ברית) durch Jahwe (Jer 14,21b; Lev 26,42.45), "unser Gott" (Jer 14,22bα)/"euer Gott" (Lev 26,44b). Der Unterschied liegt darin, daß in Jer 14,19-22 das Volk seinen Gott und in Lev 26 Gott sein Volk anredet.[157]

Außerdem berührt sich Jer 14,19-22 mit Ps 106 in mehrerer Hinsicht: Einbeziehen der Väter ins Sündenbekenntnis (Jer 14,20a; Ps 106,6), das göttliche Gedenken des Bundes (Jer 14,21b; Ps 106,45) und die Redewendung "um deines/meines (=Jahwes) Namens willen" (Jer 14,21a; Ps 106,8). Jer 14,19-22 verbindet sich zwar sowohl mit

---

154 Vgl. Kessler, Drought, S.78.

155 Der negative Sinn der Verben ("verwerfen"/"verabscheuen"/"brechen") wird entweder durch die Partikel (אל in Jer 14,21 und לא in Lev 26,44) oder durch die Form der rhetorischen Frage (Jer 14,19) aufgehoben.

156 Vgl. Thiel, Bundbrechen; ders., Bund, S.18, 26. Die Wurzel פרר kommt im Jeremiabuch nur in Verbindung mit ברית vor (11,10; 14,21; 31,32; 33,20.21. U.W.Kim, Covenant I, S.27f.). Zu den verschiedenen Traditionen des Bundes im Jeremiabuch vgl. Wang, Covenant; ders., Traditions.

157 Im Gebrauch der Ausdrücke "verwerfen"/"verabscheuen"/"Bund brechen" durch das Volk in Jer 14,19.21 sieht Polk (Persona, S.99) eine Ironie, die darin besteht, daß das Volk die Schuld ohne eine ernsthafte Umkehr von seinem "verwerfen"/"verabscheuen"/"Bund brechen" Jahwe gegenüber (Lev 26,15) bekennt und über das "Verwerfen"/"Verabscheuen"/"Bundbrechen" Jahwes klagt. Zu Unrecht bestreitet Graf Reventlow (Liturgie, S.176f.) die exilische Herkunft von Lev 26 sowie von Jer 14,19-22 mit dem Argument, daß Lev 26 "jederzeit als mögliche Bedrohung" erscheinende typische Formen von Heil und Unheil enthält.

V.2-6 in bezug auf die Rede vom Regen als auch mit V.17f. durch
die Vorstellung von Verwundung/Heilung, steht aber formal und
sprachlich V.7-9 am nächsten.[158] Dabei ist noch die inhaltliche
Steigerung von V.19-22 der Prophetenrede V.7-9 gegenüber nicht zu
übersehen. Inmitten der Notlage wird in V.7-9 hauptsächlich nach
der rettenden Gegenwart Jahwes unter seinem Volk gefragt, während es sich in V.19-22 um die grundsätzliche Frage nach dem
Verhältnis zwischen Gott und seinem Volk handelt. Diese Differenz
entspricht der zeitlichen Distanz bei der Entstehung der beiden
Abschnitte, nämlich zwischen der Zeit vor und nach 587 v.Chr. Angesichts der sachlichen und sprachlichen Berührungen von V.19-22 mit
V.7-9 und mit den anderen jeremianischen Sprüchen ist anzunehmen,
daß die verzweifelte Lage der exilischen Gemeinde in V.19-22 in Form
einer an Jeremia angelehnten Volksklage zur Sprache gebracht wird.[159]
In der jetzigen Stellung dieser Volksklage nach der Prophetenklage
V.17f. sieht es so aus, als ob der Prophet im Anschluß an seine vorwegnehmende Klage über das Unglück des Volkes mit dem Sünden-
/Glaubensbekenntnis und mit der Bitte für sein Volk vor Jahwe ein-
träte.[160] Auch der nächste Abschnitt 15,1-4 läßt 14,19-22 als eine prophetische Fürbitte erscheinen. Dafür sprechen vor allem die Einleitung
15,1a und die Redewendung "vor Jahwe stehen" (עמד לפני יהוה).[161]


## 2.5. Das Klage-Phänomen in 14,1-15,4


Durch die Aneinanderreihung der verschiedenen Arten der Rede,
die teils vom Propheten und teils von einer späteren Hand stam-

---

158 Zu den Gemeinsamkeiten von V.19-22 und V.7-9 vgl. Beuken/van
    Grol, Jer 14,1-15,9, S.336.
159 Vgl. Schreiner, z.St. und die Darstellung Veijolas (Klagegebet,
    S.299-305) über die fürbittende Klage Josuas in Wir-Form in
    Jos 7,6-9, die Veijola in die exilische Zeit ansetzt.
160 Z.B. Calvin, Sermons, S.1-10.
161 S.u.S.175f. 15,4 geht auf die deuteronomistische Redaktion zu-
    rück (Thiel, Jer 1-25, S.189-191). Für Fohrer (Klage, S.86, Anm.
    1) ist nur V.3f. und für Rudolph (z.St.) V.4 allein der Nachtrag
    in V.1-4.

men, und durch die Hinzufügung der Überschrift hat 14,1-15,4 die jetzige Gestalt, in der vor allem die doppelte Struktur von der Klage der Menschen und deren Zurückweisung durch Gott hervortritt.[162] Dabei geht es jedoch nicht um die Wiedergabe der tatsächlichen liturgischen Vorgänge, sondern um eine prophetische Nachahmung der Gattung der kultischen Bußpsalmen oder der Bußliturgie.[163]

Der kompositorische Charakter von 14,1-15,4 ist in jüngster Zeit von Kessler[164] erkannt worden, der den Text hauptsächlich vom Standpunkt des Exils auslegt. Demgegenüber halten Beuken/van Grol[165] 14,1-15,9 für eine Komposition Jeremias mit einigen geringfügigen Nachträgen. Holladay[166] bezeichnet 14,1-15,9 als eine "counter-liturgy", die zu den privaten Offenbarungen Jahwes an Jeremia gehört und in der sich die öffentliche Liturgie anläßlich des Fastens (Kap. 36) zur Überwindung der Dürre im Jahr 601/600 v.Chr. widerspiegelt.

Bei der Zusammensetzung wird das Klage-Phänomen in den einzelnen Abschnitten in einen neuen Sinnzusammenhang gestellt. Die Schilderung der Dürrenot im ganzen Land Juda in 14,2-6 wird nun als ein Signal für die bevorstehende Katastrophe angesehen, die Jahwe durch den Krieg herbeiführen wird. So sieht Fohrer[167] in der in V.2-6 geschilderten Dürre den Beginn des Gerichts, auf den die drei Kennzeichen eines furchtbaren Krieges - Schwert, Hunger und Seuche - in V.11-16 folgen.[168] In dieser kritischen Stunde findet die

---

162 Vgl. 15,10-21; 22,24-30 (s.u. II.5.3 und Hermisson, Jojachin, S.264f., 268f.). In Hinsicht auf diese Doppelstruktur und auf die sachliche Diskrepanz ist die Klage Jahwes über Jerusalem in 15,5-9 gegen Graf Reventlow (Liturgie, S.181-187), Beuken/van Grol (Jer 14,1-15,9, S.323-325) u.a. von 14,1-15,4 abzugrenzen. S. noch oben S.39, Anm.1.

163 Eissfeldt, Einleitung, S.152f.; Jeremias, Kultprophetie, S.162-164; Hermisson, Jojachin, S.264; H.W.Wolff, Zitat, S.88; Scharbert, Literatur, S.356f.; Fohrer, Propheten 2, S.150. Vgl. Scharbert, Propheten, S.197.

164 Drought, S.80-85.

165 Jer 14,1-15,9, S.340-342.

166 Jer 1, S.424, 429. S. noch oben S.40.

167 Klage, S.81.

168 Ähnliches bei Cazelles, Vie, S.28; Davidson, S.120; Scharbert, Propheten, S.197f.; Graf Reventlow, Liturgie, S.151, 168-170; ders., Gebet, S.257. Nach Kessler (Drought, S.80) ist die Dürre in V.2-6 der Anfang der zusätzlichen Bestrafung durch das Exil.

Fürbitte des mitleidenden Propheten in V.7-9. (13.)17f.(19-22) ihren richtigen Platz, wenn sie auch das Hereinbrechen des Unglücks über das Volk nicht hindern kann. Sie wird in der Klage und Bitte des Volkes weitergeführt und vergegenwärtigt.

### 3. Klage Efraims im Rahmen einer monologischen Gottesrede
### (31,18-20)


(18) Gar höre ich Efraim klagen (שמוע שמעתי אפרים מתנודד):
   "Du hast mich gezüchtigt, daß ich gezüchtigt wurde
   (יסרתני ואוסר),
   wie ein ungebärdiges Kalb.
   Führe mich heim, daß ich heimkehre (השיבני ואשובה),[a]
   denn du bist Jahwe, mein Gott (כי אתה יהוה אלהי)!
(19) Ja, nach meiner Gefangenschaft kehrte ich um,
   fühlte ich Reue (כי־אחרי שביי שבתי נחמתי),[b]
   und nachdem ich zur Einsicht kam (ואחרי הודעי),[c]
   schlug ich mir auf die Hüfte (ספקתי על־ירך).
   Ich schäme mich und bin beschämt (בשתי וגם־נכלמתי),
   denn ich trage die Schmach meiner Jugend
   (כי נשאתי חרפת נעורי)."
(20) "Ist mir Efraim ein teuerer Sohn oder mein Lieblingskind
   (הבן יקיר לי אפרים אם ילד שעשעים)?"
   Sooft ich von ihm rede (כי־מדי דברי בו),
   muß ich immer seiner gedenken (זכר אזכרנו עוד).
   Darum stürmt mein Herz ihm entgegen (המו מעי לו),
   ich muß mich seiner erbarmen (רחם ארחמנו)
   - Spruch Jahwes.


Zum Text:
[a] Die Wurzel שוב in V.18b verstehe ich im Sinne von "heimkehren/-führen", nicht im Sinne von "um-/bekehren".[1]
[b] Hier lese ich mit Driver[2] שביי nach der Septuaginta statt שובי im MT und ergänze mit Rudolph[3] שבתי vor נחמתי.
[c] Wenn man mit Driver[2] ידע nif. hier im Sinne von "erniedrigt werden" versteht, steht dieses Verb zu שביי parallel.


Wie 31,15 zusammen mit V.16f. einen Text bildet, so steht V.18f. mit V.20 im ursprünglichen Zusammenhang. Die Zusammengehörigkeit der Klage in V.18f. mit den Heilsworten in V.20 ist deutlicher

---

1  S.u.S.74f.
2  Problems, S.119f.
3  Z.St. S. noch BHS.

als in 31,15-17 anzuerkennen. Denn der Text wird einheitlich als eine Jahwerede über Efraim an unbestimmte Dritte formuliert.[4] Jahwe nennt Efraim in der dritten Person sowohl bei der Einführung der Worte Efraims (V.18a) als auch bei seiner Erwiderung darauf (V.20), obwohl ihn Efraim in V.18f. durch direkte Anrede ins Gespräch zieht.

Wie sich V.21f. zu V.18-20 verhält, dazu ist folgendes zu beobachten:

a) Die Wurzel שוב kommt sowohl in V.18.19 als auch in V.21 vor. Die Aufforderung des Propheten[5] zur Heimkehr in V.21 klingt wie eine Konkretisierung bzw. Explizierung des Heilswillens Jahwes, der in V.20 angedeutet ist.[6]

b) Die Rede an ein feminines Du in V.21f. steht der Bezeichnung Efraims in der dritten und maskulinen Person in V.18-20 gegenüber.

V.21f. berührt sich sprachlich nicht nur mit den als echt-jeremianisch angesehenen Sprüchen, sondern auch mit den nicht-jeremianischen. Gegen die jeremianische Herkunft könnte die Verbindung von ברא mit חדש und נקבה sprechen. ברא in Verbindung mit חדש ist nur noch in Jes 65,17 belegt. In Gen 1,27; 5,2 steht ברא mit נקבה im Zusammenhang.[7] ברא findet sich im Jeremiabuch nur hier in 31,22. Dieser Vers ist einer der wenigen Belege für ברא außerhalb Deuterojesajas und der Priesterschrift, in denen das Verb seinen eigentlichen Platz hat.[8] Der Ausdruck הבת השובבה, der in Jer 31,22 als Bezeichnung des Gottesvolkes gilt, kommt noch in einem späteren Spruch über die Ammoniter vor (49,4).[9] Abgesehen von der bei Jeremia beliebten singularischen Anredeform kommen jedoch folgende Worte als jeremianische Ausdrücke in 31,21f. in Betracht: שוב, ישראל בתולת (vgl. 18,13; 31,3.5),[10] שובבה (vgl. 3,22) und גבר (vgl. 30,6). Außerdem erinnert עד־מתי in 31,22 an 4,14. Darüber hinaus ist eine solche Aufforderung zur Heimkehr an sich eigen- und einzigartig. Immerhin könnte mindestens ein jeremianischer Kern in V.21f. vorhanden sein.[11]

---

4   Schröter, Botschaft, S.322. Weiser (S.281) hält V.18-20 für ein Selbstgespräch Jahwes (vgl. oben S.9f.).

5   Im Hinblick auf "Jahwe" in V.22b fasse ich V.21f. als eine Prophetenrede auf.

6   S.u.S.76-78

7   חדש kommt im Jeremiabuch noch einmal in 31,31 vor, und zwar in Verbindung mit ברית.

8   W.H.Schmidt, ברא, Sp.337.

9   S. Bak, S.496f.

10  Vgl. Böhmer, Heimkehr, S.70.

11  Vgl. Briend, Peuple, S.65f.

Unabhängig von der Frage nach der Echtheit von V.21f. halte ich es für angebracht, V.21f. von 18-20 abzuheben, zumal wenn die Struktur von Not und Rettung in 30,5-7.12-15+16f.; 31,15-17 berücksichtigt wird.[12]

Anderson[13] und Trible[14] sehen unter dem Gesichtspunkt der rhetorischen Kritik 31,15-22 als einen in sich zusammenhängenden Text an. Besonders Trible sieht in der Abwechslung des Sprachgebrauchs zwischen Femininum und Maskulinum in V.15-22 eine Struktur, die dem "Mutterleib" (רחם) und dem Aussageinhalt von V.22bβ entspricht: "Das Weib" (V.15.20 als Worte einer Frau und V.16f.20f. als Worte an eine Frau) "umgibt" "den Mann" (V.18f. als Worte eines Mannes).[15] Das Auffallendste unter den Argumenten Tribles ist, daß in V.20 Jahwe wie eine Mutter redet. Dafür sprechen nach Trible sowohl das Substantiv מעה pl., das als ein paralleler Begriff zu רחם gilt, als auch das Verb רחם pi., das ebenfalls mit dem Substantiv רחם etwas zu tun hat.[16] Diese Behauptung wird jedoch von Gruber[17] widerlegt.

31,18-20 scheint mit 3,21-25 verwandt zu sein.[18] Wie in 3,21 wird auch in 31,18aα ausgesagt, daß der Sprecher einen anderen klagen hört. Der Unterschied liegt darin, daß der Hörende in 3,21 ein Prophet und in 31,15 Jahwe ist.[19] Darüber hinaus liegt in 31,18bβ eine Vertrauensäußerung wie in 3,22bβ vor. Dabei entspricht יהוה אלהינו in 3,22bβ יהוה אלהי in 31,18bβ. Diese Bezeichnung Gottes mit dem Personalsuffix in der Einzahl hat weniger mit der Kollektivierung

---

12  Dazu s. Bak, S.355-358, 360, 380-384 und 395.
13  Lord, S.372f.
14  Sexuality, S.40-50; Gift, 1977.
15  Vgl. Boadt, Jer 26-52, S.51. Zu V.22b vgl. noch Schmitt, Motherhood, 1985; Jacob, Traits, 1985, S.226f.; ders., Féminisme, 1977; Odaschima, Heilsworte, S.88-92; Briend, Peuple, 1982, S.64-68; Anderson, Lord, 1978; Holladay, Spokesman, 1974, S.116-120; ders., Liberation, 1972; ders., Woman, 1966; Schedl, Femina, 1961; Kipper, Restitutione, 1957, S.29-38; Ziener, Femina, 1957; Nestle, Miscellen, 1905, S.221f.
16  Vgl. Trible, God, S.368; Winter, Frau, S.532-535; Fretheim, Suffering, S.134. Zu V.20 s.u.S.77f.
17  Motherhood, S.352f.
18  Vgl. Odaschima, Heilsworte, S.132-137; Weiser, S.261.
19  S. Bak, S.235f. Schreiner (Prophetsein, S.20) redet in 31,18ff. sogar von der Mitfreude Jeremias im Gegensatz zu seinem Mitleiden in 8,18-23 u.a.

der Gottesbezeichnung zu tun, die insbesondere in den nachexilischen Texten deutlich zu beobachten ist,[20] als mit der pauschalen
Darstellung des Gottesvolkes in einer Person, die bei Jeremia häufig
die Anredeform im femininen Du hat.[21] Ferner kommen die beiden
Wurzeln בוש und כלם sowohl in 3,25a als auch in 31,19bα nebeneinander vor.[22] Im übrigen ist in 31,19bβ wie in 3,25a von der Jugend-
zeit (נעורים) des Gottesvolkes die Rede.[23] Angesichts der bisher
erwähnten Gemeinsamkeiten wird der Eindruck erweckt, daß es sich
in beiden Texten um eine Bußaktion handelt. Dieser Eindruck verstärkt sich durch das Wortspiel mit der Wurzel שוב in 3,22a; 31,18bα:

שובו בנים שובבים ארפה משובתיכם (3,22a)

(31,18bα)     ואשובה          השיבני

In 3,22 ist nicht nur von der Umkehr des Volkes zu Jahwe (שובו),
sondern auch von seiner Abkehr von Jahwe (משובתיכם, שובבים) die
Rede. Auf die Frage nach dem Sinn der Wurzel שוב in 31,18 kommen
wir nachher zurück.[24] Im Wortspiel in 3,22; 31,18 werden das Handeln des Volkes und das Heilshandeln Jahwes miteinander verknüpft. In 31,18 hängt das Handeln des Volkes vom Heilshandeln
Jahwes und in 3,22 das Heilshandeln Gottes vom Handeln der Menschen ab.[25]

Das Wortspiel, durch das ein Verhältnis der Abhängigkeit wie in
31,18b zum Ausdruck kommt, findet sich noch in 17,14 (רפאני
וארפא // והושיעני ואושעה).[26] Das Waw mit Imperfekt/Kohortativ,
das auf einen Imperativ folgt, weist auf die Folge des Handelns
hin, zu dem im Imperativ aufgefordert wird. Eine andere Art des
Wortspiels kommt in 31,18aβ vor (יסרתני ואוסר). Indem sich das
Waw consecutivum mit Imperfekt an ein Perfekt anschließt, wird
die jetzige Lage des Volkes als die Folge des Handelns Gottes
dargestellt. Ein ähnliches Wortspiel wie dieses ist noch in 11,18
(הודיעני ואדעה) und 20,7 (פניתני ואפח) belegt.[27] Holladay[28]

20  Vgl. Vorländer, Mein Gott, S.293 und s.u.S.129, Anm.141
21  S. Bak, S.367-376 (Exkurs: Die Anrede an das ganze Volk im
    femininen Du).
22  Vgl. noch 14,3f. (Ebd., S.190).
23  Ebd., S.240f.
24  S.u.S.75f.
25  Vgl. Unterman, Repentance, besonders S.23-53.
26  S.u.S.151f.
27  S.u.S.188f.
28  Style, S.46.

betrachtet ein Wortspiel in dieser Art als ein Merkmal für den jeremianischen Stil. Das trifft jedoch angesichts der Spätdatierung der Konfessionen nicht immer zu.[29]

Gegen die jeremianische Herkunft spricht nichts in dem Text 31,18-20. Im großen und ganzen geht man in der geläufigen Auffassung nicht fehl, daß Efraim in V.18f. über seine Sünde klagt. Das wird bereits in der Einführung der Worte Efraims mit dem Verb נוד hitpa. deutlich. Denn נוד hitpa. signalisiert, daß im folgenden der Sprecher über sich selbst klagt.[30] Ein genauerer Vergleich des vorliegenden Textes mit 3,21-25 ermöglicht es jedoch, ihn unter einem weiteren Gesichtspunkt zu betrachten. Die beiden Texte gliedern sich folgendermaßen:

31,18-20                                3,21-25[31]

                                         - Worte des Propheten über
                                           das Volk (V.21)
- Worte Jahwes über Efraim      - Aufforderung Jahwes an das
  (V.18aα.20)                   Volk zur Umkehr (V.22a)
- Worte Efraims an Jahwe       - Antwort des Volkes (V.22b)
  (V.18aβ-19)
  - Bericht über die Züchti-
    gungserfahrung (V.18aβγ)  - Monolog des Volkes
  - Bitte um das שוב hif.[32]     (V.23-25)
    Jahwes
  - Vertrauensäußerung/
    Glaubensbekenntnis       - Glaubensbekenntnis
    (V.18bβ)               (V.22b.23b)
  - Bericht über die Reue-    - Bericht über die Scha-
    erfahrung (V.19a)         denserfahrung (V.23a.24)
  - Hinweis auf die Schande/  - Hinweis auf Schande und
    Schmach (V.19b)         Sündenbekenntnis (V.25)

---

29  S.u. II.5.7.
28  נוד hitpa. im Sinne von "sich bedauern" ist im ganzen Alten Testament nur hier belegt. נוד qal bedeutet in 15,5 "den vom Unheil Betroffenen Beileid zeigen" (vgl. Jes 51,19; Nah 3,7) und in 16,5; 22,10 "den Toten gegenüber Beileid zeigen" (s. Bak, S.74, 295).
31  S. Bak, S.233-243.
32  Da die Bedeutung der Wurzel שוב erst aus der Aussageabsicht des Textes erschlossen werden soll, lassen wir sie vorläufig noch unerklärt. S.u.S.75f.

Trotz der oben angeführten Gemeinsamkeiten beider Texte[33] unterscheiden sie sich voneinander in einigen Punkten, die bei der Interpretation eine wichtige Rolle spielen. In 3,21-25 wird nichts vom
Züchtigungshandeln Jahwes erwähnt und die Bitte um das Handeln
Jahwes fehlt. Dagegen wird in 31,18f. das Sündenbekenntnis nicht
so deutlich wie in 3,25 formuliert und stattdessen auf die Reue
hingewiesen. Außer dem Verb נחם nif. ist mit der Redewendung
ספק על־ירך die Reuegeste gemeint.[34] Zum Verstehen von 31,18f.
ist vor allem die Bitte in V.18bα von Bedeutung. Im Zusammenhang
mit ihr bekommen die Elemente, die auch in 3,21-35 vorkommen,
andere Funktionen. Die Vertrauensäußerung in V.18bβ dient als ein
Motiv wie in den Klagepsalmen.[35] Im Bericht über die Züchtigungs-
erfahrung in V.18aβγ und im Hinweis auf die Schande/Schmach in
V.19b klingt das Leiden des Sprechers neben seiner Reue mit, das
zugleich zur Bitte um baldige Rettung führt. נשא חרפה ist eine
Redewendung für die Notschilderung, die sich sowohl in den Klagepsalmen (z.B. Ps 15,3; 69,8) als auch im Jeremiabuch (Jer 15,15)
findet.[36] So besagen die Worte Efraims im ganzen: Efraim will
möglichst bald von der jetzigen Notlage befreit werden, obwohl er
sie bereits als die Züchtigung Jahwes verstanden und hingenommen
hat. In diesem Zusammenhang wird die Wurzel שוב in V.18bα im
Sinne vom "heimkehren/-führen" verstanden, nicht im Sinne von
"um-/bekehren".[37] Die Worte des Volkes in 3,22b-25 stehen in
einem anderen Zusammenhang. Wie bereits erwähnt,[38] wird in V.22a
das Heilshandeln Jahwes unter der Voraussetzung zugesagt, daß
das Volk zu Jahwe umkehren wird. Dementsprechend bestehen die
Worte des Volkes überwiegend aus dem Glaubens- und Sündenbekenntnis. Der Schadenbericht in V.23a.24 unterstreicht schlechter-

---

33  S.o.S.73f.
34  Vgl. Lipiński, "Se battre la cuisse", 1970.
35  Vgl. 14,9b (s.o.S.41) und Westermann, Loben, S.42-44, 55.
36  S.u.S.138f.
37  So mit Lohfink, Der junge Jeremia, S.359, Anm.27. Häufig spre-
    chen sich die Kommentatoren hier für die Mehrdeutigkeit der
    Wurzel שוב ("um-/be-/heimkehren") aus (vgl. z.B. Holladay,
    subh, S.145; Wurz, Umkehr, S.256f.; Strobel, S.85; Trible, Gift,
    S.277; Bartlett, Jer 31:15-20, S.76f.; Lust, Gathering, S.132f.; Thomp-
    son, z.St.).
38  S.o.S.74.

dings sein Glaubensbekenntnis und ist deshalb nicht als Notschilderung aufzufassen. Das Fehlen der Bitte ist in dieser Hinsicht
leicht zu begreifen. Das Heil ist schon zugesagt worden. Es bleibt
nur die entscheidende Frage, ob das Volk umkehrt. In diesem Sinn
kann man 3,21-25 auch mit 3,12f. gut in Verbindung bringen.

Böhmer[39] versucht, 31,18-20 in Verbindung mit 3,12f. zu interpretieren. Nach Böhmer wird das Heilsangebot Jahwes in 3,12f. nun
durch die Bitte Efraims um die Erneuerung der Gemeinschaft mit
Jahwe und durch das Versprechen Jahwes, sich zu erbarmen, ver-
wirklicht. Ein solcher Zusammenhang zwischen beiden Stellen ist
jedoch nicht zwingend, wenn es auch bei der Bitte in 31,18 nicht
um die Heimführung geht.
    Nach Odaschima[40] gehen sowohl 3,21-25 als auch 3,12f. auf den
vor-deuteronomistischen Bearbeiter der jeremianischen Heilsworte
zurück. Besonders 3,21-25 habe dieser frühexilische Bearbeiter in
Anlehnung an den jeremianischen Spruch 31,18-20 verfaßt. Nicht
überzeugend sind jedoch die Argumente Odaschimas gegen die jeremianische Herkunft von 3,21-25.[41]

In den Worten Efraims in 31,18f. handelt es sich nun nicht einseitig um die Buße des Volkes,[42] sondern vielmehr um die *Klage*
über die durch das Unheil hervorgebrachte Notlage, die als Züchtigungshandeln Jahwes verstanden wird, und um die *Bitte* um das
Heilshandeln Jahwes, die mit der traditionellen Vertrauensäußerung
und auch mit dem Bericht über die Reue unterstützt wird.[43] Im
Hinblick auf diese Elemente (Klage, Bitte, Vertrauensäußerung und
Hinweis auf die Reue) nähern sich die Worte Efraims in unserem
Text den Klagepsalmen.

    Der eigentliche Sinn der Worte Efraims läßt sich jedoch erst in
Verbindung mit der darauffolgenden Jahwerede V.20 richtig erken-

---

39  Heimkehr, S.51f.
40  Heilsworte, S.136-149. Ferner vgl. oben S.358f.
41  Dabei weist Odaschima (Heilsworte, S.134) auf den merkwürdi-
    gen Stimmenwechsel und auf die inhaltliche Inkongruenz in
    V.21-25 hin. Der Stimmenwechsel ist jedoch bei Jeremia oft be-
    legt (s. Bak, S.29f. und 236). Die inhaltliche Uneinheitlichkeit
    besteht auch nicht (ebd., S.237-239).
42  Die meisten Kommentatoren interpretieren den Text von diesem
    Gesichtspunkt her. Z.B. ist für Weiser (S.280) das Motiv "Buße"
    so wichtig, daß er V.18bα als die Bitte um das "Wirksamwerden
    der Buße" versteht.
43  Vgl. Ludwig, Hope, S.531; Volz, z.St.

nen, die wegen anthropomorphischer Ausdrücke für das Leiden
Gottes unsere Aufmerksamkeit auf sich ziehen. Der ganze Vers ist
monologisch formuliert und fängt mit der rhetorischen Doppelfrage
... אם ... ה an.[44] Die rhetorische Frage in monologischer Formulierung ist als eine affektgeladene Ausdrucksform für die Selbstreflexion anzusehen.[45] Im vorliegenden Fall handelt es sich sachlich um
das Verhältnis Jahwes zu Efraim, das mit dem Verhältnis von
Eltern zu ihrem Kind verglichen wird.[46] Dabei ist der Einfluß Hoseas auf Jeremia nicht zu übersehen (vgl. Hos 11,1.3; 13,1).[47] Unser
Vers bringt die inneren Vorgänge Gottes zur Sprache. Der Heilswille Jahwes wird mit verschiedenen Ausdrücken umschrieben und
unterstrichen. Das "Gedenken" (זכר) Jahwes an Efraim in V.20aβ
bedeutet die helfende und notwendige Zuwendung Gottes zu Efraim
(vgl. 15,15; 20,9).[48] Das "Stürmen" (המה) der "Eingeweide" (מעה
pl.) in 31,20b weist wie in der monologischen Klage des Propheten
4,19a sowohl auf die innere Unruhe als auch auf den körperlichen
Schmerz hin.[49] Darin sieht bereits Hitzig vor Heschel einen Ausdruck für das Pathos Gottes.[50] Für Kitamori[51] ist die Redewendung

---

44 Sogar eine Tripelfrage will Held (Questions, S.79) in unserem
    Vers finden, indem er ... כי ... אם ... ה als eine Variante von
    ... מדוע ... אם ... ה betrachtet. Ferner vgl. Holladay, Gloss, S.496;
    Brueggemann, Questions, S.369; Hermisson, Jojachin, S.260.
45 S. Bak, S.106-111, 177f.
46 Allein aus Worten wie "Sohn" und "Kind" in V.20a sind weder
    die Väterlichkeit noch die Mütterlichkeit Jahwes zu erschließen,
    da die Beziehung für beide Ausprägungen offen ist. Zur Diskus-
    sion über die Mütterlichkeit bzw. Weiblichkeit Jahwes vgl. Gru-
    ber, Motherhood, 1985; Schmitt, Motherhood, 1985; Jacob, Traits,
    1985, S.225f.; Heister, Frauen, 1984, S.40-49; Stendebach, Vater,
    1983; Winter, Frau, 1980, S.322f.; Hamerton-Kelly, Father, 1979,
    S.38-51; Swidler, Woman, 1979, S.33f.; Schüngel-Straumann, Mut-
    ter, 1966 und s.o.S.73.
47 K.Gross, Hoseas Einfluß, S.244; ders., Verwandschaft, S.7,13;
    Nandrasky, Anschauungsweise, S.65-67; Deissler, Echo, S.63, 65.
48 Vgl. Schottroff, זכר, Sp. 514 und s.u.S.135, 196f.
49 S. Bak, S.83-86. Ferner vgl. die Übersetzung von 31,20bα in ko-
    reanische Sprache bei Chun (Seele, S.39, 43): "Darum tun meine
    Eingeweide für ihn wehe".
50 Hitzig, z.St.: "מעי המו ist ein πάθος". Vgl. Heschel, Prophets,
    S.298; Gerstenberger, Der klagende Mensch, S.64, Anm.4; Brueg-
    gemann, Formfulness, S.265f.; Fretheim, Suffering, S.134f.; Bak,
    S.170-184 (Das Problem des Leidens Gottes).
51 Theologie, S.152-169. Vgl. Margull, Japan, S.77-81. Neben Jer

מֵעָי הָמוּ im vorliegenden Vers der biblische Anhaltspunkt für seine Theologie des Schmerzes Gottes. Daß das Erbarmen Jahwes zu seinem Heilshandeln führen wird, steht außer Frage (31,20bβ).[52] Auffallenderweise wird die Aussage, abgesehen von der rhetorischen Frage am Anfang des Verses, durch den Infinitivus absolutus vor der finiten Form von "gedenken" und "sich erbarmen" (זָכֹר אֶזְכְּרֶנּוּ) und (רַחֵם אֲרַחֲמֶנּוּ) und durch die Konjunktion "sooft" (כִּי־מִדֵּי) bekräftigt. Auf diese Weise wird die Jahwerede V.20 im ganzen emotionsgeladen formuliert.

Erst vor dem Hintergrund der Jahwerede V.20 bekommen die klagenden, bittenden und vertrauensäußernden Worte Efraims in V.18f. ihre eigentliche Funktion. Wie die Beschreibung der Stammmutter Rahel in V.15, die um die verlorenen Kinder trauert, werden die Worte Efraims nur darum vor die Heilsworte Jahwes gestellt, damit der Heilswille Jahwes angesichts der fürchterlichen Notlage des Volkes seine volle Bedeutung bekommt.[53] Der Schwerpunkt des Textes V.18-20 liegt nicht in der Klage und Bitte Efraims, sondern in den Heilsworten Jahwes.

Zwischen 31,18f. und 30,12-15 besteht eine Spannung, und zwar in Hinsicht auf den Gedanken der Züchtigung Jahwes, der in 31,19; 30,14 zur Sprache kommt. Denn der Unverstand des Volkes inmitten seines schrecklichen Elends, von dem in 30,12-15 die Rede ist, steht mit der Reue Efraims in 31,18f. nicht im Einklang. Diese Spannung wäre zu überwinden, wenn man 30,12-15 als eine ursprünglich an Juda gerichtete Rede ansehen könnte.[54] Juda wird von Jeremia

---

31,20 zieht Kitamori noch Jes 63,15 heran. Dort liegt eine ähnliche Formulierung vor (הָמוֹן מֵעֶיךָ).

52  Vgl. Stoebe, רחם, Sp.765-767. Daß מעה pl. und רחם pi. bei Trible als Beweis für die Mütterlichkeit Jahwes dienen, ist bereits erwähnt (s.o.S.73).

53  Lohfink (Der junge Jeremia, S.358) faßt 31,18-20 als die Begründung von V.15-17 auf und will dadurch die Unabgeschlossenheit einzelner älterer Sprüche in Kap. 30f. beweisen (vgl. Bak, S.393 f.). Dabei ruft Lohfink den Eindruck hervor, als ob Jahwes Heilshandeln von der Bekehrung des Menschen abhängig wäre (Dagagen Schröter, Botschaft, S.324f.; besonders Anm. 40; Anderson, Lord, S.375; K.Koch, Profeten II, S.38; Bartlett, Jer 31,15-20, S.74-76; Volz, z.St. u.a.)

54  S. Bak, S.377

immer wieder als ein unverständiges und widerspenstiges Volk der Züchtigung Jahwes gegenüber geschildert.[55]

Nach Lohfink[56] besteht "eine echte Beziehung" zwischen 30,12-15 und 31,18-20. Beide Texte stimmen in ihren Aussagen darin miteinander überein, daß Jahwe dem Gottesvolk das Leiden zugefügt habe, und daß die Sünde des Volkes Jahwe "zu solcher Tat harter und schmerzlicher Erziehung" gezwungen habe. Diese Übereinstimmungen sind zwar festzustellen, aber die Einstellung des Volkes gegenüber der Züchtigung Jahwes wird in beiden Texten unterschiedlich beschrieben. Trotz seiner unheilbaren Wunde bleibt das Volk in 30,12-15 immer noch so unverständig, daß endlich Jahwe selber dem Volk den Grund der Verwundung erklären muß.[57] Hingegen erkennt Efraim in 31,18f. schon im Laufe des Leidens, das noch nicht zu Ende geht, von sich aus die Absicht Jahwes in seinem Züchtigungshandeln.[58] Demgemäß wird das Wort "züchtigen"/ "Züchtigung" (יסר pi./מוסר) in 30,14 von Jahwe und in 31,18 von Efraim ausgesprochen.

Ohne Zweifel geht es in V.18f. um die Notsituation der Gefangengenommenen aus dem ehemaligen Nordreich. Der Text V.18-20 ist in die früheren Jahre der prophetischen Tätigkeit Jeremias anzusetzen.

---

55  Ebd., S.36f., 48 u.ö. und vgl. 3,6-11.
56  Der junge Jeremia, S.362f.
57  S. Bak, S.377f.
58  Vgl. Weiser, S.280.

## 4. Jahwes Klage um Moab (48,31-39)

Innerhalb der Fremdvölkersprüche im Jeremiabuch nehmen die Moabsprüche (48,1-47) einen verhältnismäßig breiten Raum ein. Der zweite größere Teil des Kapitels (V.29-47) ist anerkanntermaßen aus Sprüchen verschiedener alttestamentlicher Bücher später zusammengesetzt worden.[1] Das Klage-Phänomen läßt sich vor allem in V.31-39 deutlich beobachten.

(31) Darum heule ich über Moab (על־כן על־מואב איליל) und schreie (אזעק) um das gesamte Moab, über die Leute von Kir-Heres seufze ich[a] (אל־אנשי קיר־חרש אהגה[a]).
(32) Mehr als um Jaser weine ich um dich (אבכה־לך),
Weinstock von Sibma,
deine Ranken (נטישתיך) zogen sich bis ans Meer,
bis[b] Jaser erreichten sie.
Über deinen Herbst und deine Lese ist der Verwüster hergefallen (שדד נפל)
(33) und weggenommen sind Freude und Jubel vom Fruchtgefilde und vom Lande Moab,
dem Wein in den Kufen habe ich ein Ende gemacht,
kein Kelterer[c] keltert,
kein Jauchzen ertönt.[c]
(34) Das Geschrei (זעקת)[c] von Heschbon und[c] Elale dringt bis Jahaz, sie haben ihre Stimme von Zoar bis Horonajim und[c] Eglat-Schelischija erhoben, denn selbst die Wasser von Nimrim werden zur Wüstenei. (35) Und ich mache für Moab damit ein Ende (... והשבתי) - Spruch Jahwes - , daß jemand zur Höhe (במה) hinaufsteigt und seinem Gott Rauchopfer darbringt (ומקטיר לאלהיו).
(36) Darum klagt mein Herz um Moab wie Flöten (על־כן לבי למואב כחללים יהמה) und mein Herz klagt um die Leute von Kir-Heres wie Flöten, ist doch (על־כן)[d] alles, was es erübrigt hat, verlorengegangen. (37) Ja, jeder Kopf ist kahlgeschoren, jeder Bart abgeschnitten, an allen Händen Ritzwunden und um die Hüften der Sack. (38) Auf allen Dächern Moabs und auf seinen Plätzen ist nichts als Klage, denn ich habe Moab zerschmettert wie ein Gefäß,

---

1    Fohrer (Vollmacht, S.149) bezeichnet V.29-47 als "ein midraschartig erweitertes Gerichtswort über Moab".

das niemand will - Spruch Jahwes. (39) Wie (אֵיךְ) ist es gebrochen!e Wie hat Moab schmachvoll den Rücken gewandt! So wird Moab zum Spott und Entsetzen für alle seine Nachbarn.

Zum Text:

a Nach Qere apud Orientales gelesen.[2] יהגה im MT stört die einheitliche Umformulierung des Verses in die erste Person Jahwes aus Jes 16,7.[3]

b יִם zwischen "bis" und "Jaser" ist zu streichen.

c s. BHS.

d עַל־כֵּן verstehe ich mit Rudolph[4] im adversativen Sinne.

e הֵילִילוּ zwischen den beiden "Wie" (אֵיךְ)-Sätzen ist fehl am Platz und zu streichen.

Sowohl im poetischen Teil mit der prosaischen Einleitung V.31-33 als auch in der prosaischen Passage V.34-39 herrschen Ausdrücke für das Klage-Phänomen vor. Bei der Bezeichnung von V.31-39 als einer Klage-Stelle sind besonders die Verse 35.38b.39b problematisch. V.35 hebt sich durch die futurisch formulierte Ich-Rede Jahwes über sein Unheilshandeln von seiner Umgebung ab. Demgegenüber wird in V.38b das Unheilshandeln Jahwes an Moab als bereits geschehen dargestellt. In V.39b ist wiederum die futurische Formulierung in dieselbe Worte gekleidet, die sowohl in der Unheilsankündigung als auch in der Klage-Stelle gebraucht werden.[5] Die drei Verse haben im Text jedoch keine selbständige Bedeutung, sondern werden als Begründung der Trauerhandlungen (V.37-38a) oder als Weiterführung der Notschilderung/Untergangsklage (V.34/39a) in das Klage-Phänomen einbezogen.[6]

---

2   So mit Bardtke, Fremdvölkerprophet, S.245; Volz, z.St.; Weiser, z.St.; Rudolph, z.St.; LuB; EÜ u.a.

3   S.u.S.83f.

4   Jer, S.282.

5   "Spott" (שְׂחֹק) kommt öfter in der Klage (20,7; Klgl 3,14; Ijob 12,4) als in der Unheilsankündigung (Jer 48,26. Vgl. V.27) vor. "Entsetzen" (מְחִתָּה) ist überwiegend in den Sprüchen (7 von 11mal im Alten Testament) belegt und zweimal in der Klage (Jer 17,7; Ps 89,41). Die Wurzel חתת ist am häufigsten im Jeremiabuch belegt. Sie kommt in den Unheilsankündigungen (8,9; 49,37; 50,36), in den Klage-Stellen (14,4; 17,8.17; 46,5; 48,1.20.39. 39; 50.2.2; 51,56) oder im Zusammenhang mit Heilsworten (1,17.17; 10.2.2.; 23,4; 30,10=46,27) vor. Ferner vgl. Bak, S.319-326.

6   V.35.38b.39b sind für Fohrer (Vollmacht, S.150) Unheilsankündigungen. S.u.S.86f.

Unser Text steht Jes 15f. sehr nahe und hat auch einige weitere sprachliche Bezüge zu den anderen Partien des Jeremiabuches. Die Entsprechungen sind folgendermaßen zusammenzustellen:[7]

Jer 48,31 // Jes 16,7

Jer 48,32aα // Jes 16,9aα

Jer 48,32aβ // Jes 16,8b.aβ

Jer 48,32b // Jes 16,9b

Jer 48,33a // Jes 16,10aα

Jer 48,33b // Jes 16,10b

Jer 48,34aα // Jes 15,4a

Jer 48,34aβ // Jes 15,5aβ.bβ

Jer 48,34b // Jes 15,6a

Jer 48,35. Vgl. Jes 15,2a; 16,12; Jer 33,18[8]

Jer 48,36a // Jes 15,5aα; 16,11. Vgl. Jer 48,31[9]

Jer 48,36b // Jes 15,7a

Jer 48,37 // Jes 15,2bβ

Jer 48,38a // Jes 15,3

Jer 48,38b. Vgl. Jer 22,28aβγ; 19,10f.

Jer 48,39a. Vgl. Jer 48,20a.1aβb

Jer 48,39b Vgl. Jer 20,7; 48,26.27[10]

Jes 15 läßt sich nicht genau datieren. Rudolph[11] sieht im Grundstock von Jes 15f. die älteste Schriftprophetie des Alten Testaments, die von Jesaja übernommen worden sein dürfte. Wildberger[12] schließt die Möglichkeit nicht aus, den Grundbestand von Jes 15f. in die spätere Königszeit anzusetzen. Noch konkreter bringt de Jong[13] Jes 15,1-16,1.3-5 mit der joschijanischen Expansionspolitik in

---

7  Zum vollständigen Vergleich zwischen Jer 48 und Jes 15f. vgl. Wildberger, Jes, S.607f.; Schottroff, Moab, S.184; Bleeker, Volkeren, S.111-113, 122-131.

8  Außerdem ist die Verbindung von במה mit קטר pi. in Jer 48,35 noch in 1 Kön 22,44; 2 Kön 12,4; 14,4; 15,4.35; 16,4; 23,5 belegt. Die Redewendung קטר לאלהים אחרים pi. in Jer 48,35 findet sich in 1,16; 19,4; 44,3.5.8.15 u.a. (vgl. Weippert, Prosareden, S.215-222).

9  S.u.S.87.

10 S.o.S.81, Anm. 5.

11 Jes xv-xvi, 1963.

12 Jes, S.603-611.

13 Volken, S.117-124.

Verbindung. Demgegenüber läßt Kaiser[14] das Problem der Datierung offen und weist nur auf die eschatologische Bearbeitung in
16,4b-6 (und gegebenenfalls auch in Jes 16,7-11) hin. Nach H.W.Ro-
binson[15] fällt Jes 15f. in das 5.Jh.v.Chr. Auf jeden Fall scheint es
mir, daß Jes 15f. nicht auf Jesaja selbst zurückgeht. Im Rahmen der
Fremdvölkersprüche des Jesajabuches stößt man lediglich noch einmal in 21,3 auf eine Gefühlsäußerung des Verfassers wegen des
Unheils über ein Fremdvolk (vgl. 22,4). Jes 21,1-10 ist jedoch in
exilischer Zeit entstanden.[16] Auch Jes 15f. könnte frühestens in
dieser Periode angesiedelt werden.

Für Jer 48,29-39 stellt m.E. Jes 15f. die Hauptvorlage dar.[17] Be-
zeichnenderweise übernimmt Jer 48,31-39 aus Jes 15f. hauptsächlich
diejenigen Worte, die das Klage-Phänomen enthalten. Die Parallelen
von Jer 48,31-39 finden sich in den Versen Jes 15,1b-8; 16,7-11, in
denen das Klage-Phänomen vorherrscht. Zur Erklärung des Klage-
Phänomens in Jer 48,31-39 sind nun die Umformulierungen bei der
Übernahme aus Jes 15f. von Bedeutung.

In V.31 stellt sich Jahwe als den um Moab Klagenden vor, während in Jes 16,7a Moab um Moab klagt.[18] Diese Änderung wird
durch die Aufteilung der Wir-Aussage in Jes 16,6 in die poetische
Wir-Rede des Volkes Jer 48,29 und in die prosaische Ich-Rede
Jahwes V.30 vorbereitet[19] und in V.31 durch den Wechsel von der
dritten zur ersten Person bezüglich des Verbs "heulen" (ילל hif.)
hergestellt. Demgemäß wird "Traubenkuchen" (אשישי), um den man
in Jes 16,7 seufzt, durch "Leute" (אנשי) in Jer 48,31 ersetzt. Wenn
Jes 16,7-11 nach dem Subjekt der Klage betrachtet wird, liegen dort

---

14  Jes 13-39, S.51-55.
15  Cross, S.131.
16  Wildberger, Jes, S.770f.
17  Beispielhaft bestätigt Collins (Line-Forms, S.63) den Einfluß
    von Jes 16,9b auf Jer 48,32b aus seinem syntaktischen Ver-
    gleich. Unwahrscheinlich ist die Vermutung von Hamborg (Rea-
    sons, S.150) und Long (Lament, S.85f.), daß ein gemeinsamer
    Grundstock dem älteren Stoff sowohl in Jes 51f. als auch in
    Jer 48 zugrunde liegt.
18  Vgl. Schreiner, z.St.
19  Die Hinzufügung von יהוה נאם ist auch von diesem Gesichts-
    punkt her zu verstehen (vgl. Long, Lament, S.85f.) Zu Unrecht
    streicht Bardtke (Fremdvölkerprophet, S.245-248) נאם יהוה und
    unterscheidet das "Ich" Jeremias in V.31f. vom "Ich" der Gott-
    heit in V.33.

zwei Klagen vor: die Klage Moabs V.7f. und die Klage des Verfassers V.9-11.[20] Die Redeform in der ersten Person ermöglicht eine
solche differenzierte Beobachtung am Klage-Phänomen in Jes
16,7-11. Im Vergleich damit will Jer 48,31 den Leser dahin in An-
spruch nehmen, Jahwe von Anfang an als den Betroffenen zu verstehen. Diese Umdeutung bei der Übernahme aus Jes 15f. wird noch
dadurch bekräftigt, daß die Ich-Rede von 16,9aα[21] an den Anfang
der poetischen Klage in Jer 48,32f. gestellt wird. Dabei kommt
auch das Verhältnis des klagenden Jahwe zum vom Unheil heimgesuchten Volk deutlicher als in Jes 16,9 zum Ausdruck. Dort wird
"Weinstock von Sibma", der im Hinblick auf die Weinkultur Moabs
als eine repräsentative Bezeichnung für Moab aufzufassen ist,[22]
erst im zweiten Satz V.9aβ in der zweiten Person genannt. Demgegenüber kommt dieselbe Bezeichnung in Jer 48,32 von vornherein
im Vokativ vor und tritt außerdem durch die Aussage אבכה־לך
mit dem Klagenden in Verbindung. Daraufhin werden die Worte in
Jes 16,8 zusammenfassend neu formuliert. Bei der Umformulierung
wird noch einmal das Pronominalsuffix in der zweiten Person zum
ersten Wort hinzugefügt (נטישתיך) und dadurch die Bezeichnung
von "Ich"-"Du" deutlicher artikuliert. Durch den Wechsel von הידד
("Jauchzen") in Jes 16,9 mit שדד ("Verwüster") in Jer 48,32 ist keine große Veränderung eingetreten, denn beide Worte deuten das
Verhalten bzw. Handeln der Angreifer Moabs an.[23] Doch dieser
Wechsel ist bedeutsam. Durch die Verwendung des שדד qal pt.act.
bringt sich V.32f. einerseits mit den anderen Texten des Kapitels in
Zusammenhang, da das Verb in Kap.48 häufig und auf verschiedene
Weise gebraucht wird (V.1.8.15.18.20.32).[24] Andererseits ist שדד in
V.32f. das einzige Wort über die Angreifer Moabs. In dieser Hin-

---

20  Nach Wildberger (Jes, S.626) kann V.9-11 als Nachtrag zu V.6f
    von demselben Verfasser stammen.
21  Für Fretheim (Suffering, 132f.) ist bereits das "Ich" in Jes 15f.
    (15,5; 16,9.11) das Göttliche.
22  Weiser, 400.
23  Mit הידד ist in Jes 16,9 das Jauchzen der Feinde gemeint, die
    im vorigen Vers V.8aβ als בעלי גוים ("die Herren der Völker")
    bezeichnet werden. Zu שדד s. Bak, S.445-451 (Exkurs: Der Ge-
    brauch von שדד im Jeremiabuch).
24  S. Bak, S.460f.

sicht entspricht die Aussage in V.32b dem letzten Satz der Klage
Jahwes in 12,7-12.[25]

Wenn V.31-33 vorübergehend für sich betrachtet werden,[26] bietet
sich das folgende Bild. V.31 ist eine prosaische Einleitung zu der
poetischen Klage V.32f., die inhaltlich einem Leichenlied nahesteht.
Auf die prächtige Vergangenheit spielen V.32αβγ und die Substantive in V.32b.33 an, die einen positiven Gehalt vermitteln: "Herbst",
"Lese", "Freude", "Jubel", "Kelterer" und "Jauchzen". Währenddessen
kommt die schreckliche Gegenwartssituation anhand der Verben in
V.32b.33 zur Sprache, die entweder negative Bedeutung haben oder
deren positiver Sinn negiert wird: "verwüsten", "wegnehmen", "nicht
keltern" und "nicht jauchzen" (vgl.V.17b).[27]

Auffällig ist außerdem die Konjunktion "darum" (עַל־כֵּן) am Anfang von V.31. Mit Rücksicht auf den Schuldaufweis in V.29f. erwartet man in V.31ff. eine Unheilsankündigung.[28] Stattdessen liegt
in V.31-33 eine Klage Jahwes vor, in der das Unheil als schon ergangen vorausgesetzt wird. So leitet עַל־כֵּן hier wie in 12,8 die
eingetretene Folge ein.[29] V.29f. und V.31ff. stehen jedoch nicht in
enger Verbindung zueinander, da die Zusammengehörigkeit von Jes
16,6 und V.7 (//Jer 48,29 und V.30f.) nicht ohne weiteres anerkannt
wird.[30]

Auch im prosaischen Text V.34-39 läßt sich erkennen, daß die
Worte von Jes 15f. nach der Absicht eines Autors aus späterer Zeit
ohne Rücksicht auf die ursprünglichen Zusammenhänge frei übernommen und umformuliert werden. An die Schilderung des landes-
weit erhobenen Notgeschreis in V.34a wird die kurze Aussage über

---

25  S.o.S.27-38
26  Zu V.34-39 s. gleich unten.
27  S. Bak, S.469.
28  Vgl. Kegler, Leid, S.273. S. noch unten S.86f.
29  S.o.S.35, besonders Anm.60.
30  Wildberger (Jes, S.601-604) sieht in V.6 den Anfang der Refle-
    xion über das Geschick Moabs V.6-11 (12). Dagegen ist der Vers
    für Rudolph (Jes xv-xvi, S.139f.) die ablehnende Antwort Judas
    auf die Bitte Moabs in V.3-5 und schließt V.1+3-6 ab. Zwischen
    den beiden Positionen befindet sich Kaiser (Jes 13-39, S.61),
    nach dem die primär "abweisende Antwort an die ruhmredigen
    Moabiter" in V.6 zur "Einleitung der Spottklage" wird.

die Verwüstung in V.34b angeknüpft. V.34b begründet V.34a, indem
der in Jes 15,6a adverbial gebrauchte Partikel כִּי[31] die Funktion der
kausalen Konjunktion hat. Durch die Aufnahme in Jer 48,34b verliert der Satz Jes 15,6a seine eigentliche Bedeutung im Rahmen der
Klage über die Flüchtlinge[32] und dient als eine allgemeine Begründung für das Notgeschrei. V.34 erinnert an die Verbindung des
קוֹל-Satzes mit dem כִּי-Nachsatz in 25,36; 51,54f.[33] Die Ich-Rede
Jahwes in V.35 stammt nicht direkt aus Jes 15f., sondern ist anhand
einiger deuteronomistischer Vorstellungen[34] prägnant formuliert. In
diesem Vers ist vom Unheilshandeln Jahwes an Moab die Rede,
aber auch die Schuld Moabs wird mit den Worten wie "Höhe"
(כמה)[35] und "Rauchopfer darbringen" (קטר pi.) angedeutet.[36] Im
Hinblick auf das Waw consecutivum mit Perfekt am Beginn des
Verses (והשבתי) scheint V.35 zum einen die Notschilderung im
vorigen Vers 34 weiterzuführen, der in diesem Zusammenhang auch
als Jahwerede zu betrachten ist. Zum anderen geht V.35 durch die Aus-
sageform in der ersten Person Jahwes leicht zur Ich-Klage Jahwes
V.36 über.[37] Auf diese Weise werden V.34 und V.36 durch V.35 mit-
einander verknüpft. In V.34-36 klingen somit die Notlage Moabs, das
Unheilshandeln Jahwes an Moab, die Schuld Moabs und die Ich-
Klage Jahwes an. Dadurch wird die Verbindung zwischen Schuld,
Unheil und Klage besser als in V.31-33 hergestellt. Von V.36 aus

---

31  Vgl. Wildberger, Jes, S.612. Zu כִּי vgl. ferner v.a. Aejmelaeus,
     כִּי; Schoors, כִּי; Bak, S.62.
32  Die Not der Flüchtlinge wird dadurch noch schwerer, daß sogar
     die sonst gut bewässerte Gegend verwüstet wird (vgl. Kaiser,
     Jes 13-39, S.58). Nach Wildberger (Jes, S.618) ist die konkrete
     Situation dem Vers 6 schwer zu entnehmen. V.6 ist als eine
     bildhafte Darstellung zu verstehen, die den allgemeinen Dar-
     stellungen in den meisten Klagepsalmen entspricht.
33  S. Bak, S.448f.
34  S.o.S.82, Anm. 8.
35  Zum Thema "Kulthöhe" vgl. u.a. Balz-Cochois, Gomer, S.9,
     21-72, 136-140; Welten, Jahwetempel; ders., Kulthöhe; Yadin,
     High Places; McKane, špy(y)m.
36  Zu יהוה נאם in der Mitte des Verses wie in V.35 vgl. Revell,
     Pausal Forms, S.173.
37  Wie מֵעַי in Jes 16,11; Jer 4,19 und נפשי in Jer 4,19 ist לבי in
     48,36 eine Umschreibung für das "Ich". Insofern hier nicht מֵעַי,
     sondern לבי mit הֶמָה verbunden ist, steht unser Vers 4,19 nä-
     her als Jes 16,11. Ferner vgl. 15,5a; Jer 31,20. (s.o.S.77f. und Bak,
     S.85f.)

betrachtet, gewinnt man den Eindruck, daß die Klage Jahwes sowohl durch die erschütternde Situation in Moab als auch durch eigenes Unheilshandeln an Moab verursacht wird. "Darum" (עַל־כֵּן)
am Anfang von V.36 bringt die Ich-Klage Jahwes zuerst mit dem
Unheilshandeln Jahwes in V.35 und außerdem mit der Notlage Moabs in V.34 in Verbindung.[38]

In V.37-39 werden noch einmal die Notlage Moabs, das Unheilshandeln Jahwes und die Klage Jahwes nebeneinander gestellt. Das
Motiv der Trauer wird in V.37-38a zur Schilderung der Notlage
Moabs ausführlicher als in Jes 15,2f. entfaltet. In V.38b wird das
Unheilshandeln Jahwes als der Grund für die Trauer in Moab ge-
nannt. Der Formulierung von V.38b liegt der jeremianische Gedanke
über den unwiederherstellbar zerschmetterten Krug in 19,10f. und
über das niemandem gefällige Gefäß in 22,28 zugrunde.[39] Die beiden
"Wie" (אֵיךְ)-Sätze in V.39a berühren sich mit den in die Form eines
Leichenliedes eingekleideten Untergangsklagen, insbesondere mit
V.20 (vgl. V.17b.25a.1).[40] Niederlage und Flucht während der Schlacht
klingen darin an. In V.39b wird die Verspottung Moabs durch die
Nachbarn anhand geläufiger Ausdrücke in Worte gefaßt.[41]

Im Vergleich mit V.31-33 fällt in V.34-39 folgendes auf:

a) In V.31-33 klagt Jahwe wegen der elenden Situation Moabs.
Die Notlage Moabs wird zwar geschildert, aber die Reaktion Moabs
auf das ergangene Unheil als solche kommt nicht zur Sprache.
Vielmehr wird die Klage Moabs um Moab in Jes 16,7 bewußt in die
Klage Jahwes umformuliert.[42] Dagegen wird in V.34-39 die Betrof-
fenheit Moabs vom Unheil ausführlich dargestellt. In V.34a ist vom
Notgeschrei im ganzen Land und in V.37-38a von den Trauerhand-
lungen bzw. Leichenliedern allerorts die Rede. Auf diesem Hinter-
grund erfolgt die Klage Jahwes V.36.39. Sie hat ihren Grund in der
Klage Moabs. In diesem Sinne nähert sich V.34-39 wieder Jes

---

38  Durch "darum" (עַל־כֵּן) in Jes 16,11 knüpft die Ich-Klage des
    Verfassers an die Schilderung des verwüsteten Landes Moab in
    V.9f. an. Vgl. 48,31. (s.o.S.85).
39  Die Redewendungen in V.38b, die aus 19,10f.; 22,28 kommen,
    sind auf Jeremia zurückzuführen (vgl. Thiel, Jer 1-25, S.220,
    224).
40  S. Bak, S.457f., 468-473.
41  S.o.S.81, Anm. 5.
42  S.o.S.83f.

16,7-11,[43] wobei sich der Text V.34-39 jedoch mit einigen jeremianischen Klagestellen berührt, in denen die Klage des Propheten durch
die Klage des Volkes verursacht wird (4,31; 8,19f.; 9,16-18).[44]

b) Was in V.31-33 fehlt, wird in V.34-39 zwischen die Notschilderung und die Klage Jahwes eingeschaltet: die Rede vom Unheilshandeln Jahwes V.35.38b. Dadurch tritt der scheinbare Widerspruch
auf, daß Jahwe einerseits das Unheil über Moab bringt und andererseits über die von ihm herbeigeführte Notlage Moabs klagt.[45] Es
gibt aber eine ähnliche Klage Jahwes in den jeremianischen Sprüchen. In 12,7-12 wird die Betroffenheit Jahwes sowohl durch die
Notlage seines Volkes als auch durch sein eigenes Unheilshandeln
an Juda zur Sprache gebracht.[46] Der Unterschied liegt darin, daß in
48,34-39 die Vollstrecker des Gerichts Jahwes über Moab überhaupt
nicht erwähnt werden, während die Schilderung der Feinde ein we-
sentlicher Bestandteil von 12,7-12 ist. Hinsichtlich der Bezeichnung
der Feinde mit dem Wort "Verwüster" (שדד) hat 12,12a seine Parallele in 48,32b.[47]

Aus diesen Beobachtungen ergibt sich, daß in V.31-39 das Kla-
ge-Phänomen die zwei unterschiedlichen Richtungen aufweist: Die
Klage Jahwes wegen der Notlage Moabs in V.31-33 und die Klage
Jahwes wegen der Klage Moabs und zugleich wegen des eigenen
Unheilshandelns an Moab in V.34-39. In beiden Fällen werden die
Worte aus Jes 15f. mehr oder weniger *jeremianisiert*. Diese Jeremia-
nisierung ist zuerst an der einheitlichen Umdeutung der Ich-Klage
des Verfassers von Jes 15f. in die Ich-Klage Jahwes erkennbar. Die
Ich-Klage Jahwes über ein Fremdvolk wie in 48,31-39 ist in den
alttestamentlichen Fremdvölkersprüchen einzigartig. Sie ist als eine
spätere Nachahmung der Klage Jahwes über das Volk Juda bei
Jeremia zu beurteilen.[48] Dabei wird V.34-39 in Anlehnung an die
Klagetradition im Jeremiabuch raffinierter als in V.31-33 formuliert.
Über die Umformulierung der Worte aus Jes 15f. hinaus kommt in

---

43   S.o.S.83.
44   S. Bak, S.64, 101f.
45   Vgl. Schreiner, z.St.
46   S.o.S.37.
47   S.o.S.84f.
48   Daher trifft die Beobachtung Schwallys (Heiden, S.204f.) nicht
     zu, daß Jahwe in Kap.46-49 als Rachegott auftritt.

V.34-39 die eigene Formulierung des Verfassers anhand einiger ihm
bekannter Ausdrücke und Vorstellungen zum Vorschein (V.35.38b.39b).

In diesem Zusammenhang könnte man sich vorstellen, daß
V.34-39 die prosaische Ergänzung zu V.31-33 ist. Dafür spricht
auch, daß die bereits in V.31-33 übernommenen Worte aus Jes 15f.
in V.34-39 nicht zu finden sind. V.31-33 kommt ausschließlich aus
Jes 16,7-10, während sich V.34-39 hauptsächlich an Jes 15,2-7; 16,11f.
anlehnt.[49] Die formale Ähnlichkeit zwischen Jer 48,31 und V.36a[50]
geht auf einen ähnlichen Wortlaut zwischen Jes 16,7 und V.11
zurück.[51] Außerdem haben V.31 und V.36a im jetzigen Kontext nicht
dieselbe Funktion. V.31 leitet die Klage V.32f. ein. Währenddessen
ist V.36a die Stelle, an der die Klage Jahwes ungeschützt ausgesprochen wird und das Klage-Phänomen einen Höhepunkt erreicht.
Das Verhältnis von V.34-39 zu V.31-33 ist mit dem von V.7-9 zu
V.1-6 und mit dem von 46,14-24 zu V.3-12 vergleichbar. In 46,3-12;
48,1-6 kommt die unmittelbare Betroffenheit des Propheten durch
das Unheil über die Fremdvölker (Ägypten und Moab) zum Ausdruck. Demgegenüber liegt 46,14-24; 48,7-9 die theologische Über-
legung über den Zusammenhang zwischen der Notlage der Fremdvölker und der Weltherrschaft Jahwes zugrunde.[52] Mit diesem Vergleich sind jedoch weder die spätere Entstehung von 48,34-39 als
V.31-33 noch die gleiche Herkunft von 48,34-39 und V.7-9 gemeint.
48,31-33 und V.34-39 dürften aus derselben Zeit stammen, wenn
man auch verschiedene Verfasser annehmen muß. Sollte man von
einer Spätdatierung von Jes 15f. ausgehen können,[53] dürfte der
48,31-39 später als V.7-9 entstanden sein.[54]

---

49  S.o.S.82. Jes 16,12 gehört nicht zum Grundbestand von Kap.15f.
    (Wildberger, Jes, S.602; Kaiser, Jes 13-39, S.62).
50  S.o.S.84f.87.
51  Nach Wildberger (ebd., S.601) ist Jes 16,8-11 vermutlich ein
    Nachtrag zu V.6f. von demselben Verfasser.
52  S. Bak, S.437-440 und 463-465.
53  S.o.S.82f.
54  Wie in den Ägypten-Sprüchen (Kap. 46) kann man auch in den
    Moab-Sprüchen (Kap.48) verschiedene Vorgänge ihres Entste-
    hungsprozesses vermuten. Abgesehen von den noch feststellba-
    ren Zusätzen - z.B. prosaische Stücke in V.10.12f.21-24 - dürf-
    ten V.1-4+6.7-9.31-39 aus unterschiedlichen Zeiten stammen.
    S. Bak, S.416f. und 548f.

Die späteren Tradenten der jeremianischen Verkündigung stoßen auf die Moab-Sprüche, die man heute in Jes 15f. liest, und deuten sie vor allem in bezug auf das Klage-Phänomen jeremianisch um.[55] Wann und aus welchem Anlaß ein solcher Dienst geleistet wird, läßt sich kaum weiter verfolgen.[56] Auf jeden Fall ist das Klage-Phänomen in 48,31-39 nicht im spöttischen Sinne zu interpretieren, denn das in Jes 15f. deutlich erkennbar ausgedrückte Mitgefühl des unbekannten Verfassers[57] knüpft an die Klagetradition im Jeremiabuch an.[58]

---

55  Cornill (1985, S.56) und Harrison (S.174) führen die Umformulierung auf Jeremia selbst zurück.

56  Wanke (Prophecy and Psalms, S.177) setzt sowohl Jes 15f. als auch Jer 48 unter Berücksichtigung von Ez 25,4.5.16f. in die persische Zeit an.

57  Wildberger, Jes, S.611, 615, 626. Hingegen ist z.B. Jes 16,6-12 für Kaiser (Jes 13-39, S.61) immer noch eine Spottklage.

58  Merkwürdigerweise erklärt Rudolph (z.St.) die Notschilderung in Jer 48,31-39 vor allem aufgrund seiner Beobachtung über die scheinbaren stilistischen Ungeschicklichkeiten als Schadenfreude, während er das Klage-Phänomen in Jes 15f. ernst nimmt (vgl. Wanke, Prophecy and Psalms, S.178).

## 5. Das Klage-Phänomen im Jeremiabuch außerhalb der Konfessionen


## 5.1. Als echt-jeremianisch angesehene Sprüche[1]


5.1.1. Das Klage-Phänomen in den als echt-jeremianisch angesehenen Sprüchen steht zunächst mit dem prophetischen Gerichtswort in unmittelbarem Zusammenhang. Als unmittelbare Reaktion auf die Unheilssituation, die Jeremia im Gegensatz zu dem unverständigen Volk voraussieht und vorwegnimmt, artikuliert der Prophet seine (Mit)Betroffenheit mit klagenden Worten sowohl in monologischer Formulierung (4,19-22; 6,10; 8,18-23; 9,1; 14,17f. Vgl. 4,31; 6,14; 13,17; 23,9) als auch in Form der Aufforderung zur Klage (4,5-8; 6,22-26; 9,9f.16-20; 22,10. Vgl. 13,20-23). Dabei geht Jeremia viel mehr das Unglück an, das dem ahnungslosen Volk unmittelbar bevorsteht, als dessen Schuld.[2] Die Katastrophe, die durch das Unheilshandeln Jahwes hervorgebracht wird, besteht im politischen Untergang des Gottesvolkes und im Verlust seines Landes. So bedient sich der Prophet als wichtigem Ausdrucksmittel des Motivs der Totenklage und der Personifikation des Landes bzw. der Hauptstadt Jerusalem in einem Femininum. Durch das erstere wird das Unglück des Volkes als ein kollektiver Tod vorweggenommen (4,8; 6,26; 9,9f.16-21. Vgl. 22,10.18f.).[3] Die letztere weist auf die Schicksalsgemeinschaft

---

1   Zur ausführlichen Darstellung s. Bak, S.29-244. Die jeremiani-schen Sprüche bzw. der jeremianische Kern in den Prosareden, im sogenannten Trostbüchleich (Kap.30f.) und in den Fremdvöl-kersprüchen sind für 5.2.-4. vorbehalten.

2   Um das Unheil allein handelt es sich in 4,5-8.10.13; 6,22-26; 9,9f.16-21; 22,10 (vgl. 22,18f.), während es in 9,1f. (vgl. 2,5.10f.) um die Schuld geht. Von beiden ist die Rede in 4,19-22; 6,10f.; 8,14.18-23; 10,19-22; 14,1-15,4* (vgl. 12,7-12*; 13,27; 15,5-9; 18,13-17; 22,20-23).

3   S.o.S.46f.

des Gottesvolkes mit seinem Land bzw. mit der Gottesstadt Jerusalem hin (4,31; 6,26; 8,18-23; 10,19; 15,5f. Vgl. 22,20-23). In 6,26
werden die beiden in dem Bild einer hinterbliebenen Mutter verknüpft (vgl. 10,19f.; 31,15).[4] Als eine andere Ausdrucksmöglichkeit
bei der pauschalen Darstellung des Volkes mit einem Femininum
gilt das Bid der Gebärenden (4,31; 6,24; 13,21. Vgl. 22,23), das zur
Schilderung der Notlage des vom göttlichen Gericht betroffenen
Volkes dient.[5]

5.1.2. Das Klage-Phänomen gründet auf der besonderen Verbundenheit zwischen Jahwe/seinem Propheten und dem Gottesvolk, die
sich beispielhaft an den Worten wie "mein Volk" (עמי) in 4,22 und
"Tochter meines Volkes" (בת־עמי) in 6,26; 8,18-23; 14,17 zeigt.

Der Prophet tritt zwar in seiner vorwegnehmenden Sicht dem
Volk entgegen, das sich angesichts der bedrohenden Katastrophe
immer noch in falscher Sicherheit wiegt. Aber er bringt seine Solidarität mit dem schuldigen Volk in dessen Unglück zum Ausdruck.
Sein Mitleiden wird vor allem in seiner monologischen Klage
8,18-23; 14,17f. und in der Wir-Rede 4,8b.13; 6,24.26b; 8,14; 9,16f.;
14,7-9 artikuliert.[6]

5.1.3. Dieses prophetische Mitleiden deckt sich mit dem Leiden
Jahwes. So finden sich auch in der Jahwerede ebenso wie in der
Prophetenrede die Aufforderung zur Klage (22,20-23), die klagende
Anrede an das Volk (15,5f.; 2,5; 13,27) und die monologische Klage
(12,7-12; 15,7-9). Dazu kommen noch die Jahwerede an eine unbestimmte Mehrzahl (18,13-17. Vgl. 2,10f.; 5,1), die in Wirklichkeit der
monologischen Klage Jahwes gleichkommt, und die Formulierung
des Gerichtswortes mit dem Motiv der Totenklage (22,18f.). Geschildert wird Jahwe in diesen Texten als derjenige, der sowohl
unter dem unverständlich widerspenstigen Verhalten seines Volkes
ihm gegenüber leidet als auch unter dessen Unglück, das er selber
herbeiführt. Die Betroffenheit Jahwes durch den unheilbaren Zustand des Volkes und durch sein eigenes Unheilshandeln gegen sein
Volk kommt in der wiederholenden Verwendung des göttlichen
"Ich" in 12,7-12; 15,5-9 am deutlichsten zum Vorschein.[7] Das enge

---

4     S. Bak, S.45f., 94 und 390.
5     Ebd., S.344-352.
6     S.o.S.44-47
7     S.o.S.29f. und 33.

Verhältnis zwischen Jahwe und seinem Propheten in der Klage über das Volk läßt sich noch am Nebeneinander der Propheten- und Jahwerede in 4,5-8.19-22; 6,22-26; 8,18-23; 13,20-27 und auch an den zahlreichen Entsprechungen zwischen beiden erkennen.[8]

5.1.4. Die Realität der Klage Gottes bzw. des Leidens Jahwes ist insbesondere im Hinblick auf die Persönlichkeit Gottes, die u.a. der Ursprünglichkeit des Monologes entnommen werden kann, anzuerkennen.

Daß besonders bei Jeremia das klagende "Wir" des Propheten und das klagende "Ich" Jahwes im Zusammenhang mit dem Unheilsschicksal des Volkes zum Sprechen kommen, hat mit der damaligen geschichtlichen Situation etwas zu tun. Das Unheil ist hereingebrochen. Die Katastrophe, die als die entscheidende Wende in der gesamten Geschichte des Gottesvolkes angesehen wird, steht noch bevor.[9]

5.1.5. Das Klage-Phänomen in 3,21-25 steht in einem anderen Zusammenhang. Die Wir-Rede des Volkes, die aus dem Glaubens- und Sündenbekenntnis besteht, ist als die Erwiderung der Bewohner des ehemaligen Nordreichs auf die Einladung Jahwes zur Umkehr durch den Heilszuspruch zu betrachten.[10]

## 5.2. Prosareden und Fremdberichte[11]

5.2.1. In den Prosareden läßt sich das Klage-Phänomen in erster Linie im jeremianischen Kern der Texte 7,1-15.29-34; 16,1-9 beobachten.[12]

In 16,4-7 finden sich verschiedene Ausdrücke für die Trauer/Bestattung. In 7,29 liegt eine Aufforderung zur Klage vor. Die Anhäufung der Pronominalsuffixe in der ersten Person in 7,12 weist auf das Klage-Phänomen hin. Diese Verse haben zu den als echt-jeremianisch anerkannten Sprüchen mehrere Bezüge. Das Jahwewort in

---

8    S. Bak, S.180-184.
9    Ebd., S.175.
10   Ebd., S.234-242.
11   Zur ausführlichen Darstellung s. Bak, S.247-326.
12   Bei der Herausstellung des jeremianischen Kerns in diesen Texten stütze ich mich auf die Ergebnisse der Untersuchung von Thiel (Jer 1-25, S.105-114, 125-134, 196-198).

7,12, in dem der Anklang an die Klage Jahwes über das ergangene Unheil über sein Eigentum unverkennbar ist, entspricht u.a. der Klage Jahwes über sein Erbe in 12,7-12 (vgl. 15,5-9).[13] Die Aufforderung des Propheten an ein Femininum zur Klage und die Rede von der Verwerfung des schuldigen Gottesvolkes durch Jahwe in 7,29 berühren sich mehr mit der Jahwerede an Jerusalem 22,20-23 (vgl. 12,7) als mit den Prophetenreden an Jerusalem bzw. das Volk 4,8; 6,26; 9,(9f.)16-21 (vgl. 22,10).[14] Daß die meisten Ausdrücke für die Trauer/Bestattung in 16,4-7 auf den Propheten zurückzuführen sind, stimmt damit überein, daß sich Jeremia in seiner Aufforderung zur Klage der Vorstellung vom Tod des Volkes bedient.[15] Das Ausbleiben der Trauer/Bestrafung als Strafe Jahwes in 16,4-7 ist bereits aus der Unheilsankündigung über Jojakim in 22,18f. bekannt.[16]

Diese Klagestellen im jeremianischen Kern von 7,1-15.29-34; 16,1-9 werden vom Verfasser der Prosareden seiner Absicht gemäß in die angemessenen Zusammenhänge gebracht. Die Aufforderung zur Klage in 7,29 stellt er in ungewöhnlicher Weise an den Anfang des Textes und erinnert dadurch mit besonderem Nachdruck seine Zeitgenossen an das ergangene Unheil. In V.30f. begründet er die Verwerfung des Volkes durch Jahwe V.29b mit der Schuld des Volkes und schidert in V.33 anhand einer deuteronomistischen Redensart für die Leichenschändung das Ausbleiben der Bestattung als Strafe Jahwes im angekündigten Unheil, das mit der Aufforderung zur Klage V.29a in gutem Einklang steht. Die Jahwerede 7,12 dient im heutigen Textzusammenhang zur Überbrückung zwischen der scharfen Unheilsankündigung im Grundstock der Tempelrede, der Elemente eines Streitgesprächs enthält, und der eindringlichen Mahnung des deuteronomistischen Verfassers der Prosareden. In 16,1-9 bringt dieser das Ausbleiben der Trauer/Bestattung, die mit den vorgegebenen Ausdrücken und mit einer weiteren Redewendung für die Leichenschändung in V.4b konzentriert dargestellt wird, mit dem zeichenhaften Leben des Propheten in Zusammenhang und unterstreicht dadurch die Grausamkeit der geschehenen Katastrophe.

---

13  S.o.S. 27-38 und Bak, S.253.
14  Ebd., S.31-76, 168-171, 219f.
15  Ebd., S.71-73.
16  Ebd., S.168-170.

Die deuteronomistischen Redewendungen spielen in bezug auf das Klage-Phänomen keine große Rolle. Dafür kommen nur eine Redewendung für die Leichenschändung in 7,33; 16,4b; 19,7; 34,20 und einige Substantive in 24,9; 25,9; 29,18, die in Verbindung mit den bestimmten Verben die Schmähung der Umwelt darstellen, in Frage.[17] Außerdem berühren sich die Rede vom "Schreien" (צעק/זעק) des in Not geratenen Gottesvolkes und vom Ausbleiben der Hilfe der Götter in 11,12, an der die bekannte Struktur von Klage des Menschen und Hören/Helfen Gottes[18] zu erkennen ist, mit der deuteronomistischen Stelle Ri 10,14. Diese Rede bringt zusammen mit der Rede vom Ausbleiben der Erhörung Jahwes in Jer 11,11, das zu den bisherigen geschichtlichen Erfahrungen des Volkes mit seinem Gott im krassen Gegensatz steht (vgl. Ps 107,13), die hoffnungslose Lage zur Zeit des Verfassers der Prosareden zum Ausdruck. Aus derselben Lebenssituation stammt das Motiv "Schmach (חרפה) für die (Um)Welt", das zuerst in den Psalmen aus der exilischen Zeit wie Ps 44; 79; 89 belegt ist und auch vom Verfasser der Prosareden in seiner Rede von der Schmähung des Volkes gebraucht wird (24,9; 29,18).[19] Auf diese Weise kommen in den Klagestellen der Prosareden die Bemühungen der exilischen Gemeinde zur Sprache, ihre gegenwärtige Lage zu verstehen und zu deuten: Wegen der Schuld des Volkes hat Jahwe mit dem Volk gezürnt und es verworfen (7,29), Jahwe hat über sein Eigentum Unheil gebracht (7,12), Jahwe hat sein Volk zur Schmach für die ganze Welt gemacht (29,18), die Trauer/Bestattung bleibt aus (7,33; 16,4-7; 19,7; 34,20. Vgl. 8,1f.), Jahwe hört nicht auf das inmitten der Not schreiende Volk (11,11) und Götter können dem Gottesvolk überhaupt nicht helfen (11,12), das Gottesvolk ist für die ganze Welt zur Schmach geworden (24,9). Wenn all diese einzelnen Aspekte in einen Zusammenhang gebracht würden, könnte daraus ein Klagepsalm des Volkes entstehen.[20] Sie

---

17  Ebd., S.298f., 319-322.
18  Diese Struktur macht E.K.Kim (Outcry, 1988) zu dem Rahmen, in dem er versucht, das Alte Testament im Kontext der koreanischen Minjung-Theologie zu lesen.
19  S. Bak, S.323-326.
20  Ein gutes Beispiel liefert Ps 79. In diesem Psalm ist sowohl von der Leichenschändung (V.2f) als auch von der Schmähung der Umwelt (V.4) sowie vom Zorn Jahwes (V.5) die Rede (Ebd., S.298f.; 324).

liegt jedoch in den Prosareden meistens als Nothinweise in den Unheilsankündigungen (7,33; 11,11f.; 16,4.6f.; 19,7; 34,20. Vgl. 8,1f.) oder in der Nähe der Unheilsankündigungen (7,12.29; 16,5) vor.

5.2.2. In den Fremdberichten läßt sich das Klage-Phänomen zunächst in den Erzählungen über die prophetischen Auseinandersetzungen als ein zwischenmenschliches Phänomen erkennen. Die zwischenmenschlichen Klagen werden außergerichtlich (26,8f. Vgl. 32,3-5; 36,29), gerichtlich (26,11; 38,4) und auch während des Strafvollzugs (37,18) erhoben. Dabei sind strukturelle und sprachliche Entsprechungen zwischen folgenden fünf Redeformen festzustellen: der Feindklage mit Verwünschung in den Klagepsalmen, der Beschuldigung mit Strafhinweis in der außergerichtlichen Beschwerde, der Anklage mit Strafaufforderung, der schuldigerklärenden Urteilsrede mit Strafansage im Gerichtsverfahren und dem Schuldaufweis mit Unheilsankündigung im prophetischen Gerichtswort.[21] Aus diesen mehrfachen Entsprechungen kann auf eine Beziehung zwischen dem prophetischen Gerichtswort und den Klagepsalmen geschlossen werden.

Das Klage-Phänomen bei den prophetischen Auseinandersetzungen geht freilich aus der Lebenssituation des Propheten hervor, an dessen Schicksal der Erzähler aus der früheren nachexilischen Zeit das Leiden des Gottesvolkes sichtbar macht.[22] Wenn man im Leiden des Gotteswortes eine Anspielung auf das Leiden Jahwes sehen will, dann besteht auch hier wie in den als echt-jeremianisch angesehenen Sprüchen[23] das untrennbare Verhältnis des Propheten zu seinem Gott in bezug auf das Leiden durch das widerspenstige Handeln des Gottesvolkes.[24] Im Schlußkapitel der Fremdberichte liegt die monologische Klage Baruchs vor (45,3), auf die eine zurechtweisende und heilszusagende Jahwerede folgt. Dieses Kapitel hat sowohl zu den Klagepsalmen als auch zu den Konfessionen

---

21  Ebd., S.279-284, besonders die Tabelle auf S.284.
22  Welten, Leiden, S.149. Vgl. Zimmerli, Frucht, S.138f.; Childs, Introduction, S.349; H.W.Wolff, Prophecy, S.29; I.Meyer, Propheten, S.43-45; Hossfeld/I.Meyer, Tribunal, S.48f.; Nicholson, Preaching, S.35; Kessler, Suggestions, S.389; ders., Jer 26-45.
23  S. Bak, S.181-183.
24  So geht es in den Fremdberichten nach Zimmerli (Frucht, S.139-143) um das Leiden Jahwes, auf dessen Hintergrund das Leiden des Propheten zu deuten ist. (vgl. Bak, S.309).

sowie zu den echt-jeremianischen Klagestellen strukturelle und sprachliche Bezüge. Der Erzähler will seine Zuhörer anhand des Beispiels Baruchs inmitten aller Anfechtungen zum Gehorsam gegenüber dem Gotteswort ermahnen. In einem ähnlichen Zusammenhang steht das eigentümliche kleine Klagelied über Zidkija in einem Visionsbericht, das in 38,22 von den mitbetroffenen Frauen gesungen wird und die Funktion eines Nothinweises in der prophetischen Warnung hat.

Das Motiv "Schmach für die (Um)Welt", das bereits in den Prosareden vorkommt, wird weiterhin in den Fremdberichten als Nothinweis in die Unheilsankündigung einbezogen (42,18; 44,8.12).

5.2.3. Wie unterschiedlich der Verfasser der Prosareden und der Erzähler der Fremdberichte mit den vorgegebenen Materialien umgehen, zeigt sich auch am Vergleich des Klage-Phänomens in Kap.7 und 26. In der Tempelrede übernimmt der Verfasser eine überlieferte kurze Jahwerede im Rahmen eines Streitgesprächs zwischen Jeremia und seinen Gegnern und läßt Jahwe selber mit dem Volk konfrontiert sein. Dabei greift er den klagenden Ton in der Jahwerede auf und verknüpft seine mahnenden Worte damit. Hingegen konstruiert der Erzähler in Kap.26 die Auseinandersetzung über die Tempelrede als eine Konfrontation zwischen dem Träger und den Gegnern des Gotteswortes.[25] So stellt er das Wort Jahwes in die Mitte seiner Erzählung.[26] Dieser unterschiedliche Umgang mit den vorgegebenen Materialien weist auf die unterschiedliche Situation in der exilischen und frühen nachexilischen Zeit hin. In der exilischen Gemeinde fragt man sich, wie die ergangene Katastrophe zu verstehen ist, und wie die gegenwärtige Krise zu überwinden ist. Demgegenüber befindet sich die nachexilische Generation in der Gefahr, daß sie erneut dem Gotteswort ungehorsam wird.

---

25  Das Motiv "Gotteswort" spielt auch bei der Interpretation der Konfessionen eine wichtige Rolle, und zwar in einem anderen Zusammenhang (s.u.S.143f., 153f.,192-197). Ferner vgl. 23,9 (s. Bak, S.115f.).

26  Ebd., S.261.

## 5.3. Das sogenannte Trostbüchlein (Kap.30f.)[27]

5.3.1. Das Klage-Phänomen ist in 30,5-7.12-15; 31,15.18-20 in formal und sachlich unterschiedlicher Weise zu beobachten. In 30,5-7 schildert der Prophet die Notlage des Gottesvolkes am Tag Jahwes mit dem abschließenden kurzen Hinweis auf die Heilserwartung. Demgegenüber beschreibt in 30,12-15 Jahwe die unheilbare Verwundung seines Volkes und klärt das noch unverständige Volk über den wahren Sachverhalt auf. In 31,15 stellt der Prophet Rahel dar, die untröstlich um ihre verlorenen Kinder klagt. Die Jahwerede 31,18-20 hat die Form eines Monologes, der aus dem Zitat der klagenden und bittenden Worte Efraims V.18f. und den affektgeladenen Heilsworten Jahwes besteht.

5.3.2. Daß sich das Klage-Phänomen auf das Volk des ehemaligen Nordreichs bezieht, ist an den Namen Rahel in 31,15 und Efraim in 31,18 deutlich zu erkennen. Demgegenüber läßt sich in 30,5-7.12-15 nicht leicht bestimmen, von wem die Rede ist. Wahrscheinlich wird in 30,12-15 Juda der ursprüngliche Adressat sein.

5.3.3. Alle vier Stellen sind wohl jeremianisch. Dafür sprechen nicht wenige sprachliche und gedankliche Berührungen mit den als echt-jeremianisch anerkannten Sprüchen und zugleich die Verwendung der bei Jeremia beliebten bildhaften Darstellungsweisen und Redeformen. In 30,5f. wird das Bild der Gebärenden, in 30,12-15 die pauschale Anredeform an das Volk im femininen Du und in 31,15 das Bild der um die Kinder trauernden Mutter gebraucht. Die Redeform mit dem interjektionellen קוֹל, Elemente der Klagepsalmen und Ausdrücke wie das "Stürmen der Eingeweide" finden sich jeweils in 31,15.18f.20.

5.3.4. Was in den Klagestellen geschildert wird, ist die Notlage des Volkes, das sowohl in der Mehrzahl (30,5f.) als auch in der kollektiven Einzahl (30,7.12-15; 31,15.18f.) bezeichnet wird, nach der Katastrophe (30,12-15; 31,15.18f.) oder zur Stunde des Unheils (30,5-7). Die Notsituation wird in 31,15 vom Standpunkt der Zurückgebliebenen und in 31,18f. aus der Sicht der Deportierten dargestellt. Das mitleidende Herz des Propheten bzw. Jahwes ist in 30,5-7; 31,15 bzw. 30,12-15; 31,20 zu spüren. Es scheint, daß in 30,

---

27  Zur ausführlichen Darstellung s. Bak, S.334-409.

5-7 das Unheil noch bevorsteht. In den anderen Texten ist es schon ergangen, aber die dadurch entstandene Notlage ist noch gegenwärtig.

5.3.5. Außer in 30,12-15 bildet die Stelle, in der das Klage-Phänomen zu beobachten ist, mit den daran angeschlossenen Worten über die Rettung – seien sie kurz (30,7bβ) oder auch ausführlicher (31,16f.20) – eine Texteinheit. Im Unterschied zu den Klagepsalmen, in denen Klage und Lob/Lobgelübde hinsichtlich ihrer Bedeutung ein Gleichgewicht halten[28], verliert das Klage-Phänomen in Jer 30f. angesichts der darauffolgenden Heilsworte seine Selbständigkeit und dient zur konstatierenden Hervorhebung des Heilshandelns bzw. Heilswillens Jahwes. 30,12-15 hat diese Funktion erst in Verbindung mit einer nachjeremianischen Heilszusage V.16f. Die Heilsworte werden ihrem Wesen nach Jahwe in den Mund gelegt. (31,16f.20; 30,16f.). Nur einmal äußert der Prophet (30,7bβ) seine Heilserwartung.

5.3.6. Der Umschwung von der Not zur Rettung ist das wichtigste Charakteristikum der Texte in Kap.30f., in denen das Klage-Phänomen in Erscheinung tritt. Die sachliche Nähe zwischen dem Umschwung von der Not zur Rettung in unseren Texten und dem von der Klage zum Lob/Lobgelübde in den Klagepsalmen ist kaum zu erklären. Jeremia dürfte die Praxis des priesterlichen Heilsorakels, das von den meisten Exegeten als der Grund für die plötzliche Wende in den Klagepsalmen angenommen wird,[29] gekannt und bei seiner Verkündigung darauf Rücksicht genommen haben.[30] In den nachjeremianischen Generationen tritt besonders Deuterojesaja in bezug auf die Verbindung der Klage des Volkes mit den Heilsworten Jahwes hervor.[31]

---

28  Brueggemann, Psalms, S.56f.

29  Zum priesterlichen Heilsorakel vgl. Conrad, Priestly Oracles; ders., "Fear Not" Oracles; Harner, Salvation Oracle; Begrich, Heilsorakel; Kirst, "Fürchte dich nicht!"; Fuhs, ירא, Sp.883-885; Becker, Gottesfurcht, S.50-55; Vetter, Mit-Sein; Preuß, "...ich will mit dir sein!".

30  Eine ähnliche Auffassung ist bei Gerlach (Liturgien, S.37-39) zu vermuten, der 31,18-20 als eine von der Liturgie herkommende Redekomposition ansieht. Hingegen bestreitet Raitt (Exile, S.111f., 158-173), der in Kap.30f. nur 30,18-22; 31,2-6.31-34 als jeremianische Heilsorakel betrachtet, die institutionelle Wurzel des prophetischen Heilsorakels und wagt es, dieses Heilsorakel mit den "foundational promises in Genesis-Exodus" (ebd., S.171) in Verbindung zu bringen.

31  Vgl. Westermann, Heilsworte, S.6; ders., Prophetische Heilsworte, S.208f.; Veijola, Klagegebet, S.286; Kaiser, Einleitung, S.275f.; Smend, Entstehung, S.153.

## 5.4. Fremdvölkersprüche[32]

5.4.1. In den Fremdvölkersprüchen wird das Klage-Phänomen in sehr breitem Umfang und in eigentümlicher Weise entfaltet. Dadurch wird die Klagetradition im Jeremiabuch angereichert. Das geschieht auf zweierlei Wegen: durch die Weiterführung der jeremianischen Klagetradition und durch die Aneignung der fremden Materialien.[33]

Die Worte, Motive, Vorstellungen und Redeweisen, mit denen der Prophet die Notlage seines Volkes schildert oder darüber klagt, werden auch für die Fremdvölker verwendet. Diese erweiterte Verwendung der Ausdrucksmittel für das Klage-Phänomen ist bereits bei Jeremia festzustellen (46,5f.11f.; 48,1-4+6).[34] Die uns unbekannten Tradenten seiner Verkündigung machen von diesen Ausdrucksmitteln weiterhin Gebrauch. Als das beste Beispiel für die jeremianischen Texte, deren Elemente immer wieder in den Klagestellen der Fremdvölkersprüche aufgegriffen werden, gilt 6,22-26 (vgl.46,5; 47,2-5; 50,43; 25,32.34).[35] Außerdem sind noch 12,7-12aα (vgl.48,30-39); 8,22 (vgl. 46,11; 51,8f.); 3,25 (vgl. 51,51); 2,6 (vgl. 51,43), 8,16 (vgl. 47,2a); 6,18 (vgl. 48,1-6) anzuführen.[36]

Darüber hinaus schaffen die späteren Tradenten der Verkündigung Jeremias in Anlehnung an den Propheten neue Redeweisen: Aufforderung zur Klage an die Nachbarn der Betroffenen (48,17), "Warum" (מדוע)-Frage mit כי-Nachsatz (46,15a) und gesprächsartige Formulierungen mit klagenden Worten (47,6f.; 48,19f.; 50,8f.). Ferner finden einige im prophetischen Gerichtswort beheimatete Stichworte wie שדד, חרב, und חלל bei ihnen Verwendung in der neuen Weise, daß sie mit dem Gottesnamen יהוה verknüpft und in das Klage-Phänomen einbezogen werden (25,36; 47,4; 51,55; 47,6; 25,33). Die pauschale Bezeichnung der Fremdvölker mit dem be-

---

32  Zur ausführlichen Darstellung s.Bak, S.413-549.
33  Die formale und sachliche Anknüpfung von Kap.46-51; 25,15-38 an die jeremianische Tradition ist bisher kaum richtig beachtet worden (vgl. z.B. Holladay, Spokesman, S.124; Coggins, Tradition, S.92; Izco Illundain, Gentiles, S.46-48; Malchow, Contribution, S.46-48).
34  S. Bak, S.416-432, 456-458, 461-467.
35  Ebd., S.420, 431, 441f., 501f., 526, 529.
36  S.o.S.84f., 88 und Bak, S.426, 444, 465-467, 514f. und 522.

kannten Wort "die Hirten" (הרעים) in 25,34-37 ist auch neu. Die
Rede Israels in den Babel-Sprüchen (51,8f.34f.51. Vgl. 50,28) und die
Klage der Flüchtlinge (48,20) sind ebenso wie die bisher genannten
Beispiele aus der jeremianischen Klagetradition herausgewachsen.
Die Klage Moabs und die Ich-Klage des Verfassers um Moab in Jes
15f. wird in Jer 48,30-39 in die Klage Jahwes umformuliert und
umgedeutet. Daran erkennt man am deutlichsten die Aneignung der
fremden Quellen durch die Tradenten der jeremianischen Klage (vgl.
12,7-12aα). Jer 48,30-39 gilt als ein ausgezeichnetes Beispiel für die
innerbiblischen Auslegungen. Außerdem werden die Elemente der
Gattung "Leichenlied" zur Darstellung des Untergangs der Fremdvölker viel öfter gebraucht. Die primär für die Großmächte wie
Babel geprägte Form der in ein Leichenlied gekleideten Untergangsklage, die bei Jeremia noch nicht bekannt ist, wird aus einer anderen Tradition (Babelsprüche des Jesajabuches) übernommen und in
den neuen Zusammenhang gebracht (48,17b.25; 49,25; 50,2b.23;
51,7-9.41-43). Daneben gilt die Verwendung des Klagerufes "wehe!"
(אוי/הוי) in der Untergangsklage über ein Volk (48,1.46; 50,27b) als
eine weitere Entwicklung der jeremianischen Klagetradition.

5.4.2. Das Klage-Phänomen in den Femdvölkersprüchen des Jeremiabuches ist am besten im Zusammenhang mit der Fortbildung der Klagetradition im Jeremiabuch zu erklären. Der affektgeladene Sprachgebrauch spricht gegen die einseitige Interpretation der Klagestellen im
höhnischen Sinne. Die klagende Stimme des Propheten in 46,3-12; 48,
1-6 ist ernstzunehmen. Was Jeremia bewegt, ist das gemeinsame Schicksal unter der babylonischen Weltherrschaft, hinter der Jahwe steht.
Dabei spielen für ihn weder Schadenfreude noch ein Vergeltungsgedanke eine Rolle. In dieser Hinsicht schließen sich die späteren
Verfasser von Kap.46-49[37] dem Propheten an. In den Klagetexten
geht es hauptsächlich um die Notsituation der Nachbarvölker, die
durch den militärischen Angriff herbeigeführt wird.[38] Eines wollten

---

37  Der Grundstock von Kap.46-49 (außer den jeremianischen Tex-
    ten 46,3-12 und 48,1-4+6) dürfte in der frühexilischen Zeit ent-
    standen sein, während der Grundbestand von Kap.50f. in die
    spätexilische Zeit anzusetzen ist (vgl. ebd., S.438f., 523).
38  In den Fremdvölkersprüchen des Jeremiabuches treten die mili-
    tärischen Züge hervor (Hayes, Usage, S.92; Bennett, Outline,
    S.73. Vgl. Hoffmann, Nations, S.III). Das hängt nach Christen-
    sen (Transformations, S.111-283), der die Fremdvölkersprüche

sie allerdings noch deutlicher als der Prophet artikulieren: Jahwes
Urheberschaft im Unheil über die Fremdvölker.[39] Dies bringen sie
auf ausgezeichnete Weise zum Ausdruck, indem sie die ihnen über-
lieferten Ausdrucksmittel und Vorstellungen für das Klage-Phänomen mit ihren eigenen logischen Gedanken eng verknüpfen. In den
Babelsprüchen tritt eine neuer Aspekt zu Tage: die Heilserwartung
Israels. Das Klage-Phänomen unterstreicht den Untergang Babels
und zugleich die Befreiung Israels von der Macht Babels, die es
vorwegnimmt. Es ist m.E. zu weitgehend, wenn man aus den
Fremdvölkersprüchen des Jeremiabuches die Thematik "Mitleiden"
herausarbeiten will. Kegler[40] erschließt vor allem aus seinen Beobachtungen über die Klagetexte in Kap.46-49 die Existenz einer
Gruppe von Juden an, die sich über alle nationalen Grenzen hinweg
mit dem vom Krieg heimgesuchten Nachbarvolk solidarisch fühlt.
Sollte eine solche Gruppe der Juden wirklich existiert haben, könnte sie als Tradentin der jeremianischen Klagetradition angesehen
werden. Im Hinblick auf 48,31-39 bedarf zwar die gängige Auffassung der Korrektur, daß nämlich die Völker in den alttestamentlichen Fremdvölkersprüchen kaum der Gegenstand des Ausdrucks
eines göttlichen Mitleidens sind,[41] aber es ist doch fraglich, ob
man in der Darstellung Jahwes als des über das Unheilsschicksal
der Fremdvölker klagenden eine universale Erweiterung des Mitleidens Jahwes sehen kann (vgl. Jona 4,10f.).[42] Das Klage-Phänomen
in den Fremdvölkersprüchen des Jeremiabuches ist genauso wie in

---

des Jeremiabuches kaum später als 580 v.Chr. datiert, damit
zusammen, daß sich Jeremia bei seiner Unheilsankündigung oft
der Vorstellung des heiligen Krieges bedient (s. Bak, S.39).

39  Letzten Endes geht es um die Weltherrschaft Jahwes (vgl. z.B.
Ridouard, L'épreuve, S.62; Bennett, Outline, S.73f.; Brueggemann,
Jer, S.276).

40  Leid, S.282, 282-287

41  Z.B. May, World Dominion, S.61.

42  Fretheim, Suffering, S.137. Kuhn (Trauer, S.371f., 482) interpretiert die Trauer Jahwes über den Untergang der Fremdvölker in
einigen rabbinischen Texten zum einen als Trost für Israel in
dem Sinne, daß die Liebe Gottes zum notleidenden Gottesvolk
aus seinem Mitleid mit den Feinden Israels um so deutlicher zu
erschließen ist. Zum anderen hat sie die Funktion, das Gottesvolk vor der Schadenfreude zu warnen. Vgl. Homerski, The
Theological Significance of the Oracles Against the Nations,
1972.

den jeremianischen Sprüchen durch die damalige Zeitgeschichte bedingt: Auf- und Rücktritt des Weltherrschers Babel.[43] Angesichts der Ereignisse, die auf die ganze Welt übergreifen, liegen weder Verspottung noch Mitleiden im Interesse der Verfasser der Klagetexte in den Fremdvölkersprüchen des Jeremiabuches. Sie beschäftigen sich im Gefolge des Propheten Jeremia damit, das ergangene Unheil über die Fremdvölker unter der babylonischen Obrigkeit und den bevorstehenden Untergang Babels theologisch zu erklären. Auch zu diesem Zweck dient das Klage-Phänomen, das im ganzen Jeremiabuch eine große Rolle spielt.

Die eingehende Untersuchung von de Jong[44] über die Fremdvölkersprüche des Jeremiabuches ist insofern einseitig durchgeführt worden, als die meisten Texte immer wieder mit der Außenpolitik Judas in dessen letzten Jahren in Zusammenhang gebracht worden sind.[45] In ähnlicher Weise hat Hamborg[46] einen Teil der Fremdvölkersprüche des Jesajabuches als Warnung vor der Bündnispolitik Judas interpretiert. Dennoch stellt sich die Frage, ob die alttestamentlichen Fremdvölkersprüche ohne Bezugnahme auf das Schicksal des Gottesvolkes überhaupt keinen Sinn haben.[47]

43   Vgl. Bak, S.175.
44   Volken, 1978.
45   S. Bak, S.428, 455 (Anm. 2), 495 (Anm. 7), 499 (Anm. 4). Vgl. Paterson, Repentance, S.198f.; Cazelles, Circonstances, S.15; Gottwald, Kingdoms, S.269; van Selms, Jer III, S.21f., 25, 37f. 46f. 49, 51, 53.
46   Reasons, 1981, besonders S.147-151, 155.
47   Geyer, Mythology, S.135f. Vgl. Wilson, Nations, 1986; Koonthanam, Nations, 1984; Homerski, Nations, 1975; Schreiner, Völker, 1973; Orlinsky, Nationalism-Universalism, 1972; Huber, Völker, 1976; I.Müller, Nachbarvölker, 1968, S.171-179.

# III. Das Klage-Phänomen in den Konfessionen

## 1. Die erste Konfession (11,18-12,6)[1]

### 1.1. Rückblick auf die frühere Gefahr in einer berichtenden Vertrauensäußerung (11,18f.)

Die Unebenheit des Textes läßt sich bereits dadurch an seiner äusseren Gestalt erkennen, daß sich poetische (11,20; 12,1-3.4bβγ.5) und prosaische Bestandteile (11,18f.21-23; 12,4abα.6) mehrmals abwechseln.[2]

Im ersten Prosastück 11,18f. *berichtet* der Sprecher über seine Erfahrungen mit Jahwe und seinen Gegnern: Von Jahwe erfuhr er den Anschlag seiner Gegner, von dem er sonst keine Ahnung gehabt hätte.[3]

Das Wort "berichten" benutze ich hier nicht als eine Bezeichnung der Redeform wie "Eigenbericht" bei Ahuis,[4] sondern in dem Sinne, daß einer über etwas in der Vergangenheit redet. Damit ist die Bezeichnung "narrativ" bei Blank[5] zwar zu vergleichen, aber Blank meint mit "narrativ" sowohl Feindschilderung als auch Unschuldsbeteuerung.[6]

---

1  Zur forschungsgeschichtlichen Darstellung über 11,18-12,6 vgl. Hubmann, Untersuchungen S.17-46; Brandscheidt, Gotteszorn, S.236-240.

2  S. die Druckgestalt in der BHS. Baumgartner (Klagegedichte, S.29f., 53) versucht, die poetische Form der drei Lieder in 11,18-20.21-23; 12,1-6 durch textkritische Eingriffe zu illustrieren.

3  S.u.S.108.

4  Gerichtsprophet, S.87.

5  Confessions, S.338-340; Jer, S.114-122.

6  Zu den Berichten in den Prophetenbüchern vgl. Tucker, Speech, S.33f., 37.

Was er durch die göttliche Vermittlung erfuhr, wird in V.18 lediglich mit einem allgemeinen Ausdruck zur Sprache gebracht: "ihre Taten" (מעלליהם). Daran schließen sich folgende Worte in V.19 an:

(19) Aber ich war wie ein zahmes Lamm gewesen, das zum Schlachten geführt wird (ואני ככבש אלוף יובל לטבוח), und hatte nicht gewußt (ולא־ידעתי), daß sie gegen mich Pläne schmiedeten (כי־עלי חשבו מחשבות): "Laßt uns den Baum in seinem Saft[a] verderben (נשחיתה עץ בלחו[a]) und aus dem Lande der Lebenden ausrotten, daß seines Namens nicht mehr gedacht wird (ונכרתנו מארץ חיים ושמו לא־יזכר עוד)!"

Zum Text:
[a] Mit Hitzig, Rudolph, Weiser u.a.[7] ist בלחמו im MT zu בלחו zu korrigieren. Neuerdings liest Holladay[8] בלחמו ("durch seinen Gegner").[9]

Bevor der Sprecher von "ihren Taten" redet, beschreibt er zunächst seinen *früheren* Zustand mit dem Bild eines zahmen Lammes, das zum Schlachten geführt wird. In dieser bildhaften Selbstdarstellung klingen seine *Unschuldsbeteuerung* und zugleich *Selbst-/ Feindklage* mit. Man sieht in "einem zahmen Lamm", mit dem sich der Sprecher vergleicht, ein Bild für die Zutraulichkeit und Arglosigkeit (vgl. Jes 53,7).[10] Der daran angeschlossene Relativsatz, der im Passiv formuliert ist (יובל לטבוח), weist darauf hin, daß "ihre Taten" den Sprecher in Lebensgefahr geraten ließen. Diese feindlichen Taten werden erst im zweiten Halbvers einigermaßen konkretisiert: Während er nichts wußte, schmiedeten sie Pläne gegen ihn. Der Inhalt ihrer Pläne wird jedoch nicht angegeben.[11] Stattdessen werden ihre Worte zitiert, die höchstens ihre bösen Absichten

---

7    Hitzig, z.St.; Rudolph, z.St.; Weiser, z.St.
8    Jer 1, S.363, 372f.
9    Ferner vgl. Barthélemy, Critique, S.568f.; Hubmann, Untersuchungen, S.52f.; Houberg, Jér xi 19; Burkitt, Jer xi 19.
10   Zur Aufzählung der Belege für die Parallelen zu den Worten כבש und טבח sowie zu den anderen Ausdrücken bzw. Motiven in 11,18-12,6 verweise ich auf die Nachweise von Vermeylen (Confessions, 1981), insofern ich sie nicht zu ergänzen oder anders zu interpretieren brauche. Zum Verhältnis der Konfessionen zu Jes 53 s.u.S.213.
11   Brandscheidt, Gotteszorn, S.236.

zutage bringen: perfektes Ausschließen einer Person aus der Gesellschaft. In der dreifach formulierten Aussage - den Baum verderben, einen Menschen aus dem Lande der Lebenden ausrotten und
Verhinderung des Gedenkens eines Namens für immer[12] - geht es
über das Quälen im Leben hinaus um die endgültige Vernichtung
einer menschlichen Existenz.

Der Schwerpunkt des ersten Prosastücks liegt weder in der Unschuldsbeteuerung noch in der Selbstklage noch in der Feindklage,
sondern in der *Rückbesinnung* auf den *rettenden* Eingriff *Jahwes*. In
V.18f. handelt es sich um die Erfahrung in der *Vergangenheit*, die
noch für die Gegenwart die entscheidende Bedeutung hat. Der
Sprecher klagt nicht über die gegenwärtige Notlage, sondern *blickt
über die frühere Gefahr zurück*, der er mit Hilfe Jahwes entkom-
men ist.[13] In diesem Sinne erinnert V.18f. sowohl an die Hinweise
auf Gottes früheres Heilshandeln in den Klagepsalmen des Volkes[14]
als auch an den Rückblick darauf in den Dankpsalmen.[15] Ein Unterschied zwischen diesen beiden und dem vorliegenden Fall fällt
jedoch ins Auge. In den Klage-/Dankpsalmen ist/war sich der
Betroffene bereits vor dem rettenden Eingreifen Jahwes seiner
Notlage bewußt, klagt/klagte darüber und bittet/bat Jahwe um die
Rettung daraus. In diesem Zusammenhang wird die rettende Hilfe
Jahwes als seine liebevolle Aufmerksamkeit für die Klage und Bitte
des Menschen angesehen (z.B. Ps 22,6; 80,9. Vgl. Jer 11,11f.;

---

12  Zum "Gedenken" (זכר) des Namens s. Schottroff, זכר, Sp.512;
    ders., Gedenken, S.275-277. Vgl. Frost, Memorial, S.439-447.

13  In Neh 6,11-14 merkt Nehemia ohne die göttliche Vermittlung
    die böse Absicht seiner Gegner im voraus, die durch ihren
    scheinbar freundlichen Vorschlag zum Fliehen in den Tempel
    verschleiert ist, und entweicht der Lebensgefahr.

14  Westermann (Loben, S.41-43) unterscheidet den Hinweis auf das
    frühere Heilshandeln Jahwes von der Vertrauensäußerung, wäh-
    rend jener für Begrich (Vertrauensäußerungen, S.256f.) eine Art
    von dieser ist. Auffallend ist, daß der Hinweis auf das frühere
    Heilshandeln Jahwes in den Klagepsalmen des Einzelnen kaum
    zu finden ist (vgl. Crüsemann, Formgeschichte, S.292f.). In Ps
    22,5f. beruft sich ein Leidender auf die Heilserfahrungen seiner
    Väter in der Vergangenheit, die eigentlich zum Gemeingut des
    Gottesvolkes gehören. Zu Ps 22 s.u.S.216-218.

15  Vgl. Westermann, Loben, S.61-67, 76-87; Graf Reventlow, Litur-
    gie, S.254.

Ex.3,7.10).[16] Im Unterschied dazu hatte Jahwe in Jer 11,18f. dem in Lebensgefahr Geratenen einseitig Hilfe geleistet, noch bevor dieser von der Gefährdung seines Lebens wußte oder darüber klagte. Jahwe stand dem "Ich" des Textes sogar in dessen Unwissenheit von den feindlichen Taten bei. In diesem Zusammenhang sind die Voranstellung des Subjekts יהוה am Beginn des Textes[17] und das Schweigen von der Identität der Gegner verständlich. In den Vordergrund der ersten beiden Verse tritt *Jahwe*, nicht die Gegner. Außerdem fehlt hier das Lobgelübde bzw. der Lobruf, wie sie in den Klage- und Dankpsalmen häufig zu finden sind.[18] Offenbar ist der Sprecher noch der Bedrohung seiner Gegner ausgesetzt. Vor diesem Hintergrund wird Jahwes Eingreifen zugunsten des Sprechers, auf das dessen Existenz angewiesen ist, auch jetzt noch wie früher erwartet. Diese Angewiesenheit wird sowohl durch die Gegenüberstellung zwischen יהוה und ואני am Anfang der beiden Verse[19] als auch durch das Wortspiel anhand der Wurzel ידע[20] formuliert. Das Wissen (ידע) des Sprechers (V.18b) hängt vom Wissen-Lassen (ידע hif.) Jahwes ab (V.18a).[21] Ohne das letztere wäre der Sprecher immer noch in seinem Nicht-Wissen (לא־ידע) geblieben (V.19b). Daß *Jahwes Hilfe seinem Wissen* und *seiner Klage/Bitte vorangeht*, darin liegt *sein Vertrauen* inmitten der feindlichen Umgebung. Insofern ist V.18f. als eine eigenartige *Vertrauensäußerung* im Munde eines unschuldig leidenden Gerechten Jahwes aufzufassen, die die Form des Rückblicks auf das frühere Heilshandeln Jahwes hat.[22] In den Hintergrund dieser Vertrauensäußerung tritt das Klage-Phänomen, das mit den Anfeindungen und

---

16  S. Bak, S.313-318.

17  Vgl. Baumgartner, Klagegedichte, S.30.

18  V.20 soll zunächst ohne Verbindung mit V.18f. betrachtet werden (s.u.S.114)

19  Baumgartner (ebd., S.31) bringt ואני in V.19 mit ויהוה in V.20 in Zusammenhang. Die Verbindung beider Verse ist jedoch sekundär (s.u.S.114, 188 und oben S.73).

20  Vgl. 17,14; 20,7; 31,18 (s.u.S.73).

21  Das Wissen Jahwes gilt nach Wimmer (Sociology, S.401-404) als ein wichtiges Motiv in den Konfessionen (vgl. Monloubou, Connaître, S.69, 75f.).

22  Vgl. Diamond, S.23f. und oben S.107.

der dadurch entstandenen Notsituation in Vergangenheit und Gegenwart zusammenhängt.[23] Darüber hinaus wird in V.18f. die schwierige Lage angedeutet, mit der der Sprecher wiederholt konfrontiert ist.[24]

## 1.2. Vertrauensäußerung (11,20)

An diese berichtende Vertrauensäußerung schließt sich das erste poetische Stück V.20 an:

(20) Aber Jahwe Zebaoth, gerechter Richter (וַיהוה צְבָאוֹת שֹׁפֵט צֶדֶק),
    Prüfer von Nieren und Herzen (בֹּחֵן כְּלָיוֹת וָלֵב)![a]
Ich werde deine Rache an ihnen sehen[b] (אֶרְאֶה[b] נִקְמָתְךָ מֵהֶם),
    denn dir habe ich meinen Streit anheimgestellt[c]
(כִּי גִלִּיתִי[c] אֶת־רִיבִי).

Zum Text:
[a] In V.20a sehe ich nicht Aussagen über Jahwe,[25] sondern die Anhäufung der Vokative.[26] Als die beste Parallele zu V.20a gilt Ps 7,9-12. בֹּחֵן לִבּוֹת וּכְלָיוֹת in Ps 7,10 (vgl. Jer 11,20aβ) ist zweifellos Vokativ, während אֱלֹהִים שׁוֹפֵט צַדִּיק in Ps 7,12 (vgl. Jer 11,20aα) als eine Aussage zu verstehen ist. Die Bezeichnung als שֹׁפֵט צֶדֶק ist nur noch in Ps 9,5 belegt, und zwar im Vokativ (vgl. Dtn 11,6; Spr 31,9).[27]
[b] אֶרְאֶה verstehe ich eher im futurischen Sinne der Vertrauensäußerung als im jussivischen.[28]

---

23   Die Bezeichnung von V.18-20 als Klage (z.B. Hubmann, Untersuchungen, S.156 u.ö.) ist deshalb nicht ganz zutreffend. Ferner vgl. "Bericht von der früheren Not als Hintergrund für Jahwes Rettungstat" in Kühlewein, Geschichte, S.29-31; Veijola, Klagegebet, S.290f. und s.o.S.24.
24   S.u.S.216.
25   Z.B. Hitzig, Giesebrecht, von Orelli, Köberle, Wambacq, Schneider, z.St.; Baumgartner, Klagegedichte, S.29; Hubmann, Untersuchungen, S.49, 79; H.H.Schmid, Gerechtigkeit, S.121.
26   Z.B. Bruno, S.58; Rowley, Jer 11,18-12,6, S.226; Scharbert, Propheten, S.190; O'Connor, S.8; Diamond, S.20; BuRo.
27   Vgl. Bonnard, Psautier, S.37-40.
28   Gegen Holladay, McKane, Rudolph, Weiser, z.St.; Donner (Confessions, S.56) u.a. Vgl. EÜ und ZB.

c Statt גליתי im MT ist גלותי zu lesen.[29] Holladay[30] schlägt u.a. im Hinblick auf V.18 vor, אלי גלית יריבי ("to me you have revealed my adversaries") statt גליתי את־ריבי אליך zu lesen. Dabei ist ohne weiteres die primäre Zusammengehörigkeit von V.18 und V.20 vorausgesetzt, die ich bestreite.[31]

Die Rede ist an Jahwe gerichtet. Wenn אז הראיתני in V.18b ausgenommen wird,[32] liegt hier zum ersten Mal die Anrede an Jahwe vor.

Jahwe, der nach dem vorigen Prosastück für den Sprecher im Text in eine uns unbekannte, aber konkrete Angelegenheit eingegriffen hat, wird in V.20 in seiner Eigenschaft als gerechter Richter und Prüfer von Nieren und Herzen angerufen.[33]

In den Psalmen kommt die Anrufung Jahwes mit Namen bzw. Beinamen wie "Fels", "Zuflucht" und "Licht" in unterschiedlichen Zusammenhängen vor. Am bekanntesten ist sie bei der Vertrauensäußerung in den Klagepsalmen.[34] Man ruft Jahwe mit Namen bzw. Beinamen allein oder in Verbindung mit dem Pronominalsuffix in der ersten Person (z.B. "mein Schild", "unser Gott") an. Bei der Anrufung mit Beinamen bzw. Gottesbezeichnungen, die auf Eigenschaften Jahwes hinweisen, entfällt meistens das Suffix, durch das das Verhältnis zwischen dem Anrufenden und Angerufenen zum Ausdruck kommt. Das gilt auch für den vorliegenden Fall.

In der Anrufung Jahwes mit "gerechtem Richter, Prüfer von Nieren und Herzen" schwingt die *Unschuldsbeteuerung* des Anrufenden

---

29   So BHS.

30   Jer 1, S.363f.; 374.

31   S.u.S.114.

32   אז הראיתני stört die glatte Verbindung von V.18a mit V.19. Deswegen wird manchmal הראיתני nach der Septuaginta zu ראיתי korrigiert (z.B. Ahuis, Gerichtsprophet, S.86) oder אז הראיתני werden als Zusätze ausgeschieden (Vermeylen, Confessions, S.256). Hingegen bleiben Kommentatoren wie Weiser, McKane, Carroll, Hubmann (Untersuchungen, S.51, 76-78) und Graf Reventlow (Liturgie, S.251) am MT.

33   Zur Funktion Jahwes als Richter in den individuellen Klagepsalmen vgl. Niehr, špt, S.376-381; Seybold, Gericht, S.464f.; Hubbard, Language, besonders S.71-105, 282f., 293f. und s.u.S.112f.

34   Zu den verschiedenen Möglichkeiten der Anrufung und ihren Belegen vgl. Baumgartner, Klagegedichte, S.19; Begrich, Vertrauensäußerungen, S.254; Westermann, Loben, S.43, Anm. 6.

mit (vgl. V.19a).[35] Besonders das Verb "prüfen" (בחן) wird in den
Psalmen überwiegend bei der Unschuldsbeteuerung gebraucht (Ps
7,10; 17,3; 26,2; 139,23).[36] Gleichzeitig klingt hier die Erwartung des
Anrufenden auf die Hilfe Jahwe mit. In den Psalmen steht die
Berufung auf die Gerechtigkeit Jahwes mit dem rettenden Ein-
schreiten Jahwes zugunsten der Frommen in engem Zusammenhang.[37]
Diese Erwartung wird in V.20bα weitergeführt. Hier wird die Über-
zeugung des Anrufenden zur Sprache gebracht, daß Jahwe die Rache
an seinen Streitgegnern vollzieht. Daß es sich dabei eher um die
Gewißheit der Erfüllung eines Wunsches als um die Bitte handelt,
läßt sich zunächst an der Formulierung des Satzes als einer Ich-
Rede im Imperfekt erkennen.

Die gegebene Form der Bitte ist in erster Linie Imperativ.[38]
Auch Jussiv als eine Ausdrucksform des Wunsches[39] wird manchmal bei der Bitte gebraucht (17,18; 18,21-23),[40] aber in der Regel in
der dritten Person. Demgegenüber ist die Ich-Rede im Imperfekt
bzw. Kohortativ häufig im Ausdruck der Gewißheit der Erhörung zu
finden (Ps 31,8; 44,9; 60,14. Vgl. 17,15; 26,12; 35,8-10). Besonders Ps
60,14 steht sowohl formal als auch sachlich Jer 11,20bα nahe.[41]
Außerdem findet sich das Waw adversativum am Anfang des Verses
wie ויהוה in unserem Fall häufiger im Ausdruck der Gewißheit der
Erhörung als bei der Bitte in den individuellen Klagepsalmen.[42]

Am Ende des vorliegenden Verses steht ein כי-Satz, der als eine
*Vertrauensäußerung* aufzufassen ist (vgl. Ps 37,5; 22,9; 31,6).[43] Dem

---

35  S.o.S.106-108.
36  Baumgartner, ebd., S.21. S. noch unten S.117.
37  Scharbert, Gerechtigkeit, S.409f.; Niehr (špt, S.118f.) führt Jer
    11,20; Ps 7,9 als Belege für den Gebrauch von שפט in der nach-
    exilischen Zeit an (vgl. oben S.109). Nach Niehr geht es in Ps 7
    um das Rechtverschaffen Jahwes für den Beter, aber in Jer
    11,20 um das Aufrichten der Gerechtigkeit.
38  Gunkel/Begrich, Einleitung, S.218.
39  Ebd., S.224.
40  S.u.S.158f., 178.
41  Vgl. Baumgartner, Klagegedichte, S.22f.; Westermann, Loben, S.49
42  Ebd., S.52f.
43  Wer V.20bα für eine Bitte hält, kann die einzelnen Elemente
    des Verses miteinander in Einklang bringen: Anrufung mit An-
    klang an die Unschuldsbeteuerung (V.a) - Bitte (V.bα) - Ver-
    trauensäußerung (V.bβ). In den Klagepsalmen wird die Bitte
    durch die Unschuldsbeteuerung und die Vertrauensäußerung
    unterstützt.

Sprecher ist sicher, daß sein Streit durch die Rache Jahwes an den Gegnern ausgetragen wird. Das wird durch die Verwendung der Pronominalsuffixe deutlich ausgedrückt: "*mein* Streit" (ריבי) und "*deine* Rache an *ihnen*" (נקמתך מהם).[44] Die Suffixe י., ך und הם entsprechen genau den drei Subjekten in den Klagepsalmen, auf die u.a. Westermann[45] nachdrücklich hingewiesen hat: der Beter ("ich") oder das Gottesvolk ("wir"), Jahwe ("Du") und die Feinde ("sie"). Diese Dreiseitigkeit wird in unserem Text bereits durch das Wort "richten" (שפט) bei der Anrufung V.20a, das ein Dreieckverhältnis voraussetzt,[46] signalisiert und läßt sich nicht nur in V.20b, sondern auch in den anderen Teilen von 11,18-12,6 deutlich erkennen. in V.20bα stellt sich der Sprecher auf die Seite Jahwes, indem er die Rache Jahwes als seine ansieht. In diesem Zusammenhang ist darauf aufmerksam zu machen, daß die Wurzel ריב in Verbalform in 2,9.29 zur Bezeichnung des Streites Jahwes mit seinem unverständigen und widerspenstigen Volk verwendet wird.

Die Bedeutung des Motivs ריב in den Konfessionen wird in jüngster Zeit v.a. von Wimmer[47] und O'Connor[48] hervorgehoben. Wimmer sieht in den Konfessionen "an internalizing synthesis of two kinds of speech: the lament, and the rîb".[49] Fünf Jahre zuvor bemühte sich Wimmer[50] um die Bestimmung der Form und des Inhalts der Konfessionen hauptsächlich vom juristischen Gesichtspunkt aus, und zwar anhand des Begriffs ריב.[51] Im Vergleich damit ist für O'Connor die konventionelle Sprache des Motivs ריב ein Mittel zur Legitimation des Propheten Jeremia als eines wahren Propheten, unter deren Gesichtspunkt die Konfessionen richtig verstanden werden. Das Motiv ריב hat m.E. keine größere Bedeutung als die anderen Elemente für das Klage-Phänomen in den Konfessionen.

Aus dem Vers 20 läßt sich die Lage, in der sich der Sprecher befindet, kaum genau erschließen. Im Hinblick auf Stichworte wie

---

44  Zu 20,12, dem Gegenstück von 11,20 s.u.S.202f.

45  Loben, S.109; Klage, S.132, 139.

46  Liedke, שפט, Sp.1001.

47  Sociology, 1978, S.399-402.

48  Confessions, 1984, S.132-138.

49  Sociology, S.399.

50  Experience, 1973.

51  Ferner vgl. Gemser, Rîb, 1955, S.133f.; Le Rîb, FV 74,3 (1975), S.66-73. Zum Problem von ריב in den Prophetenbüchern im allgemeinen vgl.u.a. de Roche, Rîb, 1983; Daniels, Prophetic Lawsuit, 1987.

"Richter", "Streit" und "Rache"[52] ist nur soviel zu vermuten, daß sich der Sprecher von seinen Gegnern beschuldigt sieht und wegen seiner Unterlegenheit im gesellschaftlichen Machtverhältnis an Jahwe wendet.[53] Das wird aus dem Vergleich mit der Appellation des Beschuldigten in 1 Sam 24,13.16 deutlich:[54]

(13) Jahwe richte (ישפט יהוה) zwischen mir und dir, und Jahwe räche mich an dir (ונקמני יהוה ממך), aber meine Hand rühre dich nicht an.
(16) So sei Jahwe Richter (והיה יהוה לדין) und richte (ושפט) zwischen mir und dir, er sehe darein und führe meine Sache (וירב את־ריבי) und schaffe mir Recht vor dir (וישפטני מידך)!

In diesen Versen ist von der Auseinandersetzung Davids mit seinem Verfolger Saul die Rede. David überläßt Jahwe seinen Streit und seine Rache, indem er von seiner Unschuld und zugleich vom gerechten Richten Jahwes zu seinen Gunsten überzeugt ist. Dabei wird das Vertrauensverhältnis Davids zu Jahwe vorausgesetzt.

Das Vertrauen des Sprechers im vorliegenden Vers, das seinen gesamten Worten zugrunde liegt, kommt noch viel stärker als bei der Appellation des Beschuldigten, wie z.B. in 1 Sam 24, zum Ausdruck. Mit der Aussage V.20bα *nimmt* er die Erfüllung seines Wunsches *vorweg*.[55] Daß der Streit mit den Gegnern in der Rache Jahwes sein Ende findet, ist Ausdruck der Überzeugung von seiner Unschuld und vor allem von der endgültigen Vergeltung durch Jahwe. Diese Überzeugung beruht auf seinem festen Vertrauen auf Jahwe.

Die Wurzel נקם ist am häufigsten im Jeremiabuch belegt (18 von 79mal), und zwar überwiegend in den Fremdvölkersprüchen (46,10.10; 50,15.15.28.28; 51,6.11.11.36.36)[56] und Konfessionen (11,20; 15,15; 20,10.12).

---

52   Zu den Parallelen zu שפט zählen ריב und נקם (Liedke, שפט, Sp.1003, 1006). Vgl. ders., ריב; Sauer, נקם; Lipiński, נקם.
53   Zu Unrecht sieht Blank (Jer, S.119-121; Confessions, S.332-337) überhaupt im Gerichtsverfahren den Ursprung der Form und Sprache der Konfessionen (vgl. Blackwood, S.137).
54   Vgl. Brandscheidt, Gotteszorn, S.243; Liedke, ריב, Sp.772, 774f.; Niehr, špt, S.92f., 374 und s. Bak, S.286f.
55   S.o.S.110f.
56   S. Bak, S.422f. und 511f.

In den meisten Fällen ist von der Rache Jahwes an seinen Feinden die Rede. Die Verbindung von נקמה mit Jahwe (נקמת יהוה) ist in den Babelsprüchen (50,15.28; 51,11. Vgl. Num 31,3) zu finden. Außerdem berührt sich Jer 51,36 mit dem vorliegenden Vers, da dort Jahwe sein Volk an Babel rächt. In 51,36 stehen auch ריב/ריב und נקם nif./נקמה zueinander parallel.

In Jer 11,20 ist die Hauptperson kein anderer als Jahwe. Der jahwezentristische Gedanke wird durch das Waw adversativum mit dem Namen יהוה am Beginn des Verses deutlich formuliert.[57] V.20 ist im ganzen als eine Art *Vertrauensäußerung* eines unschuldig leidenden Gerechten zu betrachten, die durch den vorwegnehmenden Ausdruck der Gewißheit des göttlichen Einschaltens gesteigert wird.[58] Das Klage-Phänomen wird in den Hintergrund dieser verstärkten Vertrauensäußerung gerückt.[59] V.20 hat mit V.18f. den Grundgedanken gemeinsam, daß der Sprecher inmitten der von den Gegnern hervorgebrachten Notlage zu seinem Gott Jahwe festes Vertrauen hegt. In V.18f. wird dieses Vertrauen mit dem früheren Heilshandeln Jahwes in Zusammenhang gebracht, während in V.20 die Vertrauensäußerung deutlich im Zusammenhang mit der *gegenwärtigen* Notsituation gemacht wird. Auf jeden Fall wird die Überzeugung des Sprechers von der Hilfe Jahwes in beiden so hervorgehoben, daß die Elemente der Klage/Bitte verschwimmen. Die ursprüngliche Verbindung der beiden ist jedoch zu bezweifeln.[60] Abgesehen vom formalen Unterschied zwischen Prosa und Poesie spricht das Waw adversativum zwischen beiden dagegen. In der jetzigen Abfolge von V.18f und V.20 sieht es so aus, als ob zwischen beiden die Klage über die gegenwärtige Lage und/oder die Bitte um die Hilfe/Bestrafung verlorengegangen wären.

Der fragmentarische Charakter des Textes ist auch an der Verknüpfung eines prophetischen Gerichtswortes V.21-23 mit der Ver-

---

57   S.o.S.111.
58   Vgl. Baumgartner, Klagegedichte, S.23; Begrich, Vertrauensäußerungen, S.227; Westermann, Loben, S.41.
59   Nach Brandscheidt (Gotteszorn, S.243) ist in unserem Vers von einem Rechtsstreit mit den Gegnern und in 12,1ff. von einem mit Jahwe die Rede. Der Schwerpunkt von 11,20 liegt jedoch nicht in der Klage über den Streit, sondern in der Vertrauensäußerung.
60   Gegen Graf Reventlow, Liturgie, S.253.

trauensäußerung in poetischer Form zu erkennen. Das Gerichtswort, das als Jahwerede an Jeremia über seine Landsleute formuliert wird, besteht aus dem Schuldaufweis V.21 und der Unheilsankündigung V.22f. Die in V.21b wiedergegebenen Worte der Anatoter[61] spiegeln die prophetische Auseinandersetzung wider (vgl. 26,8f.).[62] Erst durch die Verbindung mit diesem Gerichtswort wird bekannt, wer "ich" und "sie" in V.18f.20 sind, was "sie" dem "ich" angetan haben und antun wollen.[63] Die Jahwerede V.21-23 scheint Jahwes Erwiderung auf die vertrauensäußernde Anrede an ihn in V.20 zu sein. Dabei entsteht der Eindruck, daß Jahwe selber den Streit seines unschuldig leidenden Boten mit dessen Gegnern durch die totale Vernichtung von diesen und ihren Angehörigen zu Ende führen will (vgl. 18,21-23).[64] Die Ursache der Verfolgung/des Streites in V.18f/20 liegt nach V.21 in der Verkündigungstätigkeit des Propheten. Auf diese Weise wird der unschuldig leidende Gerechte Jahwes mit dem Propheten Jeremia identifiziert, der wegen seines Amtes - letzten Endes um Jahwes Willen - leidet.[65]

## 1.3. Klage über das Glück der Gottlosen, Unschuldsbeteuerung und Verwünschung (12,1-3)

Im zweiten poetischen Stück 12,1-3 kommt erstmals eine Klage im traditionellen Sinne vor:

(1) Gerecht bleibst du, Jahwe (צדיק אתה יהוה),
   wenn[a] ich mit dir streiten wollte (כי[a] אריב אליך),

---

61  Zur Identifikation von Anatot vgl. v.a. Herrmann, S.15-17; Brian, Anathoth.

62  In 26,8f. handelt es sich um eine zwischenmenschliche Klage (Bak, S.268f.). Zum Klage-Phänomen im Rahmen der prophetischen Auseinandersetzung im Jeremiabuch s. ebd., S.248-287.

63  Die sachliche Spannung zwischen dem Vorhaben der Gegner in V.19 und dem der Anatoter in V.21 ist von den meisten Kommentatoren erkannt worden (z.B. Hubmann, Stationen, S.27).

64  S.u.S.177-184.

65  S.u.S.125-127.

dennoch muß ich mit dir rechten (אַךְ מִשְׁפָּטִים אֲדַבֵּר אוֹתָךְ):
  Warum glückt der Weg der Gottlosen (מַדּוּעַ דֶּרֶךְ רְשָׁעִים צָלֵחָה),
  sind sorglos alle, die treulos handeln (שָׁלוּ כָּל־בֹּגְדֵי בָגֶד)?
(2) Du hast sie gepflanzt, sie haben auch Wurzel geschlagen,
  sie wachsen, bringen auch Frucht.
Nahe bist du in ihrem Munde (קָרוֹב אַתָּה בְּפִיהֶם),ᵇ
  doch fern von ihrem Herzen (וְרָחוֹק מִכִּלְיוֹתֵיהֶם).
(3) Aber du, Jahwe! Du kennst mich (וְאַתָּה יְהוָה יְדַעְתָּנִי),
  du siehst mich und prüfst mein Herz, wie es gegen dich ge-
  sinnt ist (תִּרְאֵנִי וּבָחַנְתָּ לִבִּי אִתָּךְ),
Reiße sie heraus wie Schafe zum Schlachten (כְּצֹאן לְטִבְחָה)
  und weihe sie für den Tag des Würgens.

Zum Text:
ᵃ כִּי wird im emphatisch-konzessiven Sinne gebraucht.[66]
ᵇ Holladay[67] betrachtet קָרוֹב אַתָּה als Wiedergabe der Worte
der Gottlosen und übersetzt V.2b folgendermaßen: "You are near"
is in their mouth / but is far from their mind. Merkwürdig ist
dann, daß קָרוֹב אַתָּה als das Subjekt von V.2bβ gilt.

In diesen Versen handelt es sich um das "Streiten" (רִיב) eines
Menschen mit Jahwe (V.1aβ)[68] Dabei ist sich der menschliche
Streitpartner von vornherein seiner *Unterlegenheit* dem göttlichen
gegenüber bewußt (V.1aα. Vgl. 11,20; 20,7-9).[69] Trotzdem fühlt jener
sich angesichts des unverständlichen Wohlergehens der Gottlosen/
Treulosen (בֹּגְדִים/רְשָׁעִים) (V.1bβ)[70] zum Streit mit Jahwe gezwungen (V.1aβ-bα). Auffälligerweise wird dabei die Wurzel שׁלה, die
besonders in Ps 122,6 in den Glückwünschen für Jerusalem wiederholt vorkommt, zur Beschreibung des glücklichen Lebens der Gottlosen gebraucht.[71]Das Glück der Gottlosen führt dann zur Klage
über Jahwe (V.2a), die bei der Schilderung des wirklichen Zustandes
der Gottlosen in die Klage über sie mündet (V.2b). Diese entspricht
der Feindklage in den Psalmen. Ihr wird im darauffolgenden Halbvers (V.3a) die Unschuldsbeteuerung gegenübergestellt, die Anklang

---

66  Vriezen, kī, S.270-272. Vgl. Schoors, כִּי, S.272; Aejmelaeus, כִּי,
    S.199.
67  Jer 1, S.364, 377.
68  Vgl. Niehr, špt, S.234f.; Holladay, Style, S.49-51; ders., Lawsuit.
69  S.o.S.112f. und unten S.188.
70  Das Wortpaar בגד und רשׁע ist noch in Spr 2,22; 11,3.5.6.7; 21,18
    belegt (Moore, Paradox, S.413).
71  Schreiner, Last, S.190; Holladay, S.376.

an die Vertrauensäußerung hat. Darauf weisen vor allem die Verben
בחן und ידע hin.

Daß בחן vorwiegend in der Unschuldsbeteuerung vorkommt, ist bereits erwähnt.[72] Im Vergleich damit ist in den Psalmen ידע in Verbindung mit Jahwe nicht nur in der Unschuldsbeteuerung (z.B. Ps 40,10; 44,22), sondern auch in anderen Zusammenhängen wie Vertrauensäußerung (37,18; 136,6; 139,1.2.4; 142,4. Vgl. 31,8; 94,11; 139,23), Klage (69,20), Bitte (139,23), Sündenbekenntnis (69,6) und sogar im Lob (103,14; 144,3) und in der Jahwerede (50,11) zu finden.[73] Sprachlich hat Jer 12,3aα sein bestes Gegenstück in Ps 40,10; Jer 18,23.[74] Sachlich steht jedoch unsere Stelle Ps 139,1.2.4.23 näher als Ps 40,10; Jer 18,23. Denn ידעתני in Jer 12,3aα entspricht der Vertrauensäußerung in Ps 139,1-4, daß Jahwe alles von "mir" weiß. Darüber hinaus finden sich בהן und לב auch in Ps 109,23 wie Jer 12,3 neben ידע.

An die Unschuldsbeteuerung wird die Bitte um die Bestrafung der Gottlosen angeschlossen (V.3b).

In 12,1-3 fehlen sowohl die Klage über eigene Not (vgl. 15,17f.; 20,7b)[75] als auch die Bitte um Hilfe bzw. Zuwendung Jahwes zu dem Sprecher (vgl. 15,15; 17,14).[76] Das wird lediglich in V.3a angedeutet. Außerdem ist das Verhältnis des Beters zu den Gottlosen nicht deutlich erwähnt (vgl. 11,18f.; 15,15; 17,18; 18,18; 20,10).[77] Dies alles erklärt sich aus dem Grundgedanken von 12,1-3. Hier geht es nicht um das ungerechte Handeln der Gottlosen gegen den Beter, sondern um das anscheinend ungerechte Walten Jahwes.[78]

Die Eigentümlichkeiten von 12,1-3 lassen sich an folgendem Vergleich mit Ps 73; Ijob 21 (vgl. Ps 1)[79] deutlich erkennen:

---

72  S.o.S.111.
73  Vgl. Schottroff, ידע, Sp.693.
74  S.u.S.179f.
75  S.u.S.145-147, 189f.
76  S.u.S.135, 152.
77  S.o.S.106f. und unten S.135, 159f., 165f., 199f.
78  Vgl. Stock, Jer 12,1-5, S.20-22. S.u.S.159f., 185f.
    Ps 73 setzt Irsigler (Ps 73, S.371) im 5./4. Jh. v.Chr. an, während Graf Reventlow (Gebet, S.189) der Spätdatierung gegenüber zurückhaltung zeigt. Gegen die geläufige Bezeichnung des Psalms als eines Weisheitspsalms (zuletzt Seybold, Ps, S.126) hält Westermann (Ps, S.101, 106) Ps 73 für einen Vertrauenspsalm. Zu Unrecht sieht Holladay (Spokesman, S.93f.; 98f.; Jer 1, S.375-377, 498f.) Jer 12,1f. sowie 17,5-8 als jeremianische Varia-

| Jer 12,1-3 | Ps 73[80] | Ijob 21 |
|---|---|---|
| Einführung der Klage (V.1abα) | V.1f. | V.2-6 |
| Unterlegenheit (V.1aα) | (V.22) | ____[81] |
| Gezwungensein (V.1aβ-bα) | V.2 | (V.2-6) |
| Fragestellung (V.1bβ) | V.3.12. | V.7 |
| Schilderung des Wohlergehens | | |
| der Gottlosen (V.1bβ-2a) | V.3-5 | V.7-13 |
| | | (Vgl. 12,6)[81] |
| Klage über Jahwe (V.2a) | —— | V.9 |
| Klage über die Gottlosen | | |
| Schilderung ihres | | |
| Zustandes/Handelns (V.2b) | V.6-10 | —— |
| Zitat ihrer Worte | | |
| (vgl.V.2bα.4bα)[82] | V.11 | V.14f. |
| Unschuldsbeteuerung (V.3a) | V.13 | ____[81] |
| Vertrauensäußerung (V.3a) | V.1.23-26 | ____[81] |
| —— | Selbstklage | |
| | V.14 | (vgl.12,4)[81] |
| Verwünschung der Gottlosen | | |
| (V.3b) | —— | V.19-21 |
| —— | Überzeugung von der Bestra- | |
| | fung der Gottlosen | |
| | V.18-20.27 | V.16-18 |

In Jer 12,1-3 fallen die kühne Artikulation der Klage über Jahwe (V.2a) und die unverhüllte Äußerung des Gezwungenseins zum Streit (V.1aβ-bα) auf.

---

tion von Ps 1 an (vgl. Durlessler, Style; Bonnard, Psautier, S.26-31; Thompson, S.421). Hingegen nimmt Garsiel (Parallels, S.110-125, 9*) die spätere Entstehung von Jer 12,1-4 als Ps 1 an. Zum Verhältnis von Jer 12,1-4 zu Ps 37; 73; Ijob 21-23 vgl. ebd., S.126-134, 9*; Bonnard, ebd., S.140-145.

80   Zur antithetischen Struktur von Ps 73 vgl. Krašovec, Structure, S.39-59.

81   Die Äußerung der Unterlegenheit, Unschuldsbeteuerung, Vertrauensäußerung und Selbstklage sind in den anderen Kapiteln des Ijobbuches zu finden (vgl. Kutsch, Unschuldbekenntnis).

82   S.o.S.116 und unten S.121f.

12,1-3 hat keine sprachlichen und sachlichen Bezüge zu 11,21-23. Die Aneinanderreihung der beiden zwingt dazu, Jeremia mit dem klagenden Gerechten und die Verfolger des Propheten mit den glücklich lebenden Gottlosen gleichzusetzen. Wie die Klage über Jahwe einschließlich der Verwünschung der Gottlosen im Anschluß an das Gerichtswort Jahwes über seine Gegner zu verstehen ist, darauf kommen wir später zurück.[83]

Zwischen 12,1-3 und 11,18f.20 ist eine Reihe wörtlicher und sachlicher Entsprechungen leicht festzustellen, die jedoch nicht in denselben Zusammenhängen stehen:

| Gemeinsame Worte | Ihr unterschiedlicher Gebrauch in | |
| | 12,1-3 | 11,18f.20 |
| --- | --- | --- |
| שפט/משפט+ריב | V.1: Streit mit Jahwe | V.20: Streit mit den Gegnern |
| צדק/צדיק+יהוה | V.1: Überlegenheit Jahwes als Gegenpartner | V.20: Jahwe als Rechtshelfer |
| ראה+ידע+יהוה | V.3: Richtendes Handeln Jahwes | V.18: Rettendes Handeln Jahwes |
| לב+בחן+יהוה | V.3: Speziell auf den Gerechten bezogen | V.20: allgemein formuliert |
| טבח/טבחה+צאן | V.3: Für die Gottlosen verwendet | V.19: Für den Gerechten verwendet |
| Bild der Pflanzen | V.2: Gedeihen der Gottlosen | V.19: Vernichtung des Gerechten |
| Vgl. כליות | V.2: Für die Gottlosen verwendet | V.20: allgemein formuliert[84] |

---

83  S.u.S.215-218.
84  Holladay (Architecture, S.141f.) bemüht sich darum, die chiastische Anordnung der gemeinsamen Stichworte und Motive in 12,1-3 und 11,18-20 nachzuweisen. Vgl. Hubmann, Untersuchungen, S.76, 92f.; O'Connor, Confessions, S.21-25.

Sowohl in 12,1-3 als auch in 11,18f.20 redet einer, der sich für den Gerechten Jahwes hält und von seiner Unschuld überzeugt ist. Beim Vergleich fällt jedoch v.a. der Rollenwechsel Jahwes vom Helfer in 11,18f.20 zum Streitgegner in 12,1-3 auf. Dementsprechend ist die sachliche Spannung zwischen der in 11,20bα geäußerten Überzeugung des Gerechten von der Rache Jahwes an den Gegnern und der Verwünschung der Gottlosen in 12,3b unverkennbar. Die jetzigen Textzusammenhänge erwecken den Eindruck, daß das den Vertrauensäußerungen in 11,18f.20 zugrundeliegende feste Vertrauen des Gerechten angesichts des anhaltenden Wohlergehens der gottlosen Gegner auf die Probe gestellt wird. Sein Anliegen verlagert sich allmählich von seiner Rettung vor den Verfolgungen der Gottlosen auf die Verwirklichung der Vergeltung[85] Jahwes als solche. In diesem Zusammenhang ist das Ausbleiben der Selbstklage und der Bitte um die Hilfe in 12,1-3 zu verstehen. Auch die Verwünschung in 12,3b geht über den Rachegeist eines Menschen hinaus. Bemerkenswert ist die Formulierung der Verwünschung mit dem Bild eines zum Schlachten bestimmten Schafes. Das Bild deutet in 11,19 auf die Unschuld und Notsituaton des verfolgten Gerechten hin. In 12,3 nun bittet der Gerechte Jahwe mit demselben Bild um die Vernichtung der Gottlosen in ihrer Ahnungslosigkeit vom göttlichen Unheil wegen ihres sorglosen Lebens.

## 1.4. Klage über die Dürre (12,4abα) und über die Gottlosen (12,4bβγ)

Auf diese Verwünschung folgt in V.4abα eine andere Klage in prosaischer Form:

(4abα) Wie lange noch soll das Land austrocknen[a] (עַד־מָתַי תֶּאֱבַל[a] und das Grün auf dem ganzen Felde verdorren (וְעֵשֶׂב כָּל־הַשָּׂדֶה (הָאָרֶץ ייבש(?? Um der Bosheit seiner Bewohner Willen ist [b]Vieh und Vogel dahingerafft (מֵרָעַת יֹשְׁבֵי־בָה סָפְתָה בְהֵמוֹת[b] וָעוֹף).

---

85  S.u.S.184-186.

**Zum Text:**

<sup>a</sup> Im Hinblick auf יבש ist hier אבל eher im Sinne von "aus-trocknen" (אבל II) wie in Jes 24,4; 33,9; Jer 23,10; Hos 4,3[86]; Am 1,2; Joel 1,10[87] als im Sinne von "trauern" (vgl. Jer 12,11; 14,2; Jes 24,7)[88] zu verstehen.

<sup>b</sup> Die Differenz der Zahl zwischen dem Verb סָפְתָה (sg.) und dem Subjekt בהמות ועוף (pl.) führt manchmal zur Korrektur von בהמות zu בהמה.[89] Die Mehrzahl der Tierbezeichnungen können jedoch oft mit dem Femininum Singular das verbalen Prädikats konstruiert werden.[90] Auf jeden Fall ist "Vieh und Vogel" als ein Begriff zu betrachten.[91] Holladay[92] liest das Verb im Aktiv סָפְתָה ("You have swept away").

Hier ist von der dauernden *Dürre* die Rede. Sie hat ihren Grund in der Bosheit der Bewohner, die nun in V.4bβγ durch ein kurzes Wortzitat illustriert wird:

(4bβγ) Denn sie sagen:
      "Nicht sieht er unsere Zukunft (אחריתנו)<sup>a</sup>"

**Zum Text:**

<sup>a</sup> Wörtlich: "unseren Ausgang".[93] In der Septuaginta heißt V.4bγ: "Nicht sieht Gott unsere Wege".[94]

V.4bβγ ist für sich eine *Klage über die Gottlosen* wie V.2b. So versetzt man manchmal V.4bβγ hinter V.2b.[95] Die zitierten Worte erinnern an die Worte der Gottlosen in den Psalmen, mit denen das Walten Jahwes verleugnet wird (Ps 10,4.11; 14,1=53,2; 73,11; 94,7. Vgl.

---

86   S.u.S.122f.
87   Holladay, S.364; McKane, S.260; Weippert, Amos, S.12; EÜ; LuB; BuRo. Vgl. HAL I, S.7.
88   S.o.S.29, 33 und Bak, S.185f.
89   S. BHS.
90   Gesenius/Kautzsch, § 145 k; Joüon, §150 g.
91   Vgl. Gesenius/Kautzsch, § 105 g; Joüon, § 104 d.
92   Jer 1, S.364.
93   Vgl. McKane, z.St.; Holladay, z.St.; Carroll, z.St.
94   Z.B. Rudolph, z.St.
95   Z.B. Rudolph, S.84; Blank, Confessions, S.350, Anm.26; ders., Jer, S.111. Wie bereits erwähnt (s.o.S.116), sieht Holladay sowohl in V.4b als auch in V.2b das Zitat der Worte.

36,2; 64,6; Jer 5,12f.; 17,15; Jes 29,15; Ez 8,12; Zef 1,12).[96] Nach Niyibizi[97] wird in unserer Stelle Jahwe mit den Götzen identifiziert, die "nicht sehen" können (Dtn 4,28; Ps 115,5). Die Klage über eine Naturkatastrophe wie Dürre im vorliegenden Fall setzt im Prinzip eine *kollektive* Erfahrung voraus. Die dauerhafte Dürre in einem Land kann zum Anlaß einer Klage der gesamten Bewohner werden, wie 14,2-6 zeigt.[98]

V.4 steht mit V.1-3 dadurch in Verbindung, daß in beiden die Gottlosigkeit bzw. Bosheit der Menschen erwähnt ist. Ebenso wie in V.1-3 wird in V.4 über eine bestimmte Notsituation, die speziell den Sprecher betrifft, kaum geklagt. Kein einziges Wort weist in V.4 auf den Sprecher hin. Außerdem ist nicht sicher, ob die Worte monologisch gesprochen oder an Jahwe gerichtet werden. In diesem Vers handelt es sich um das *Leiden* der *Natur* (Land, Pflanzen und Tiere), das durch die Bosheit der Bewohner herbeigeführt ist.

Eine gute Parallele zu Jer 12,4bβγ findet sich in Hos 4,3, der als Nachtrag zu V.1f. gilt:[99]

(3) Darum soll das Land austrocknen (עַל־כֵּן תֶּאֱבַל הָאָרֶץ) und jeder, der darin wohnt,[a] soll verschmachten (וְאֻמְלַל כָּל־יוֹשֵׁב בָּהּ), mit dem Wild der Flur und mit den Vögeln des Himmels (בְּחַיַּת הַשָּׂדֶה וּבְעוֹף הַשָּׁמַיִם), und sogar die Fische des Meeres sollen weggerafft werden (יֵאָסֵפוּ).

Zum Text:
[a] כָּל־יוֹשֵׁב בָּהּ an sich kann im neutralen Sinne von "alles, was darauf wohnt" übertragen werden.[100] Mit diesen drei Worten sind hier jedoch alle Bewohner des Landes Israel gemeint, die in V.1a als בְנֵי יִשְׂרָאֵל und in V.1b als יוֹשְׁבֵי הָאָרֶץ genannt werden.[101]

---

96  S.u.S.153 und Bak, S.257f. Pohlmann (S.66-68) hält den Beter im Text für das Subjekt des zitierten Satzes, mit dem die Gegner die Vertrauensäußerung in 11,20 bestreiten.
97  L'analyse, S.127.
98  S. Bak, S.185-192.
99  K.Gross, Verwandtschaft, S.20f.; Jeremias, Hosea, S.60, 62f.
100  Z.B. ähnlich in Jeremias, ebd., S.59.
101  So auch Balz-Cochois, Gomer, S.56.

Gemeinsam haben Jer 12,4 und Hos 4,3 folgende Ausdrücke: חָאבַל
שָׂדֶה ,יֹושְׁבֵי/יֹושֵׁב בָּהּ, הָאָרֶץ und עֹוף. Außerdem entsprechen בְּהֵמֹות
und סָפָה jeweils חָיָה und אָסַף.

In den ersten drei Versen von Hos 4, die als Einleitung von
Kap.4-11 angesehen werden,[102] liegt ein prophetisches Gerichtswort
vor.[103] Nach der Aufzählung der Schuld des Gottesvolkes in V.1bβ-2
wird die Unheilsankündigung in V.3 mit dem bekannten Verbindungspartikel עַל־כֵּן eingeleitet.[104] Das angekündigte Unheil ist
Dürre im Land, unter der zunächst die Bewohner und dann auch
alle Lebewesen leiden. In diesem Gericht "greift Jahwe nicht ein,
sondern eine schicksalwirkende Tatsphäre" "wird von Jahwe in
Kraft gesetzt".[105] Im Vergleich mit Hos 4,1-3 sind die Bewohner
des Landes in Jer 12,4 schwer zu identifizieren und nur in dem
Zusammenhang erwähnt, daß ihre nicht näher bestimmte Bosheit/
Gottlosigkeit für die Naturkatastrophe verantwortlich ist. Das
Schweigen von der Mitbetroffenheit der Bewohner durch die Naturkatastrophe bietet eine gute Möglichkeit, V.4 mit V.1-3 in Einklang
zu bringen. Das Glück der schuldigen Gottlosen in V.1-3 bildet den
Gegensatz zum unschuldigen Leiden der Natur. Sollte das Tat-Folge-
Verhältnis[106] gegolten haben, hätten vor allem die Gottlosen unter
der Dürre gelitten, nicht zuerst Vieh und Vogel! Anzunehmen ist,
daß sich die Frage nach der Gültigkeit des Tun-Ergehen-Zusammenhangs in der Wirklichkeit hinter der Klage über die Dürre in
V.4 genauso wie hinter der Klage über Jahwe in V.1-3 verbirgt.[107]

Hinsichtlich des Wortpaares יבֵשׁ und אָבַל sind ferner Jer 23,10;
Am 1,2 zum Vergleich mit Jer 12,4 heranzuziehen. Auch in Jer 23,10
hängt die Dürre mit der Schuld des Menschen zusammen. In Am 1,2
wird die Dürre als die Wirkung des Gotteswortes dargestellt.[108]
Die Betroffenheit von Vieh und Vögeln durch die Dürre ist weder
in Jer 23,10 noch in Am 1,2 erwähnt.

---

102 Jeremias, ebd., S.58f. Vgl. Wharton, Hos 4,1-3, S.79.
103 H.W.Wolff, Hosea, S.81.
104 Ebd., S.81, 85.
105 Ebd., S.86.
106 K.Koch, Vergeltungsdogma, S.7 u.ö. Vgl. 17,18; 18,20-23
    (s.u.S.159f., 170-173, 184-186.
107 Vgl. O'Connor, Confessions, S.28f.
108 H.W.Wolff, Joel/Amos, S.156.

Die Jahwerede in Jer 12,5f. ist wie meistens als Zurückweisung der Klage und als Warnung vor der Gefährdung durch die Nächststehenden (vgl. 20,10)[109] zu betrachten. Beide Verse scheinen auf die geschichtliche Lage zur Zeit des Propheten Jeremia und auf seine Lebensverhältnisse anzuspielen.[110] Die treulosen Brüder in V.6 sind jedoch mit dem Gottlosen in Ps 50,20 zu vergleichen, der wider seinen Bruder redet und den Sohn seiner Mutter beschimpft.[111] Außerdem erinnert die "Wie" (אֵיךְ)-Frage, die in V.5 zweimal vorkommt, an die Untergangsklage in den Fremdvölkersprüchen (Jer 48,17; 50,23a.41a).[112]

## 1.5. Das Klage-Phänomen in 11,18-12,6

Die bisherigen Beobachtungen über das Klage-Phänomen in 11,18-12,6 sind vorläufig folgendermaßen zusammenzufassen:

a) Das Klage-Phänomen ist in 12,1-3.4 am deutlichsten zu verfolgen. Sonst wird es beiläufig in die Vertrauensäußerungen 11,18f.20 oder in das Gerichtswort 11,21 einbezogen.

b) Im ganzen Text herrscht der Gedanke vom Leiden des Unschuldigen vor, sei es wegen der Verfolgung durch die Gottlosen (11,18f.20), sei es wegen ihres Wohlergehens (12,1-3.4). Dieser Gedanke wird nun mit der Überlieferung vom prophetischen Leiden Jeremias verknüpft, das vor allem aus der Jahwerede über die Auseinandersetzung der Anatoter mit dem Propheten wegen seiner Verkündigung (11,21) zu erschließen ist.

---

109 S.u.S.198-200. Zum Begriff אַב בֵּית vgl. Scharbert, Bēyt 'āb; Weinberg, Gruppe, S.80f.

110 Z.B. sieht Vermeylen (Confessions, S.247) in den Bildworten סוּסִים und הַיַּרְדֵּן גְּאוֹן Hinweise auf die babylonische Invasion (vgl. Har-El, הַיַּרְדֵּן גְּאוֹן, 1983). Sternberger (Confessions, 1986) nimmt die Umformulierung eines ursprünglich an einen König - etwa Jojakim - gerichteten Spruchs (12,5+49,19+15,15-21+11-14) in den einzelnen Konfessionen an.

111 Zu Ps 50 s. noch unten S.157f.

112 S. Bak, S.469, 505f.

c) Das Bild des unschuldig leidenden Propheten wird durch die Zusammenstellung verschiedener Elemente hergestellt, die im Grunde nicht imer gut zueinander passen: Motive der individuellen/kollektiven Klage-/Dankpsalmen, das prophetische Gerichtswort, Elemente der weisheitlichen Literatur und Ausdrücke aus dem Rechtsleben.

Trotz des relativ bescheidenen Umfangs der prophetischen Elemente ist man geneigt, den ganzen Text 11,18-12,6[113] oder mindestens einen Teil des Textes auf den Propheten Jeremia zurückzuführen und auch die anderen Elemente im Zusammenhang mit der prophetischen Existenz Jeremias zu interpretieren.

Bei der Feststellung des angeblichen Grundstocks besteht immer noch Dissens unter den Forschern aus jüngster Zeit. Als Zusätze zum jeremianischen Kern nennt Brandscheidt 11,21.23*, 12,6aβ, Ittmann 11,21; 12,4abα, Ahuis 11,18-23; 12,4abα.6, Hubmann 11,21;12,6, McKane und O'Connor 11,21-23; 12,6 und Hermisson 11,21aβb.22aα.23 b*; 12,6.[114] Auffälligerweise finden die genannten Forscher die Zusätze hauptsächlich in den Teilen, in denen die prophetischen Elemente deutlich zu finden sind. Eigenartig ist die Auffassung von Holladay,[115] daß 11,21; 12,6 und die Anatoter in 11,23 als Erweiterung durch Jeremia selbst angesehen werden könnten.[116]

Zur Interpretation der Konfessionen im Zusammenhang mit der prophetischen Existenz des historischen Jeremia werden dann sowohl die sogenannten Leidensgeschichten Jeremias in den Fremdberichten[117] als auch die Berichte über die symbolischen

---

113 Beispielhaft ist die Untersuchung von Baumgartner (Klagegedichte, 1917, S.28-33, 52-60) zu erwähnen. Vgl. Hermisson, Konfessionen, 1987, besonders S.316-320.

114 Brandscheidt, Gotteszorn, S.240-243; Ittmann, Konfessionen, S.36-39, 43f., 53; Ahuis, Gerichtsprophet, S.81, 86f.; Hubmann, Untersuchungen, S.67, 72-74; McKane, Jer I, S.253-268; O'Connor, Confessions, S.21-34; Hermisson, Konfessionen, S.312f.

115 Jer 1, S.360f., 370.

116 Vgl. Bak, S.357.

117 Gunneweg (Konfession, S.414) meint, daß die Konfessionen in der Baruch-Geschichte ihr erzählerisches Gegenstück haben. Nach Zimmerli (Frucht, S.135-143) handelt es sich in den Fremdberichten um die Anfechtung von außen und in den Konfessionen um die Anfechtung von innen. Daß diese von jener verur-

Handlungen in den Prosareden herangezogen. Z.B. hält Ahuis[118]
13,1-10 für den Hintergrund der Klage in 12,1-4. Nun erklärt man
das Klage-Phänomen in Jer 11,18-12,6 in erster Linie aus dem Leiden
des Propheten Jeremia um des Amtes willen.[119] Ein Prophet gerät
nach H.W.Wolff[120] nicht nur durch die Berufung in die Isolierung,
sondern wird auch durch seine Verkündigung und prophetische Zei-
chenhandlung zum Anstoß des Volkes, der politischen und religiösen Führerschaft. In dieser Hinsicht wird die Klage im angeblich
jeremianischen Kern der Konfessionen als Mittlerklage verstanden.[121]
Demgegenüber sieht man in der späteren Bearbeitung des jeremianischen Grundstocks die Umdeutung des prophetischen Leidens
als das Leiden des Unschuldigen.[122] Als Anknüpfungspunkt dient
dabei offenbar die Beispielhaftigkeit des prophetischen Leidens.

Anfeindungen und Haß richten sich nicht direkt auf die Person
des Propheten an sich, sondern zeigen immer beispielhaft die feindliche Gesinnung des Menschen Gott gegenüber.[123] Auf diese Weise
ist das beispielhafte Leiden des Propheten Zeichen der Verkündigung.[124] Neuerdings versucht Gerlemann,[125] den exemplarischen Charakter des Einzelnen auf die individuellen Klage-/Dankpsalmen über-

---

sacht werde, sei am redaktionellen Anschluß von 20,7-18 an
V.1-6 deutlich zu erkennen. Vgl. Füglister, Jer, S.182-186; Davidson, S.98f.; Donner, Confessions, S.55; Schreiner, Wort, S.83
und s.u.S.204.
118 Gerichtsprophet, S.84.
119 Vgl. Stamm, Leiden, S.59.
120 Anthropologie, S.317. Vgl. Vogels, Souffrance.
121 Westermann, Klage, S.149, Anm.77; ders., Rolle, S.34-37; ders.,
Theologie, S.152; Ahuis, Gerichtsprophet, S.24; Eichler, Der klagende Prophet, Sp.919; von Rad, Konfessionen, S.275f.; ders.,
Theologie II, S.213f. Graf Reventlow (Liturgie, S.240-259) bringt
11,18-12,6 mit der Funktion Jeremias als Mittler zwischen dem
Volk und Jahwe im liturgisch-gottesdienstlichen Rahmen in
Verbindung.
122 Brandscheidt (Gotteszorn, S.244-248) und Ahuis (Gerichtsprophet, S.140) führen die von ihnen angenommene spätere Bearbeitung auf die deuteronomistische Redaktion des Jeremiabuchs
zurück.
123 Stamm, Leiden, S.59-68; ders., Bekenntnisse, S.375.
124 Ebd.; Gunneweg, Konfession, S.414. Vgl. Melchert, Nachricht,
S.26-35
125 Einzelne, S.39-47.

haupt anzuwenden. Nach Gerlemann handelt es sich sowohl bei dem "Ich" in den Klage/Dankpsalmen des Einzelnen als auch bei dem deuteronomistischen Gottesknecht[126] um eine Gestalt Davids als "vorbildliches und schicksalbestimmendes 'exemplum'", als den exemplarischen Gerechten und das unschuldige Opfer unfaßlicher Bosheit.[127] Gerlemann geht allerdings auf die Datierungsfrage der Psalmen nicht ein.

Gegen die Unterscheidung zwischen dem jeremianischen Kern und seiner Bearbeitung in 11,18-12,6 spricht bereits die bisherige Darstellung der einzelnen Bestandteile und ihres Sprachgebrauchs, der überwiegend in den Texten aus späterer Zeit festgestellt wurde.[128] So halte ich die Entstehung des gesamten Textes in der späteren nachexilischen Zeit für naheliegender als die anderen Auffassungen.[129]

Vermeylen[130] differenziert vier Schichten in 11,18-12,6 voneinander: jeremianischer Kern (12,4abα.5), exilischer Nachtrag (11,21f.), erste (11,18 ohne תראני אז und V.19) und zweite nachexilische Bearbeitung (תראני אז in 11,18.20.23; 12,1-3.4bβγ.6). Der exilische Nachtrag gehe auf die Thiel'sche deuteronomistische Redaktion zurück. Von der ersten nachexilischen Bearbeitung, in der es sich um das Leiden der Gerechten durch die Gottlosen innerhalb der sich als Gottesvolk verstehenden Gemeinde in der persischen Zeit handele, unterschied sich die zweite durch deren hervorgehobenen Rachegedanken. Das Leiden des Gerechten und die Rache an den Gottlosen sind m.E. eher für die beiden Seiten einer Vorstellung als für die Merkmale für zwei verschiedene Zeiträume zu halten. Außerdem ist schwerlich vorstellbar, daß einmal der Text nur aus 12,4abα.5; 11,21f. bestanden hätte. Vielmehr ist die Abfassung von 11,21f., dessen Worte sich mit den Redewendungen der deuteronomistischen Redaktion berühren, oder mindestens dessen Aufnahme in den jetzigen Zusammenhang auf eine spätere Hand zurückzuführen, die dadurch ihre eigene Situation mit der Jeremia-Tradition verknüpfen will. Auch die Argumente für 12,4abα.5 sind nicht überzeugend.

---

126 Ebd., S.48f.; Gerlemann, Gottesknecht.
127 Ders., Einzelne, S.47. Vgl. Smend, Das Ich, S.143; Gamberoni, Der einzelne, 1986; Croft, Individual, 1987.
128 Vermeylen, Confessions und s.o.S.106 (Anm.10), 111 (Anm.37), 113f., 116 (Anm. 70), 117 (Anm.79).
129 Vgl. Welten, Leiden, S.149f. Vgl. Gunneweg, Konfession; Görg, Jer, S.132. Die Authentizität von 11,18-12,6 wird natürlich unter Berücksichtigung der anderen Konfessionen beurteilt. Zur Begründung der Spätdatierung der Konfessionen im einzelnen s. Welten, ebd., S.140-145.
130 Confessions, 1981.

Im Vergleich mit Vermeylen setzt Carroll[131] den Grundstock des Textes 11,18-20; 12,1-4 in die exilische Zeit an, in der nach dem Grund der Katastrophe über Jerusalem und des Wohlergehens der Heidenvölker gefragt wurde.[132] In dieser Hinsicht entspreche das Verhältnis des Gerechten zu seinen Gottlosen Feinden im Text dem Israels zu den Heidenvölkern in der exilischen Zeit. Diese Interpretation der Konfessionen hängt mit der Behauptung Carrolls zusammen, daß das Jeremiabuch hauptsächlich in der exilischen Zeit entstanden sei.[133] Gegen solche Theorien des mehrstufigen Wachstums der Konfessionen und für ihren kompositorischen Charakter argumentiert Pohlmann[134] überzeugenderweise anhand der Leitfragen nach dem dreiseitigen Verhältnis zwischen dem Beter, seinen Gegnern und Gott.

Für die spätere Entstehung des Textes 11,18-12,6 spricht auch die Beobachtung, daß das Klage-Phänomen im Text mit der Klagetradition des Jeremiabuches nicht so viel wie mit dem Klage-Phänomen in den anderen späteren alttestamentlichen Texten zu tun hat.

Einige Berührungen mit den Klagestellen in den anderen Partien des Jeremiabuches sind im folgenden zusammengestellt:

a) 11,19b ist mit einer Stelle des jeremianischen Moab-Spruches (48,2a) zu vergleichen, in der von der Planung der Angreifer gegen Moab geredet wird.[135] Dabei finden sich das Verb חשׁב und der Ausdruck כרת מן wie in 11,19b. Der Unterschied liegt darin, daß es sich in 48,2a um das Unglück eines Fremdvolkes und in 11,19b um das Leiden des Gerechten Jahwes handelt.

b) Die Worte der Anatoter in 11,21b berühren sich mit den Worten der Priester und der Propheten bei der Festnahme Jeremias in 26,8f.[136] Im Unterschied dazu geht es in 11,21b nur um die Bedrohung.

c) Die Klage vor Jahwe wegen der scheinbar ungerechten Wirklichkeit in 12,1bβ-2a hat ihre Parallele in der Wiedergabe der Worte der führenden Leute 4,10.[137] Der Anlaß zur Klage ist dort die Unheilserfahrung des Volkes, die seiner Erwartung widerspricht.

---

131 Chaos, S.110f. Vgl. ders., Jer, S.274-288.
132 Vgl. Riatt, Exile, S.83-105.
133 Carroll, Chaos, S.2.
134 Die Ferne, S.30-33, 45f. und 76.
135 S. Bak, S.461f.
136 Ebd., S.262-268.
137 S.o.S.50-52.

Währenddessen wird die Klage in 12,1bβ-2a durch das Unglück der Gottlosen veranlaßt.

d) Die gottlosen Worte in 12,4bγ sind mit den Worten der falschen Propheten in 14,13, die in der Klage des Propheten Jeremia zitiert werden, zu vergleichen.[138] Dort bestreiten sie die Verkündigung Jeremias wörtlich. Demgegenüber geht es in 12,4bγ um die Gottlosigkeit im allgemeinen.

In den Klagetexten im Jeremiabuch außer den Konfessionen begegnet man nicht dem Klage-Phänomen, das mit dem Leiden des Gerechten zusammenhängt. Das Motiv des leidenden Gerechten entwickelt sich vor allem in der nachexilischen Zeit und ragt in den individuellen Feindpsalmen hervor.[139] Die erste Konfession besteht vorwiegend aus verschiedenen Unterarten der Klagepsalmen des Einzelnen - insofern man sie in bezug auf ihren Inhalt noch spezifizieren kann - : Feind-, Rache/Fluch- und Unschuldspsalm mit gerichtlicher Sinnfärbung.[140] Jer 11,18-12,6 unterscheidet sich, abgesehen von den Bestandteilen mit den prophetischen Zügen, noch dadurch von den individuellen Klagepsalmen, daß die Worte bzw. Motive mit einer kollektiven Implikation gebraucht werden.[141] In unserem Text sind einerseits Bezüge zu den Klagepsalmen des Volkes[142] und andererseits Worte bzw. Elemente zu finden, die in

---

138 S.o.S.50, 52.

139 Ruppert, Gerechte, S.39; Wanke, Prophecy and Psalms, S.187f. Es steht zu dem vermutlich in der nachexilischen Zeit entstandenen Individualismus in Beziehung (vgl. Welten, Leiden, S.149, Anm. 117). Das Thema des leidenden Gerechten erstreckt sich über das Alte Testament hinaus in die außerbiblischen Qumranschriften (Ruppert, ebd., S.182-186) und in das Neue Testament (Kleinknecht, Gerechtfertigte, 1984). S. noch unten S.221f.

140 Vgl. Gunkel/Begrich, Einleitung, S.251f.

141 So bezeichnet Mottu (Confessions, S.13-18, 86 u.ö.) das "Ich" in den Konfessionen als "un Moi corporatif" (vgl. ders., Vocation, S.118; Wimmer, Experience, S.18-71). Die Kollektivierung der Klage bzw. des Gebetes in der exilisch-nachexilischen Zeit hebt Veijola (Klagegebet, S.290f.; Verheißung, S.133-175) im Anschluß an Becker (Psalmen, S.22-31; Wege, S.85-98) und Albertz (Frömmigkeit, S.178-199) hervor.

142 11,19a zu Ps 44,12.23, Jer 11,19b zu Ps 83,5 und s.o.S.107 (zu 12,4). Ferner vgl. Graf Reventlow, Liturgie, S.253; Carroll, Chaos, S.109; ders., Jer, S.276, 279; Bonnard, Psautier, S.180f.

ihren Parallelen auf ein Volk angewandt werden.[143] Dieser Sprachgebrauch spiegelt das Selbstbewußtsein der Gerechten in der nachexilischen Gemeinde wider, daß sie das wahre Israel ihren gottlosen
Verfolgern gegenüber sind.[144] Sie schließen sich dem Propheten Jeremia an, der unschuldig gelitten hat und in dem sie ein Vorbild
für das *echte Gottesvolk* sehen. So kann z.B. die in 11,21 angedeu-
tete Auseinandersetzung Jeremias mit seinen Verfolgern auf die
Konfrontation der gesetzesfrommen Gerechten mit ihren gottlosen
Zeitgenossen leicht übertragen werden (vgl. 15,16; 17,15f.; 20,8f.).[145]
Was bisher in der ersten Konfession beobachtet worden ist, gilt im
großen und ganzen auch für die anderen Konfessionen. Dies bestätigt sich im folgenden.

---

143 Vgl. 11,19b mit 48,2a, 11,20bα mit 51,36, 12,4abα mit Hos 4,3 und
    eventuell Jer 11,20; 12,1 mit 2,9.29 hinsichtlich der Wurzel ריב
    (s.o.S.112f., 122-124, 128).
144 Vgl. Gunneweg, Geschichte, S.147-151.
145 S.u.S.140-144, 152-158, 192-198.

## 2. Die zweite Konfession (15,10-21)[1]


### 2.1. Selbstklage mit Unschuldsbeteuerung (15,10)


Gleich mit einem klagenden Ausruf in V.10 fängt die zweite Konfession 15,10-21 an:

(10) Wehe mir, Mutter[a] (אֽוֹי־לִי אִמִּי[a]),

daß du mich geboren hast, einen Mann des Streites und des Zankes[b] für das ganze Land (כִּי יְלִדְתִּנִי אִישׁ רִיב וּמָדוֹן[b] לְכָל־הָאָרֶץ!

Ich habe nicht dargeliehen und sie haben mir nicht geliehen (לֹא־נָשִׁיתִי וְלֹא־נָשׁוּ־בִי),

doch alle verfluchen mich (כֻּלֹּה קִלְלוּנִי).[c]

**Zum Text:**

[a] Wörtlich: "meine Mutter". Zur Abschwächung der Bedeutung des Pronominalsuffixes s. Gesenius/Kautzsch, § 135 q; Joüon, § 146 j.

[b] Mit einigen Manuskripten, Symachus und den meisten Kommentatoren ist hier וּמָדוֹן statt וְאִישׁ מָדוֹן im MT zu lesen.

[c] כֻּלֹּה מְקַלְלוּנִי im MT ist am besten zu כֻּלֹּה קִלְלוּנִי zu verbessern. Vgl. Gesenius/Kautzsch, § 61 h, 91 c (Anm. 1).


Die Worte V.10 sind, nur formal betrachtet, an die leibliche Mutter des Sprechers gerichtet, noch nicht an Jahwe.[2] Wenn man sich hier die Mutter als bereits verstorben vorstellt,[3] dann ist die Anrede an eine Tote nur ein rhetorisches Mittel.[4] Auf jeden Fall spielt die angeredete Mutter des Sprechers in V.10 keine große

---

1  Zum forschungsgeschichtlichen Überblick über 15,10-21 s. Hubmann, Untersuchungen, S.179-199.

2  Auf die Anhäufung des Vokals i in den ersten sieben Worten von V.10 (10mal!) macht Bourguet (Confessions, S.46) aufmerksam.

3  Z.B. Ahuis, Gerichtsprophet, S.92, und zwar mit Rücksicht auf 16,7.

4  Holladay, S.450, 452.

Rolle und wird in den übrigen Versen des Textes nicht wieder erwähnt. Im jetzigen Textzusammenhang hat das Wort אִם die Funktion, V.10 an V.8 anzuknüpfen.[5] V.10a ist insofern eigenartig formuliert, als ein anderer im Vokativ in die Mitte der bekannten Formel ...כִּי/עָל ... אוֹי לִי/לָנוּ kommt (vgl. 4,13.31; 6,4; 10,19; 45,3). Sachlich geht es hier um dasselbe wie in den anderen Belegen dafür: *Selbstklage*.[6] In seiner eigenen Existenz sieht der Klagende in unserer Stelle schlechterdings den Streitpunkt des ganzen Landes (כָּל־הָאָרֶץ) und den Gegenstand der Verfluchung von allen (כֻּלֹּה). Dabei fällt die Verbindung von רִיב mit dem weisheitlichen Begriff מָדוֹן auf (vgl. Spr 15,18; 17,14; Hab 1,3).[7] Durch das wiederholt gebrauchte כֹּל (vgl. 20,7b)[8] wird seine totale Isolation aus der Gesellschaft unterstrichen (vgl. 11,19b; 15,17; 18,18).[9] Diese dauerhaften Leidenserfahrungen führen zum gründlichen Nachdenken über die Bedeutung seines Lebens. In der Klage über die Geburt handelt es sich deshalb viel mehr um den *Sinn* des *Lebens* als um die gegenwärtige Notlage als solche (vgl. 20,14-18).[10]

Daß sich der Klagende anderen mit Geld weder aufgedrängt noch treulos gehandelt hat, ist als eine *Unschuldsbeteuerung* zu betrachten, was immer damit konkret gemeint sein mag.

Die Aussage über den wirtschaftlichen Lebensbereich läßt die meisten Kommentatoren[11] eine sprichwortartige Redewendung vermuten und Leihen von Geld als einen typischen Anlaß zum Streit interpretieren. Wucher ist zwar bei Ezechiel mehrmals erwähnt (Ez 18,8.13.17; 22,12),[12] aber man dürfte sich hier im Zusammenhang mit der Spätdatierung der Konfessionen die ungerechte Praxis des Wuchers in der nachexilischen Gemeinde vorstellen. Ein ähnliches Wortspiel mit der Wurzel נָשָׁא ist noch in der sog. Apokalypse des Jesajabuches belegt (Jes 24,2).[13]

---

5    So bereits Calvin, Sermons, S.24f. S.o.S.30.
6    S. Bak, S.76-78, 92f., 102f., 305.
7    Ittmann, Konfessionen, S.71. zum Begriff רִיב s.o.S.112.
8    S.u.S.189.
9    S.o.S.107 und unten S.145, 166.
10   S.u.S.210-212.
11   Z.B. Holladay, S.452; Stoebe, Jer 15,10-21, S.16.
12   Ferner vgl. Am 2,8 (Sye, Armen, S.91f.)
13   Ferner vgl. Ex 22,24; Dtn 15,2; 24,10; 2 Kön 4,1; Neh 5,7-11; Ps 109,11.

Das Verb קלל pi. im letzten Satz bringt die Bedrohung der Existenz des Klagenden durch die grundlosen Schmähworte der anderen zum Ausdruck. Dem Verb liegt die hebräische Vorstellung vom
Leben zugrunde, daß der Verlust des Gewichtes - man erinnere sich
an die Wurzel כבד als Gegenbegriff zu קלל - den Verlust der
Existenz bedeutet.[14] Auf diese Weise kommt in V.10 das Leiden eines Unschuldigen durch seine Umwelt zur Sprache. Darauf folgt in
V.11-14 eine Jahwerede.[15]

Trotz textkritischer und sachlicher Schwierigkeiten bleibe man
möglichst am MT. V.11 ist gegen die Septuaginta und einige
Kommentatoren[16] als Jahwerede anzusehen[17]. Die Differenz in V.13f.
zu dessen Gegenstück in 17,3f. sind als beabsichtigt zu beurteilen.[18]

Der Adressat der Jahwerede V.11-14 wird, abgesehen von V.14b,
einheitlich mit dem maskulinen "Du" genannt. So wird er im heutigen Textzusammenhang mit dem Sprecher in V.10 gleichgesetzt,
obwohl dabei der kollektive Sprachgebrauch in V.11-14 nicht zu
übersehen ist.[19] Es läßt sich jedoch nicht leicht entscheiden, worum
es in diesen Versen geht. Sind sie Heilszusage, Zurückweisung oder
Unheilsankündigung? Oder ist mehreres davon gleichzeitig enthalten? Im großen und ganzen ist V.11-14 als Unheilswort Jahwes
aufzufassen, und zwar sowohl über das "Du" als auch über seine
Gegner. Unabhängig von der Bedeutung des umstrittenen Wortes

---

14  Keller, קלל, Sp.643. Vgl. Brichto, Curse, S.176f.
15  Nach G.V.Smith (Quotations, 1979) zitiert Jeremia in V.11-14 Jah-
    weworte zweimal (V.11f.13f). Nicht zuzustimmen ist der Annah-
    me von Sternberger (Confessions, S.466-468), daß V.11-14 ur-
    sprünglich hinter V.19-21 gestanden hat (s.o.S.124, Anm.110)
16  Z.B. Stoebe, Jer 15,10-21, S.17; Weiser, z.St.
17  Vgl. Barthélemy, Critique, S.589-593; McKane, S.345, 347-350,
    Holladay, Spokesman, S.95-97; ders., Jer 1, S.446-449, 453f.;
    LuB; ZB; HBKo.
18  Vgl. Hubmann, Untersuchungen, S.217-244; Gerstenberger, Com-
    plaints, S.394-396; Marx, Doublets, S.109; Holladay, S.448-450,
    455-457; O'Connor, Confessions, S.56-58.
19  Gegen Ittmann, Konfessionen, S.44f. Paterson (Reinterpretation,
    S.37-44) hält unseren Text, besonders V.11-14, für ein typisches
    Beispiel dafür, daß die deuteronomistische Redaktion die echten
    Worte über Jeremia als Worte über das Volk uminterpretiert.
    Vgl. Hermisson, Konfessionen, S.313f.

שרותך‎ läßt lediglich לטוב‎ am Ende von V.11a vermuten, daß hier etwas Positives ausgesagt werden könnte.[20] In V.11b.12.13 wird Unheil über das angeredete "Du" und in V.14a über seine Gegner angekündigt.[21] Schließlich werden in V.14b sowohl diese als auch jener unter dasselbe Gericht Jahwes gestellt. Man kann fragen, ob V.14a als Heilswort für den Angeredeten anzusehen ist.[22] In V.14a liegt jedoch keine echte Verheißung an den Klagenden vor, sondern eher das Unheilswort Jahwes über die Gegner (V.11,22f.).[23] Nun zeigt V.10-14 einen ähnlichen Aufbau wie 45,3-5bα. Die Worte Jahwes über das Unheil, aus dem Jahwe auch den Klagenden nicht ausschließen will, klingen wie Zurückweisung der Klage. In dieser Hinsicht betrachtet Gunneweg[24] 12,1-5 als eine mögliche Parallele zu Kap.45. Die strukturelle Berührung mit Kap.45 läßt sich aber besser in 15,10-14 als in 12,1-5 beobachten.[25]

## 2.2. Bitte und Angabe des Beweggrundes mit vielseitigem Anklang (15,15)

Auf die Jahwerede V.11-14 folgen erneut Worte des klagenden Menschen, die sich an Jahwe richten und in V.15 folgendermaßen beginnen:

---

20  Z.B. liest McKane (S.343, 347, 349) hier mit שאריתך‎ und über-
    setzt V.11a: "There shall be a better future for those who sur-
    vive".
21  Als eine annehmbare Übersetzung von V.11b.14a betrachte ich
    die von Hubmann (Untersuchungen, S.203): "Wahrlich, ich lasse
    in der Zeit des Unheils und in der Zeit der Bedrängnis den
    Feind auf dich treffen!" (V.11b), "Aber deine Feinde lasse ich
    gehen in ein Land, das du nicht kennst" (V.14a). Ferner vgl.
    Seybold, Schutzpanzer, S.271.
22  So z.B. ebd., S.254-258.
23  Vgl. Gunneweg, Konfession, S.404.
24  Ebd., S.402.
25  Vgl. die strukturellen Entsprechungen zwischen 14,1-15,21 und
    11,1-12,6 bei Ahuis, Gerichtsprophet, S.101, Anm. 3. Zu Kap.45 s.
    Bak, S.304-312.

(15) Du weißt, Jahwe, gedenke mein und nimm dich meiner an (אתה יְדַעְתָ יהוה זכרני ופקדני)! Und räche mich an meinen Verfolgern (והנקם לי מרדפי),

übe nicht deine Langmut,[a] sonst sollst du mich wegnehmen[b] (אל־לְאֶרֶךְ[a] אפך תקחני)!

Wisse, um deinetwillen trage ich Schmach (דע שאתי עליך חרפה).

**Zum Text:**

[a] Das Adjektiv אֶרֶךְ im MT ist durch das Substantiv אֹרֶךְ zu ersetzen. Die ungewöhnliche Verbindung der adjektivischen Form mit der Präposition ל scheint damit zusammenzuhängen, daß אף zum Ausdruck der Langmut in der Regel mit dem Adjektiv אֶרֶךְ verbunden wird (s.u.S.136f.).

[b] Zur obigen Übersetzung von V.15aβ s.u.S.136–138.

In der Mitte des Verses steht eine doppelseitige Bitte, die durch eine kurze *Vertrauensäußerung* (אתה ידעת) und eine Angabe des *Beweggrundes* (עליך) umrahmt und unterstützt wird.[26]

אתה ידעת ("Du weißt") ist noch in Ps 139,2; 142,4 zu finden.[27] Bei der Bitte geht es zuerst um die Zuwendung Jahwes. Das זכר ("gedenken") und das פקד ("sich annehmen") Jahwes bedeuten für seine Verehrer seine helfende, Not wendende und heilvolle Hin- und Zuwendung zu ihnen.[28] זכר in diesem Sinne wird über die individuellen (Ps 25,9) und kollektiven (Ps 74,2; 106,4) Klagepsalmen hinaus in den anderen Psalmen gebraucht. פקד in demselben Sinne ist hingegen in den individuellen Klagepsalmen nicht belegt. Die beiden Verben kommen in einem Hymnus (Ps 8,5) und in einer Bitte des Volkes (Ps 106,4) aus der nachexilischen Zeit nebeneinander vor.

An die Bitte um die Zuwendung wird die Bitte um die Rache Jahwes an den Verfolgern des Beters angeschlossen, die an 11,20bα erinnert.[29] Die Bezeichnung der Gegner als רדפי ("meine Verfolger") ist im Jeremiabuch ausschließlich in den Konfessionen belegt (15,15; 17,18; 20,11), aber in den Psalmen öfter zu finden. (Ps 7,2; 31,16; 35,3; 119,84.157; 142,7. Vgl. 7,6; 143,3). Nach Ruppert[30] ist רדף die in den

---

26  Vgl. Baumgartner, Klagegedichte, S.19.
27  S.o.S.116f.
28  Schottroff, זכר, Sp.514; ders., פקד, Sp.475.
29  S.o.S.112f.
30  Feinde, S.23–26.

Psalmen am häufigsten benutzte Feindbezeichnung aus der Kriegs-
terminologie.[31] Dem vorliegenden Vers steht Ps 119,84 am nächsten.
Dort klagt der gesetzesfromme Knecht Jahwes darüber, daß Jahwe
das Gericht über seine gottlosen Verfolger noch nicht vollstreckt hat.
Auch in Ps 119,157 stellt der Psalmist seine Frömmigkeit der Untreue
seiner Verfolger am Gotteswort gegenüber.[32]

In der nächsten Bitte V.15aβ fällt zuerst auf, daß der Ausdruck
"deine (=Jahwes) Langmut (אָרֵךְ אַפְּךָ)" durch seine ungewöhnliche
Stellung unmittelbar nach אַל hervorgehoben wird. Nach אַל kommt
in der Regel ein Verb.[33] Die Betonung eines anderen Satzgliedes im
Vetitiv ist jedoch in der Bitte Israels (Jer 10,24; Jes 64,8) oder des
Einzelnen (Ps 6,2; 38,2) um die *Verschonung* vom Gericht Jahwes zu
finden. So wird das Handeln Jahwes in seinem Zorn durch אַל
negiert: אַל־בְּאַפְּךָ (Jer 10,24), אַל־בְּאַפְּךָ/בַחֲמָתְךָ (Ps 6,2) und
אַל־בְּקִצְפְּךָ/בַחֲמָתְךָ (Ps 38,2). אַל־לָעַד in Jes 64,8 befindet sich in
einem ähnlichen Zusammenhang, in dem das Verb עֲוֹן+זָכַר zu קָצַף
parallel steht.[34]

Im Alten Testament ist mit dem Wort אַף vorwiegend der Zorn
Jahwes gemeint, der als die Reaktion des Schöpfers/Gesetzgebers
auf die sein Wesen/seine Gebote verletzenden Taten der Menschen
erscheint.[35] Am häufigsten ist das Wort im Jeremiabuch und Psalter belegt (je 24mal). Vor allem steht das Wort im Jeremiabuch
mit dem Gericht Jahwes über sein Volk und auch über die Fremdvölker im Zusammenhang (vgl. 15,17; 18,20.23).[36]

Sachlich entspricht die Negierung des Zornes Jahwes der Lang-
mut Jahwes, die durch eine feste Redewendung אֶרֶךְ אַפַּיִם zum
Ausdruck kommt (Ex 34,6; Num 14,18; Neh 9,17; Joel 2,13; Jona 4,2;
Nah 1,3; Ps 86,15; 103,8; 145,8).[37] In unserem Vers wird die Langmut
Jahwes wieder negiert. Die Formulierung von Jer 15,15aβ ist eigenar-

---

31 Delekat (Asylie, S.62) sieht in den "Verfolgern" (רֹדְפִים) in den
   Psalmen, besonders in Ps 7; 14; 31 die Gegner der Asylflücht-
   linge.
32 Vgl. Jer 15,16 (s.u.S.140-144). Zu weiteren Bezügen der Konfessionen zu Ps 119 s.u.S.141f., 153, 157, 161, 174, 196.
33 Gesenius/Kautzsch, §152 h.
34 S. noch unten S.181.
35 Sauer, אַף, Sp.220-224.
36 S.u.S.146, 175, 180, 185.
37 Vgl. Trible, Sexuality, S.1-5.

tig, insofern אַף zum Ausdruck der Langmut nicht im Dual wie sonst gebraucht wird und die Präposition ל vor אֶרֶךְ steht. Auf jeden Fall bittet der Sprecher durch die Negation der Langmut Jahwes indirekt um die baldige *Vollstreckung* des Gerichts. In dieser Hinsicht berührt sich Jer 15,15aβ mit Nah 1,2f.; Jona 4,2f. Im Unterschied zu den anderen Belegen für die Langmut Jahwes, in denen sie als ein Beweggrund zur Erhörung der Bitte angegeben wird (Num 14,18; Neh 9,17; Ps 86,15),[38] wird sie in Nah 1,2f. durch die Rache Jahwes an seinen Feinden einigermaßen eingeschränkt. Das Wort נֹקֵם steht in V.2 wie in Jer 15,15a vor אֶרֶךְ אַף/אַפַּיִם. Noch bemerkenswerter ist Jona 4,2f. Jona klagt in V.2 wegen der Barmherzigkeit und Langmut Jahwes Ninive gegenüber und bittet Jahwe in V.3 um die Wegnahme seines Lebens. Genauso wie in unserer Stelle liegen dort אַף (pl.)+אֶרֶךְ und לָקַח vor. Sowohl in Jer 15,15aβ als auch in Jona 4,2f. hat das Verb das klagende "Ich" zum Objekt und die Langmut Jahwes kommt seinen Gegnern zugute.[39] Sollte Jer 15,15aβ mit Jona 4,2f. in Verbindung gebracht werden,[40] könnte jener ungefähr folgendes bedeuten: "(Übe) Nicht deine Langmut (meinen Verfolgern gegenüber)! (Sonst) Du sollst mich wegnehmen!" Dann wäre diese Bitte um die *Wegnahme* des *eigenen Lebens* angesichts des dauernden Leidens durch die Verfolger, deren Existenz sich ausschließlich der Langmut Jahwes ver-

---

38  Die Langmut (אֶרֶךְ אַפַּיִם) Jahwes ist eigentlich ein Bestandteil der alten Bekenntnisformel (vgl. Ex 34,6 und H.W.Wolff, Joel/Amos, S.59), die in den nachexilischen Hymnen (Ps 103,8; 145,8) auch zur Beschreibung der Eigenschaften Jahwes dient.

39  Nach Gerstenberger (Complaints, S.400) geht es in der Bitte V.15aβ auch um die Verschonung des Beters wie in Ps 6,2; 27,9; 38,2. Seine Übersetzung lautet: "Do not, in thy anger, take me away". Die Präposition ל (s.o.) erkläre sich aus einer verdorbenen Dittographie. Ps 27,9 ist jedoch zum Vergleich nicht ganz geeignet (vgl.o.S.136). Außerdem verkennt Gerstenberger, daß in Jer 15,15aβ ein anderes Verb (לקח) als in Ps 6,2; 38,2 (יסר pi./יכח hif.) mit אַף in Verbindung steht.

40  Auf den möglichen Zusammenhang von Jer 15,10 und Jona 4 weist Ittmann (Konfessionen, S.71f.) hin, indem er "die traditionsgeschichtliche Herkunft der 'Abwertung des eigenen Lebens'" verfolgt. Damit will er den prophetischen Charakter von Jer 15,10 und schließlich dessen Authentizität beweisen. Vgl. noch 1 Kön 19,4; Tob 3,6.13.15.

dankt, mit der Selbstklage über die Geburt in V.10a vergleichbar.[41] Daß sich der lebensmüde Mensch nach dem Tod sehnt, ist gedanklich leichter nachzuvollziehen als die Bitte um die Bewahrung des Lebens.[42]

V.15aβ wird durch das Wort אַף mit den Unheilsworten Jahwes in V.14b verbunden. In diesem Textzusammenhang klingt darin die Klage über Jahwe wegen der zögernden Vollstreckung des angekündigten Gerichts mit. In diesem Sinne entspricht die Bitte um Rache in V.15aα mehr der Verwünschung in 12,3b als dem Ausdruck der Gewißheit der göttlichen Rache in 11,20bα.[43]

In der Angabe des Beweggrundes[44] in V.15b schwingen verschiedene Elemente der Klagepsalmen mit: Vertrauensäußerung (רע), Selbstklage (שׂאתי חרפה), Klage über Gott (עליך) und Unschuldsbeteuerung (עליך, d.h. nicht wegen meiner eigenen Schuld).[45] Dieser Halbvers erinnert an einen Klagepsalm des Einzelnen aus der nachexilischen Zeit: Ps 69.[46] In diesem Psalm wird die schwierige Lage des Psalmisten mehrmals mit der Wurzel חרף ausgedrückt (V.8a.10a.11.20a.21a). Besonders V.8a und V.20a stimmen fast wörtlich mit unserer Stelle überein:

(V.8a)  Denn um deinetwillen trage ich Schmach
(כי עליך נשׂאתי חרפה)
(V.20a) Du weißt meine Schmach (אתה ידעת חרפתי)...

Außerdem kommt die Bezeichnung der Feinde als רדפי, die in Jer 15,15aα bei der Bitte um die Rache an den Gegner gebraucht wird,[47] in Ps 69,5 vor. Dabei handelt es sich um die Feindklage mit Anklang an die Unschuldsbeteuerung.

---

41  S.o.S.132.
42  Vgl. Jüngling, Mauer, S.19.
43  S.o.S.111-114, 117.
44  Vgl. Baumgartner, Klagegedichte, S.19.
45  Bei Baumgartner (ebd., S.18-22) gilt der Terminus "Motiv" als der Oberbegriff, der Vertrauensäußerung, Schuldbekenntnis, Unschuldsbeteuerung u.a. umfaßt. Vgl. K.Koch, Formgeschichte, S.215.
46  Zu den Entsprechungen zwischen Ps 69 und Jer 15,10-18 vgl. Garsiel, Parallels, S.163f.
47  S.o.S.135f.

נשא חרפה ist noch in Jer 31,19; Ps 15,3 belegt, steht aber in anderen Zusammenhängen. In Jer 31,19 redet Efraim, der für das Volk des Nordreichs steht, von seiner Schmach, die er wegen seiner eigenen Schuld tragen mußte.[48] Hingegen hat נשא חרפה in Ps 15,3 aktive Bedeutung: "jemandem eine Schmach zufügen". Das Wort חרפה allein findet sich in den Psalmen noch bei der Verwünschung über die Gegner (z.B. Ps 71,13; 78,66) und beim Ausdrücken der Schmähung Jahwes durch die Gottlosen (z.B. 74,22; 69,10b) seine Verwendung.[49]

עליך ("um deinetwillen") ist noch in Ps 44,23 zu finden. In diesem exilischen Psalm[50] klagt das Volk darüber, daß es um Jahwes willen wie ein Schlachtschaf (vgl. Jer 11,19)[51] den ganzen Tag hingeopfert wird.

In Jer 15,15b stellt sich der Beter anhand der aus den Klagepsalmen bekannten Ausdrücke und Motive bewußt auf die Seite Jahwes, indem er sich ungerecht behandelt fühlt und den eigentlichen Grund seines Leidens in Jahwe selbst sieht. Daraus ist auf eine sachliche *Steigerung* in V.15 im Vergleich mit V.10 zu schließen. In V.10 steht Jahwe noch im Hintergrund der Selbstklage, indem nur die Verfolgung des Sprechers durch die feindliche Umgebung angedeutet wird. Demgegenüber wird in V.15 Jahwe für das Leiden des Beters verantwortlich gemacht, obwohl die Gegner des Beters bei seiner Bitte um ihre Bestrafung nachdrücklich als רדפי genannt werden.[52] In diesem Sinne ist das Verhältnis zwischen V.10 und V.15 mit dem zwischen 11,18f.20 und 12,1-3 zu vergleichen.[53]

---

48  S.o.S.75.
49  Zur Verbindung von חרפה mit היה u.a. s. Bak, S.319-326.
50  Gegen Graf Reventlow (Gebet, S199-203) und mit Wanke (Prophecy and Psalm, S.184). Ferner vgl. Seybold, Ps, S.87, 98f.; Veijola; Verheißung, S.106f.; Klein, Exil, S.18-21; Janssen, Exilszeit, S.19. Das älteste Gut von Ps 44 könnte jedoch in der vorexilischen Zeit entstanden sein (Fohrer, Einleitung, S.311; Veijola, Verheißung, S.45f. Vgl. Kraus, Ps, S.481).
51  S.o.S.106f.
52  Man darf die ausdrückliche Bezeichnung der Gegner mit der Identifizierung ihrer Person nicht verwechseln. Im vorliegenden Fall bleibt noch offen, wer diese Verfolger sind.
53  S.o.S.120.

## 2.3. Angabe des Beweggrundes mit Anklang an Unschuldsbeteuerung und Vertrauensäußerung (15,16)

Auf die Bitte mit vielseitigen Anklängen in V.15 folgt eine Aussage über die Erfahrungen des Beters mit dem Gotteswort in V.16:

(16) Fanden sich deine Worte, verschlang ich sie (נמצאו דבריך ואכלם),
     und deine Worte wurden[a] mir (ויהי[a] דבריך לי)
     zur Wonne und zur Freude meines Herzens
     (לששון ולשמחת לבבי),
     denn dein Name ist über mir ausgerufen (כי־נקרא שמך עלי),[b]
     Jahwe, Gott Zebaoth (יהוה אלהי צבאות)!

**Zum Text:**

[a] Mit Hubmann, McKane und Carroll[54] lese ich nach Ketiv דבריך und übertrage dementsprechend das Verb ויהי in den Plural. Häufiger liest man hingegen nach Qere דברך.[55] Der Unterschied der Zahl bei der Bezeichnung des Gotteswortes im vorliegenden Vers spielt m.E. bei der Interpretation des Textes keine große Rolle.[56]

[b] Manchmal wird V.16α mit den vorangehenden zwei Worten ולשמחת לבבי zusammengenommen und als das Subjekt zu diesen übersetzt.[57] ולשמחת לבבי ist jedoch besser als ein paralleler Ausdruck zu לששון anzusehen.[58]

V.16aα erinnert hinsichtlich der Worte מצא und אכל an Ez 2,8-3,3.[59] Dort ist davon die Rede, daß der Prophet auf Befehl Jahwes die Schriftrolle ißt, auf deren beiden Seiten "Klage, Ach und Wehe geschrieben" ist (2,10). Die gegessene Schriftrolle wurde im Munde des Propheten "so süß wie Honig" (3,2b).

---

54   Hubmann, Untersuchungen, S.210; McKane, z.St.; Carroll, z.St.

55   Z.B. Volz, z.St.; Rudolph, z.St.; Weiser, z.St.; Holladay, z.St.; Stoebe, Jer 15,10-21, S.13; EÜ; ZB; LuB; BJer.

56   S.u.S.141f.

57   Z.B. Rudfolph, z.St.; Weiser, z.St.; Ahuis, Gerichtsprophet, S.90; Ittmann, Konfessionen, S.169; ZB.

58   Holladay, z.St.; McKane, z.St.; Carroll, z.St.; Stoebe, Jer 15,10-21, S.13; Hubmann, Untersuchungen, S.204; LuB; BJer; EÜ.

59   Zu Ez 2,8-3,3 als einen Teil des Berufungsberichtes Ezechiels im Vergleich mit dem jeremianischen s.u.a. Vieweger, Berufungsberichte, 1986.

Das Verb אכל kommt in Ez 2,8-3,3 fünfmal vor. Währenddessen ist מצא nur einmal belegt, und zwar in dem Satz, der in der Septuaginta fehlt und von Zimmerli[60] als eine Glosse aus Jer 15,6 betrachtet wird. Zimmerli[61] hält es auch für möglich, daß die Bildrede vom Essen des Gotteswortes in beiden Texten vorgegeben war. Demgegenüber nimmt J.W.Miller[62] einen Einfluß Ezechiels auf Jeremia an. Die Entsprechung zwischen Jer 15,16 und Ez 2,8-3,3 sollte aber anders erklärt werden, wenn unser Text nicht auf Jeremia zurückgeführt werden kann.[63]

Im Vergleich mit Ez 2,8-3,3 wurde das gegessene Wort Jahwes in Jer 15,16 "mir zur Wonne und Freude meines Herzens" (לי לששון ולשמחת לבבי). Diese Wirkung des Gotteswortes kommt vor allem in Ps 119,111; 19,9 mit ähnlichen Worten zum Ausdruck:[64]

(119,111)  Mein Erbe[65] sind deine Zeugnisse (עדותיך) für ewig,
           denn die Wonne meines Herzens sind sie
           (כי־ששון לבי המה).

(19,9)  Die Befehle Jahwes (פקודי יהוה) sind recht,
      sie erfreuen das Herz (משמחי־לב);
      Das Gebot Jahwes (מצות־יהוה) ist lauter,
      es erleuchtet die Augen.

Zum Vergleich mit dem vorliegenden Vers sind aus den Psalmen noch folgende Formulierungen heranzuziehen:

- "Ich freue mich (שש) über deine Rede/den Weg deiner Zeugnisse" (Ps 119,162a/14).
- "Deine Zeugnisse/Deine Gebote/Dein Gesetz sind/ist mein Ergötzen (שעשעי)" (119,24/143/77.92.174).
- "Ich vergnüge mich (שעשעתי/אשתעשע) an deinen Geboten/deinen Satzungen/deinem Gesetz" (119,47/16/70).
- "Ich habe Gefallen (חפצתי) am Gesetz Jahwes/am Pfade deiner Gebote" (1,2/119,35b).
- "Ich liebe (אהבתי) deine Gebote/dein Gesetz" (119,47b.127/97).
- "Dein Knecht liebt deine Rede" (119,140).[66]

---

60  Ez, S.11.
61  Ebd., S.78.
62  Verhältnis, S.2, Anm. 4 und S.111.
63  S.u.S.148-150.
64  Vgl. Bonnard, Psautier, S.213.
65  S.BHS.
66  Ferner vgl. Jer 6,10b; 20,8b; Joh 4,34 (s.u.S.193-196) und Zimmerli, Verkünder, S.104f.; Schreiner, Klage, S.222.

Bekanntlich gelten Ausdrücke wie "die Zeugnisse/Befehle (Gebo-
te/Satzungen/Rede bzw. das Gesetz/Gebot) Jahwes" in den oben
angeführten Fällen als parallele Begriffe zu dem Wort/den Worten
Jahwes im Sinne der Willensoffenbarung Jahwes.[67] Abgesehen von
der sprachlichen Berührung mit Jer 15,16aβ steht Ps 119,111 in einem
ähnlichen Zusammenhang, indem der Psalmist unmittelbar vor dieser Aussage über seine Notsituation in V.109-110a und gottlose Feinde in V.110a klagt. In diesem Psalm wird die Aussage über das
Wort Jahwes bzw. dessen Synonyme häufig damit in Verbindung
gebracht, daß der Psalmist Jahwe angesichts seines Leidens durch
die Gottlosen seine Treue schwört (V.69f.77-80.92-95.109-112.113-120.121-
128.138-144.161-163.97f.41f.)[68] In solchen Fällen ist sie als Unschuldsbeteuerung und gleichzeitig als Vertrauensäußerung zu verstehen. Gemeinsam haben Ps 119 und Jer 15,16a außerdem, daß die
Aussage über das Gotteswort direkt an Jahwe gerichtet wird. Die
Verbindung der Ausdrücke mit dem Pronominalsuffix der zweiten
Person Jahwes ist sonst niemals im Jeremiabuch und kaum in den
Psalmen zu finden.[69] Darüber hinaus ist die Vorstellung vom Essen
des Gotteswortes auch in Ps 119 nicht fremd, obwohl das Verb
אכל nicht vorkommt. In V.103 wird "deine (=Jahwes) Rede"
(אמרתך) mit dem süßen Honig in "meinem (=des Psalmisten) Munde" verglichen (vgl. 19,11; Ez 3,3b). Ferner berührt sich פי פתה
("Mund aufsperren") in Ps 119,131 mit פי פתה ("Mund aufmachen")
in Ez 3,2. Dem Ausdruck פי פרע als einer Bildrede des Verlangens
nach etwas (vgl. Ijob 29,23; 16,10; Jes 5,14) liegt offenbar der Gedanke des Verlangens nach dem Essen zugrunde. Die engere Beziehung von Jer 15,16a zu den sog. Thorapsalmen als zu der propheti-

---

67  Kraus, Ps, S.1005. "Das Wort Jahwes" kommt in Ps 119 sowohl
    im Singular (15mal) als auch im Plural (4mal) vor, ohne inhalt-
    lich voneinander zu differenzieren.
68  Ähnlich auch ebd., S.999.
69  Lediglich einmal begegnet man דבר שפתיך in Ps 17,4. Manch-
    mal wird דבר im Jeremiabuch mit dem Suffix der ersten Per-
    son Jahwes (z.B. 1,12; 6,19) und in den Psalmen mit dem der
    göttlichen dritten Person versehen (z.B. 56,5).

schen Literatur[70] wird noch dadurch verstärkt, daß die Wurzel שמח
vor allem in den Psalmen eine große Rolle spielt. In den individuellen und kollektiven Klagepsalmen wird שמח als ein Ausdruck der
menschlichen Reaktion auf die Rettung Gottes im Rückblick auf das
frühere Heilshandeln Jahwes, in der Bitte und in der Vertrauensäußerung gebraucht.[71] Im übrigen findet sich das Nebeneinander von
ששון und שמחה vorwiegend in späteren Texten, in denen meistens
das Schicksal des Volkes geschildert wird (Jer 16,9; 25,10; 33,11; Jes
22,13; 35,10; 51,3.11; Ps 51,10; Sach 8,19).[72] Von Bedeutung ist noch
das Tempus der Aussage über das Gotteswort in Jer 15,16b: Die
Worte Jahwes *wurden* zur Freude des Herzens. Angesichts der ihm
unüberwindlich vorkommenden jetzigen Notlage blickt der Beter mit
um so größerer Bitterkeit auf die guten Erfahrungen mit dem Gotteswort in der Vergangenheit zurück.[73] In diesem Zusammenhang
unterscheidet sich die Wortaussage in unserer Stelle von ihren
Parallelen in den Psalmen, die im präsentischen Sinne verstanden
werden.[74]

Hinter der Wortaussage in Jer 15,16a stehen mehr die Erfahrungen der nachexilischen Zeit[75] als die prophetischen Erfahrungen mit
dem Wort Jahwes. Der Ausdruck דבר יהוה ist zwar besonders in
den Prophetenbüchern als ein Terminus technicus für die prophetische Wortoffenbarung aufzufassen, aber er allein reicht nicht aus,
um den prophetischen Charakter des vorliegenden Verses zu behaupten (vgl. Ps 33,4.6; Jer 17,15; 20,8f.).[76] In der Wortaussage in

---

70  In Ps 119,131 sieht Kraus (Ps, S.1119) einen Ausdruck "im Stil
    prophetischer Redeweise". Man dürfte annehmen, daß sich die
    Gesetzesfrommen in bezug auf ihr Verhältnis zum Wort Jahwes
    auf die prophetische Tradition berufen (s.u.S.193-196). Zur sog.
    "Worttheologie" im Jeremiabuch vgl. Honeycutt, Prophet,
    S.316-318; P.K.D.Neumann, Wort, S.216f.; Muilenburg, Jer, S.829;
    C.C.Kim, Logos.
71  Jenni, שמח, Sp. 829, 832f. In ähnlicher Weise kommt ששון im
    Alten Testament hauptsächlich im Zusammenhang mit den
    Heilserfahrungen/-erwartungen vor.
72  S. Bak, S.504, Anm. 3.
73  Vgl. Fischer, Jer 15,15-21, S.97f.; Westermann, Predigten, S.130;
    Stoebe, Jer 15,10-21, S.19f. Nach Stoebe leidet in V.16 Jeremia
    unter dem Schweigen Jahwes.
74  S.o.S.141.
75  Vgl. Noth, Geschichte, S.300; Herrmann, Geschichte, S.409-411.
76  Vgl. Carroll, S.332 und s.u.S.153, Anm.16.

Jer 15,16a bestätigt sich die *Zugehörigkeit* des Beters *zu Jahwe*, die im nächsten Halbvers anhand der bekannten Redewendung קרא שם יהוה על nif. zum Ausdruck kommt.[77] Es fällt auf, daß sie hier auf eine einzelne Person angewandt wird. Ansonsten bezieht sie sich auf das Gottesvolk, Jerusalem, Tempel, Lade und die Völker.[78] Sie findet ihre Verwendung in der Regel im kollektiven Zusammenhang, da das Schicksal von Jerusalem, vom Tempel und von der Lade mit dem Schicksal des Gottesvolkes eng verbunden ist.[79] Sie dient zweimal in der Klage (14,9; Dan 9,19. Vgl. V.18) als Ausdruck des Beweggrundes.[80] Wie Jer 15,15; 11,18f.20 ist die Bestimmung von 15,16 als ganzem mit einem Begriff nicht leicht. Der Vers ist allerdings als eine Angabe des *Beweggrundes* mit Anklang an *Unschuldsbeteuerung* und *Vertrauensäußerung* zu bezeichnen.[81]

## 2.4. Klage über Gott (15,17f.)

In V.17f. wird die Klage breit entfaltet:

(17) Ich saß nicht im Kreise der Scherzenden fröhlich
(לא־ישבתי בסוד־משחקים ואעלז),
wegen deiner Hand[a] saß ich allein (מפני ידך[a] בדד ישבתי),
denn mit Grimm hast du mich erfüllt (כי־זעם מלאתני).
(18) Warum ist mein Schmerz dauernd geworden (למה היה כאבי נצח)
und meine Wunde bösartig (ומכתי אנושה),
will nicht heilen (מאנה הרפא)?

---

77  S.o.S.42, Anm.16.
78  Zu den Belegen dafür s. van der Woude, שם, Sp.957f. Vgl. Carroll, S.330f.
79  Zu Unrecht interpretiert Holladay (Eyes, S.126f.; Jer 1, S.458–460) sowohl den vorliegenden Ausdruck als auch die Worte שמחה/ששון sowie den Ausdruck בדד ישב in V.17 als Hinweise auf das Bild einer Ehe, die auf das Verhältnis zwischen Jeremia und Jahwe übertragen werden kann. S.o.S.143 und unten S.145f.
80  S.o.S.42.
81  K.Koch (Formgeschichte, S.210, 213f.) hält V.16 für eine Unschuldsbeteuerung als eine Abart des Trostgrundes (=Beweggrundes).

Wirklich[b] erweist du dich[c] mir wie ein Trugbach
(הֲיוֹ[a] תִהְיֶה[c] לִי כְּמוֹ אַכְזָב),
Wasser, die nicht zuverlässig sind (מַיִם לֹא נֶאֱמָנוּ).

Zum Text:

[a] Fitzgerald[82] schlägt vor, יד im vorliegenden Fall aus der Wurzel ידד zu verstehen und V.17bα folgendermaßen zu übertragen: "Far from your love alone I sit".

[b] Mit Ittmann[83] ist הָיוֹ als der Inf.abs. von הָיָה aufzufassen, der den Verbalbegriff von תִהְיֶה verstärkt.[84] Die Korrektur von הָיוֹ zu הֱוִי[85] ist nicht nötig.

[c] "Sich erweisen" für הָיָה.[86]

Im Unterschied zu V.15 ist in V.17f. von den Verfolgern nicht mehr die Rede. Stattdessen wird die Klage über Jahwe laut. Der Klagende konfrontiert sich direkt mit Jahwe. Allein in Jahwe sieht er den Urheber seiner leidvollen Einsamkeit und Ausgeschlossenheit aus der Gesellschaft. So sagt er aus, daß er wegen der Hand Jahwes[87] allein gesessen hat. In der Wurzel בדד geht es zunächst um die Absonderung, die dann zur Einsamkeit führt.[88] Diesmal wird die Isolation nicht von der feindlichen Umgebung erzwungen (vgl. 11,19; 15,10; 18,18),[89] sondern von Jahwe (vgl. 20,7-9).[90] Das Motiv יָשַׁב בָּדָד ("allein sitzen") unter dem göttlichen Zwang ist noch in Klgl 1,1; 3,28 belegt.[91] Diesen Versen liegen die Erfahrun-

---

82  yd, S.365, 368.

83  Konfessionen, S.164, Anm. 565. Vgl. Holladay, S.447.

84  Gesenius/Kautzsch, § 113 n; Joüon, § 123 e.

85  Volz, z.St.; Rudolph, z.St.; Weiser, z.St.

86  Vgl. Rudolph, z.St.; Amsler, הָיָה, Sp.479.

87  Zum Ausdruck מִפְּנֵי יַד יהוה vgl. Petersen, Roles, S.21-25, 32f.; Roberts, Hand.

88  Seidel, Einsamkeit, S.17, 88. Zur Einsamkeit der Propheten als ihr Lebensschicksal, zur Einsamkeit in den Psalmen und im Ijobbuch s. ebd., S.73-92, 21-66, 96-99. Ferner vgl. Vinton, Aloneness.

89  S.o.S.106f., 132 und unten S.166.

90  S.u.S.188-198.

91  Gegen Graf Reventlow (Liturgie, S.224f.) und Holladay (S.460) und mit Hubmann (Untersuchungen, S.277) besteht kein unmittelbarer Zusammenhang zwischen unserem Vers und dem Krankheitsmotiv in Lev 13 hinsichtlich des Ausdrucks יָשַׁב בָּדָד. Zu Lev 13f. vgl. Seidl, Tora, 1982. Außerdem zieht Nicholson (S.140) Ps 26,3-5 zum Vergleich mit Jer 15,16f. heran.

gen des Volkes zugrunde, das vom Gericht Jahwes betroffen ist.[92] Auf dieselben Erfahrungen spielt das Wort זַעַם ("Grimm") Jahwes in Jer 16,17b an. Das Wort hat in exilischen und nachexilischen Texten die größte Verbreitung und weist überwiegend auf Vergeltung und Gericht Jahwes über ein Kollektiv hin. In allen Belegen für זַעַם außer in Ps 38,4; 69,25; 102,11 betrifft das Wort Israel, seine Führer, Jahwes Feinde, Babel, Assur, Ägypten und die Fremdvölker überhaupt (vgl. Jer 6,11; 15,15; 18,20.23).[93] Dieser kollektive Sprachgebrauch in Jer 15,17 deckt sich noch mit dem Bild der Verwundung/Heilung in V.18a. Das Bild und die dazugehörigen Ausdrücke (z.B. מַכָּה und רָפָא) sind sowohl bei Jeremia als auch bei den Verfassern der nachjeremianischen Texte beliebt und schildern die schwierige Situation des Gottes- oder Fremdvolkes, das unter dem Gericht Jahwes steht: Juda/Israel (3,22; 6,14=8,11; 8,22; 30,13.17; 33,6), Ägypten (46,11f.) und Babel (51,8f.).[94] Darüber hinaus steht die kühne Formulierung der Klage über Jahwe in 15,18bβγ zum einen der vorwurfsvollen Jahwerede vom Abfall des Gottesvolkes in 2,13 gegenüber[95] und entspricht zum anderen der Klage der führenden Leute des Gottesvolkes wegen der ausbleibenden Hilfe zur Zeit der Not in 4,10.[96] Die unerträgliche und unüberwindbare Notlage und die Überzeugung des Sprechers von seiner Unschuld in 15,15 führen nun in V.17f. zur bitteren Klage über Jahwe. Wie in V.15b klingen in V.17f. verschiedene Elemente der Klagepsalmen zusammen, ohne daß ihr eigener Anteil genau voneinander getrennt werden kann: Unschuldsbeteuerung, Selbstklage und Klage über Gott. Graf Reventlow[97] bezeichnet V.17a als eine Unschuldsbeteuerung und

---

92  Besonders in Klgl 3 sieht Brandscheidt (Gotteszorn, S.223) "die weisheitliche Auseinandersetzung mit dem Untergang Judas".

93  Wirklander, זַעַם, Sp. 624f. und s.o.S.136, unten S.175f., 180, 185.

92  S. Bak, S.113-115, 377-380, 425f., 514f. Vgl. Carroll, Chaos, S.118f.; ders., Jer, S.331.

95  Bereits Calvin, Jer II, S.292; ders., Auslegung, S.262; ders., Sermons, S.46f. Außerdem wird oft Ijob 6,15-21 in bezug auf die Vorstellung "Trugbach" zum Vergleich mit unserem Vers herangezogen (z.B. Condamin, z.St.; Behler, Confessions, S.36f.; ders., Vocation, S.553; ders., Crisis, S.118; Westermann, Jer, S.40; Freehof, S.109; Holladay, S.461).

96  Blank, Confessions, S.344, Anm. 19 und s.o.S.50-52.

97  Liturgie, S.221-225.

V.17b als eine notschildernde Klage. Demgegenüber faßt Hubmann[98] den ganzen Vers nur als eine Unschuldsbeteuerung auf. Die strikte Bestimmung oder Zerteilung eines Verses ist jedoch in den Konfessionen nicht immer sinnvoll und nötig, wie oben mehrmals beobachtet.[99] Deutlich zu erkennen ist die *Steigerung* des Klage-Phänomens in V.17f. gegenüber der Selbstklage in V.10. Sie läßt sich bereits in V.15 andeutungsweise beobachten.[100]

Im Anschluß an die Anrede des Beters an Jahwe in V.15-18 ergreift Jahwe in V.19-21 das Wort.[101] Die Jahwerede besteht aus der Zurechtweisung V.19 (vgl. 12,5; 15,12-14)[102] und den Heilsworten V.20f., die sich sprachlich mit 1,18f. berühren.[103] Diese Verknüpfung der Klage mit (der Zurückweisung und) den Heilsworten in 15,15-20 erinnert sowohl an Kap. 45 als auch an einige Texte im sogenannten Trostbüchlein Kap. 30f. (30,5-7.12-15+16f.; 31,15-17.18-20) und in den Fremdvölkersprüchen Kap. 46-51 (48,45-47; 50,7-10.34-40). In diesen Texten liegt der Schwerpunkt jedoch eher im Heilshandeln Jahwes bzw. in der Heilserwartung Israels als in der vorangehenden Klage an sich.[104] Hingegen verliert die Klage in unserem Text und in den anderen Konfessionen ihr eigenes Gewicht nicht, sondern bildet vielmehr den Hauptteil.[105]

---

98  Untersuchungen, S.278.

99  S.o.S.106-108, 110f., 114, 138f.

100 S.o.S.139.

101 Für K.Koch (Formgeschichte, S.214) gilt 15,19-21 als ein ausgezeichnetes Beispiel für die Erhörungsorakel, deren Wortlaut "leider im Psalter fehlt" und die "sich glücklicherweise in den Klagegedichten des Jeremiabuches erhalten haben".

102 S.o.S.124, 133f.

103 Jüngling (Mauer, S.349-351) bemüht sich darum, im Gefolge von Herrmann (Heilserwartungen, S.231f.) nachzuweisen, daß 1,18f. gegenüber 15,20f. sekundär ist.

104 S. Bak, S.306-311, 412f., 488f., 513-519.

105 Die Jahwerede in den Konfessionen enthält nicht immer Heilsworte. Die zweite Konfession ist der einzige Text, in dem Heilsworte ausdrücklich formuliert werden. Die Unheilsankündigung über die Feinde in 11,22f.; 15,14a gilt nur als indirektes Heilswort für den Klagenden (s.o.S.134). Ferner vgl. Blank, Confessions, S.349-351; ders., Jer, S.129-142.

## 2.5. Das Klage-Phänomen in 15,10-21

Wie in 11,18-12,6 sind auch in 15,10-21 verschiedene Aspekte festzustellen: Individuelles und Kollektives, Psalmenartiges und Prophetisches.

Die Ausdrücke bzw. Elemente, an denen sich der kollektive Aspekt
des Textes erkennen läßt, sind das Wortpaar זכר/פקד, die Redewendung קרא שם יהוה על nif., das Motiv ישב בדד, das Wort
זעם, die Vorstellung von Verwundung/Heilung, die Unheilsworte in
V.12-14 und die Klage über Gott in V.18b (vgl. 2,13; 4,10).[106]
Psalmenartiges und Prophetisches schließen sich nicht immer aus.
Psalmenartiges ist auch bei Jeremia belegt, z.B. נשא חרפה in
31,19.[107] Prophetisches kommt auch in den Psalmen vor, z.B. in Ps
50; 81.[108]
Als mögliche prophetische Elemente im folgenden Text sind anzuführen: Wortaussage in V.16, Abwertung des eigenen Lebens V.10.
15aβ (vgl. Jona 4), Unheilsworte in V.12-14,[109] gedankliche und sprachliche Nähe von V.10.12.19-21 zur Berufungsgeschichte in Kap. 1[110] und
eventuell auch die Berührung von V.19a mit 3,12; 4,4.[111]

Heutzutage neigt man im allgemeinen dazu, auch aus 15,10-21 einige Verse bzw. Worte als Nachträge auszuscheiden und in dem angeblichen Grundbestand im Zusammenhang mit dem Leben Jeremias
zu interpretieren.

Als Zusätze zum jeremianischen Grundstock nennt neuerdings
Brandscheidt V.11*.12-14.(15a.)20f., Ittmann V.13f.21, Hubmann V.13f.
20f., Ahuis V.11-16.19.20aβ.21, Hermisson V.12-14, O'Connor und McKane
V.13f.[112] Im Unterschied zu ihnen führt Vermeylen[113] V.12-14.20f.
auf die zweite Redaktion in der nachexilischen Zeit zurück und

---

106  Vgl. Bracke, Jer 15,15-21, S.176f. und s.o.S.133, 135, 144-146.
107  S.o.S.75, 138.
108  Vgl. Brueggemann, Ps, S.88-94; Kraus, Ps. S.727f.; Mowinckel,
     Prophetische Psalmen; Balla, Das Ich, S.103-106.
109  S.o.S.133f.
110  Z.B. Hubmann, Untersuchungen, S.319.
111  Carroll, Chaos, S.119f.; Reventlow, Liturgie, S.225, 227f.
112  Brandscheidt, Gotteszorn, S.248-256; Ittmann, Konfessionen,
     S.44-49; Hubmann, Untersuchungen, S.295-307; Ahuis, Gerichts-
     prophet, S.90f.; Hermisson, Konfessionen, S.313f.; O'Connor,
     Confessions, S.55-58; McKane, Jer I, S.343-345.
113  Confessions, S.266.

setzt die übrigen Verse als den Grundbestand des Textes in die
frühere nachexilische Zeit an. Nach Carroll[114] ist der Grundstock
V.10-12.15-20 in der exilischen Zeit entstanden. Gerstenberger[115]
stellt im Text drei Schichten fest: spätexilische (V.13f.), deuteronomistische (V.15-21) und die älteste (V.10f.). Auf die Frage, ob V.10f.
von Jeremia stammt, geht er nicht ein.

Als Beispiele für die Interpretation des Textes im Zusammenhang
mit der prophetischen Existenz des historischen Jeremia aus jüngster Zeit ist folgendes anzuführen. Häufig wird 16,1-9 als Hintergrund der Klage über das "Allein-Sitzen" in 15,17 angesehen.[116] Die
Klage in 15,10-21 versteht Ahuis[117] im Rahmen der Rück-
meldung des Propheten, dem ein Auftrag in 16,5-7* von Jahwe er-
teilt worden ist.[118] Nach Holladay,[119] der "das 13.Jahr Joschijas"
(1,2) als das Geburtsjahr Jeremias betrachtet, bezieht sich דבריך
נמצאו in 15,16 auf die Wiederentdeckung der Schriftrolle in 2 Kön
22f.[120] Brueggemann[121] interpretiert 15,17 als eine prophetische Vorwegnahme des Exils, indem er das Leidensschicksal Jeremias für eine Verkörperung der Zukunft Israels hält.[122] Demgegenüber faßt
E.J.Kim[123] V.15-18 als eine mittlerische Fürbitte Jeremias für den
Rest Israels auf, zu dem auch der Prophet gehört.[124] Hubmann[125]
bringt sogar den Bericht über den Ankauf des Feldes in Anatot in
Kap. 32 mit 15,13 in Verbindung.


Aber die Verse, in denen das Klage-Phänomen deutlich zu beobachten ist (V.10.15-18), bieten keine konkreten Anhaltspunkte für
die rein prophetische Interpretation des Textes. Stattdessen herrscht

---

114  Chaos, S.112-121.

115  Complaints, S.394-402, 407.

116  Z.B. Schreiner, z.St.; Zimmerli, Verkünder, S.106; ders., Frucht,
     S.141; Behler, Confessions, S.34f.; ders., Vocation, S.550f.; ders.,
     Crisis, S.117.

117  Gerichtsprophet, S.88-95.

118  Vgl. oben S.126 und Brandscheidt, Gotteszorn, S.256.

119  Moses, S.17, 21-24; Spokesman, S.18-24, 97; Look, S.409f.; Chrono-
     logy, S.65f.; Years, S.147; Jer 1, S.1f., 17, 458.

120  Vgl. Diamond, S.76; Jacobson, Paradox, S.60; Stoebe, Seelsorge,
     S.403f.; ders., Jer, S.122f. Zu einer möglichen Verbindung zwi-
     schen den frühnachexilischen Tradenten der joschijanischen
     Reform und dem Verfasser der Fremdberichte im Jeremiabuch s.
     Bak, S.272f.

121  Land, S.110.

122  Die Isolation des Propheten aus der Gesellschaft in V.17 ist
     nach Fretheim (Suffering, S.156f.) eine Widerspiegelung der
     Entfremdung Jahwes durch sein eigenes Volk (vgl. 14,8).

123  Exposition, S.156f.

124  Die Interpretationen von Brueggemann und E.J.Kim nehmen auf
     den kollektiven Sprachgebrauch des Textes Rücksicht (s.o.S.149).

125  Untersuchungen, S.269.

in diesen Versen das Bild eines gesetzesfrommen Gerechten vor. Er leidet unter Ausschließung aus der Gesellschaft und unter Schmähung der Umwelt schwer und ringt mit diesem Problem vor Jahwe. Dementsprechend berührt sich die zweite Konfession sprachlich vielfach mit den Texten aus späterer Zeit.[126] Daneben wird im Text die direkte oder indirekte Anknüpfung an die jeremianische Tradition angestrebt. Dadurch wird das Bild des unschuldig leidenden Gerechten in der späteren nachexilischen Zeit *jeremianisch gefärbt.* Diese jeremianische Färbung eines Motivs aus späterer Zeit in den Konfessionen ist mit der Jeremianisierung der fremden Quellen in einem Teil der Moabsprüche (48,31-39) zu vergleichen.[127] Ebenso wie 11,18-12,6 hat 15,10-21 zu den Klagestellen in anderen Partien des Jeremiabuches nur ein paar Bezüge: ... כי ... אוי לי (V.10), נשא חרפה (V.15), Verwundung/Heilung (V.18) und die Stellung der Klage vor den Heilsworten.

Im Vergleich mit der ersten Konfession fällt in der zweiten, was das Klage-Phänomen anbelangt, folgendes auf:

a. Die Klage über Jahwe hängt in 15,10-21 mehr mit der *eigenen* Notlage als mit dem Glück der gottlosen Gegner zusammen. Der Anteil der Selbstklage ist demgemäß größer geworden. Sogar die Vertrauensäußerung, die in 11,18-12,6 hervortritt, wird in die Selbstklage einbezogen.

b. Deutlicher als in 11,18-12,6 stellt sich der Sprecher in 15,10-21 als das unter dem Unheilshandeln *Jahwes* unschuldig leidende *Gottesvolk* dar, worauf der kollektive Sprachgebrauch hinweist. Darum ist der Zusammenhang zwischen Selbstklage und Klage über Jahwe logisch. Außerdem versteht er sich als ein Gesetzesfrommer.

---

126 פקד+זכר (vgl. Ps 106,4), רדפי (vgl. Ps 119,84), ארך+אף (vgl. Nah 1,2f.; Jona 4,2f.), ישב בדד (vgl. Klgl 1,1; 3,28), שמחה+ששון, קרא שם יהוה על nif., זעם und V.16a (vgl. Ps 119,111; 19,9). S. o.S.135-137, 141-144, 146.

127 S.o.S.88f.

### 3. Die dritte Konfession (17,12-18)

Der Text nimmt in ungewöhnlicher Weise mit einem Lob über den Tempel (V.12), einer vertrauensäußernden Anrufung Jahwes (V.13a) und einem Gerichtswort über die Gottlosen (V.13b) seinen Anfang.[1] Im großen und ganzen sind die beiden Verse als eine Vertrauensäußerung zu betrachten, die einige Bezüge zu V.14-18 hat: בוש (V.13.18), Entsprechung zwischen עזביך in V.13 und V.15[2] und kollektiver Sprachgebrauch in V.12-13aα.[3] V.12-13abα berührt sich mit späteren Texten,[4] während V.13bβ offensichtlich aus 2,13bα stammt.[5]

### 3.1. Bitte mit der Angabe des Beweggrundes (17,14)

Erst in V.14 finden sich einige Merkmale für das Klage-Phänomen:

(14) Heile mich, Jahwe, damit ich geheilt werde (רפאני יהוה וארפא)!
Hilf mir, damit mir geholfen wird (הושיעני ואושעה)!
Denn du bist mein Ruhm[a] (כי תהלתי[a] אתה).

---

1    Zur Frage nach der Zusammengehörigkeit von V.12f. zu V.14-18 und und zu den anderen Problemen in V.12f. vgl. Graf Reventlow, Liturgie, S.229-234; Ittmann, Konfessionen, S.49-51; Polk, Persona, S.132-134; Brandscheidt, Gotteszorn, S.261-264; Carroll, S.358f.
2    S.u.S.154.
3    Vgl. Hermisson, Konfessionen, S.313.
4    Ahuis, Gerichtsprophet, S.118. Vgl. Brandscheidt, Gotteszorn, S.261-264; dies., Gerichtsklage, S.67-69, 74f.; Ittmann, Konfessionen, S.50.
5    Zu V.13 vgl. Barthélemy, Critique, S.469-471; Dahood, Jer 17,13; Schwarz, Jer 17,13.

Zum Text:

a Die Korrektur von תהלתי zu תחלתי ("meine Hoffnung")[6] ist nicht nötig, da das Wort תהלה auch in den Klagepsalmen vorkommt (Ps 22,4; 71,8.14; 109,1).[7]

Die in V.13a angefangene und in V.13b unterbrochene Anrede an Jahwe wird hier fortgesetzt. In V.14 liegt eine *Bitte* um Heilung und Hilfe vor, die durch eine Angabe des *Beweggrundes* unterstützt wird.

Im Hinblick auf die Texte, in denen die Wurzel רפא und ihr Antonym נכה hif. nebeneinander stehen (z.B. 30,12-17),[8] könnte man sich vorstellen, daß sich der Beter im vorliegenden Vers von Jahwe geschlagen fühlt.[9] Den Grund seiner Notlage sieht er im Gerichtshandeln Jahwes gegen ihn. Dementsprechend erwartet er nur von Jahwe die Heilung.[10] Im Unterschied zu den anderen Belegen wird רפא hier allein in der Bitte gebraucht.

Sonst kommt רפא entweder in der Klage über die Notlage (6,14=8,11; 8,22; 30,13; 46,11f. Vgl. 51,8f.; 15,18) oder in den Heilsworten Jahwes (3,22. Vgl. 31,17; 33,6) vor. Für Hubmann[11] gilt רפא als ein wichtiges Stichwort, das 17,14-18 mit 15,10-21 verknüpft und zugleich den Hauptgedanken von 17,14-18 ausdrückt. 17,14-18 interpretiert Hubmann unter der Überschrift "Nur einer kann 'heilen'". Dabei sieht Hubmann in 17,14-18 eine 11,18-23; 12,1-6; 15,10-21 gegenüber noch schwierigere Phase des prophetischen Leidens.[12]

Der jahwezentrische Gedanke wird durch das Wortspiel mit den Wurzeln רפא und ישע ausdrücklich formuliert (vgl. 11,18f.; 20,7; 31,18).[13] Es bleibt jedoch im Dunkeln, worauf sich die in der Bitte vorausgesetzte Verwundung konkret bezieht. Auffallend ist, daß sich die Selbstklage hinter der Bitte verbirgt.

---

6    Z.B. Volz, z.St.; Holladay, z.St.
7    Vgl. Polk, Persona, S.135-137.
8    S. Bak, S.379-381.
9    Vgl. Stoebe, רפא, Sp.807.
10   Auf den Zusammenhang des Wortes רפא mit dem Gerichtshandeln Jahwes macht auch Brandscheidt (Gotteszorn, S.266; Gerichtsklage, S.69f.) aufmerksam. Vgl. Graf Reventlow, Liturgie, S.236; Carroll, Chaos, S.122.
11   Stationen, S.34f.
12   Vgl. unten, S.218, Anm.199.
13   S.o.S.73f., 106-108 und unten S.188f.

In der Angabe des Beweggrundes handelt es sich um eine Vertrauensäußerung anhand des Gottesprädikats תהלה, das in den
Psalmen hauptsächlich im kollektiven Zusammenhang so wie רפא
und ישע vorkommt.[14]

## 3.2. Klage über gottlose Gegner mit Anklang an die Klage über Gott (17,15)

An die Bitte um Heilung und Hilfe schließt sich in V.15 eine
*Klage über die Gottlosen* an:

(15) Siehe, sie sprechen zu mir (הנה־המה אמרים אלי):
  "Wo ist das Wort Jahwes (איה דבר־יהוה)? Es treffe doch ein
  (יבוא נא)!"

Der Betroffene klagt nicht wegen der ihm angetanen ungerechten
Handlungen (vgl. 11,19.21; 15,10.15), sondern wegen der Verspottung
des Gotteswortes (vgl. Ps 119,136.139.155.158; Jes 5,19; 2 Petr 3,3f.).[15]
Das "Ich" und das "Sie" (המה) im Vers stehen sich hinsichtlich
ihrer Haltung zum Gotteswort gegenüber. Dieses bestreitet die
Wirklichkeit des Gotteswortes, während jenes es ernst nimmt. Wer
die beiden sind, darüber ist hier nichts mehr gesagt. דבר יהוה in
Verbindung mit בוא deutet darauf hin, daß die Aussage in V.15b
mit der prophetischen Verkündigung etwas zu tun hat (vgl. Dtn
18,22; Jer 28,9; Ez 32,31-33; Jes 5,19).[16] In dieser Hinsicht ist besonders 5,12-14 zum Vergleich mit unserem Vers heranzuziehen.[17] Dann

---

14  Gegen P.D.Miller, Trouble, S.42. Vgl. Graf Reventlow, Liturgie,
    S.236; Carroll, Chaos, S.135-137; Schenker, Heil, S.612f. Zum
    kollektiven Gebrauch von רפא s.o. S.146 u.ö.
15  Vgl. Behler, Confessions, S.51f.
16  Berridge, Prophet, S.138; Bright, Complaints, S.206; Polk, Perso-
    na, S.139. Allein דבר יהוה kann auch das priesterliche Heils-
    orakel bedeuten (Welten, Leiden, S.141f.; Vgl. Gunneweg, Konfes-
    sion, S.406f.; Diamond, Confessions, S.85; Graf Reventlow,
    Liturgie, S.236f.; Carroll, S.362). S. noch oben S.143.
17  S. Bak, S.256f.

kommt die prophetische Auseinandersetzung Jeremias mit seinem Volk[18] oder mit den Heilspropheten[19] als möglicher Hintergrund des vorliegenden Verses in Betracht.

Im jetzigen Textzusammenhang bezieht sich das Pronomen המה in V.15a auf diejenigen in V.13, die Jahwe verlassen und von ihm weichen. Daß sie alle zuschanden werden, das ist die Überzeugung des Sprechers in V.13.[20] Dem widerspricht die Verspottung in V.15b, die offenbar auf dem gegenwärtigen Wohlergehen und auf dem falschen Sicherheitsgefühl der Gottlosen beruht. In diesem Sinne entsprechen die in V.15b wiedergegebenen Worte zum einen denen der Gottlosen in 12,4bβγ und in den Psalmen.[21] Zum anderen ist V.15 mehr als eine Feindklage, weil dabei das Ausbleiben des erwarteten Unheils über die Gottlosen vorausgesetzt wird.[22] In der

---

18  Z.B. Berridge, Prophet, S.146, 160.

19  Brandscheidt, Gotteszorn, S.270f.

20  Mindestens V.13aβ halte ich für einen Ausdruck der Gewißheit wie 11,20bα (s.o.S.111f.).

21  S.o.S.121f. und Bak, S.256f.

22  Hauptsächlich unter diesem Gesichtspunkt interpretiert Ahuis (Gerichtsprophet, S.115-118) den Text 17,14-18. Die Klage sei "von der Spanne zwischen der Ankündigung und dem Eintreffen des Gerichts" (ebd., S.116) bestimmt. (s. noch unten S.186, Anm. 122). Im Unterschied zu 20,8b (s.u.S.193f.) ist jedoch in 17,15b nicht sicher, ob דבר יהוה vom Klagenden gesprochen ist. Einen Schritt weiter geht Pohlmann (Die Ferne, S.43-61). Pohlmann stellt die gesamten Konfessionen in den Rahmen der eschatologischen Erwartung eines Läuterungsgerichts, die er v.a. anhand folgender Zeitangaben illustriert: "das Jahr ihrer Heimsuchung" (11,23), "der Tag des Würgens" (12,3), "Unheilstag" (17,17f.) und "die Zeit deines (=Jahwes) Zornes" (18,23). Sie weisen auf den einen Moment in der Zukunft, in dem der Widerspruch zwischen der ungerechten Wirklichkeit und der Gerechtigkeit Jahwes endgültig aufgehoben wird. Diese Hoffnung wird durch die Erfahrungen des Falls Jerusalems unterstützt, in dem einmal die Gerechtigkeit Jahwes in der Rettung Jeremias und in der Bestrafung seiner Gegner sichtbar geworden ist. So wird in 11,22f.; 12,3; 17,17f.; 18,21f. die Katastrophe im Jahr 587/6 vor Augen geführt. Der Vergleich des Untergangs Judas mit dem eschatologischen Gerichtstag in den Konfessionen (S.36, 39f., 44 und 101, Anm. 3 u.ö.) ist gut vorstellbar, scheint mir aber nicht ganz problemlos zu sein. Denn der Leidensweg des Propheten geht nach den Fremdberichten über seine Rettung bei der Eroberung Jerusalems hinaus weiter. Das Leiden des Gotteswortes,

Feindklage schwingt die *Klage über Jahwe* mit (vgl. 12,1-3; 15,15-18; Ps 44,11; 79,10).[23] Das wird im Vergleich mit dem vorigen Vers noch deutlicher. Das dem Gotteswort treue "Ich" ist von Jahwe geschlagen, während die das Gotteswort Verspottenden noch vom Unheil verschont bleiben. Diese unverständliche Wirklichkeit spiegelt sich in der Bitte um die Heilung und in der daran angeschlossenen Klage über die Gottlosen wider. Sonst würde man in V.14 eher eine Bitte um die Bestrafung der Gegner erwarten (vgl. 18,21f.; 26,8f.11b; 38,4; 11,21f.).[24]

## 3.3. Unschuldsbeteuerung (17,16)

Auch der nächste Vers (V.16) ist in demselben Zusammenhang zu verstehen:

(16) Aber ich habe mich dem nicht entzogen, ein Hirte hinter dir zu sein[a] (וַאֲנִי לֹא־אַצְתִּי מֵרֹעֶה[a] אַחֲרֶיךָ), und einen bösen[b] Tag nicht herbeigewünscht (וְיוֹם אָנוּשׁ[b] לֹא הִתְאַוֵּיתִי), du weißt (אַתָּה יָדָעְתָּ)![c]

Zum Text:
[a] Manchmal finden Kommentatoren מֵרֹעֶה im MT anstößig und korrigieren es zu מֵרָעָה. So lautet z.B. die Übersetzung des ersten Satzes in V.16 bei Rudolph[25] folgendermaßen: "Und doch habe ich nie 'in böser Absicht' mich an dich gedrängt". Neuerdings schlägt Holladay[26] vor, מְרֹעֶה (pi.pt. von רעה II) statt מֵרֹעֶה zu lesen, und überträgt den Satz folgendermaßen: "But I have not been eager to be best man (at a wedding) behind you".[27] מֵרֹעֶה im MT hat m.E. doch einen guten Sinn und ist zu beachten.[28]

---

das die Fremdberichte deutlich zeigen, geht nicht zu Ende, obwohl der Verkünder des Gotteswortes zeitweilig das Unheil überlebt hat.

23  Vgl. Eichler, Der klagende Prophet, Sp.919.
24  S.u.S.177-184 und Bak, S.270-284.
25  Jer, S.116.
26  Jer 1, S.504-506.
27  In Ri 14,20 hat רעה II die Bedeutung "als Brautführer dienen".
28  Brandscheidt, Gotteszorn, S.266-270; dies., Gerichtsklage, S.70f.; Polk, Persona, S.140; Berridge, Prophet, S.139-141; Diamond, Confessions, S.79; Barthélemy, Critique, S.613-617; Henry, z.St.; Weiser, z.St.; Giesebrecht, z.St.; GNB.

b Hier wie in V.9; Jes 17,11 hat die Septuaginta אנוש in einem anderen Sinn (אֱנוֹשׁ) als im MT (אָנוּשׁ) übertragen (vgl. Jer 15,18; 30,12).[29]

c אחה ידעת wird meistens mit V.16bα zusammengenommen, indem man den Atnah nach unten שפתי versetzt.[30]

Die Rede vom "Hirte-Sein" und vom Herbeiwünschen eines bestimmten Tages erinnert vor allem an den Propheten Amos (vgl. Am 7,14f.; 1,1; 5,18).[31] Auch der Ausdruck יום אנוש wird manchmal mit der prophetischen Unheilsankündigung in Verbindung gebracht.[32] Das Hirtenbild wird jedoch nicht ausschließlich auf die Propheten, sondern vielmehr auf die politischen Anführer wie den König angewandt (vgl. 23,1-8; 25,34-37).[33] Aus dem Hirtenbild im vorliegenden Vers ist lediglich das Selbstbewußtsein des Beters zu erschließen, der sich für einen *Auserwählten Jahwes* hält. Auch יום אנוש bezieht sich auf die Notlage des Beters, die in der Bitte in V.14 angedeutet wird. Dafür spricht ferner, daß אנוש in V.16 und רפא in V.14 in den anderen Klagestellen des Jeremiabuches wie in 30,12-17 zu demselben Vorstellungsfeld gehören: Verwundung und Heilung.[34] Ebenso wie in V.14 wird in V.16aβ angedeutet, daß nicht die Gottlosen, sondern der gerechte Beter vom Gerichtshandeln Jahwes betroffen ist. Im festen Vertrauen auf Jahwe (אחה ידעת)[35]

---

29  Vgl. Tov, Septuagint, S.170.

30  S. BHS und z.B. Ahuis, Gerichtsprophet, S.115.

31  Vgl. Berridge, Prophet, S.141-145. Von de Robert (Berger, S.71f.) wird bestritten, daß Jeremia das Hirtenbild auf die Propheten anwendet.

32  Dadurch besteht die sachliche Spannung zwischen V.16 und der Verwünschung in V.18. Fraglich ist, daß יום אנוש sowie יום רעה in V.17f. auf den Tag Jahwes hinweist (z.B. Weiser, S.148f.; Berridge, Prophet, S.86, 141-144; Eggebrecht, Konzeption, S.44; Brandscheidt, Gotteszorn, S.270. Vgl. Graf Reventlow, Liturgie, S.237-239).

33  Aber nicht ausschließlich den König (Soggin, רעה, Sp.794). Vgl. Bak, S.532; Brandscheidt, Gotteszorn, S.267-269; dies., Gerichtsklage, S.71. Nach Bourguet (Confessions, S.577f.) hängt das Hirte-Sein in 17,16 wie die Jahwerede in 12,5; 15,20 mit der königlichen Dimension Jeremias zusammen. Auf diese Weise versucht Bourguet, im leidenden Jeremia eine Andeutung auf den leidenden König/Messias Jesus zu sehen.

34  S.o.S.15f., 146  und Bak, S.366.

35  S.o.S.117,135 und unten S.179.

klagt er in V.16a vor Jahwe über das Leiden, das ihm ungerecht
erscheint. Seiner treuen Lebensführung Jahwe gegenüber entspricht
die jetzige Notlage nicht. Die Überzeugung von seiner Unschuld
kommt in V.16b durch die Aussage über seine Lippen (שפתים) zum
Ausdruck. Diese Lippen erinnern einerseits an die Lippen Ijobs, die
sich inmitten der Not nicht versündigen (Ijob 2,10), und andererseits
an die Lippen der Gerechten in den Psalmen: die Lippen ohne
Falschheit (Ps 17,1; 16,4; 34,14; 120,2; 141,3) und die preisenden Lippen (40,10; 51,17; 63,4; 64,6; 66,14; 119,171). Die ersteren bilden zu
den Lippen der Frau Ijobs, die Gott lästern (Ijob 2,9), den Gegensatz. Die letzteren stehen den lästernden Lügenlippen der Gottlosen
gegenüber (Ps 12,3-5; 59,8.13; 140,4.10. Vgl. 31,19; 106,33).

שפה ist überwiegend in den Sprüchen (48mal) und in den Psalmen (28mal) belegt (175mal im Alten Testament). Im Jeremiabuch
ist 17,16 der einzige Beleg. Nicht überzeugend ist das Argument von
Berridge,[36] daß שפה in unserer Stelle im Hinblick auf die Verbindung von פה und יצא im Alten Testament im prophetischen Zusammenhang interpretiert werden könnte (vgl. 12,2b.6; 18,18).[37]

Die Rede der Gottlosen in den Psalmen ist mit der Rede, die in
Jer 17,15b das Wort Jahwes verspottet, zu vergleichen.[38] Außerdem
ist bemerkenswert, daß die Gottlosigkeit in der Jahwerede an den
Gottlosen in Ps 50,16-23 mit ähnlichen Ausdrücken wie in Jer 17,16
gekennzeichnet wird.

(16) Zum Frevler aber spricht Jahwe:
     Was zählst Du auf meine Satzungen
     und nimmst mein Bundesrecht in deinen Mund (פיך);
(17) der du doch hassest die Zucht
     und hinter dich wirfst meine Worte (דברי).
(19) Dein Mund (פיך) ergeht sich in Bosheit,
     und deine Zunge (ולשונך) spannt Freveltat vor.[39]

Da das Wort "Lippen" (שפתים) als menschliches Organ des Re-
dens zu den Worten "Mund" (פה) und "Zunge" (לשון) parallel ge-

---

36  Prophet, S.145f.
37  Vgl. Labuschagne, פה und s.o.S.116 und unten S.167.
38  S.o.S.153f.
39  Übersetzung nach Kraus (Ps, S.526).

braucht wird,[40] ist eine sachliche Berührung von Jer 17,15f. mit
einem Teil von Ps 50 anzunehmen, der in nachexilischer Zeit entstanden ist.[41]

In Jer 17,16 erweist sich der Beter als derjenige, der trotz seines
von Jahwe verursachten Leidens und der Zögerung des vorhergese-
henen Unheils über die Gottlosen im Vertrauen auf Jahwe diesem
gegenüber treu bleibt. Der Vers ist als *Unschuldsbeteuerung* zu
betrachten, die auch die Klage über Jahwe und die Vertrauensäußerung in sich hat.[42] Er bezieht sich einerseits auf die Bitte um die
Heilung in V.14, indem in ihm über den Beter und seine uner-
wünschte Notlage gesprochen wird. Die Bezeichnung Jahwes mit
"meinem Ruhm" in V.14b steht mit den unschuldigen Lippen in
V.16b, die den preisenden Lippen des Gerechten in den Psalmen
entsprechen,[43] in gutem Einklang. Andererseits stellt der Beter in
V.16 seine Treue zu Jahwe der Gottlosigkeit derjenigen in V.15
gegenüber, die das Wort Jahwes nicht ernst nehmen. Der Gegensatz
zwischen den beiden Versen wird durch die Einführungen mit
הנה-המה und ואני deutlich formuliert (vgl. V.17f.; 11,19+20).[44]

## 3.4. Doppelseitige Bitte mit Vertrauensäußerung (17,17f.)

Dieser Gegenüberstellung des unschuldig leidenden Gerechten
und der noch glücklich lebenden Gottlosen entsprechen die Formulierungen der doppelseitigen Bitte in den letzten beiden Versen des
Textes (V.17f.):

---

40  Labuschagne, פה, Sp.408.
41  Fohrer, Einleitung, S.312.
42  Um V.16 mit V.18 in Einklang zu bringen (s.o.S.156 Anm.32), er-
    klären Hubmann (Stationen, S.270f.) und Brandscheidt (Gottes-
    zorn, S.270f.) V.16 als den Angriff Jeremias gegen die falsche
    Sicherheitsvorstellung der Heilspropheten.
43  S.o.S.157.
44  S.o.S.108 und unten S.160.

(17) Werde mir nicht zum Entsetzen (אל־תהיה־לי למחתה),
du bist meine Zuflucht an einem Unheilstag
מחסי־אתה ביום רעה)!ᵃ

(18) Meine Verfolger mögen zuschanden werden, aber ich möchte
nicht zuschanden werden (יבשו רדפי ואל־אבשה אני)!
Sie mögen sich entsetzen, aber ich möchte mich nicht entsetzen (יחתו המה ולא־אחתה אני)!
Bring über sie einen Unheilstag (הביא עליהם יום רעה)
und mit doppeltem Bruch brich sie zusammen
ומשנה שברון שברם)!

Zum Text:

ᵃ V.17b kann auch als eine Anrufung Jahwes verstanden werden:
"Du, meine Zuflucht..."[45] Ich fasse jedoch V.17b als einen Nominal-
satz wie V.14b auf.[46]

In V.17 wird um die Zuwendung Jahwes zum Beter mit der doppelten Negation gebeten. Das Sustantiv מחתה ("Entsetzen"), das
negative Bedeutung hat, wird durch לא negiert. Bei der Bitte wird
Jahwe mit einem anderen Prädikat als in V.14b angeredet: מחסי
("meine Zuflucht"). Die Gestaltung der beiden Substantive mit Mem
präformativum[47] fällt auf. In der Bezeichnung Jahwes mit מחסי
wird das *Vertrauen* des Beters auf Jahwe geäußert. Die Bitte in
V.17 ist in dem Sinne mit der in V.14 zu vergleichen, daß die Feinde
noch nicht erwähnt sind.

In den nächsten Bitten V.18a[48] werden das Schicksal des Beters
und das der Gottlosen eng miteinander verzahnt und kontrastiert.
Endlich, bei der Bezeichnung der Gottlosen mit dem Wort רדפי
("meine Verfolger") wird zum ersten und einzigen Mal im ganzen
Text auf das Verhältnis des Beters zu den das Gotteswort Verspottenden Bezug genommen.[49] Mit dieser Bezugnahme werden die
Feinde Jahwes mit denen des Beters identifiziert (vgl. V.15; 11,20b;

---

45  Z.B. Rudolph, z.St.; Weiser, z.St.
46  Z.B. Ahuis, Gerichtsprophet, S.982; McKane, z.St.; Holladay, z.
    St.; Carroll, z.St.; GNB.
47  Gesenius/Kautzsch, § 85 e. Zu erwähnen sind noch מרום und
    מקוה in V.12f.
48  Allein die jussivischen Formulierungen in bezug auf die Verfol-
    ger könnten wie in 11,21bα; 17,13aβ als Ausdruck der Gewißheit
    betrachtet werden (s.o.S.111f. und 154, Anm.20).
49  Zu רדפי s.o.S.135f. und unten S.202.

15,15b).[50] Bisher werden die Gottlosen hauptsächlich in ihrem Verhältnis zu Jahwe vorgestellt, nicht zum Beter. Sie verlassen Jahwe
(V.13aβ) und verspotten das Wort Jahwes (V.15b). Auch die Existenz
des Beters wird durch seine treue Beziehung zu Jahwe dargestellt.
Durch dieses gegensätzliche Verhalten der beiden Jahwe gegenüber
werden die doppelseitigen Bitten V.18a motiviert.[51] Deshalb geht es
hier weniger um den persönlichen Rachewunsch des Einzelnen, als
darum, daß Jahwe den Tun-Ergehen-Zusammenhang in Kraft setzen
und vollenden soll.[52] Das entspricht der Gerechtigkeit (צדק)
Jahwes.[53] Wer das Gotteswort lästert und Jahwe verläßt, soll zuschanden werden und sich entsetzen. Im Gegensatz dazu soll der
Gerechte, der sich inmitten der unverständlichen Not von der Hand
Jahwes immer noch auf Jahwe verläßt und ihn preist, im Unheilstag
mindestens nicht wie diejenigen behandelt werden, die sich das Unheil verdient haben. Diesmal werden die doppelseitigen Bitten durch
die zweimalige Gegenüberstellung der Subjekte (אני - רדפי und
אני) - המה) und durch das ebenfalls zweimalige Wortspiel der prä-
dikativen Verben (אבושה - יבשו und יחתו) - אחתה sehr bewußt
formuliert. Die Kontrastierung von המה und אני ist bereits in
V.15f. beobachtet worden,[54] während das Wortspiel in V.14a in einem anderen Zusammenhang als in V.18a steht (vgl. 11,18; 15,19;
20,7; 31,18; 3,22).[55]

Die doppelseitige Bitte mit der Wurzel בוש findet sich noch in
Ps 25,2f.; 31,18.[56] Zuschanden werden sollen die Feinde des Psalmisten (25,2b) oder die Gottlosen (רשעים) (31,18b), nicht derjenige,
der Jahwe anruft (31,18a), auf ihn vertraut (25,2a) oder harrt (25,3a).
Die Bitte um das Zuschanden-Werden der das Gotteswort verspot-

---

50  S.o.S.112, 138f., 153.
51  Diese Bitten erinnern an den Doppelwunsch in den Klagepsal-
    men (Westermann, Loben, S.39f., 48–50).
52  K.Koch, Vergeltungsdogma, S.3, 7; ders., Profeten II, S.48. S.
    noch oben S.117 und unten S.185f.
53  Auch צדק ist ein Verhältnisbegriff, der ungefähr mit "Gemein-
    schaftstreue" übertragen werden kann (K.Koch, צדק).
54  S.o.S.158.
55  S.o.S.73f., 152.
56  Ps 25 ist offenbar in der nachexilischen Zeit entstanden (Kraus,
    Ps, S.351f.; Fohrer, Einleitung, S.310). Währenddessen ist Ps 31
    kaum genau zu datieren (Kraus, Ps, S.395). Fohrer (Einleitung,
    S.311) sieht Ps 31 als einen spätvorexilischen Psalm an.

tenden Verfolger hat ihr besseres Gegenstück in Ps 119,78. Dort
bittet der gesetzesfromme Psalmist um das Zuschanden-Werden der
"Frevler" (זדים).[57] Sie bedrücken ihn ohne Ursache (V.78.122), spotten seiner und höhnen (V.51), graben ihm Gruben (V.85a)[58] und
handeln nicht nach dem Gesetz Jahwes (V.85b). Allein die Bitte
לא־אבושה kommt noch in Ps 25,20; 31,2; 69,7; 71,1 (vgl. 119,6.80)
vor, und zwar in Verbindung mit der Vertrauensäußerung. Darunter
ist die Vertrauensäußerung in Ps 25,20; 31,2; 71,1, daß der Psalmist
"in Jahwe Zuflucht sucht" (וחסה ביהוה), mit der Bezeichnung Jahwes als "meiner Zuflucht" (מחסי) in Jer 17,17b vergleichbar.[59] Während die Bitte anhand des Verbs בוש in V.18aα der Äußerung der
Gewißheit in V.13aβ entspricht, greift die Bitte mit חתת nif. in
V.18aβ auf das Sustantiv מחתה in V.17a zurück. Eine Bitte wie V.18
aβ ist in den Psalmen nicht bekannt. Das Verb חתת ist nicht einmal in den Psalmen belegt. Lediglich in Ps 89,41 kommt das Substantiv מחתה vor, steht aber nicht in der Bitte. In Hinsicht auf die
Wurzel חתת ist V.18aβ in biographischen Zusammenhang zu stellen,
weil sie in den Heilsworten bei der Berufung (1,17) gebraucht
wird.[60] חתת ist jedoch nicht selten auch in anderen Heilsworten
des Jeremiabuches zu finden (10,2.2; 23,4; 30,10=46,27).

Die beiden Verben בוש und חתת, sowohl im einzelnen als auch
parallel zueinander (8,9; 48,1.20.39; 50,2.2), werden im Jeremiabuch
am häufigsten verwendet. Sie bringen nicht nur das Unheilshandeln
Jahwes, sondern auch den jämmerlichen Zustand des Betroffenen
zum Ausdruck.[61] Auffälligerweise kommen בוש und חתת im Jeremiabuch nur in dem Zusammenhang vor, daß ein *Kollektiv* vom
Unheilshandeln Jahwes betroffen wird: Moab (48,1.20.39), Babel
(50,2.2) und die Weisen Judas (8,9).[62]

Am Ende des Textes V.18b steht eine weitere Bitte, aber allein
eine Verwünschung über die Gegner. Sie bildet zum einen zu der
Bitte um die Zuwendung in V.17 einen Gegensatz und entspricht

---

57  זדים ist ein wichtiger Ausdruck für die Gottlosen Gegner in Ps
    119 (V.21.51.69.85.122).
58  Vgl. Jer 18,20.22 (s.u.S.174).
59  Auch Ps 71 ist ein nachexilischer Psalm. Ps 25; 31; 69; 71 sind
    individuelle Klagepsalmen.
60  Vgl. Jüngling, Mauer, S.15-17.
61  S.o.S.81, Anm.5 und Bak, S.65.
62  Auch Assur in 2 Kön 19,26=Jes 37,27; Jes 20,5.

zum anderen dem Gerichtswort in V.13b. Der Ausdruck יום רעה
hier und in V.17b wird ebenso wie das Wortpaar בוש und חתת im
Jeremiabuch nicht im individuellen, sondern im kollektiven Zusammenhang gebraucht.[63] In V.17 bezieht er sich auf die Gegenwart, in
der der Gerechte Jahwes leidet. Dagegen wird V.18b mit יום רעה
die noch unbestimmte Zukunft gemeint, in der die Gerechtigkeit
Jahwes endlich Geltung hat. Die Worte שברון und שבר in diesem
Halbvers sind als gegensätzliche Ausdrücke zu dem Wort רפא in
V.14a und als Bildworte für das Gerichtshandeln Jahwes anzusehen.[64]
In diesem Zusammenhang erinnert das Wort משנה (wörtlich: "Ver-
doppelung") an 16,18, der sich in einer Unheilsankündigung über das
Gottesvolk (V.16-18) befindet.[65]

### 3.5. Das Klage-Phänomen in 17,12-18

Wie in den ersten beiden Konfessionen wird in 17,12-18 das Bild
eines unschuldig leidenden Gerechten in der späteren Zeit anhand
einiger prophetischer Motive und Ausdrücke, die sich besonders an
dem Gerichtswort in V.13b, an der Verbindung von דבר יהוה mit
בוא in V.15b und am Hirtenbild in V.16a erkennen lassen, *jeremianisch gefärbt*.[66]

Auch aus der dritten Konfession scheiden Forscher einen Nachtrag aus dem angeblich jeremianischen Kern aus: z.B. V.12f.[67] oder
V.12-14.[68]

Gegen die jeremianische Verfasserschaft des angenommenen Grund-
bestandes sprechen noch Ausdrücke wie מחתה und מחסה. Der
letztere ist hauptsächlich in den nachexilischen Psalmen belegt (Ps
14,6; 46,2; 62,8.9; 71,7; 73,28; 91,2.9; 94,22; 104,18. Vgl. 61,41; 142,16).

---

63  Berridge, Prophet, S.141-143.
64  Stoebe, רפא, Sp.807. Die Wurzeln שבר und רפא gehören zu
     derselben Vorstellung: Verwundung und Heilung (vgl. 6,14; 8,11;
     Klgl 2,13; Jes 30,26; Ez 30,21; 34,4). S.o.S.15f. und vgl. S.156.
65  In Jes 61,7; Sach 9,12 wird משנה in den Heilsworten für das
     Volk Juda verwendet (vgl. Jes 40,2).
66  Vgl. Carroll, S.364f.
67  Ittmann, Konfessionen, S.49-51; Ahuis, Gerichtsprophet, S.118;
     Hermisson, Konfessionen, S.313.
68  Brandscheidt, Gotteszorn, S.261-266; dies., Gerichtsklage, S.69f., 75.

Der erstere kommt vorwiegend in den Sprüchen (7mal) und sonst in späteren Texten (Jer 48,39; Jes 54,14; Ps 89,41) vor. Vermeylen[69] führt V.14.16f. auf die erste nachexilische Redaktion und V.12f.15.18 auf die zweite zurück.[70]

Im Zusammenhang mit der Spätdatierung von Jer 17,12-18, besonders in bezug auf die Zusammengehörigkeit von V.12f. mit V.14-18 ist noch das Gebet Saras, der Tochter Reguëls, in Tob 3,11-15[71] zu erwähnen. Obwohl es sich in diesem Gebet im Unterschied zu der dritten Konfession um eine familiäre Angelegenheit handelt und Verwünschungen über die Gegner fehlen, läßt sich eine stukturelle Nähe zu Jer 17,12-18 beobachten:

| Tob 3,11-15 | Jer 17,12-18[72] |
|---|---|
| Lobpreis Gottes (V.11) | Lob über den Tempel (V.12) |
| Vertrauensäußerung (V.12) | Vertrauensäußernde Anrufung Jahwes (V.13a) |
| Bitte in Verbindung mit Selbstklage (V.13.15b) | Bitte (die Notlage des Beters angedeutet) (V.14a) |
| Unschuldsbeteuerung (V.14-15a) | Unschuldsbeteuerung (V.16b) |

Zwischen unserem Text und 11,18-12,6; 15,10-21 bestehen bezüglich des Klage-Phänomens folgende Unterschiede:

a) Daß es im Konflikt zwischen dem unschuldig leidenden Gerechten und seinen gottlosen Gegnern um das Wort Jahwes geht, tritt in 17,15 hervor. Der Streitpunkt der beiden Kontrahenten liegt im Wort Jahwes. Hingegen steht דבר יהוה in 15,10-21 nicht mit den Verfolgungen der Gegner, sondern mit der Selbstdarstellung in Zusammenhang.

b) Die Gegenüberstellung zwischen dem jahwetreuen Gerechten und den das Gotteswort verachtenden Verfolgern durchzieht den ganzen Text 17,12-18. Auf diese beziehen sich V.13.15.18 und auf jenen V.14.16.17f. Demgegenüber ist in 15,10-21 von den Verfolgern kaum die Rede. Stattdessen wird die Selbstklage lauter. In 11,18-12,6 tritt die Selbstklage in den Hintergrund.

c) Die Bezüge zu der Klagetradition des Jeremiabuches spielen in 11,18-12,6; 15,10-21 keine große Rolle. Im Gegensatz dazu sind sie in 17,12-18 zum Verstehen des Klage-Phänomens aufschlußreich. Aus-

---

69  Confessions, S.266f.
70  Vgl. oben S.127f., 149.
71  Zu Text und Übersetzung s. Kautzsch, S.135 und 139.
72  S.o.S.151, 158 und vgl. unten S.215f.

drücke für die Verwundung/Heilung bringen einerseits mit den anderen Worten mit kollektiver Implikation[73] das Selbstbewußtsein des Beters zum Ausdruck, daß er zum *leidenden Gottesvolk* gehört (V.14a.16aβ). Andererseits werden sie zur Formulierung der Verwünschung in V.18bβ gebraucht.

d. Auffallender als in den ersten beiden Konfessionen ist die *Doppeldeutigkeit* einiger Ausdrücke in 17,12-18 wie רפא, דבר יהוה und בוש. Sie kommen sowohl im Jeremiabuch als auch in den Psalmen vor. Durch sie wird die Verknüpfung des Bildes des leidenden Gerechten mit dem historischen Jeremia erleichtert.

Diese Doppelseitigkeit gehört zu den Grundzügen der Konfessionen.[74] Neuerdings versucht Polk,[75] den zweideutigen Sprachgebrauch in den Konfessionen - beispielhaft in 17,(12f.)14-18 - mit ihrer Authentizität in Einklang zu bringen. Polk sieht in der dritten Konfession das paradigmatische Prophetenbild des gehorsamen Glaubens.[76] Dabei wird Jeremia auf der einen Seite als ein typisches Bild für den unschuldig Leidenden angesehen. Damit hängen die Berührungen des Textes mit den Klagepsalmen zusammen. Auf der anderen Seite biete der von den Psalmen abweichende Sprachgebrauch ein besonderes Prophetenbild. Auf diese Weise beinhalten die Konfessionen nach Polk "typicality" und "particularity" in der Person Jeremia gleichzeitig. Dieses Argument führt aber nicht ohne weiteres dazu, daß der angebliche Grundstock der Konfessionen auf den Propheten zurückgeht.

---

73  S.o.S.152f., 161f.
74  Welten, Leiden, S.141; Gunneweg, Konfession, S.410.
75  Persona, S.127-162.
76  Ebd., S.140.

## 4. Die vierte Konfession (18,18-23)


### 4.1. Berichtende Klage über die Gegner (18,18)


Mit einem biographisch formulierten Prosastück (V.18) fängt die vierte Konfession 18,18-23 an:

(18) Da sprachen sie: "Auf, laßt uns gegen Jeremia Pläne schmieden (ויאמרו לכו ונחשבה על־ירמיהו מחשבות), denn nicht geht Weisung dem Priester, Rat dem Weisen und Wort dem Propheten verloren! Auf, laßt uns ihn mit der Zunge[a] schlagen und auf seine Worte nicht[a] achtgeben ( לכו ונכהו בלשון[a] ולא־[a] נקשיבה אל־כל־דבריו)!"

> Zum Text:
> [a] Peschitta liest בלשונו statt בלשון. In der Septuaginta fehlt אל. Danach korrigiert man manchmal den MT. Z.B. lautet der zweite Halbvers bei Rudolph[1] folgendermaßen: "Auf, laßt uns ihn mit seiner eigenen Zunge schlagen und auf jedes seiner Worte achtgeben!"[2] Ich ziehe jedoch den MT vor.[3]

Wie in den Klagepsalmen und in den anderen Konfessionen wird das Zitat der feindseligen Worte hier als ein Teil der *Feindklage* angesehen (vgl. 11,19b.21b.; 12,4b; 17,15; 20,10).[4] Darüber hinaus spielt der vorliegende Vers auf die Auseinandersetzung des Propheten Je-

---

1     Jer, S.122.
2     Ähnlich Skinner, Prophecy, S.206; M.Simon, Jer, S.9; Lamparter, S.173f.; Fohrer, Propheten 2, S.116; Schneider, S.139f.; Leslie, Lauck, Weiser, Holladay, z.St.
3     Mit Ewald, von Orelli, Giesebrecht, Condamin, Naegelsbach, Feinberg, Thompson, Schreiner, Carroll, z.St. Scharbert, Propheten, S.209; O'Connor, Confessions, S.80; Ittmann, Konfessionen, S.82; Moore, Paradox, S.407, 409f.
4     S.o.S.106f., 121f., 153 und Bak, S.268, 284f.

remia mit seinem Volk an, an dessen Spitze Priester, Weise als politische Berater im höfischen Bereich[5] und Propheten stehen.

Moore[6] bemüht sich darum, die Konfessionen hauptsächlich im Zusammenhang mit der sukzessiven Konfrontation Jeremias mit den Weisen zu interpretieren. Eine ähnliche Ansicht vertritt Brueggemann,[7] indem er die Weisheit und die Prophetie gegeneinander stellt. Die letztere knüpfe an die "Mosaic-conventional" Tradition an, während die erstere im Dienst der "Davidic-royal" Tradition stehe.[8] Die beiden Argumentationen verlieren ihre Grundlage, wenn die Konfessionen nicht auf Jeremia zurückgehen.

In den hier wiedergegebenen Worten handelt es sich genauso wie in 11,19b nicht um die konkreten Pläne, sondern um die böse Absicht des gegnerischen Volkes. Aufgrund seines falschen Sicherheitsgefühls und seiner Widerspenstigkeit (vgl. 2,35; 4,10; 5,12f.; 6,10; 7,4; 12,4b; 14,12; 17,15)[9] will das Volk weiterhin seine eigene Führung behalten, ohne sich durch die unangenehmen Worte des Propheten stören zu lassen. Darum hat es vor, sie mit seinen eigenen Argumenten unglaubwürdig zu machen. So bedeutet נכה בלשׁון hif. ("mit der Zunge schlagen") in unserem Vers nicht "verleumden", sondern "jemanden mit Worten bekämpfen".[10] Sollte es gelingen, würde Jeremia aus der Gesellschaft völlig isoliert (vgl. 11,19b; 15,10. 17).[11] Diese feindliche Haltung ist eher auf die verkündigten *Worte Jahwes* als auf deren Verkündiger gerichtet (vgl. 17,15; 20,8b).[12] In den Worten אל־נקשׁיבה tritt der Ungehorsam des Volkes gegenüber der prophetischen Verkündigung zutage (6,10.17.19. Vgl. 23,18).[13] Die Redewendung חשׁב מחשׁבות ("Pläne schmieden") kommt zwar

---

5    Vgl. Saebø, חכם, Sp.560; Ittmann, Konfessionen, S.51; Romanuik, Sagesse, S.434.

6    Paradox, 1986.

7    Crisis, 1978.

8    Ebd., S.86f. Vgl. ders., Trajectories, 1979; Whybray, Wisdom, S.193f.; Gese, Wisdom Literature, S.193-195; Lindblom, Wisdom, S.192-197; McKane, Wise Men, S.127., 41f.; Scott, Priesthood, S.3, 10; Clements, Tradition, S.75f.

9    S.o.S.50-52, 121f., 153 und Bak, S.36f., 248-250, 255-257.

10   Mit Brandscheidt (Gotteszorn, S.275) und gegen Ittmann (Konfessionen, S.52).

11   Vgl. ebd., S.52 und s.o.S.106f., 132, 145f.

12   S.o.S.126f., 153 und unten S.194-196.

13   Vgl. Ittmann, Konfessionen, S.52, Anm.174.

überwiegend im Jeremiabuch (11,19; 18,11.18; 29,11.11; 49,20.30; 50,45. Vgl. 51,29) vor,[14] und nicht ein einziges Mal in den Psalmen.[15] Aber Jer 18,18 berührt sich in bezug auf diese Redewendung gedanklich viel mehr mit der Feindschilderung in den Psalmen anhand des Verbs חשב (Ps 10,2; 21,12; 35,4.20; 36,5; 41,8; 140,8) oder des Substantivs מחשבה (56,6).[16] Sowohl in diesen Stellen als auch in Jer 11,19; 18,18; 49,30 geht es um den Unheilsplan der Menschen gegen den anderen Menschen.[17] Ferner ist zu bemerken, daß חשב und מחשבה in den Psalmen häufig mit dem Substantiv רע/רעה (Ps 35,4; 41,8; 140,3. Vgl. 36,5; Jer 29,11) oder mit der Präposition על (Ps 56,6. Vgl. 21,12) verbunden wird. Die Verbindung von מחשבה/חשב mit על findet sich in Jer 18,18, während eine Verbindung zwischen מחשבות ... על חשב in V.18 und רעה in V.20 herzustellen ist.[18]

Darüber hinaus erinnert das Wort לשון in unserem Vers ebenso wie שפתים in 17,16 an die Psalmstellen, in denen von der falschen, gewalttätigen, scharfen, betrügerischen und glatten Zunge der Gottlosen die Rede ist (Ps 10,7; 12,4.5; 31,21; 50,19; 52,6; 55,10; 57,5; 64,9; 109,2; 120,2.3.4).[19] Im Jeremiabuch steht das Wort לשון lediglich in 9,2.4.7 in ähnlichen Zusammenhängen.

---

14 Alle Belege liegen in späteren Texten vor. Vgl. Thiel, Jer 26-45, S.16f.; Seidl, Texte, S.108f., 138-141.

15 Sonst noch in 2 Sam 14,14; Ex 31,4; 35,31.35 (vgl. Dan 11,25). חשב und מחשבה sind im einzelnen am häufigsten im Jeremiabuch belegt (Schottroff, חשב, Sp.642). In den Psalmen kommen die beiden nicht nebeneinander vor.

16 Ruppert, Feinde, S.132-137.

17 חשב מחשבות steht noch mit dem Unheilshandeln Jahwes gegen ein Volk (Jer 18,11; 49,20; 50,45. Vgl. 51,29) und mit dem Heilsplan Jahwes für die jüdischen Exulanten (29,11. Vgl. 2 Sam 14,14) in Zusammenhang (vgl. Seidl, Formen, S.347f.) Bei der Verwendung dieser Redewendung in Ex 31,4; 35,31.35 geht es um das Talent der Erfindung bei der Herstellung des heiligen Zeltes und dessen Zubehöres. Im jetzigen Textzusammenhang verknüpft חשב מחשבות Jer 18,18 mit V.11.

18 S.u.S.173f.

19 לשון ist einer der beliebtesten Ausdrücke in den Psalmen. Er ist am häufigsten in den Psalmen belegt (35mal). Ferner s.o.S.157f.

## 4.2. Bitte um die Aufmerksamkeit Gottes (18,19)

Auf die prosaische Einleitung, die Anklänge an die Klagepsalmen hat, folgt der Hauptteil des Textes in poetischer Gestalt (V.19-23).

Zuerst wendet sich der Sprecher in V.19 mit der Anrufung des Gottesnamens an Jahwe:

(19) Gib acht, Jahwe, auf mich (הַקְשִׁיבָה יהוה אֵלַי)
    und höre die Rede[a] meiner Streitgegner[b] (יְרִיבָי‎ [a] לְקוֹל‎ וּשְׁמַע)!

> Zum Text:
>
> [a] In der idiomatischen Redewendung ... שָׁמַע לְקוֹל (Gen 3,17; 16,2; Ex 3,18; 4,9; 15,26; 18,24; Ri 2,2; 1 Sam 2,25; 18,23; 1 Kön 20,25; 2 Kön 10,6; Ps 58,6; 81,12) bedeutet קוֹל mehr als "Stimme". Mit dieser Redewendung ist gemeint: "Das von (jemandem) Gesagte hören".[20]
>
> [b] Septuaginta, Targum und Arabische Version lesen רִיבִי ("meines Streites") statt יְרִיבָי.[21] Hingegen unterstützen Aquila und Symmachus den MT. Beide Lesarten sind haltbar. Mit רִיבִי ist der Parallelismus in V.19 gut zu bewahren. Außerdem hat der Text dadurch mit den anderen Konfessionen eine bessere Verbindung (s. רִיב in 11,20=20,11; 12,1; 15,10). Mit יְרִיבָי besteht ein besserer Gedankengang von V.18 zu V.19, indem sich das Wort auf die feindseligen Leute in V.18 beziehen kann. Als Lectio difficilior[22] folge ich dem MT.[23]

Gebeten wird hier um die Aufmerksamkeit Jahwes auf den Beter und zugleich auf seine Streitgegner. Das Verb קשׁב hif. ("achtgeben") wird wie in Ps 5,3; 10,17; 17,1; 55,3; 61,2; 66,19; 86,6; 142,7; Jer 8,6; Dan 9,19 auf Jahwe angewandt.[24] In den meisten dieser Belege - außer in Ps 5,3; 55,3 - steht das Verb zu שׁמע parallel. In Ps 17,1; 61,2; Dan 9,19 werden beide Verben in der Bitte wie in unserem Fall gebraucht. Bemerkenswerterweise ist der Gegenstand des göttlichen Achtgebens in Jer 18,19a der *Beter* selbst, während in den Psalmen immer vom Achtgeben auf *Etwas* des Psalmisten wie z.B.

---

20  Vgl. Gesenius/Buhl, S.706; Labuschagne, קוֹל, Sp.632; Rudolph, z.St.; EÜ:
21  Z.B. Volz, z.St.; Carroll, z.St.
22  Dazu Würthwein, Text, S.115. Vgl. Tov, Criteria, S.432, 439f.
23  Ittmann, Konfessionen, S.87; Holladay, S.527f., 530.
24  Vgl. Bonnard, Psautier, S.50f.

רנתי ("mein Flehen") (Ps 17,1; 61,2; 142,7) die Rede ist.[25] Das Substantiv יריב ("Streitgegner") in Jer 18,19b kommt sonst nur in Ps
35,1; Jes 49,25 vor und bedeutet nicht unbedingt den Streitgegner
im Rechtsverfahren, sondern die Wurzel ריב wird für allerlei Auseinandersetzungen zwischen den beiden Parteien verwendet.[26] In Ps
35,1 bittet der Psalmist Jahwe darum, daß dieser mit seinen Streitgegnern streiten soll. Demgegenüber sagt Jahwe in Jes 49,25 Zion
zu, daß er mit den Streitgegnern Zions streitet. In beiden Fällen
tritt Jahwe als Helfer des Schwächeren beim Streit auf. Im Vergleich damit wird Jahwe im vorliegenden Vers darum gebeten, die
*Rede* der *Streitgegner* zu hören. So berührt sich Jer 18,19b mit der
Jahwerede in 8,6. Dort handelt es sich darum, daß Jahwe das un-
rechte Reden des widerspenstigen Volkes hört und darauf achtgibt.[27]

Vor Jahwe stellt der Beter im vorliegenden Vers sich selbst und
zugleich die Rede seiner Streitgegner. Angesichts einer solchen
Doppelseitigkeit nähert sich die Bitte hier der Appellation des Beschuldigten. Der Beter, der sich ungerecht in Streit geraten und
dabei seinen Streitgegnern unterlegen sieht, ruft in der Überzeugung von seiner *Unschuld*, von der er im nächsten Vers (V.20)
redet, und im *Vertrauen* auf Jahwe, das in V.23a zum Ausdruck
kommt,[28] Jahwe zu Hilfe (vgl. 11,20).[29]

Im jetzigen Textzusammenhang wird der Leser dazu gezwungen,
den angefeindeten Propheten Jeremia und die wiedergegebenen Worte des Volkes in V.18 jeweils mit dem Beter und der Rede seiner
Streitgegner in V.19 gleichzusetzen. Beide Verse verbindet vor allem
das Verb קשב hif., obwohl das Wort in ihnen nicht in demselben
Zusammenhang steht. In V.18 will das *Volk* auf die Worte *Jeremias*
*nicht* achtgeben, während in V.19 *Jahwe* auf den *Beter* achtgeben
soll. Wie oben erwähnt, ist der Gebrauch von קשב hif. im letzteren
Sinne aus den Klagepsalmen bekannt.[30] Hingegen findet das Verb
im ersteren Sinne vor allem in den Prophetenbüchern Verwendung

---

25  Vgl. P.K.D.Neumann, Hört, S.27–30.
26  Liedke, ריב. Vgl. Ruppert, Feinde, S.28f. und s.o.S.113f.
27  Zu 8,4–7 s. Bak, S.166.
28  S.u.S.178.
29  S.o.S.111f.
30  S.o.S.168.

(Jes 28,23; 48,18; 51,4; Hos 5,1; Jer 6,10.17.19 u.a.).[31] Durch die Verwendung desselben Verbes in unterschiedlichen Zusammenhängen besteht eine gute Möglichkeit, den Text mit den Lebensumständen des Propheten in Verbindung zu bringen: Der von seinen Zuhörern ausgestoßene Prophet soll nun bei seinem Auftraggeber Jahwe Gehör finden. In demselben Sinne ist die Verknüpfung der prophetischen Auseinandersetzung, die hinter V.18 steht, mit der Wurzel ריב in V.19 zu interpretieren, die aus den Psalmen gut bekannt ist.[32]

## 4.3. Vielseitige Klage mit Unschuldsbeteuerung (18,20)

An die Appellation an Jahwe in V.19 wird eine rhetorische Frage in V.20aα angeschlossen, die in den übrigen Worten des Verses weitergeführt wird:

(20) Darf man anstelle von Gutem Böses erstatten
(הישלם תחת־טובה רעה)?[a]
   Fürwahr, sie haben meinem Leben eine Grube gegraben
(כי־כרו שוחה לנפשי)![b]
Gedenke, daß ich vor dir gestanden habe, über sie Gutes zu reden (זכר עמדי לפניך לדבר עליהם טובה),
   um deinen Zorn von ihnen abzuwenden
(להשיב את־חמתך מהם)!

   Zum Text:
   [a] Der Fragesatz V.20aα ist unpersönlich formuliert.[33] Gegen manche Kommentatoren[34] kann das Femininum רעה[35] nicht das Subjekt des maskulinen Verbs ישלם sein.

---

31  S. noch oben S.166f.
32  Zu den Belegen s. Liedke, ריב, Sp.776.
33  So z.B. Rudolph, z.St.; EÜ. Vgl. Gesenius/Kautzsch, §121 a; R. Meyer, § 109.
34  Z.B. Volz, z.St.; Weiser, z.St.; McKane, z.St.; Carroll, z.St.; Ittmann, Konfessionen, S.70f.
35  Zur Bildung von Abstrakta durch die feminine Endung s. Michel, Syntax, S.70f.

b Nach der Septuaginta ist V.20aβ wörtlich folgendermaßen zu
übertragen: "Denn sie nahmen Worte (ῥήματα) gegen mein Leben
zusammen". Vermutlich wird hier und in V.22bα; Ps 119,85 שִׂיחה
statt שיחה/שוחה im MT gelesen.[36]

Die Frage V.20aα hält Hubmann[37] für die Worte der Heilspropheten, die in V.19b als "meine Streitgegner" bezeichnet werden.
Was Jahwe in V.19b hören soll, das seien nicht die Worte, die in
V.18 wiedergegeben worden sind, sondern die Frage V.20aα, mit der
die Heilspropheten die Unheilsankündigung Jeremias bestreiten. Die
beiden Begriffe טובה und רעה bedeuten in dieser Hinsicht Heil
und Unheil, die von Jahwe her kommen. So sei in V.20aα von der
anscheinend ungerechten Vergeltung Jahwes die Rede.[38] Sicherlich
steht der Gedanke über Jahwe als dem eigentlichen Garanten des
Tun-Ergehen-Zusammenhangs hinter dem Verb שלם pi./pu.[39] Die
unpersönliche Formulierung des Fragesatzes ist allerdings einzigartig und weist dadurch auf eine andere Aussageabsicht hin.

Die passivische Formulierung anhand von שלם pu. wie im vorliegenden Fall findet sich noch in Ps 65,2; Spr 11,31; 13,13; Jes 42,19.[40]
Die letzten beiden Stellen sind textkritisch problematisch. In Spr
11,31 ist צדיק das Subjekt des Satzes. In Ps 65,2 ist noch eine
impersonelle Konstruktion zu erkennen, aber das Verb hat eine
andere Bedeutung ("Gelübde bezahlt werden") als in Jer 18,20a.[41]

Sollte Jahwe als Vergeltender im Sinne Hubmanns in die Frage
einbezogen werden, hätte der Satz mindestens ein logisches Subjekt
wie in Form von ליהוה[42] haben müssen oder noch deutlicher im

---

36  Vgl. Tov, Septuagint, S.168f. und s.u.S.178.
37  Jer 18,18-23, S.284-290.
38  Die Argumentation Hubmanns findet bei Holladay (S.528-531)
    Zustimmung. Hubmann interpretiert 18,18-23 überhaupt im Rah-
    men der prophetischen Auseinandersetzung Jeremias mit den
    Heilspropheten. Ferner vgl. Weippert, Beitrag, S.97.
39  Gerleman, שלם, Sp.933.
40  Vgl. Moore, Paradox, S.413.
41  Vgl. Scharbert, ŠLM, S.318f.
42  Z.B. ברוך ... ליהוה in Ruth 2,20; Ri 17,2; 1 Sam 15,13 und ברוך
    לאל עליון ... in Gen 14,19 (vgl. Towner, "Blessed be YHWH").
    Zum logischen Subjekt im Passiv s. Gesenius/Kautzsch, §121 f;
    Joüon, § 132 f.

Aktiv formuliert werden können, wie man in allen Parallelen zu unserer Stelle sieht (Gen 44,4; Ps 35,12; 38,21; 109,5; 1 Sam 25,21; Spr 17,13).

In diesen Parallelen redet einer vom ungerechten Vergelten der anderen. Gemeinsam haben sie die Wortverbindung רעה תחת טובה ("Böses anstelle von Gutem"). Als Ausdrücke für das "Vergelten" dienen unterschiedliche hebräische Worte: שלם pi. (Gen 44,4; Ps 35,12; 38,21), שוב hif. (1 Sam 25,21; Spr 17,13) und שים (Ps 109,5).[43] Als ungerecht Vergeltende sind aus dem Kontext folgende Personen zu erschließen: Brüder Josephs (Gen 44,4), Nabal (1 Sam 25,21), Feinde des Psalmisten (Ps 35,12; 38,12; 109,5) und Menschen im allgemeinen (Spr 17,13). Außer in Gen 44,4; Spr 17,13 wird der Betroffene anhand des Pronominalsuffixes in der ersten Person bezeichnet: ני (Ps 35,12; 38,12: Psalmist), לי (1 Sam 25,21: David) und עלי (Ps 109,5: Psalmist). Falls noch die Formulierung השיב יהוה לי טובה תחת קללתו in 2 Sam 16,12 zum Vergleich heranzuziehen ist, haben wir nun ein einziges Beispiel dafür, daß Jahwe als der Vergeltende vorkommt. Den angeführten Belegen entsprechend könnte Jer 18,20α folgendermaßen lauten: הישלם יהוה לי רעה תחת־טובה.[44]

Der Fragesatz in unserer Stelle läßt jedoch den Urheber der Vergeltung völlig unbestimmt. Durch die auffallende *impersonelle Konstruktion* wird stattdessen der *Zustand* der *Wirklichkeit* hervorgehoben.[45] In dieser rhetorischen Frage Jer 18,20α geht es um die Klage des Beters über die Wirklichkeit, die dem "natürlichen Gerechtigkeitsempfinden" des Menschen[46] widerspricht. Wer von einem anderen eine Wohltat empfangen hat, von dem wird die entsprechende gute Tat erwartet.[47] Seine Erwiderung mit einer Übeltat wird zum Anlaß der Klage. "Gutes" (טובה) in unserem Vers bedeutet zunächst das freundliche Handeln des Beters seinem Streitgegner gegenüber, aber es klingt darin auch die erwartete gute Gegenleistung mit.[48] "Böses" (רעה) deutet die feindliche Reaktion der

---

43  Peschitta liest hier שוב hif. statt שים (vgl. Talmon, Study, S.347).

44  Vgl. Holladay, S.530f.

45  Vgl. Gesenius/Kautzsch, § 144 b.

46  Scharbert, ŠLM, S.322f.

47  Vgl. ebd., S.309. Die Grundbedeutung von שלם pi. ist "eine zustehende Gegenleistung erstatten" (Gerleman, שלם, S.933. Vgl. ders., Wurzel šlm, S.4f.)

48  Vgl. Scharbert, ŠLM, S.309f.

Streitgegner einschließlich der dadurch entstandenen Notlage an, in die der Beter geraten ist.[49] Daß hier die Erfahrungen des Beters mit seinen Gegnern in den konkreten Angelegenheiten in den Hintergrund einer *allgemeinen* Aussage gerückt werden, läßt sich noch an der Formulierung der Frage anhand der von Adjektiven gebildeten *Abstrakta* רעה/טובה erkennen.[50]

In formaler Hinsicht ist unsere Stelle mit den Bestimmungen des Schadensersatzes in Ex 21,23-25.36 zu vergleichen:
(23) Entsteht aber ein [weiterer] Schaden, so sollst du geben Leben um Leben (ונתחה נפש תחת נפש), (24) Auge um (תחת) Auge, Zahn um (תחת) Zahn, Hand um (תחת) Hand, ... (25) Brandmal um (תחת) Brandmal ... (36) ..., so soll er ein Rind für das andere erstatten (שלם ישלם שור תחת השור), ...[51]
Dementsprechend ist die rhetorische Frage in Jer 18,20a so umzuformulieren: "Man sollte Böses für Böses/Gutes für Gutes zurückzahlen" (ישלם רעה תחת רעה/טובה תחת טובה). Abgesehen von der sachlichen Differenz unterscheidet sich die Formulierung in Ex 21 von Jer 18,20 noch dadurch, daß in Ex 21 die *konkreten* Gegenstände wie Leben, Auge, Zahn, Hand und Brandmal aufgezählt werden.[52]

Im Hinblick auf die Anrufung in V.19 und auf die weitere Anrede an Jahwe in V.20aβb ist anzunehmen, daß die Frage V.20aα auch an die Adresse Jahwes gestellt wird (vgl 12,4bβγ).

"Gutes" und "Böses" in der Frage V.20aα werden in den darauffolgenden Worten expliziert. V.20aβ ist eine Feindklage, während V.20b als eine Unschuldsbeteuerung gilt. Da das Motiv "Grube graben" noch in V.22b in Verbindung mit parallelen Ausdrücken vor-

---

49  Vgl. יום אנוש/רעה in 17,16-18 (s.o.S.155f.). K.Koch (Profeten II, S.27) hält רעה für ein Leitwort bei Jeremia, das "zum Generalnenner sowohl für geschehenes menschliches Vergehen wie auch für eine hereinbrechende Katastrophe wird". Darüber hinaus geht P.D.Miller (Sin, S.128), indem er in רעה nicht nur den Koch'schen Tat-Folge-Zusammenhang ("consequence"), sondern auch die Entsprechung ("correspondence") zwischen Sünde und Gericht sieht. Ferner vgl. Noort, Das Böse, S.126-130; Niyibizi, L'analyse, S.35-37.

50  S.o.S.170, Anm.35. Zu den anderen Gegenargumenten gegen Hubmann vgl. Brandscheidt, Gotteszorn, S.274f.; Diamond, Confessions, S.98f.; Hermisson, Konfessionen, S.313, Anm. 16.

51  Übersetzung nach der ZB.

52  Vgl. u.a. Alt, Talionsformel, 1934; Jüngling, Talionsformel, 1984.

kommt und V.20 überladen ist, hält man manchmal V.20aβ für
einen Nachtrag aus V.22b.[53] V.22b begründet aber die Verwünschungen in V.21-22a,[54] während V.20aβ רעה in V.20a erklärt.[55]
Das Motiv "Grube graben" als ein Ausdruck für das hinterlistige
Handeln der Gegner findet in den bildhaften Worten der Psalmen
sein Gegenstück, die ursprünglich zur Jagdterminologie gehören (Ps
7,16; 9,16; 35,7f.; 57,7; 119,85).[56]

Das Motiv "Grube graben" wird im Hebräischen unterschiedlich
ausgedrückt. Im Jeremiabuch und in den Psalmen finden sich folgende Ausdrücke: כרה בור/(K)שיחה/שוחה (Jer 18,20a.22b),
כרה שיחות (Ps 7,16a/b), חפר/עשה שחת(9,16a/35,7b)[57] und שחת פעל
שיחה/(57,7a/119,85a). Außerdem berühren sich die Worte in Jer
18,22bβ (ורפחים טמנו לרגלי), die zu כרו שיחה ללכדני in V.22b
parallel stehen, mit ähnlichen Ausdrücken in Ps 9,16b; 35,7a.8a;
57,7a. Darüber hinaus kommen einige weitere Ausdrücke sowohl in
den genannten Psalmen als auch in den Konfessionen vor: בוש (Ps
35,4; 119,78; Jer 17,13.18) und רדפי (Ps 7,2; 35,3; 119,84; Jer 15,15;
17,18; 20,11).[58] Zu erinnern ist noch an die Entsprechung zwischen
Ps 7,9-12 und Jer 11,20a.[59] Ferner ist daruf hinzuweisen, daß בור in
Jer 38 als das Stichwort bei der Schilderung der Verfolgung und
Rettung Jeremias gilt.[60]

Auffälligerweise "schlägt diese hinterlistige Aktion" (="Grube
graben") in Ps 7,16; 9,16; 35,7f.; 57,7 "im Bereich der »schicksalhaft
wirkenden Tatsphäre« auf die Verfolger selbst zurück" (vgl.
141,10).[61]
Die Rede vom guten Handeln des Beters gegenüber solchen hin-
terhältigen Leuten wird in Jer 18,20b mit einem Imperativ eingeleitet: זכר ("gedenke!"). Dieses Wort erinnert zwar an die Bitte um
das Gedenken des Beters in 15,15a (יהוה זכרני),[62] hat aber genauso
wie das Imperativ דע in 15,15b keine selbständige Bedeutung. Denn

---

53  Z.B. Rudolph, z.St.; McKane, z.St.; Blank, Confessions, S.343,
     Anm. 18.
54  S.u.S.178-180.
55  Vgl. Holladay, S.531.
56  Ruppert, Feinde, S.150-156; Kraus, Ps, S.200 u.ö.
57  Zu Ps 35,7 s. BHS und Kraus, Ps, S.426.
58  S.o.S.135f., 161.
59  S.o.S.109.
60  Vgl. P.D.Miller, Trouble, S.44f.
61  Kraus, Ps, S.572. S. noch unten S.185.
62  S.o.S.135.

sowohl זכר in unserem Text als auch רע in der zweiten Konfession haben nur die Funktion, die darauffolgenden Infinitivkonstrukti-
onen ... עמדי und שעתי einzuführen, in denen der Schwerpunkt der
Rede liegt.[63]

Das gute Handeln des Beters wird in Jer 18,20b zuerst mit der
Redewendung עמד לפני יהוה, die im allgemeinen im Sinne von "im
Dienst Jahwes stehen/sein" zu verstehen ist,[64] zum Ausdruck gebracht und demnach in den daran angeschlossenen Infinitiv-Kon-
struktionen ... לדבר und ... להשיב näher erklärt. Daß es sich hier
um die *Fürbitte* des Beters für seine Gegner handelt, wird im Vergleich des vorliegenden Verses mit seiner besten Parallele Ps 106,23
deutlich:

Da gedachte er, sie zu vernichten (ויאמר להשמידם),
    wäre nicht Mose, sein Auserwählter, vor ihn in die Bresche
    getreten (עמד בפרץ לפניו),
        um seinen Zorn vom Vertilgen abzuwenden (להשיב חמתו מהשחית).

Von Bedeutung ist die Verbindung von עמד לפני יהוה mit שוב תחת
יהוה hif. in Ps 106,23 sowie in Jer 18,20b. So hat "das Stehen/Tre-
ten vor Jahwe" das Ziel, "den Zorn Jahwes abzuwenden".[65] In diesem nachexilischen Psalm erinnert man an die Fürbitte Moses für
das verdorbene und deshalb vom Gericht Jahwes bedrohte Volk am
Sinai (Ex 32,11-14. Vgl. Num 14,13-19).[66] Dabei wird das Verb עמד
sowohl mit לפני יהוה[67] als auch mit בפרץ verbunden und bringt
dadurch den Dienst eines Mittlers zum Ausdruck.[68] Die gesamte
Wortverbindung עמד בפרץ לפני יהוה ("vor Jahwe in die Bresche
treten") hat ihren besseren Platz in einem exilischen Vers Ez 22,30,
in dem das Wort פרץ ("Bresche") mit dem Bild der eingerissenen
Mauer im Einklang steht (vgl. 13,5). In Ez 22,30 wird der Dienst der

---

63  S.o.S.138.
64  Amsler, עמד, Sp.331.
65  Allein der Ausdruck שוב תחת יהוה hif. ist noch in Num 25,11
    belegt (dazu Janowski, Sühne, S.146-148). Zum Motiv "Ablas-
    sen/-wenden des Zornes/Grimmes" שוב qal/hif. + חרון/חמה/אף/
    אף (חרון אף) s. ebd., S.152.
66  Vgl. Muffs, Prayer, 1978.
67  Vgl. Fowler, Lîpnê YHWH; Sollamo, Inför Herren.
68  Janowski, Sühne, S.150. Vgl. Balentine, Intercessor, S.166 (Anm.
    18), 172f.

Fürbitte von jedem einzelnen des Gottesvolkes erwartet, während in
13,5 gegen die Heilspropheten wegen ihrer Vernachlässigung dieses
Dienstes schwere Vorwürfe erhoben werden. Bei der Fürbitte in Jer
18,20; Ps 106,23; Ez 22,30 geht es um die Verhinderung des Unheilshandelns Jahwes, das in den letzten beiden mit dem Verb שחת
hif. deutlich ausgedrückt wird.[69] Derselbe Gedanke steht auch
hinter der Jahwerede in Jer 15,1. Dort werden Mose und Samuel als
vorbildliche Fürbitter mit der Redewendung עמד לפני יהוה
dargestellt.[70] Wenn auch die Fürbitte im Alten Testament kein
exklusives Vorrecht der Propheten ist,[71] spielt das Bild des fürbittenden Propheten im Jeremiabuch eine Rolle.

Unter den Prophetenbüchern wird am häufigsten im Jeremiabuch
von der fürbittenden Tätigkeit des Propheten erzählt (7,16; 11,14;
14,11; 15,1; 21,2; 27,18; 37,3.7; 42,4. Vgl. 15,11; 42,2.20).[72] Dabei fällt
auf, daß sich die angeführten Belege hauptsächlich in späteren Texten finden. Nach Holladay[73] sieht Jeremia sich in seiner Funktion
als Fürbitter in der Nachfolge von Mose und Samuel.[74] Hingegen
schreibt Veijola[75] das Fürbitteramt Samuels dem Deuteronomisten

---

69  עמד לפני יהוה findet sich im MT noch in der Erzählung über
    die Fürbitte Abrahams für Sodom (Gen 18,20). Dort liegt jedoch
    ein klassisches Beispiel für die Verbesserungen der Schreiber
    vor (vgl. C.McCarthy, Tiqqune Sopherim, S.70-76; McKane, tik-
    kûne sôpherîm, S.55-60, 64; Wonneberger, Leitfaden, S.44;
    Würthwein, Text, S.20). Zur Gestalt Abrahams als Fürbitters im
    Koran und in der jüdischen Tradition s. Bowker, Intercession,
    S.73-82.

70  S.o.S.67.

71  Mit Balentine, Intercessor, S.164; Hertzberg, Fürbitter; Hesse,
    Fürbitte; Janowski, Sühne, S.150. Dagegen betrachten die mei-
    sten Forscher die Fürbitte als eine wesentliche Funktion der
    Propheten (z.B. Jacob, Intercesseurs; Rhodes, Intercessors; Graf
    Reventlow, Gebet, S.239-260; Vogels, Prière, S.227-229, 248).

72  Vgl. Balentine, Intercessor, S.163, 166f.

73  Background, S.322f.

74  Vgl. Holladay, Moses; ders., Spokesman, S.17,26-30; C.Wolff,
    Jer, S.79-89; Alonso Schökel, Anti-Moisés; Blenkinsopp, History,
    S.159-162; Herbert Schmid, Mose, S.20f., 38f., 62, 65; Renaud,
    Moïses, S.522-526; Strack/Billerbeck, II, S.616f.; Balentine, In-
    tercessor, S.169f.; Füglister, Jer, S.186-188, 194f.; Vogels, Démis-
    sion, S.511; Riaud, Figure, S.379-383.

75  Klagegebet, S.306.

zu und vermutet die nachexilische Herkunft des Bildes Moses als des paradigmatischen Fürbitters.[76]

Der ganze Vers Jer 18,20 ist mit Ps 35,11-16; 109,2-4 zu vergleichen.[77] Wie oben beobachtet, klagt der Psalmist in 35,12; 109,5 darüber, daß seine Feinde anstelle von Gutem Böses erstatten.[78] Seine guten Taten ihnen gegenüber werden in 35,13f. mit seinem mitleidigen Verhalten anläßlich ihrer Krankheit und Trauer illustriert und in 109,4f. mit der Wurzel אהב ausgedrückt. Dabei fällt auf, daß in beiden Fällen seine Fürbitte für sie im Wort תפלתי ("mein Gebet") in 35,13; 109,4 angedeutet wird.[79] Die Feindklage in 35,11.15f.; 109,2f hat nicht soviel mit Jer 18,20aβ gemeinsam. Dennoch entsprechen der Kampf ihres gottlosen Mundes (109,2a) / ihrer falschen Zunge (V.2b) gegen den Psalmisten mit den haßerfüllten Worten (V.3) und ihre Zusammenrottung (35,15) dem Vorhaben des Volkes in Jer 18,18, Jeremia mit der Zunge zu schlagen und dem Schmieden der Pläne gegen den Propheten. V.20 ist, aufs Ganze betrachtet, als eine Klage aufzufassen, in der sowohl über das feindliche Handeln der Gegner als auch über die Notlage des Beters sowie über Jahwe geklagt wird. In der klagenden Frage V.20aα liegt der Schwerpunkt, unter den die Feindklage V.20aβ und die Unschuldsbeteuerung V.20b gestellt werden.[80]

## 4.4. Verwünschungen, Feindklage und Vertrauensäußerung (18,21-23)

In der zweiten Hälfte des Textes V.21-23 herrschen die Verwünschungen über die Gegner vor:

---

76 Vgl. Stulmann, Sermons, S.78; Reventlow, Gebet, S.230-239; van Selms, Birth, S.82; Carroll, S.320 und Seitz, Moses.

77 Vgl. Gunneweg, Konfession, S.408; Carroll, Chaos, S.124. Zu den Entsprechungen zwischen Ps 109 und den Konfessionen vgl. Garsiel, Parallels, S.165-167; Bonnard, Psautier, S.199-206.

78 S.o.S.172.

79 Die Wurzel פלל wird oft zum Ausdruck der Fürbitte gebraucht (Balentine, Intercessor, S.162f.).

80 Vgl. Brandscheidt, Gotteszorn, S.275.

(21) Darum (לכן) gib ihre Kinder (בניהם) dem Hunger (לרעב)
preis und liefere sie in die Gewalt des Schwertes (חרב)! Ihre
Frauen (נשיהם) sollen der Kinder beraubt (שכלות) und Witwen
werden!
> ihre Männer (ואנשיהם) sollen von Pest (מות) erwürgt werden,
> ihre Jünglinge (בחוריהם)
>> vom Schwert erschlagen im Kampf (מכי־חרב במלחמה)!

(22) Geschrei erschalle aus ihren Häusern (מבתיהם),
> wenn du jählings die Horden über sie bringst
> (כי־תביא עליהם גדוד פתאם)!

Denn sie haben eine Grube[a] gegraben (כי־כרה שיחה[a]),
> um mich zu fangen (ללכדני),
> und Schlingen gelegt (ופחים טמנו) für meine Füße (לרגלי).

(23) Aber du, Jahwe, kennst (ואתה יהוה ידעת) alle ihre Mord-
pläne gegen mich,
> vergib ihre Schuld nicht (אל־תכפר על־עונם)
> und ihre Sünde werde vor dir nicht getilgt[b]
> (וחטאתם מלפניך אל־תמח[b])!

Ihr Anstoß sei[c] (יהיו[c] מכשלם) von dir,
> zur Zeit deines Zornes (בעת אפך) handle an ihnen!

---

Zum Text:
[a] Die Septuaginta hat λόγος (=שיחה) für שיחה.[81]
[b] Steht die Endung י. im Wort תֶמְחִי für ה.?[82] Unter Berücksichtigung von Neh 3,37a ist hier am besten תִּמָּח (von מחה nif.) zu
lesen. Auch תֶמַח (von מחה hif.) ist möglich.[83]
[c] An dieser Stelle kann man zwar im Hinblick auf die wiederholte Formulierung der Verwünschung anhand der Partizipien in
Verbindung mit היה impf.[84] in V.21 והיו מכשלים lesen. V.23b hat
aber mit dem Vorschlag Rudolphs (יהי מכשלם) eine bessere Fort-
setzung von V.23aβ.[85]

In V.21-22a wird die *Bitte* um das Unheil über die Angehörigen
der *Gegner* breit entfaltet, die mit der *Feindklage* in V.22b begründet wird. Zum Schluß des Textes V.23aβb wird darum gebeten, daß
Jahwe den Gegnern keine Gnade gewähren soll. Dazwischen liegt
die Vertrauensäußerung V.23aα, die auf das Motiv der feindlichen
Hinterlist zurückgreift.

---

81  Vgl. Tov, Septuagint, S.169 und s.o.S.171.
82  Vgl. Gesenius/Kautzsch, § 75 ii.
83  Z.B. Volz, z.St.; S. noch unten S.180f.
84  Gesenius/Kautzsch, § 116 r; Joüon, § 121 e; R.Meyer, § 104 g.
85  Rudolph, z.St.; Holladay, z.St. S.u.S.180-182.

Die Bitte in V.21-22a erinnert an die Unheilsankündigung über
das *Volk* in 11,22f.; 24,10; 27,8 u.a. Einerseits verbindet die Partikel
לכן häufig die Unheilsankündigung mit dem Schuldaufweis. Andererseits ist die Trias "Schwert-Hunger-Pest" als Gerichtswerkzeuge
Jahwes im Jeremiabuch beliebt.[86] Im vorliegenden Fall steht jedoch
die Kriegsnot als Folge des Unheilshandelns Jahwes im Vordergrund der Bitte. Das Wort חרב kommt zweimal vor (V.21aα.bβ) und
V.22a spielt auf den Angriff der feindlichen Mächte an.[87]

Die Bitte in V.21-22a knüpft an V.20 nicht so geschickt wie an
V.22b an. Die Unschuldsbeteuerung in V.20b stört eine mögliche
Verbindung der Verwünschung in V.21-22a mit der Feindklage in
V.20aβ, die eigentlich die Klage in V.20aα expliziert. Dagegen entspricht die Verknüpfung der Feindklage V.22b mit der Verwünschung in V.21-22a dem zweiteiligen Aufbau des prophetischen
Gerichtswortes: Unheilsankündigung und Schuldaufweis.[88] Ferner
wird in V.21f auffälligerweise die Verwünschung, deren Sprache
sonst zur Schilderung der Notlage des Volkes gebraucht wird, mit
einem Motiv begründet, das in den Klagepsalmen des Einzelnen
vorkommt: Nachstellungen der Feinde gegen den unschuldigen
Psalmisten. Dieses Motiv steht in den Psalmen mit der Vertrauensäußerung in engem Zusammenhang (Ps 31,5; 64,6-8, 91,3; 124,7;
140,6; 142,4). Der Palmist äußert angesichts der Nachstellungen
seiner Feinde sein Vertrauen auf Jahwe. Vor allem 142,4 berührt
sich mit Jer 18,22b-23aα, da in beiden Fällen vom "Kennen" (ידע)
Jahwes die Rede ist.[89] Die *Vertrauensäußerung* in V.23aα, daß Jahwe die Pläne der Gegner kennt, erinnert auch an 11,18f.[90] Hier wie
dort wird direkt ausgesagt, was in V.20aβ.22b lediglich bildhaft

---

86  Es fällt auf, daß hier für "Pest" im Hebräischen nicht das übli-
    che Wort דבר, sondern מות steht. Vgl. Weippert, Prosareden,
    S.180-191.
87  In V.21bβ wird חרב mit מלחמה verbunden. Die Formulierung in
    V.22aβ פתאם ... על בוא hif. ist mit den Worten 6,26b על ...
    בוא פתאם zu vergleichen. Insbesondere in den Fremdvölker-
    sprüchen wird das Klage-Phänomen häufig mit der Kriegsnot in
    Zusammenhang gebracht. (s.o.S.101f., Anm.38 u.ö).
88  Dazu s. Bak, S.284.
89  Das Objekt von ידע ist nicht dasselbe. In Ps 142,4 kennt Jahwe
    den Pfad des Psalmisten, der durch die Nachstellungen der
    Feinde in Gefahr geraten ist.
90  S.o.S.105-109.

dargestellt wird. Bei den hinterlistigen Plänen der Gegner geht es
darum, den Beter aus dem Weg zu räumen. In diesem Sinne steht
ואתה יהוה ידעת in V.23aα in einem anderen Zusammenhang als
ואתה יהוה ידעת in 12,3 und אתה ידעת in 15,15.[91]

Im Unterschied zur Verwünschung in V.21-22a, bei der es sich
um das Unheil im Krieg handelt, ist in V.23aβb vom *Verhältnis
Jahwes* zu den Gegnern des Beters die Rede. Jahwe soll ihre Sün-
de/Schuld nicht vergeben und sie sollen bis zur Zeit des Zornes
Jahwes ein Anstoß vor Jahwe bleiben.

כפר עון pi.[92] in V.23aβ ist noch in Ps 78,38; Dan 9,24 zu finden. Besonders Ps 78,38 scheint unserem Text nahezustehen. Denn
dort kommt neben כפר עון pi. noch שוב אף hif. vor. Der letztere
Ausdruck ist mit den Worten שוב חמה hif. in Jer 18,20 zu
vergleichen.[93]

Der Unterschied liegt darin, daß in Ps 78,38 von den Heilser-
fahrungen des Gottesvolkes mit Jahwe die Rede ist und in Jer 18,23
um das Nicht-Vergeben der Schuld der Gegner gebeten wird. Die
negative Formulierung findet sich noch im Passiv (כפר pu.) in der
Unheilsankündigung über das Haus Eli (1 Sam 3,14) und an die
Bewohner Jerusalems (Jes 22,14). Wahrscheinlich hängt כפר עון
pi./pu. mit der prophetischen Überlieferung zusammen.[94]

Eine bessere Parallele zur Bitte in Jer 18,23aβγ liegt aber in Neh
3,37a vor:

Und decke nicht ihre Schuld und ihre Sünde werde vor dir nicht
getilgt (ואל־תכס על־עונם וחטאתם מלפניך אל־תמחה)!

Statt כפר pi. steht hier כסה pi. Sonst stimmt Neh 3,37a mit Jer
18,23aβγ wörtlich überein. Häufig nimmt man an, daß Neh 3,37a von
Jer 18,23aβγ stammt.[95] Beide Verse stehen jedoch m.E. in zeitlicher
Nähe. Die Verben כפר pi. und מחה hif./nif. sind sonst im Jeremiabuch weder gemeinsam noch einzeln belegt. In Neh 3,33-35 ist

----

91  S.o.S.117, 135.
92  Als Ausdrücke der Vergebung Gottes dienen u.a. נוא, סלח,
    כפר und כסה. Vgl. Stamm, סלח, Sp.152; Maass, כפר,
    Sp.842-857 und s.u.S.185f.
93  S.o.S.175.
94  Janowski, Sühne, S.135-137.
95  Ebd., S.99.

davon die Rede, daß Sanballat und Tobija den Wiederaufbau der
Jerusalemer Mauer durch die Juden in der Öffentlichkeit verspotten.
Daraufhin wenden sich die jüdischen Heimkehrer in V.36-38 an Jahwe zunächst mit der Klage (V.36aα) und dann mit der Bitte (V.36aβ
-38). Wie in Neh 3,33-37 die Bitte um das Nicht-Vergeben durch
den Angriff der Feinde gegen die jüdischen Bauleute veranlaßt wird,
so steht in Jer 18,22b-23 dieselbe Bitte in Zusammenhang mit den
Nachstellungen der Gegner gegen den Beter. Man gewinnt den Eindruck, daß das feindliche Handeln gegen den Beter als Schuld/Sün-
de gegen Jahwe betrachtet wird. Der Beter ist sich bewußt, daß
Jahwe auf seiner Seite steht.

Allein חטאה in Verbindung mit מחה nif. in 23aγ findet eine Parallele in Ps 109,14. Dieser Psalm ist bereits in Zusammenhang mit
dem Vergeltungsgedanken in V.20 erwähnt worden.[96] Nun werden
in eine Reihe von Verwünschungen (V.6-15) die Kinder, Väter, Mutter und Nachkommen der gottlosen Feinde des Psalmisten eingeschlossen (vgl. Jer 18,21-22a).[97] V.14 lautet folgendermaßen:

Der Schuld seiner Väter werde gedacht (יזכר עון אבתיו),
und die Sünde seiner Mutter werde nicht getilgt
(וחטאת אמו אל־תמח)!

Die Bitte, daß der Schuld gedacht werden soll,[98] hat dieselbe
Bedeutung wie die Bitte in Jer 18,23, daß Jahwe die Schuld nicht
vergeben soll.

Über die Berührungen mit Neh 3,33-37a; Ps 109,14 hinaus erinnert
die Bitte um das Nicht-Vergeben der Schuld der Gegner in unserer
Stelle an die Jahwerede in Jer 2,22:[99]

Auch wenn du dich mit Lauge wäschst und viel Seife an dich wendest,
bleibt doch der Schmutzfleck deiner Schuld vor mir (עונך לפני)
- der Spruch des Herrn Jahwe.

---

96  S.o.S.172.
97  S.o.S.178f.
98  Vgl. Schottroff, זכר, Sp.514f.
99  So auch Ahuis, Gerichtsprophet, S.119f.

Auf diese Weise ist die Doppelseitigkeit der Bitte in Jer 18,23aβγ zu erkennen. Sie wird mit den prophetischen Elementen[100] psalmartig formuliert. Dasselbe gilt auch für das Wort אפך in V.23bβ. Im Alten Testament ist der Zorn Jahwes in erster Linie in der Unheilsankündigung erwähnt.[101] Dementsprechend redet das Volk, das das Gerichtshandeln Jahwes erfahren hat, in der *Volksklage* vom Zorn Jahwes (Ps 79,8; 60,3; Klgl 1,12; 3,42f. u.a. Vgl. Jer 15,14f. 17).[102] Hier begegnet man wiederum einem Ausdruck mit der kollektiven Implikation wie in V.18.20b.21-22a.

Im Unterschied zu der Bitte in V.21-22a, wobei "ihre Kinder", "ihre Frauen", "ihre Männer", "ihre Jünglinge" und "ihre Häuser" mit "sie" zusammen genannt werden, betrifft die Verwünschung in V.23 nur "sie". Hubmann hält "sie" in V.23 für die Heilspropheten, mit denen V.19-20aα etwas zu tun hat. Demgegenüber handele es sich in V.21-22a um das ganze Volk, das auch V.20b im Blick hat.[103] Abgesehen von der Bedenklichkeit seiner Auffassung über den Fragesatz V.20aα als die Rede der Heilspropheten[104] spricht der kollektive Sprachgebrauch in V.23 gegen eine solche Differenzierung des Personenkreises. Freilich liegt dem ganzen Text die Überlieferung der Auseinandersetzung Jeremias mit dem gegnerischen Volk zugrunde, das im Jeremiabuch oft durch seine Führung vertreten wird. Aber das Volk und seine Führung lassen sich in der Formulierung des vorliegenden Textes nicht diffenziert voneinander erkennen, wie Hubmann meint.

Im Jeremiabuch ist die Aufzählung der verschiedenen Alters- und Personengruppen sowohl in der Unheilsankündigung über das Volk

---

100 S.o.S.180.
101 Westermann, Boten, S.148, 150-154. Als Ausdrücke des Zorns dienen im Hebräischen verschiedene Worte (z.B. s.o.S.175, Anm.65)
102 Vgl. ebd., S.154f. und s.o.S.146.
103 Hubmann (Jer 18,18-23, S.279-284) sieht V.20b-22a als einen eigenen Teil innerhalb des ganzen Textes an. Nach Hubmann gilt V.22b als eine Rahmung von V.20b-22a, und V.23 kennzeichnet sich durch die erneute Anrufung Jahwes als ein anderen Komplex der Bitten (ebd., S.282, Anm. 75). Die Vetrauensäußerung in V.23a steht jedoch mit der Feindklage in V.22b in einem guten Zusammenhang und ist deshalb nicht als ein Neueinsatz zu verstehen (s.o.S.179). Ferner vgl. Holladay, S.528f.
104 S.o.S.171-173.

Juda (5,11.21; 13,14) als auch in der Unheilsankündigung über die
Gegner Jeremias wie Paschhur (20,4-6), Schemaja (29,32) und Heilspropheten (14,16)[105] zu finden. Im ersteren Fall wird kein Pronominalsuffix gebraucht, während im letzteren die Angehörigen der
eigentlich Schuldigen mit dem Suffix der Hauptpersonen bezeichnet
und nach oder vor diesen aufgezählt werden. Als Angehörige werden nicht nur die Familienmitglieder (Frauen, Söhne und Töchter in
14,16. Vgl. Am 7,16f.), sondern auch Vertrauten (אהבים in Jer 20,4),
Hausgenossen (ישבי בית in 20,6) und Nachkommen (זרע in 29,32)
genannt. In 11,21f. erstreckt sich das angekündigte Unheil über die
Angehörigen der Verfolger des Propheten hinaus auf das ganze
Volk. Denn das Wort "Jünglinge" (בחורים) in V.22b weist in der
Regel auf eine Gruppe innerhalb des Volkes hin,[106] nicht auf die
Familien- oder Sippenangehörigen bestimmter Personen (vgl. 6,11).
Die Erweiterung des in das Gericht einbezogenen Personenkreises
wie in 11,22f. findet sich noch in 20,3-6. In unserer Stelle wird auffälligerweise der Pronominalsuffix der Gegner zu dem Wort "Jünglinge" hinzugefügt. Durch die Aufzählung der Kinder, Frauen, Männer und Jünglinge mit dem Suffix neben den Hauptpersonen spielt
Jer 18,21-22a einerseits auf das Unheil über das ganze Volk und
andererseits auf das Unheil über seine Führung wie über die Heilspropheten an.


Die Einbeziehung der Angehörigen in die Verwünschung über die
Gegner in V.21-22a hat in Ps 109,6-15 ihr Gegenstück. Dieser Teil
von Ps 109 ist bereits oben erwähnt.[107] Hinter einer umfassenden
Verwünschung wie dieser steht auf der einen Seite die altisraelitische Vorstellung von der sogenannten "corporate personality". Nach
ihr führt das Vergehen einer Person zum Unheil über die ganze
Gemeinschaft bzw. Gruppe, der sie angehört.[108] Auf der anderen
Seite muß der Inhalt der Verwünschungen in V.21-22b.23aβb auf
dem Hintergrund der alttestamentlichen Vorstellung vom Leben/
Tod verstanden werden. Das vorzeitige Sterben der Kinder, von dem
in V.21 geredet wird, halten die Hebräer für schlimm, weil sie

---

105 Vgl. Amazja in Am 7,16f.
106 Wahrscheinlich "Krieger" (vgl. Weisman, Bāḥūr).
107 S.o.S.181. Vgl. Kilpp, Interpretation, S.217f.
108 Robinson, Corporate Personality, 1936, S.25f. Vgl. Porter, Cor-
    porate Personality, 1965; Rogerson, Corporate Personality, 1970;
    Tucker, Introduction, 1980; Albertz, Frömmigkeit, S.12f.; Fohrer,
    Familiengemeinschaft, S.165.

glauben, der Einzelne lebe in seiner Nachkommenschaft weiter.[109] Darüber hinaus kann man auch die Bitte um das Nicht-Vergeben der Schuld/Sünde in V.23 daraus erklären, daß Leben im Alten Testament "ein Verhältnis haben", besonders "zu Gott ein Verhältnis haben" heißt.[110] Wenn Gott die Schuld/Sünde nicht vergibt, stehen die Sünder zu Jahwe in keinem Verhältnis. Dies bedeutet den Tod im eigentlichen Sinne, denn der "Tod ist ein Leben außerhalb des Lebensverhältnisses zu Gott".[111] In dieser Hinsicht entspricht die Verwünschung in V.23 den Anschlägen der Gegner in V.18.20aβ.22b, die nicht nur auf das biologische Aufhören des Lebens des Beters, sondern auch auf seine totale Ausschließung von allen Lebensverhältnissen zielen (vgl. 11,19; 15,10.17).[112]


4.5. Das Klage-Phänomen in 18,18-23


Die vierte Konfession 18,18-23 ist hauptsächlich mit Verwünschungen und Klagen über die Gegner erfüllt. Gerade wegen dieser Prägung wird sie bei einigen Forschern übergangen.[113] Das Problem liegt darin, wie der scheinbar rachegierige Geist im Text mit dem historischen Jeremia bzw. der Tradition der jeremianischen Verkün-

---

109  Von Rad, Theologie I, S.402. Vgl. Wächter, Tod, 1986, S.36f; ders., Erfüllung, 1968; Fohrer, Familiengemeinschaft, S.164; Lang, Altersversorgung; Bailey, Death, S.48-51; Frost, Memorial, S.440-444; van Seters, Childlessness; Klemm, Elterngebot, S.51, 57-60.

110  H.W.Wolff, Anthropologie, S.161.

111  Waardenburg, Leben, S.48.

112  S.o.S.107, 132, 145, 166. Ferner vgl. Schreiner, Geburt, S.140; Kraus, Theologie, S.204-211.

113  Z.B. ziehen von Rad (Konfessionen, 1936; Theologie II, S.209-215), Graf Reventlow (Liturgie, 1963) und Berridge (Prophet, 1970) in ihrer Argumentation unseren Text gar nicht richtig heran. Ein ähnliches Bild zeigt sich auch in Dogmatiken, z.B. der von K.Barth. In seiner umfangreichen Dogmatik ist Jer 18,18-23 nicht einmal erwähnt (s. noch Bächli, Karl Barth, 1987). Außerdem ist die vierte Konfession im Neuen Testament niemals zitiert.

digung vereinbar ist.[114] Zum richtigen Umgang mit diesem Problem
ist vor allem der Vergeltungsgedanke aufschlußreich, weil der Text
davon geprägt ist. Die Worte עון und חטאה in V.23 werden in der
Regel im Rahmen der schicksalwirkenden Tatsphäre benutzt,[115] für
die der Vergeltungsgedanke fundamentale Bedeutung hat.[116] Das
Unheil über die Sünder ist die negative Folge des Tat-Folge-Zu-
sammenhangs. Dann bedeutet Gottes Vergebung göttliche Vernichtung der "innerweltlichen, dingähnlichen Tatsphäre".[117] Sowohl die
Bitte um das Nicht-Vergeben in V.23 als auch die Bitte um Unheil
über die Gegner in V.21-22a haben ihren Grund darin, daß die Wirklichkeit zum Tat-Folge-Verhältnis (Sünde-Unheil im vorliegenden
Fall) im Widerspruch steht. Die Gegner sind von dem ihrem Tun
immanenten Unheil noch nicht getroffen worden. Das machen die
Worte בעת אפך ("zur Zeit deines Zornes") in V.23bβ deutlich. In
diesem Sinn ist die Verwünschung über die Gottlosen als die Bitte
um das Eingreifen Jahwes in das ungerechte Verhältnis aufzufassen.
Dabei wird der Glaube des Beters an Jahwe vorausgesetzt, daß
letzten Endes Jahwe allein das Tun-Ergehen-Verhältnis sichern
kann.[118] Das Wort שלם pu. in V.20a scheint mit dem Tat-Folge-
Zusammenhang nichts zu tun zu haben. Denn es ist hier, wie oben
erwähnt, von der bösen Erwiderung der Gegner auf den guten
Dienst des Beters für sie die Rede.[119] Es handelt sich um die Reaktion der Menschen, nicht um ein Verhältnis. Es ist jedoch nicht
zu übersehen, daß auch in dieser Klage die Unstimmigkeit der
Wirklichkeit mit dem Guttat-Wohlergehen-Verhältnis mitschwingt.[120]

---

114 Einen knappen forschungsgeschichtlichen Überblick über dieses
   Problem gibt Hubmann, Jer 18,18-23, S.276-278.
115 Knierim, חטא, Sp.546; ders., עון, Sp.244.
116 Gerleman, שלם, Sp.932f.
117 K.Koch, Vergeltungsdogma, S.22. Hubbard (Language, S.284 u.ö.)
   behauptet, im Alten Testament neben den "sphericial terms"
   wie bei K.Koch auch die "linear terms" für den Tun-Ergehen-
   Zusammenhang gefunden zu haben.
118 Gerlemann, שלם, Sp.932f. Vgl. Hans H. Schmid, Gerechtigkeit,
   S.144-151; Hubbard, Language, S.vi.
119 S.o.S.171-174.
120 Mit den Worten Zimmerlis (Frucht, S.141) ausgedrückt, die er in
   einem anderen Zusammenhang benutzt, ist bei der Rede von der
   Vergeltung die "Regung der Psyche" "bei einem lebendigen

Der Beter erwartete Gutes für sich, das seinem guten Tun entspricht. Stattdessen ist er über die Notlage enttäuscht, die seine
Gegner hervorgebracht haben. Darüber hinaus verbirgt sich der
Gedanke der schicksalwirkenden Tatsphäre hinter den Ausdrücken
für die feindlichen Nachstellungen in V.20aβ.22b, wie ihr Gebrauch
in den Psalmen häufig zeigt.[121] Die Klage in V.22a.22b gilt als
Kehrseite der Verwünschung in V.21-22a.23aβb. Aus der ersteren ist
das Leiden des unschuldigen Beters und aus der letzteren das
Wohlergehen seiner schuldigen Gegner zu erschließen.[122]

Die Gegenüberstellung beider Motive ist die Grundlage, auf der
auch die anderen Konfessionen formuliert werden. Unter ihnen steht
der vorliegende Text einem Feindpsalm wie Ps 109 am nächsten,[123]
indem der Anteil der Rede von den Gegnern im ganzen Text erheb-
lich erhöht ist (vgl. Jer 17,12-18). Gleichzeitig wirkt die Überlieferung der prophetischen Auseinandersetzung mit dem widerspenstigen Volk stark mit. Diese Doppelseitigkeit des Textes läßt sich an
seiner ebenfalls doppelseitigen Sprache gut erkennen, die sowohl zu
den Klagepsalmen als auch zu den Sprüchen im Jeremiabuch ihre
Bezüge hat: קשב hif., מחשבה/חשב, Ausdrücke in V.20a.23a.[124] Der
Text hat jedoch kaum Bezüge zu den Klagestellen in den anderen
Partien des Jeremiabuches.

Außerdem ist die Verknüpfung der individuellen Motive mit den
kollektiven unverkennbar: V.19-20a mit V.18.20b und V.22b-23aα mit
V.21-22a.23aβγb.[125] Wie bei den anderen Konfessionen sind auch
einzelne Ausdrücke von 18,18-23 überwiegend in späteren Texten
belegt.[126]

---

Menschen" nicht zu verkennen. Ferner vgl. Herntrich, Jer, 1947,
    S.17; Brueggemann, Ps, S.85; Bright, Lament, S.67f.; Hohenstein,
    Rage, S.165. S. noch oben S.117 und 160.
121  S.o.S.174.
122  Vgl. Jacobson, Paradox, S.59. Nach Ahuis (Gerichtsprophet,
    S.122) erwächst unser Text wie 17,13-18 "aus der Situation des
    Wartens auf das Gericht". Ahuis hebt nur das Wohlergehen der
    Schuldigen hervor. (s.o.S.154, Anm.22).
123  S.o.S.172, 181, 183.
124  S.o.S.166-169, 171-174, 180f.
125  S.o.S.166, 175-177, 179-181. Vgl. Carroll, S.382.
126  S.o.S.166f., 175-177, 179-183.

In der vierten Konfession läßt sich deutlich beobachten, wie geschickt in späterer Zeit die Überlieferung des prophetischen Leidens
durch das hartnäckige Volk[127] mit dem Vergeltungsglauben verknüpft wird. Für den Verfasser des Textes ist diese Überlieferung
eine gute Voraussetzung, um das Problem des schwer verständli-
chen und unerträglichen Leidens der Gerechten durch die Gottlosen
in seiner Zeit zur Sprache zu bringen. In vollem Vertrauen auf
Jahwe, der die verkehrten Verhältnisse in der Gegenwart in den
richtigen Tun-Ergehen-Zusammenhang bringen wird, schließt er den
Text mit der Bitte ab, daß Jahwe zur Zeit seines Zornes an den
Gegnern handeln soll. Damit gibt er dem Zorn Gottes Raum (vgl.
11,20; 20,12; Dtn 32,35; Röm 12,19).[128]

Auch in 18,18-23 unterscheiden die meisten Forscher aus jüngster
Zeit den vermeintlich jeremianischen Grundbestand von den Nach-
trägen. Zu diesen zählen V.18.20aβ.21.22a bei Ahuis[129] und nur V.18
bei Hermisson, O'Connor, Brandscheidt, Hubmann und Thiel.[130] Sie
werden in der Regel auf die deuteronomistische Redaktion des
Jeremiabuches zurückgeführt. Hingegen gehört nach Ittmann[131] auch
V.18 zu den echten Worten des Propheten. Vermeylen[132] schreibt
V.18 der deuteronomistischen Redaktion und V.19-23 der zweiten
Redaktion in der nachexilischen Zeit zu.

---

127 Vgl. Steck, Geschick, 1967.

128 In Dtn 32,35 stehen נקם ("Rache") und שלם ("Vergeltung") ne-
    beneinander. Nach Westermann (Rache, Sp.1546) bedeutet נקמה
    ("Rache") "Wiederherstellung rechter Verhältnisse". Ferner vgl.
    Wilckens, Röm 3, S.25f.

129 Gerichtsprophet, S.33-35.

130 Hermisson, Konfessionen, S.312f.; O'Connor, Confessions, S.85-
    87; Brandscheidt, Gotteszorn, S.273-275; Hubmann, Jer 18,18-23,
    S.290-293; Thiel, Jer 1-25, S.217f.

131 Konfessionen, S.51-53.

132 Confessions, S.267.

## 5. Die fünfte Konfession (20,7-18)

### 5.1. Klage über Gott mit Selbstklage (20,7)

Bereits zu Beginn des Textes stößt man auf eine Klage, die sich an Jahwe richtet (V.7):

(7) Du hast mich betört, Jahwe, und ich habe mich betören lassen (פתיתני יהוה ואפת),
   du bist stärker als ich[a] und hast obsiegt (חזקתני[a] ותוכל).
Ich bin zum Gelächter geworden den ganzen Tag (הייתי לשחוק כל־היום),
   jeder spottet über mich (כלה לעג לי).

**Zum Text:**
[a] נִי in חזקתני ist im Sinne von ממני zu verstehen.[1] Weiser[2] liest mit Ehrlich[3] החזקתני ("du hast mich gepackt") statt חזקתני.

Im ersten Halbvers ist vom Machtverhältnis des Beters zu Jahwe und im zweiten von der Verspottung des Beters durch seine Umgebung die Rede.

In V.7a kommt die *Unterlegenheit* des Klagenden Jahwe gegenüber zum Ausdruck.[4] Was er nicht gerne tun mochte, tat er aus dem göttlichen Zwang. Zuerst ist nur soviel aus V.7a zu entnehmen. Seine Klage darüber wird anhand von drei aktiven Verben (פתה pi., חזק und יכל), deren Subjekt Jahwe ist, und anhand eines passivischen Verbes (פתה nif.), das syntaktisch vom vorangehenden

---

1   Gesenius/Buhl, S.221; Rudolph, S.130; Holladay, S.547; Carroll, z.St.; LuB; HBKo.
2   Jer, z.St. Auch EÜ; BuRo; GNB.
3   Randglossen, S.293.
4   Vgl. Marrow, Ḥāmās, S.243 und s.o.S.116.

Satz abhängt, bewußt gestaltet. Das Gegenstück von וְתוּכַל in
V.7aβ findet sich in וְלֹא אֻכָל am Ende von V.9. Dort geht es um
das "Nicht-Obsiegen" des Menschen, während in unserem Vers vom
"Obsiegen" Gottes geredet wird.[6] Die Wurzeln פתה und יכל kommen noch einmal in V.10b nebeneinander vor, aber in einem anderen
Zusammenhang.[7] Unabhängig von der Frage, ob es sich in diesen
Verben um die sexuelle Vergewaltigung[8] oder um eine Überwälti-
gung durch ständige Überredung[9] handelt, ist festzustellen, daß
der Beter den eigentlichen Grund seines Leidens in der ihn bezwin-
genden Übermacht Jahwes sieht (vgl. 15,15.17f.). In dieser Hinsicht
ist V.7a als eine *Klage* über *Jahwe* zu betrachten.[10]

Im Vergleich damit gilt V.7b als eine *Selbstklage*. Einer ist zum
Gegenstand des Lachens der "ganzen" (כֻּלֹּה) Umgebung den "ganzen" (כֹּל) Tag geworden. Die Wurzel שׂחק kommt zwar auch in den
Psalmen vor (Ps 2,4; 37,13; 52,8; 59,9; 104,26; 126,2), aber nicht
einmal in Verbindung mit היה wie im vorliegenden Vers. היה
(לִשְׂחֹק) ist noch in den Moabsprüchen des Jeremiabuches (48,26.27.29)
und in Klgl 3,14; Ijob 12,4 belegt. Den letzten beiden Versen steht
Jer 20,7b näher als den Belegen in den Moabsprüchen, da in unserem Vers von der Verspottung *einer Person* durch ihre Umwelt die
Rede ist. In den Moabsprüchen geht es hingegen um die Verspottung *eines Volkes* durch die Nachbarvölker.[11] Außerdem ist in Klgl
3,14 auch der Ausdruck כָּל־הַיּוֹם anzutreffen. In Ijob 12,4 wird über

---

5   Vgl. oben S.73, 152.
6   Marrow (ebd.) sieht hier eine Inclusio. Zu V.9 s.u.S.190f., 196–198
7   S.u.S.200.
8   Ittmann, Konfessionen, S.172; Ahuis, Gerichtsprophet, S.108;
    Berridge, Prophet, S.151–154; Weiser, S.170; von Rad, Theologie
    II, S.211; Zimmerli, Verkünder, S.109f.; Heschel, Prophets, S.113f.;
    Gunkel, Einleitungen, S.XXV.
9   Clines/Gunn, Jer xx 7-8, S.21–23; Brandscheidt, Gotteszorn,
    S.282; Giesebrecht, z.St.; Kroeker, z.St.; LuB; HBKo. Vgl. noch
    Rodríguez Merino, PTH, 1984.
10  So sieht man manchmal hier wie in 15,15-18 das Leiden des Pro-
    pheten an Gott (z.B. Kutsch, Grund, S.82). In PesR Kap. 26 wird
    20,7 von Jeremia in dem Moment gesprochen, als er bei seiner
    Rückkehr von Anatot (Kap. 32) die Zerstörung Jerusalems er-
    fuhr (Prijs, Jeremia-Homilie, S.71–74; Heinemann, Homily, S.31,
    36f.). S. noch oben S.138f., 145.
11  S. Bak, S.319–326.

die Verschmähung des Gerechten durch seine Feinde geklagt. Die Wurzel שחק findet sich noch in Verbalform in Jer 15,17; 30,19; 31,4, steht dort aber in anderen Zusammenhängen. In 15,17 wird die fröhliche Gesellschaft, aus der sich der Beter um Jahwes willen ausschließt, als der Kreis des Scherzenden (סוד משחקים) bezeichnet.[12] Demgegenüber handelt es sich in 30,19; 31,4 um Heilsworte für Israel. Anders als שחק kommt לעג im Jeremiabuch nur hier in 20,7 und oft in den Psalmen vor (Ps 2,4; 59,9; 80,7; 22,8; 44,14; 79,4; 123,4). Im jetzigen Textzusammenhang wird die Selbstklage V.7b in die Klage über Jahwe V.7a einbezogen, indem die Notlage des Klagenden durch die Verspottung der Umgebung als Folge des zwingenden Handelns Jahwes verstanden wird. Dabei fallen die Ausdrücke auf, die in *einigen* Psalmen für die Feinde des gerechten Psalmisten verwendet werden: z.B. פתה (Ps 78,36), חזק (Ps 35,10) und יכל (Ps 13,5; 129,2).[13] Wenn sie in diesem negativen Sinne in Jer 20,7a gebraucht werden, könnte man sich vorstellen, daß der Beter Jahwe als seinen Feind ansieht.

## 5.2. Selbstklage (20,8f.)

Die Selbstklage setzt sich in den folgenden zwei Versen (V.8f.) fort:

(8) Fürwahr,[a] sooft ich rede, muß ich schreien[b] (כי־מדי אדבר אזעק[b]),
    "Gewalt! Untergang!" muß ich rufen (חמס ושד אקרא).[c]
    Denn[a] das Wort Jahwes durch mich[d] ist zur Schmach und zum Hohn geworden den ganzen Tag (כי־היה דבר־יהוה לי[a-d] לחרפה ולקלס כל־היים).
(9) Wenn[e] ich spreche:[f] "Ich will seiner nicht gedenken und nicht wieder reden in seinem Namen (ואמרתי[f] לא־[e] אזכרנו ולא־אדבר עוד בשמו),

---

12  S.o.S.145f.
13  Vgl. Clines/Gunn, Jer 20, S.395f. Speziell zu פתה vgl. noch Gunneweg, Konfession, S.409f. חזק und יכל kommen noch oftmals in den Psalmen vor, aber nicht in demselben Sinne wie in Jer 20,7.

danne wirdf es in meinem Herzen wie brennendes Feuer

(והיהf e כלבי כאש בערת),

verhalteng in meinem Gebein (עצרs בעצמתי),

und ich mühef mich ab, es auszuhalten, aber obsiegef nicht

(ונלאיתיf כלכל ולא אוכלfl).

Zum Text:

a כי wird in V.8a emphatisch und in V.8b kausal gebraucht.[14]

b πικρω λόγω μου γελάσομαι in der Septuaginta läßt hier nach Tov[15] מרי (א)דבר אשחק vermuten.

c חמס ושד ist am besten als das Objekt des darauffolgenden Verbs אקרא aufzufassen.[16] Eine ähnliche Konstruktion findet sich in 4,20aα.[17] אזעק in 20,8aα wird ebenso wie אדבר absolut (d.h. ohne Objekt) gebraucht.[18] Außerdem wird ein Zitat häufiger mit קרא als mit זעק/צ eingeleitet.[19] Im Jeremiabuch führt זעק/צ niemals ein Zitat ein. Ledigich das Substantiv זעקה/צ steht in 48,3b.4a vor und nach den wiedergegebenen Worten.[20] Man findet zwar in Ijob 19,7; Hab 1,2 die Verbindung von זעק mit חמס, aber ך zwischen חמס und שד in unserem Vers weist auf die enge Verbindung begriffsverwandter Nomina hin.[21] In dieser Hinsicht ist die Trennung der beiden Worte חמס und שד, z.B. in der chiastischen Übersetzung von Jer 20,8a bei Holladay[22] auch nicht richtig. Zur Übertragung von שד mit "Untergang" s. Bak, S.450.

d "Das Wort Jahwes durch mich" im Sinne von "dem Wort, das ich gesprochen/verkündigt habe". לי wird in der Regel ohne weiteres als Dativus incommodi bzw. commodi angesehen. Ich halte jedoch לי im vorliegenden Fall für eine Umschreibung des Genetivus possesoris bzw. auctoris.[23]

e Vgl. Gesenius/Kautzsch, §112 kk.

f Die Verben werden im frequentativen Sinne verstanden. Die präsentische Übertragung[24] entspricht m.E. der Aussageabsicht des Sprechers besser als die Übertragung im Präteritum.[25]

---

14  Vgl. Marrow, Ḥāmās, S.244; Bak, S.33f., 62.
15  Septuagint, S.203, 232.
16  So auch z.B.Schreiner, Bund, S.224; O'Connor, Confessions, S.92; BJer; NEB; HBKo.
17  "'Zusammenbruch über Zusammenbruch' wird gerufen" (Bak, S.83f.).
18  Vgl. Polk, Persona, S.153.
19  Labuschagner, קרא, Sp.668f.; Marrow, Ḥāmās, S.249.
20  S. Bak, S.457.
21  Gesenius/Kautzsch, § 154 g; Joüon, § 104 d.
22  Jer 1, S.548, 553f.: "... (I) cry out 'Voilence!' and 'Destruction!' shout". Ähnlich BuRo.
23  Gesenius/Kautzsch, § 119 s, § 129 c; Joüon, § 133 d, § 133 b, c. Zur Begründung s.u.S.194f.
24  Z.B. McKane, z.St.; Carroll, z.St.; Holladay, z.St.
25  Z.B. Rudolph, z.St.; Weiser, z.St.

g Die maskuline Form עָצָר gibt manchen Komentatoren Anlaß, das Wort anders zu lesen. Z.B. will Delekat[26] das Verb im Partizip aktiv (עֹצֵר) lesen und V.9aγ folgendermaßen verstehen: "einer, der meine Knochen packt" oder "indem er mich im Innersten (mit harter Hand) festhält". Holladay schließt sich neuerdings Kutsch an, der sich für עֹצֶר ("Druck") ausspricht.[27] Nicht ganz ungewöhnlich ist aber ein zweites Adjektiv im Maskulinum nach dem ersten Adjektiv im Femininum.[28]

Die Rede in V.8f. wird monologisch formuliert, indem Jahwe nicht einmal angeredet wird (vgl. V.7a.12). Erst aus diesen beiden Versen ist zu erschließen, wozu der Sprecher in V.7a gezwungen worden ist. Er mußte immer wieder sprechen (V.8aα), und zwar "im Namen Jahwes" (V.9aα). Die Redewendung דבר בשם יהוה pi. weist darauf hin, daß es sich hier um die prophetische Verkündigung handelt.[29] Die Verben in V.8a דבר und קרא sind in demselben Zusammenhang zu verstehen. Man dürfte vor allem im Hinblick auf עוד in V.9aα nach אדבר in V.8aα בשם יהוה ergänzen. קרא wird in den Prophetenbüchern, besonders häufig im Jeremiabuch, als Ausdruck für die prophetische Verkündigung gebraucht.[30] In diesem Zusammenhang ist der kurze Ausruf mit zwei Substantiven חמס ושד als eine Wiedergabe der prophetischen Verkündigung anzusehen,[31] wenn auch das vorangehende Verb זעק als Ausdruck des Klage-Phänomens dient.[32] Im jetzigen Kontext entsteht der Eindruck, daß

---

26  Asylie, S.327.

27  Holladay, S.548, 555; Kutsch, עצר, S.58. Bereits Driver, Problems, S.114f.

28  Gesenius/Kautzsch, § 112 kk. Vgl. Joüon, § 148 a, Anm. 1.

29  S.o.S.143, 153f. und Bak, S.268. Die Korrektur אדבר in V.9a zu אקרא bei Gunneweg (Konfession, S.411) ist nicht nötig.

30  Labuschagne, קרא, Sp.668f. Vgl. Gunkel, Einleitungen, S.XXII. In den Psalmen bedeutet קרא meistens das Rufen zu Jahwe, wobei häufig ל oder אל folgt (ebd., Sp.672f., 667). Marrow (Ḥāmās, S.244, 248) versteht אדבר in V.8a im juristischen Sinne (vgl. 12,1).

31  Polk, Persona, S.153f.; Carroll, Chaos, S.126; O'Connor, Confessions, S.110f. Vgl. Pattison, Moment, S.133f.; McKane, S.471f.

32  Die Ansicht, daß der Ausruf hier als ein Protest Jeremias gegen Jahwe betrachtet wird, vertreten u.a. Clines/Gunn (Jer xx, 7-8). Vgl. Brandscheidt, Gotteszorn, S.282f.; Ahuis, Gerichtsprophet, S.31; Marrow, Ḥāmās, S.249-255; Berridge, Prophet, S.153f.; Seeligmann, Terminologie, S.257f.; Carroll, Jer, S.399.

אדבר durch V.8aβ אזעק durch V.8b expliziert wird, und daß ein Prophet im Anschluß an seine Verkündigung klagt.[33] Die beiden Substantive חמס und שד sind von Bedeutung, insofern sie einerseits das ungerechte Handeln des Menschen und andererseits den jämmerlichen Zustand einer Gesellschaft als Folge des göttlichen Gerichtshandelns zum Ausdruck bringen.[34] So weisen die beiden Worte auf den *Sünde-Unheil-Zusammenhang* hin, der ein *Kollektiv* betrifft (vgl. 18,23; 17,17f.).[35]

Im Vergleich mit 6,10b; 15,16aβ tritt eine bisher unbeachtete Schwierigkeit bei der Übersetzung und Interpretation von 20,8b zutage. Die drei Stellen haben im Hebräischen folgenden Wortlaut:

| | |
|---|---|
| (20,8b) | כי־היה דבר יהוה לי לחרפה ... |
| (6,10b) | הנה דבר יהוה היה להם לחרפה ... |
| (15,16aβ)[36] | והיה דבריך לי לששון ... |

In 6,10 klagt der Prophet darüber, daß seine Zuhörer nicht in der Lage sind, auf seine Verkündigung aufzumerken (V.a). "Das Wort Jahwes ist ihnen" vielmehr "zur Schmach geworden". "Sie haben keinen Gefallen daran" (V.b). Mit der Formulierung דבר יהוה היה להם לחרפה ist gemeint, daß sie das Wort Jahwes zum Gegenstand der Schmähung gemacht haben. Wie das logische Subjekt im Passiv wird der Handelnde durch להם bezeichnet.[37] Sollte der oben angeführte Satz in 20,8b dieselbe Struktur wie 6,10b haben, wäre die Aussage in 20,8b mit der in 15,16a schwerlich zu vereinbaren. In 15,16 wurden die Worte Jahwes für den Beter zur Wonne, d.h., er freute sich über die Worte Jahwes. Auch hier dient לי zur Bezeichnung des Handelnden. Dementsprechend würde dann der Satz in 20,8b heißen, daß der Sprecher selbst das Wort Jahwes verspottet hat. Eine solche Deutung wäre unter Voraussetzung der jeremiani-

---

33  Vgl. Ahuis, Gerichtsprophet, S.27-32.
34  Zu שד s. Bak, S.450.
35  Vgl. Polk, Persona, S.154; Hubbard, Language, S.87, 191f., 251, 287. Zum Problem der Gewalt im Alten Testament s. Lohfink, Gewalt, 1983.
36  Zu den textkritischen Problemen von 15,16aβ s.o.S.140.
37  Gesenius/Kautzsch, § 121 f.; Joüon, § 132 f.; R.Meyer, § 109. Zu 6,10 s. Bak, S.121f.

schen Verfasserschaft der Konfessionen nicht ganz ausgeschlossen, wenn man z.B. mit Holladay[38] zwischen der Verspottung des Gotteswortes durch den Propheten und der harten Behandlung des Propheten durch Jahwe eine gewisse Entsprechung sehen will. In der Regel versteht man jedoch לי in 20,8b als Dativus incommodi bzw. commodi[39] ohne Rücksicht auf die syntaktische Ähnlichkeit zu 6,10b. Ein ausgezeichnetes Beispiel dafür liefert BJer:

(20,8b) La parole de Yahwé a été pour moi *source d'opprobre...*
(6,10b) Voici: la parole de Yahwé leur est un *objet de raillerie...*[40]

Man hat m.E. eine bessere Möglichkeit zur Lösung des Problems, wenn לי in 20,8b als eine Umschreibung des *Genitives* betrachtet wird.

Die Präposition ל kann auch ein Nomen rectum einführen, das selbst aus einem Nomen regens und rectum zusammengesetzt ist und dabei einen einheitlichen Begriff wie z.B. "Haustür" in 2 Kön 5,9 und "Ackerstück" in Ruth 2,3 darstellt. Dieser Gebrauch von ל ist besonders für die Fälle geeignet, "wo das zusammengesetzte Regens eine vielgebrauchte Bezeichnung darstellt, deren feststehende Form nicht alteriert werden soll; z.B. על־ספר דברי הימים למלכי ישראל (im Buch der Zeitgeschichte der Könige Israels)..."[41] Eine solche Konstruktion ist in Jer 6,10b nicht zu finden, weil zwischen דבר יהוה und להם das Verb היה steht. Hingegen ist sie in 20,8b zu erkennen.

Nun bedeutet die Wortverbindung דבר יהוה לי in 20,8b "mein Jahwewort", nämlich "das von mir gesprochene Wort Jahwes". Da in 20,8b דבר יהוה לי das Subjekt des Satzes ist, handelt es sich hier mehr um das *Leiden* des *Gotteswortes* als um das Leiden des klagenden "Ich" (vgl. 17,15; 18,18).[42] Das letztere wird in das erstere einbezogen.[43] Sonst hätte eine Formulierung wie הייתי (ל)חרפה,

---

38  Jer 1, S.554.
39  S.o.S.191.
40  Hervorhebung von mir. Vgl. McKane, S.467; Holladay, S.459.
41  Gesenius/Kautzsch, § 129 d.
42  S.o.S.125f., 153, 166.
43  Vgl. Holladay, S.555. Dieses Leidensverständnis entspricht genau dem in den Fremdberichten des Jeremiabuches (vgl. Welten, Leiden, S.135, 149 und s. Bak, S.261).

die dem üblichen Gebrauch des Substantivs חרפה[44] und zugleich
הייתי לשחוק in 20,7b entspricht, besser zum Kontext gepaßt. Darüber hinaus kann man die Schmähung des Gotteswortes im Hinblick
darauf, daß das Verb חרף qal/pi. ("schmähen") in der Regel eine
*Person* zum Objekt hat, als eine Anspielung auf die Schmähung
Gottes selbst verstehen. Ferner fallen die drei Worte zur Bezeichnung der Verspottung in V.7b.8b auf: לעג, חרפה und קלס. Sie
sind nur noch zweimal in den Klagepsalmen des *Volkes* zusammengestellt (Ps 44,14; 79,4).[45] Das Gottesvolk ist zum Gegenstand von
Schmach/Spott/Hohn (קלס/לעג/חרפה) für seine Nachbarn geworden (79,4). So hat es Jahwe gemacht (44,14). Obwohl die verspottenden Nachbarn mit den Worten סביבותינו/שכנינו deutlich genannt werden, spielen sie bei den Aussagen keine große Rolle. In
ihnen geht es eigentlich um die *Notlage*, in der sich das Volk
befindet und die nicht von den Spottenden selbst herbeigeführt
worden ist.[46] Ähnlich ist auch in Jer 20,7b.8b die schmähende bzw.
verspottende Umwelt kaum von Belang. In V.7b wird sie lediglich
als כלה ("jeder") bezeichnet, der nicht mehr als ein allgemeiner
Ausdruck für die feindliche Umgebung wie כלהם in 15,10[47] aufzufassen ist. In V.8b fehlt jede Angabe von der spottenden Umwelt,
zumal wenn לי nicht mehr als Bezeichnung des Handelnden betrachtet wird (vgl. 6,10b).[48] Was den Sprecher in 20,7f. betrifft,
das ist noch nicht das feindliche Handeln der Gegner (vgl. V.10f.),[49]
sondern vielmehr die bedauerliche *Wirklichkeit*, mit der er sich
konfrontiert sieht (vgl. 18,20aα).[50] Hier liegt eine *Klage* über die
*Verachtung* des *Gotteswortes* vor. Dazu kommt noch, daß in dieser
Klage die Klage über die Notsituation des Volkes mitklingt, die als
Folge des Gerichtshandelns Jahwes gerade wegen der Verwerfung

---

44  Ebd., S.319–326.
45  Ebd., S.323–325.
46  Als der Urheber des Unheils wird in Ps 44,14 Jahwe selbst und
    in 79,4 die anderen Feinde als die verspottenden Nachbarn (vgl.
    V.1–3) angesehen.
47  S.o.S.131f.
48  S.o.S.193f. Unter Voraussetzung der jeremianischen Autoren-
    schaft des Textes denkt man in V.7b.8b ohne weiteres an das
    Volk Juda (z.B. Marrow, Ḥāmās, S.245).
49  S.u.S.198–203.
50  S.o.S.172.

des Gotteswortes verstanden wird. In diesem Sinne steht V.8b mit
dem Ausruf in V.8aβ חמס ושׁד in gutem Einklang.[51]

Die Verachtung des Jahwewortes führt in V.9a zur Zurückhaltung
des Sprechers. Er will nicht "seiner" gedenken und nicht mehr in
"seinem" Namen sprechen. Das letztere Pronominalsuffix bezieht
sich zweifellos auf Jahwe. Es ist dagegen nicht sicher, ob das erstere auf das Wort Jahwes in V.8b oder auch auf Jahwe wie das
letztere hinweist.[52] Nicht nur grammatisch ist beides möglich,
sondern auch das Verb זכר kann in beiden Bedeutungen gebraucht
werden. Wenn das Verb im Sinne des menschlichen Gedenkens
benutzt wird,[53] geht es dabei meistens darum, daß Israel oder ein
Einzelner Jahwes oder seines Heilshandelns gedenkt. Vor allem in
den Psalmen dient זכר in diesem Gebrauch als Ausdruck der ver-
trauensvollen Hinwendung des Menschen zu Jahwe oder steht im
Rückblick auf das frühere Heilshandeln Jahwes.[54]

Im Hinblick auf Ps 119,52 ist auch die Verbindung von זכר mit
דבר יהוה in Jer 20,9a möglich. Dort gedenkt der Psalmist der
"Ordnungen" (משׁפט pl.) Jahwes, die als ein paralleler Ausdruck zu
דבר יהוה (V.50) gelten.[55] Außerdem steht unser Vers Jer 23,36
nahe, indem in ungewöhnlicher Weise vom *Nicht*-Gedenken eines
*Einzelnen* geredet wird. Die negative Verwendung des Verbs zur
Bezeichnung des menschlichen Gedenkens steht sonst immer in dem
Zusammenhang, in dem die Schuld des Gottesvolkes in der Vergangenheit aufgewiesen wird (Ps 78,42; 106,7; Jes 17,10; 57,11; Neh 9,17;

---

51  Hinter den beiden steckt die Vorstellung der schicksalwirken-
    den Tatsphäre (s.o.S.193).

52  Das Pronominalsuffix bezieht sich nach McKane, Holladay, Ru-
    dolph, Weiser, Volz auf das Gotteswort und nach Graf, Bright,
    Carroll, Nicholson und Seierstad (Offenbarungserlebnisse, S.227,
    Anm. 3) auf Jahwe.

53  Zum Gebrauch des Verbs im Sinne des Gedenkens Jahwes an
    Israel oder an den Einzelnen wie in 15,15 (vgl. 18,20) s. Schott-
    roff, זכר, Sp.513-516 und S.o.S.135, 174f.

54  Diese Verwendung von זכר ist auch in den Prophetenbüchern
    und in der deuteronomischen Paränese belegt. Als Objekt des
    Verbs kommen neben Jahwe (Ps 42,7; 63,7; 77,4; 78,35; Ri 8,34;
    Jes 17,10; 57,11; Jona 2,8) noch "Jahwes Name" (Ps 119,55), "Jah-
    wes Werke/Wunder" (77,12; 105,5; Neh 9,17), "Jahwes Gnade" (Ps
    106,7) und die vergangene Zeit (77,6; 143,5; Dtn 32,7; Jes 63,11;
    Ez 16,22.43) vor (vgl. Schottroff, זכר, Sp.516-518).

55  Vgl. noch Jes 64,4.

Ez 16,22.43; Ri 8,34). Wie תזכרו in Jer 23,36 auch vokalisiert werden mag,[56] handelt es sich dort um die prophetische Verkündigung.
Sollte 20,8 in ähnlicher Hinsicht verstanden werden, könnte דבר
יהוה als das Objekt von זכר gelten und dadurch ein Parallelismus
membrorum in 20,9aα entstehen. Dann würde זכר "sich um etwas
kümmern" bedeuten.[57]

In V.9aβb redet der Sprecher von seinem inneren Drang, den er
nicht mehr unterdrücken kann.[58] Mit dem Bild des brennenden
Feuers ist hier aber der göttliche Zwang gemeint (vgl. V.7a), nicht
die Leidenschaft des Menschen.[59] Das Wort אש hier und der Ausdruck דבר יהוה in V.8b erinnern an den Vergleich der beiden in
23,29; 5,14. In diesen Versen spielt אש auf die unwiderstehliche
Wirkungskraft des Gotteswortes an, vor allem gegen diejenigen, die
das Unheilswort Jahwes nicht ernst nehmen wollen.[60] Vor diesem
Hintergrund könnte man sich vorstellen, daß in 20,9 das Wort
Jahwes wie ein lebendiger Fremdkörper im Herzen des Sprechers
wirkt und ihn zur Verkündigung zwingt.[61]

Die Wirkungskraft des Gotteswortes als der Willensoffenbarung
Gottes wird auch in der jüdischen Tradition häufig mit dem Bild
des (ver)brennenden Feuers dargestellt (z.B. WaR 16,4[62]; yHag 2
und bSuk 28a). Sie knüpft offenbar an die Verleihung des Gesetzes
am Sinai an, bei der auch das Feuer erwähnt ist (Ex 19,18).[63] In
demselben Zusammenhang steht das Feuer in Lk 24,32; Apg 2,3.[64]
Nach Heschel[65] wird das Wort אש in der Sprache Jeremias im
doppelten Sinn gebraucht: als ein Symbol für die Zerstörung und

---

56  Statt תִּזְכְרוּ im MT liest man lieber תַּזְכְּרוּ (z.B. Volz, z.St.;
    Rudolph, z.St.; Weiser, z.St.).
57  Gesenius/Buhl, S.198.
58  Vgl. 1 Kor 9,16 (Zimmerli, Verkünder, S.110). Interessant ist die
    soziopsychologische Deutung von 20,9 aufgrund der "Rollentheo-
    rie" bei Petersen (Roles, S.87, 95-97). Ferner vgl. H.W.Wolff,
    Wort, 1982; W.Janzen, Wort, 1981; Lang, Wie, S.47-52; Neher,
    Speech, 1977/78; R.Koch, Gotteserfahrung, S.337-339.
59  Vgl. Stolz, אש, Sp.245.
60  Vgl. Gradwohl, Bibelauslegungen, S.272f.
61  Vgl. Kaiser, Wort, S.77f.
62  Dazu vgl. Lenhardt/von der Osten-Sacken, Akiva, S.145-151.
63  Vgl. Laberge, Drame, S.30.
64  Vgl. Lenhardt/von der Osten-Sacken, Akiva, S.151-153; Behler,
    Confessions, S.75.
65  Prophets, S.116f.

zugleich für den Zorn. Hingegen sieht Bronner[66] im Feuer besonders in den alttestamentlichen Berufungsgeschichten ein Symbol für
die Gegenwart Gottes.[67]

Außer den obengenannten möglichen Bezügen von Jer 20,9 sowohl zu den Psalmen als auch zu den prophetischen Sprüchen ist
noch seine sachliche Berührung mit Ps 39,2-4 zu erwähnen.[68] Am
Eingang des Psalms, der nach Stolz[69] zu den Psalmen im nachkultischen Raum gehört, blickt der Psalmist darauf zurück, daß er das
Schweigen, das er sich vorgenommen hatte, weil er in der Gegenwart der Feinde seine Klage nicht ausstoßen wollte, nicht mehr
aushalten konnte.

In Jer 20,8f. faßt der Sprecher seine Erfahrungen mit dem Wort
Jahwes in Worte. Sein Leiden verliert im Lichte des Leidens des
Gotteswortes an Bedeutung (V.8). Außerdem leidet er unter dem
inneren Konflikt zwischen menschlicher Zurückhaltung und göttli-
chem Drang (V.9).[70] Beide Verse gelten im großen und ganzen als
Selbstklage, die mit V.7b der Klage über Jahwe am Anfang des
Textes (V.7a) untergeordnet wird.

## 5.3. Feindklage (20,10)

In V.10 geht die Klage in V.7-9 zur Feindklage über:

(10) Ja, ich hörte die Zischelei der Vielen (כי שמעתי דבת רבים):
    "Grauen ringsum (מגור מסביב)!"[a] Verkündet! Laßt es uns ver-
künden (הגידו ונגידנו)!"[b]
        Jeder meiner Vertrauten[c] (כל אנוש שלומי)
        lauert auf meinen Fall (שמרי צלעי):

---

66  Fire, 1976.
67  Ferner vgl. Levenson, Connotations, S.225; P.D.Miller, Fire, 1965.
68  Welten, Leiden, S.141. Vgl. Carroll, S.399.
69  Psalmen, S.39-42. S. noch unten S.222.
70  Die psychologische Interpretation des Textes und die Aussage
     über den inneren Vorgang im Text sind nicht miteinander zu
     verwechseln. Vgl. Frei, Du hast mich betört, 1978.

"Vielleicht läßt er sich betören, damit wir ihn besiegen
(אולי יפתה ונוכלה לו)
und unsere Rache an ihm nehmen (ונקחה נקמתנו ממנו)!"

Zum Text:

ᵃ מגור מסביב ist nicht als ein Zwischenruf des Sprechers,[71] sondern wie Ps 31,14 als ein Teil der Worte der Verfolger zu betrachten.[72]

ᵇ Die Verbindung eines Kohortativs mit einem vorangehenden Imperativ wie הגידו ונגידנו im vorliegenden Fall dient als Ausdruck der Selbstermunterung unter Menschen, die einer Gruppe angehören (vgl. 4,5; 6,5; 8,14; 18,18; 46,16; 1Chr 19,13; Ps 34,4; 1 Sam 26,11).[73]

ᶜ Eigenartig ist die Auffassung von Holladay,[74] daß אנוש im Sinne von "Menschheit" zu verstehen und שְׁלֹומִי zu שְׁלֻמִי umzupunktieren ist. So lautet seine Übersetzung von כל אנוש שׁלומי: "All mankind is my recompense". Eine solche Operation ist aber nicht nötig.

Zweimal zitiert werden die Worte der feindlichen Umgebung, die jeweils durch die Aussage des klagenden "Ich" eingeleitet werden. Der Inhalt der Zischelei der Vielen ist "Grauen ringsum! Verkündet! Laßt es uns verkünden!" Währenddessen sind V.10b die Worte derjenigen, von denen in V.10αβγ geredet wird. Im ersteren Fall handelt es sich um die Verspottung und um die Zusammenrottung der Masse. Im letzteren Fall geht es um die Entlarvung der Feindseligkeit der scheinbar Nahestehenden (vgl. V.12,6), die an die treulosen Freunde in den Psalmen[75] erinnern. Die ersten sechs hebräischen Worte (כי שמעתי דבת רבים מגור מסביב) finden sich auch in Ps 31,14.[76] Dort stehen sie in einem besseren Zusammenhang, denn die Notlage des Psalmisten wird zuerst in V.10-13 ausführlich geschildert und danach mit dem Ausruf מגור מסביב im Munde der feindlichen Masse bestätigt. Der Ausdruck מגור מסביב, der wahrscheinlich auf Jeremia zurückgeht, wird sonst auf die Person oder das Volk angewandt, die oder das vom Unheilshandeln Jahwes betroffen wird: Juda (6,25), Paschhur (20,3), Ägypten (46,5) und Ke-

---

71  Z.B. McKane, S.475-477; Carroll, z.St.; ZB.
72  Z.B. Rudolph, z.St.; Weiser, z.St.; Holladay, z.St.
73  Vgl. Bergsträsser, II § 10 c. S. auch Bak, S.76, 79, 239, 432.
74  Jer 1, S.548, 556.
75  Dazu vgl. Keel, Feinde, S.132-154.
76  S. noch unten S.209, Anm. 141.

dar (49,29).[77] Die in V.10a wiedergegebenen Worte sind als eine
ironische und verspottende Wiederaufnahme aus der Verkündigung
Jeremias aufzufassen.[78] Durch die Übertragung des Ausdruckes
מגור מסביב auf den Klagenden im Text wird dieser als ein von
Jahwe Bestrafter dargestellt (vgl. 15,17f.; 17,14).[79] Dasselbe gilt
auch für V.10bβ. Die Feinde reden von ihrer Rache an dem Klagenden. Eigentlich wird mit der Wurzel נקם die Vergeltung Jahwes an
seinen Feinden oder an den Feinden seiner Verehrer ausgedrückt,[80]
wie auch V.12 zeigt (vgl. 11,20).[81] Außerdem greifen die beiden Verben in V.10bα נוכלה und יפתה jeweils über לא אוכל in V.9b und
ואפתה in V.7aα hinaus auf ותוכל in V.7aβ und פתיתני in V.7aα
zurück. Der völlig verkehrte Sprachgebrauch von V.10 spiegelt auf
der einen Seite das falsche Selbstbewußtsein der Gegner wider, die
meinen, daß sie auf der Seite Jahwes stehen. Auf der anderen Seite
entspricht dieser Sprachgebrauch der Absicht des Textes, den Klagenden als denjenigen darzustellen, der nicht nur von den Gegnern,
sondern auch von Jahwe angefeindet wird (vgl. V.7).[82] Bereits seit
Baumgartner[83] erkennt man die Berührung von V.10 mit den Klagepsalmen in der Hinsicht, daß einer von vielen sogar von den
Vertrauten verfolgt wird. Gleichzeitig paßt zur Konfrontation einer
Person mit vielen auch der Konflikt eines wahren Propheten mit
vielen falschen Propheten wie z.B. in 1 Kön 18.[84] Zu erwähnen ist
ferner, daß ein ähnlicher Ausdruck wie אנוש שלומי im Klagelied
über Zidkija in 38,22 vorkommt.[85]

---

77  Vgl. Holladay, Terror, besonders S.319; ders., Jer 1, S.539,
    543-545; de Jong, Nations, S.374; Christensen, Terror; Wächter,
    Māgôr missābîb; Honeyman, Māgôr missābîb.
78  Hubmann, Anders, S.180, 186; Holladay, S.548, 554f.; O'Connor,
    Confessions, S.92, 95, 111. Das Pronominalsuffix im Wort ונגירנו
    bezieht sich auf מגור מביב.
79  S.o.S.145f., 152.
80  Vgl. G.Sauer, נקם, Sp.108f.
81  S.o.S.111-114 und unten S.202f.
82  S.o.S.188-190.
83  Klagegedichte, S.49; Vgl. Brandscheidt, Gotteszorn, S.284; Rup-
    pert, Feinde, S.81f.
84  Hossfeld, Falsche Propheten, S.140.
85  Dazu s. Bak, S.301f. Nach Ruppert (Feinde, S.86-88) kommen die
    Bezeichnung der Feinde mit "meinen Vertrauten" und das Sub-
    stantiv "Fall" (צלע) in den Psalmen eigentlich im Zusammen-
    hang mit Krankheit vor.

## 5.4. Vertrauensäußerungen (20,11.12)

Der Schärfe der Feindklage, die sich insbesondere an dem verkehrten Sprachgebrauch deutlich erkennen läßt, treten die darauffolgenden beiden Verse V.11f. entgegen:

(11) Aber Jahwe ist mit mir wie ein gewaltiger Held[a]
 (ויהוה אותי כגבור עריץ[a]),
  darum werden meine Verfolger straucheln und nicht obsiegen
 (על־כן רדפי יכשלו ולא יכלו)
 Sie werden ganz zuschanden, weil sie keine Einsicht haben
 (בשו מאד כי־לא השכילו),
  ewige, unvergeßliche Schmach (כלמת עולם לא תשכח)!
(12) Und, Jahwe Zebaoth, Prüfer eines Gerechten
 (ויהוה צבאות בחן צדיק),
  der du Nieren und Herz ansiehst (ראה כליות ולב)[b]!
 Ich werden deine Rache an ihnen sehen,
  denn dir habe ich meinen Streit anheimgestellt.[c]

**Zum Text:**
[a] Statt אותי כגבור עריץ im MT liest Holladay[86] אותיך גבור
עריץ ("I have desired you, O terrifying warrior").
[b] Wie 11,20a ist 20,12a als gehäufte Anrufung Jahwes zu verstehen[87]
[c] Zur Textkritik und Übersetzung von V.12b s.o.S.109f.

V.11 ist wie V.8-10 monologisch formuliert, indem Jahwe in der
dritten Person genannt wird.[88] Zunächst redet der Sprecher vom
Verhältnis Jahwes zu ihm. Dabei vergleicht er Jahwe mit "einem
gewaltigen Helden" (גבור עריץ). Das Wort גבור als eine Bezeichnung Jahwes wird hier im erweiterten Sinne gebraucht und bedeutet
wie in 14,8f. Helfer und Erlöser aus aller Not.[89]

---

86 Jer 1, S.548-550.
87 S.o.S.109.
88 Blank (Jer, S.108f., 133-135; Confessions, S.345) bezeichnet V.11
 als "die selbst gefundene Antwort" nach dem Gebet an Jahwe
 in V.7 und der Meditation in V.8f.
89 Fredrikson, Krieger, S.62f. und s.o.S.42.

Der Vergleich Jahwes mit גבור ist noch in Ps 24,8; Zef 3,17; Jes 42,13; Ps 78,65; Ijob 16,14 belegt. In Ijob 16,14 wird das Wort im feindlichen Sinne verwendet, während es in Ps 24,8 einen guten Kriegshelden im wörtlichen Sinne bezeichnet. In den übrigen Fällen tritt das Wort als ein Inbegriff der Erlösung und Errettung auf, der für Jahwe allein gilt. Von den angeführten Belegen sind die Fälle zu unterscheiden, in denen גבור als Attribut zu אל zur Beschreibung der Eigenschaft Jahwes dient (Dtn 10,17; Jes 9,5; 10,21; Jer 32,18). Mit Jer 32,28 bringt Ahuis[90] zu Unrecht 20,11 in Zusammenhang.[91]

Im vorliegenden Fall wird merkwürdigerweise der positive Sinn im Bildwort גבור durch das Adjektiv עריץ einigermaßen eingeschränkt. Denn dieses Adjektiv kommt überwiegend in dem Zusammenhang vor, in dem die Feinde des Gottesvolkes bzw. Gerechten geschildert werden (Jes 25,3-5; 29,5.20; Ez 28,7; 30,11; 31,12; 32,12; Ps 37,35; 54,5; 86,14; Ijob 6,23; 15,20; 27,13).[92] Dennoch ist Jer 20,11aα als eine Vertrauensäußerung anzusehen. Aufgrund dieses Vertrauens auf Jahwe bringt der Sprecher in V.11aβb seine Überzeugung zum Ausdruck, daß seine Gegner vom Unheil betroffen werden. Die Gewißheit der Vergeltung Jahwes kommt durch die Verbindung von על־כן mit den Verben im Imperfekt zur Sprache.[93] Dabei werden die Worte benutzt, die aus der Feindklage und Verwünschung in den Psalmen gut bekannt sind: רדפי, כשל בוש und כלמה. Sie sind auch in den Konfessionen belegt.[94] Die Verbindung von עולם mit לא תשכח findet sich nur noch in den späteren Texten des Jeremiabuches (23,40; 50,5).[95]

In V.12a ruft der Sprecher Jahwe mit verschiedenen Beinamen an: "Jahwe Zebaoth, Prüfer eines Gerechten, der du Nieren und Herz

---

90  Gerichtsprophet, S.111.
91  Zum Thema "Jahwe als Krieger" vgl. noch Lind, Warrior, 1980; P.D.Miller, Warrior, 1965; ders., El, 1967; Hanson, Dawn, S.292-334; Kang, War, S.197-204.
92  Vgl. Clines/Gunn, Jer 20, S.397. S.u.S.204.
93  Vgl. 12,8 und Lenhard, Unterschied, S.271. S. noch oben S.35, Anm.60.
94  רדפי in 15,15; 17,18 und בוש in 17,18 (s.o.S.135f. und 159-161). כשל und כלם in 20,11 gelten als parallele Begriffe zu בוש (Stolz, בוש; Sp.270-272).
95  Vgl. Schottroff, שכח, Sp.898-904.

ansiehst!" Darin wird das Verhältnis Jahwes zum Anrufenden angedeutet. Dieser identifiziert sich mit einem "Gerechten" Jahwes.[96]
Seine Unschuld und Aufrichtigkeit vor Jahwe bezweifelt er nicht.
Die Differenz dieser Anrufung von ihrer Parallele in 11,20a ist als
beabsichtigt zu beurteilen. Im Anschluß an die dreifache Anrufung
wird die Gewißheit der Rache Jahwes an den Gegnern und das
Vertrauen auf Jahwe in V.12b artikuliert.

Die beiden Verse haben in dem Sinne dieselbe Struktur, daß der
Sprecher im Vertrauensverhältnis zu Jahwe den Untergang seiner
Gegner im Rahmen der göttlichen Vergeltung vorwegnimmt. Abgesehen von dem formalen Unterschied, daß die Rede in V.11 monologisch und in V.12 als Anrede formuliert ist, spricht der doppelte
Einsatz mit ויהוה am Anfang der beiden Verse für ihre sekundäre
Aneinanderreihung (vgl. 11,18f.20).[97] Ausgezeichnet ist die Anknüpfung von V.11f an V.7-10 durch die Stichworte יכל ("ob-/besiegen")[98]
und נקמה ("Rache").

a) "Nicht obsiegen werden" "meine Verfolger" (V.11aβ), die sagen:
"..., damit wir ihn besiegen" (V.10bα). Auch "ich obsiege nicht" (V.9
b), wenn ich nicht sprechen will (V.9aα). Aber Jahwe, "du hast obsiegt" (V.7aβ).

b) "Ich werde deine Rache an ihnen sehen" (V.12bα). Sie sagen
"..., damit wir unsere Rache an ihm nehmen" (V.10bβ). In dieser Anknüpfung bekommt V.12b einen anderen Sinngehalt als seine Parallele 11,20b.[99]

Genau betrachtet, werden sowohl die Verbindung von V.11 mit
V.12 als auch die von V.11f. mit V.7-9 durch V.10 vermittelt.

---

96 Vgl. "Gottlose" in 12,1-3 (s.o.S.116-120). Zum "Gerechten"
(צדיק) und seinem Gegenbegriff "Gottlosen" (רשעים) in den
Psalmen vgl. Kraus, Theologie, S.193f.; Ruppert, Feinde, S.62-71;
Keel, Feinde, S.109-128.

97 Die Abwechslung zwischen Anrede V.7.12 und Monolog V.8-11
entspricht nach Fishbane (Jer 20,7-12, 1982) dem chiastischen
Aufbau von V.7-12: Anrede an Gott V.7 (A), Selbstreflexion
V.8f. (B), Erinnerung an die feindlichen Anschläge V.10 (C),
Selbstreflexion V.11 (B') und Anrede an Gott V.12 (A'). Fishbane
interpretiert jedoch 12,7-12 hauptsächlich psychologisch (vgl.
Hartmann, Response, besonders S.189).

98 Ähnlich bei Hubmann (Anders, S.180f.) übersetze ich יכל außer
in V.10bα einheitlich mit "obsiegen". Vgl. HAL II, S.393: "über-
legen sein, siegen".

99 S.o.S.111f.

Die Rolle von V.10 in dieser Hinsicht ist folgendermaßen gra-
phisch zu zeigen:

יכל:      V.11 - V.10 - V.9 - V.7

נקמה:     V.12 -      V.10

Aus diesen Stichwortanknüpfungen ergibt sich folgendes: In den
Augen des klagenden "Ich" sind nicht seine Verfolger Machthaber
über ihn, sondern Jahwe allein, in dessen Hand alles liegt. Durch
diese Erkenntnis wird die Spannung zwischen der bitteren Klage in
V.7-9 und der Vertrauensäußerung in V.11f. überwunden. Inmitten
der Notlage kann der Betroffene nichts mehr tun, als sich auf
Jahwe zu verlassen, wenn ihm dieser auch wie ein Feind vorkommt.
Diesem doppelseitigen Verhältnis Jahwes zum Sprecher im Text entspricht die ungewöhnliche Verbindung von גבור mit עריץ in V.11a.[100]

Im Aufruf zum Lob in V.13[101] stellt sich der Aufrufende als einen "Armen" (אביון) vor, der den "Übeltätern" (רעים) gegenübersteht. Bei diesem Aufruf wird die Heilserfahrung des Menschen mit
Jahwe vorausgesetzt, der in den Psalmen oft als der einzige Helfer
der rechtlosen und ungeschützten "Armen" dargestellt und genannt
wird.[102] Derselbe Gedanke liegt dem vorherigen Vers (V.12) zugrunde. Aus dieser Sicht von V.13 betrachtet, will sich V.10-12 so verstehen lassen, daß es dort um den Konflikt zwischen *einem Gerechten* und *vielen Gottlosen* geht.

Manchmal versteht man V.13 vor dem Hintergrund der Haft Jeremias durch Paschhur in V.3.[103] Demgegenüber sieht Hubmann[104]
20,7-13 "als Resümee der vergangenen inneren Kämpfe und als letz-
tes Wort Jeremias" an. Sowohl die Gottes- als auch Feindproble-
matik lösen sich für den Propheten, indem er von der Macht Gott(es-
wort)es völlig überwunden worden sei. In diesem Sinne verdiene
20,7-13 die Bezeichnung "Konfession" am besten. Bemerkenswert ist

---

100 S.o.S.201f.
101 Vgl. "der imperativische Hymnus" bei Crüsemann, Formgeschich-
    te, S.31f., 39f.
102 Zu den "Armen" in den Psalmen s.u.a. Kraus, Ps, S.108-111; ders.,
    Theologie, S.188-192. Nach Sye (Armen, S.82) hört man, vom
    Gesichtspunkt der Hoffnung der Armen her betrachtet, aus den
    Prophetenbüchern den Schrei der Armen und fühlt in den Bü-
    chern der Weisheit und Psalmen die Freude der Armen.
103 Z.B. Neher, Jér, S.48.
104 Anders, S.184f., 186f.

die Auffassung von Hentrich.[105] Er betrachtet V.13 als "das Loblied
der Gemeinde", die "Träger des Wortes" ist.


## 5.5. Monologische Klage über die eigene Geburt (20,14-18)


Der letzten Konfession und zugleich den ganzen Konfessionen
setzt eine *monologische* Klage über die eigene Geburt ein Ende:[106]

(14) Verflucht sei[a] der Tag (ארור היום),

an dem ich geboren wurde (אשר ילדתי בו)!

Der Tag, da mich meine Mutter gebar, sei[a] nicht gesegnet

(יום אשר־ילדתני אמי אל־יהי ברוך)!

(15) Verflucht sei[a] der Mann, der frohe Kunde meinem Vater brachte[b]

(ארור האיש אשר בשר[b] את־אבי לאמר):

"Dir ist ein Sohn, ein Junge geboren!"

und ihn hoch erfreute!

(16) Und jener Mann[c] werde[a] (והיה[a] האיש[c] ההוא)

wie die Städte, die Jahwe ohne Erbarmen umstürzte

(כערים אשר־הפך יהוה ולא נחם).

Und er höre[a] das Geschrei am Morgen (שמע[a] זעקה בבקר)

und Lärm zur Mittagszeit (ותרועה בעת צהרים),

(17) [d]Weil er mich bei der Geburt[e] nicht mordete

([d]אשר לא־מותתני מרחם[e])!

Dann wäre mir meine Mutter mein Grab geworden

(ותהי־לי אמי קברי)

und ihr Schoß ewig schwanger geblieben (ורחמה הרת עולם)![f]

(18) Warum kam ich aus dem Mutterleib (למה זה מרחם יצאתי),

um Mühsal und Kummer zu sehen (לראות עמל ויגון),

daß meine Tage in Schande vergehen (ויכלו בבשת ימי)?

---

105 Jer, 1947, S.17.

106 Zu Unrecht scheiden einige Forscher 20,14-18 aus den Konfessionen aus (z.B. Ittmann, S.25f.; Pohlmann, S.33, Anm. 13). Nach
Pohlmann wird hier "exemplarisch die zuletzt verzweifelte und
ausweglose Situation der gottlosen Feinde des Beters" vor
Augen gemalt. Vgl. ferner unten S.214f.

Zum Text:

**a** Sowohl die nominale Konstruktion V.14aα.15aα als auch den Verbalsatz V.16a versteht Prijs[107] als die Konstatierung des Zustandes ("verflucht sein"), indem er והיה in V.16a im Indikativ liest. Holladay[108] interpretiert sogar אל־יהי in demselben Sinne. Dabei zieht Holladay Obd 12-14 heran, wo ebenso wie im vorliegenden Fall der wiederholt gebrauchte Vetitiv auf die Ereignisse in der Vergangenheit hinweist. Der Vetitiv in bezug auf die Vergangenheit hat jedoch die Bedeutung des Wunsches in sich.[109] Im Hinblick auf den Jussiv in V.14b korrigiert man oft die beiden Perfekte mit Waw consecutivum in V.16 (והיה und ושמע) zu Jussiven (יהי und ישמע).[110] Sie können aber ohne Änderung als Ausdruck der Wünsche verstanden werden.[111]

**b** Holladay[112] liest בשר im Passiv (pu.) statt Aktiv (pi.) und übersetzt folgendermaßen: "Cursed is the man about whom my father was brought news: 'A son...'..." So identifiziert Holladay "den Mann" mit Jeremia selbst. Das Verb בשר wird jedoch im Alten Testament niemals im Passiv (pu.) verwendet. Wenn hier auch ein passivischer Satz vorläge, wäre die Funktion von האיש kaum zu bestimmen. האיש entspräche weder dem direkten Objekt[113] noch dem indirekten Objekt (Dativ)[114] noch der Ortsangabe[115] in den alttestamentlichen Sätzen, in denen בשר pi. vorkommt. So bringt Holladay האיש nur mühsam mit einer englischen Präposition ("about") mit anderen Satzgliedern in Zusammenhang, wie seine Übersetzung zeigt.

**c** Meistens liest man היום statt האיש.[116] Ich sehe aber keinen überzeugenden Grund dafür. Man bleibe am MT.[117]

**d** Um V.14-17 als zweiteiligen Fluch über den Geburtstag (V.14.17) und über den Boten (V.15f.) zu rekonstruieren, ergänzt Lundbom[118] כי ההוא היום והיה vor אשר in V.17. So versteht Lundbom V.17a in

---

107 Jer xx 14ff., S.106.

108 Jer 1, S.560-562.

109 Vgl. "zum Modus der Fluchformel" bei Schottroff, Fluchspruch, S.44-50.

110 Z.B. ebd., S.48; Rudolph, z.St.

111 Vgl. Gesenius/Kautzsch, § 112 aa, bb.

112 Jer 1, S.560, 562.

113 טוב in 1 Kön 1,42; Jes 52,7, צדק in Ps 40,10 und ישועה in Ps 96,2.

114 "Dem Götzen und dem Volk" in 1 Sam 31,9//1 Chr 10,9, "dem König" in 2 Sam 18,19 und den "Armen" in Jes 61,1.

115 "In den Gassen Aschkelons" in 2 Sam 1,20 und "in großer Gemeinde" in Ps 40,10.

116 Z.B. Brandscheidt, Gotteszorn, S.283; Ittmann, Konfessionen, S.25; Schottroff, Fluchspruch, S.48, Anm. 3; Volz, z.St.; Rudolph, z.St.; Weiser, z.St.;

117 So mit Prijs, Jer xx, 14ff., S.105, 108; McKane, z.St.; Carroll, z. St.; BuRo; BJer; HBKo.

118 Curse, 1986.

dem Sinne: "Let the day be like (Midian) / because he did not kill me in the womb".[119] Diese Ergänzung scheint mir eine Vermutung zu sein, die auf rein stilistischen Beobachtungen beruht.

[e] Wörtlich: "aus dem Mutterleibe". Mit McKane[120] halte ich vor allem im Hinblick auf Ijob 3,11 die Emendation von מרחם zu בברחם[121] oder מְרָחֵם[122] für unnötig. Holladay[123] sieht מרחם als ein Substantiv wie in Jes 49,15a an und korrigiert מוֹחֲתַנִי zu מוֹחֲתָנִי. Dadurch macht Holladay "Mutter" zum Subjekt des Satzes. So lautet V.17a bei ihm folgendermaßen: "(a time) when pregnant she did not kill me". Dieser Versuch von Holladay hängt damit zusammen, daß man es in der Regel anstößig findet, daß der Freudenbote in V.16 als das Subjekt des Tötens in V.17a angesehen wird. Das Problem soll aber anders gelöst werden.[124]

[f] V.17a ist ein kausaler Relativsatz, an den sich die irrealen Konsekutivsätze in V.17b anschließen.[125] Das Imperfekt mit Waw consecutivum am Beginn des zweiten Halbverses (ותֹהִי) bringt eine bedingterweise eintretende Folge zum Ausdruck.[126]

Der erste Vers fängt mit der bekannten Fluchformel ...אָרוּר[127] an, in der ein unpersönlicher Gegenstand verflucht wird: der Geburtstag des Verfluchenden. In der Regel ist das Verfluchte eine Person.[128] Wenn der Konflikt zwischen den Menschen als der primäre Ort der Verfluchung anzunehmen ist, könnte man daraus schließen, daß hier der Sprecher seinen eigenen Geburtstag als einen Feind betrachtet.[129] Nach Schottroff[130] ist die Verbindung

---

119 Ebd., S.439. Auch Bruno (Jer, S.89, 261f.) denkt an zwei Einheiten, aber in anderen Zusammenhängen: V.14+17 und V.15f.

120 Jer I, S.482, 488f.

121 Z.B. Rudolph, z.St.; Weiser, z.St.; Carroll, z.St.

122 Dahood, riḥḥam, 1963.

123 Jer 1, S.560, 562, 565.

124 S.u.S.210f.

125 Schottroff, Fluchspruch, S.74f., 84.

126 Gesenius/Kautzsch, § 111 l.

127 Überwiegend in Form von Qal Partizip Passiv wird die Wurzel אָרַר im Alten Testament gebraucht (38 von 68mal nach Keller, אָרַר, Sp.237f.). Außer den konzentrierten Belegen in Dtn 27f. (18mal) und in den erzählenden Texten (13mal) kommt die אָרוּר-Formel nur noch in späteren Partien des Jeremiabuches (11,3; 17,5; 20,14.15; 48,10.10) und in Mal 1,14; Ps 119,21 vor.

128 Ebd., S.238. Als die unpersönliche Gegenstand der Verfluchung sind noch "Ackerland" (Gen 3,17), "Zorn" (49,7), "Korb" (Dtn 28,17) und "Frucht des Landes" (28,18) zu nennen.

129 Schreiner, z.St.; Horst, Hiob, S.40; Schottroff, Fluchspruch, S.53f.; Behler, Vocation, S.542.

130 Fluchspruch, S.53-56.

von אָרוּר mit Substantiven wie in unserem Text gegenüber der אָרוּר-Formel in der Anrede als sekundär zu beurteilen. In V.14b kommt eine parallele Verfluchung zu V.14a vor, wobei die negierte Segensformel ... בָּרוּךְ verwendet wird. Die Verfluchung "Der Geburtstag sei nicht gesegnet!" bezeichnet McKane[131] als "a kind of black birthday greeting" im Gegensatz zu "happy birthday greetings". Eichler[132] sieht hier ein typisches Beispiel für "Widerspruchsmotive" zu den herkömmlichen Motiven. Die modale Formulierung der Fluch-/Segensformel in V.14 hängt mit der Unterstellung des Fluches/Segens unter die bewirkende Macht Jahwes zusammen, die sich in der späteren Phase des Wandels im Modus der Fluch-/Segensformel vollzogen hat.[133]

Im nächsten Vers (V.15) wird noch einmal anhand der אָרוּר-Formel über denjenigen geflucht, der dem Vater des Neugeborenen frohe Kunde brachte.[134] Anschließend daran wird der Fluch über diesen Freudenboten breit entfaltet (V.16). Die erbarmungslose Zerstörung der Städte durch Jahwe deutet ohne Zweifel auf das Gericht Jahwes über Sodom und Gomorra in Gen 19 hin. Das Hören des Geschreis am Morgen und des Kriegslärms erinnert jeweils an 6,4; 15,8 und 4,19. In diesen Versen geht es um die Notsituation Judas, die unter der Leitung Jahwes durch die Feinde herbeigeführt wird. In diesem Sprachgebrauch ist die Verlagerung der Perspektive von der individuellen in 20,14f. auf die kollektive Ebene in V.16 nicht zu übersehen. In V.17 wird die Verfluchung über den Bringer der guten Nachricht dadurch begründet, daß er den Neugeborenen nicht mordete.

---

131 Jer I, S.483, 486. Vgl. Gradwohl, Bibelauslegungen, S.139-141.
132 Der klagende Prophet, Sp.919.
133 Schottroff, Fluchspruch, S.49, 168f. In einem rabbinischen Text (PesR Kap. 26) wird die Verfluchung des Geburtstages im vorliegenden Vers als die Reaktion Jeremias auf die Beauftragung Jahwes dargestellt, daß Jeremia zuerst Jerusalem und die Städte Judas (25,18a) aus dem Zornesbecher Jahwes trinken lassen soll (Prijs, Jeremia-Homilie, S.30-41).
134 Nach der ugaritischen Literatur ist der Vater bei der Geburt nicht zugegen und wird nur nach der Geburt benachrichtigt (van Selms, Marriage, S.85, 88ff. Vgl. Schreiner, Geburt, S.129; Westermann, Gen 12-36, S.409).

Diese Begründung gibt den meisten Kommentatoren Anlaß, הָאִישׁ zu הַיּוֹם zu emendieren[135] oder das Subjekt des Tötens anders zu interpretieren. Wie bereits erwähnt, nimmt z.B. Holladay nach einigen Eingriffen in den Text "Mutter" als das Subjekt des Satzes an,[136] während es für Lundbom[137] Jahwe ist. Prijs[138] postuliert sogar den Todesengel neben Jahwe als eigentlichen Urheber des erwünschten Mordes. Auf dieses Problem kommen wir nachher zurück.[139]

Die Sprache in V.16 weist wiederum auf das Leben eines Einzelnen wie in V.14f. hin.

Im letzten Vers (V.18) tritt eine klagende "Warum" (למה)-Frage in monologischer Form auf, die sich als eine spontane Reaktion angesichts der bedrängten Situation mehr mit dem kurzen Klageruf in Gen 25,22; 27,46 als mit der "Warum"-Frage in den Psalmen (Ps 10,1; 22,2; 42,10; 43,2; 88,5) berührt.[140] Die Klage über die Geburt in V.18aα mündet in die Äußerung über die Notlage in V.18aβb, mit der der Text abschließt. In V.18 wird der Grund der Verfluchung in V.14-17 deutlich artikuliert, nämlich daß das ganze Leben von dauerndem Leiden geprägt ist. Der Ausdruck in V.18b ימי...ויכלו hat sein Gegenstück in den individuellen Psalmen (Ps 102,4; 31,11).[141]

Auffallend ist, daß einige Ausdrücke in V.18 nach ihrem Gebrauch im Alten Testament zweideutig sind: individuell und kollektiv.[142]

a) ראה עמל ("Mühsal sehen") findet sich noch in Num 23,21; Dtn 26,7; Ps 10,14; 25,18; Koh 4,4. In den ersten beiden Stellen handelt es sich um die Notlage Israels. Hingegen liegen die nächsten

---

135 S.o.S.206.
136 S.o.S.207.
137 Curse, S.597-599. Vgl. HBCT; HBKo.
138 Jer xx, 14ff., S.108.
139 S.u.S.210f.
140 Schottroff, Fluchspruch, S.76f.
141 Vgl. כלו בישׁן ימי in Ps 102,4 und כלו ביגון חיי in 31,11. Ps 102 ist nicht vor dem Exil anzusetzen, während Ps 31 kaum zu datieren ist (vgl. Kraus, Ps, S.390, 866). Zu den Berührungen von Jer 20,7-18 mit Ps 31 vgl. Garsiel, Parallels, S.161f.; Bonnard, Psautier, S.68-70. S. noch oben S.199.
142 Vgl. Clines/Gunn, Jer 20, S.406; Schottroff, Fluchspruch, S.67. Schottroff hebt im Gefolge Baumgartners die individuellen Aspekte hervor, während Clines/Gunn auf die kollektiven aufmerksam machen.

beiden in den Klagepsalmen des Einzelnen aus späterer Zeit[143] vor. Im letzten Beleg ist von der Mühsal des Menschen überhaupt die Rede. Die Wurzel עמל ist am häufigsten in der weisheitlichen Literatur belegt.[144]

b) יגון ("Kummer") kommt einerseits in den individuellen Klagepsalmen (Ps 13,3; 31,11; 107,39; 116,3. Vgl. Gen 42,38; 44,31) vor und schildert andererseits in den Prophetenbüchern das tragische Schicksal des Volkes Juda (Jer 8,18; 31,13; 45,3; Jes 35,10; Ez 23,33. Vgl. Est 9,22).[145]

c) Wie das Verb בוש[146] dient das Substantiv בשת ("Schande") im Jeremiabuch zur Beschreibung der Notlage des Volkes (2,26; 3,25; 7,19. Vgl. 3,24; 11,13),[147] während in den Psalmen häufig die Klage oder die Verwünschung über die Feinde des Psalmisten damit formuliert wird (Ps 35,26; 40,16; 70,4; 109,29. Vgl. 132,18; 44,16; 69,20).

Deutlich zu erkennen ist, daß es bei der Verfluchung in V.14-17 eigentlich um die *Geburt* geht. Dafür spricht vor allem der wiederholte Gebrauch der Geburtsterminologie: ילד in V.14.14.15, רחם in V.17.18, אם in V.14.17 und אב in V.15. Dementsprechend ist weder dem Geburtstag an sich noch dem Freudenboten als solchem große Bedeutung beizumessen. Insofern die beiden mit der Geburt etwas zu tun haben, sind sie zum Gegenstand der Verfluchung geworden.[148] Deshalb spielen folgende Fragen bei der Interpretation des Textes keine große Rolle: Wen die Verfluchung in V.15-17 betrifft, warum die Verfluchung über den Freudenboten so breit entfaltet wird,[149] wie der erwünschte Mord in V.17 zu verstehen ist. Die Verfluchung des Freudenbotens dient m.E. als Stilmittel für

---

143 Vermutlich in der nachexilischen Zeit entstanden (vgl. Kraus, Ps, S.220f.; 351f.; Fohrer, Einleitung, S.309f.).
144 Allein in Kohelet ist etwa die Hälfte aller alttestamentlichen Belege zu finden (35mal von 75mal) (Schwertner, עמל, Sp.352. Vgl. Lauha, Kohelet, S.9).
145 S. Bak, S.100-102, 305, 308f.
146 Ebd., S.65 und s.o.S.160f.
147 S. Bak, S.234f., 238.
148 Vergleichbar sind die Nennung der Nacht in Ijob 3,6-9 und die Anrufung der Mutter in Jer 15,1 (s.o.S.131f.).
149 S.o.S.207, 209.

das Klage-Phänomen, mit dem die tiefe Verzweiflung angesichts des unwiderstehlichen Leidens zur Sprache kommt.[150] Die Verfluchung in bezug auf die eigene Geburt ist im Vergleich mit den anderen Belegen für die אָרוּר-Formel einzigartig.[151] Denn die Verfluchung wird sonst durch die *Verfehlung* des *Menschen* veranlaßt, die entweder in der Vergangenheit begangen worden ist oder in der Zukunft begangen werden kann.[152] In diesem Zusammenhang ist die Verfluchung hinsichtlich eines *naturhaften Ereignisses* in der *Vergangenheit* anders zu deuten. Sie verläßt den ursprünglichen Boden der Verfluchung und ist nun als eine indirekte Artikulation der unerfüllten Wünsche zu betrachten. Letzten Endes dient sie als Ausdruck des *bitteren Beklagens*. Den Sinn von Jer 20,14-18 könnte man versuchsweise mit dem einfachen Satz zusammenfassen: "Wäre ich nicht geboren!" Dies bedeutet dann in der Tat: "ich beklage sehr, daß ich geboren bin!" Wie schon oben bei 15,10 erwähnt, geht dieses Beklagen der eigenen Geburt freilich auf die Frage nach dem *Sinn* des *Lebens* zurück, das nur mit Leiden erfüllt ist.[153] Angesichts seines leidvollen Lebens, das ihm wie ein feindliches Leben vorkommt,[154] geht der Sprecher an den Beginn seines Lebens zurück und greift ihn heftig an. In diesem Sinne ist V.14-18 als eine *Klage* über die eigene leidende Existenz aufzufassen, die vor allem in die *Verfluchung* über den Geburtstag und den Freudenboten *eingekleidet* ist.[155] Im Unterschied zu der Selbstklage über die

---

150 Vgl. McKane, S.493: "literary techniques for expressing profound sorrow and perplexity". Bei Prijs (Jer xx, 14ff., S.106f.), der in V.16 nicht die Verfluchung des Boten, sondern die Bestätigung des Verflucht-Seins mit Bedauern sieht, tritt der Bote als "ein *Repräsentant* des Volkes" "für Jeremia" auf (Hervorhebung im Original und s.o.S.206). Die Argumentation von Prijs findet bei Hubmann (Anders, S.187f.) Zustimmung. Ferner vgl. Strobel, S.52.
151 Im parallelen Text Ijob 3 ist die אָרוּר-Formel nicht zu finden.
152 Vgl. Fluchbegründungen oder -bedingungen bei Schottroff, Fluchspruch, S.76-129.
153 S.o.S.132.
154 S.o.S.207.
155 Die Bezeichnung von V.14-18 als Selbstverfluchung bzw. -verwünschung ist zwar unter dem formalen Gesichtspunkt richtig, trifft aber sachlich nicht ganz zu. Vgl. Horst, Hiob, s.42: "Man könnte von hierher schon sagen: während bei Jeremia das ak-

eigene Geburt in 15,10, die in der totalen Isolierung einer Person
von der Gesellschaft ihren Grund hat, befindet sich das klagende
"Ich" in 20,14-18 in einer Lage, in der es wegen des Leidens *der
anderen* klagt. Das läßt sich an dem Ausdruck in V.18aß ראה עמל
am deutlichsten erkennen. In den alttestamentlichen Belegen für
den Ausdruck ראה עמל geht es immer darum, daß einer die Notlage der anderen sieht. Jahwe sieht עמל Israels/des Einzelnen (Dtn
26,7/Ps 10,14; 25,14. Vgl. Hab 1,3.13). Man/der Prediger sieht עמל
Israels/des Menschen überhaupt (Num 23,21; Koh 4,4).[156] In demselben Zusammenhang steht das Wort יגון in Jer 20,18aß, das als
das zweite Objekt von ראה angesehen wird. Der Sprecher sieht die
Mühsal und den Kummer der anderen, nicht seine eigenen. Wer
diese anderen sein könnten, das deutet das Subjekt in V.18b בשת
an: das Gottesvolk, das vom Gerichtshandeln Jahwes betroffen
wird.[157] Allein V.18 erinnert an das Bild des mitleidenden Propheten, das in den jeremianischen Klagetexten zum Ausdruck kommt.[158]
Die Anspielung auf die Notlage des Volkes in V.18 hat jedoch eine
andere Bedeutung im Hinblick auf den kollektiven Sprachgebrauch
in der Verfluchung des Freudenboten in V.16, der auf das Unheil
über das Volk hindeutet.[159] Die scheinbare Diskrepanz zwischen den
beiden Versen hinsichtlich des Motivs "das Leiden des Gottesvolkes" hängt mit seiner doppelseitigen Verwendung in den Konfessionen zusammen. Das Motiv wird auf der einen Seite gebraucht,
um den Sprecher als ein Vorbild des unschuldig von der Hand
Jahwes leidenden wahren Gottesvolkes darzustellen.[160] Auf der anderen Seite kommt das Motiv in der Verwünschung über die gottlosen Gegner vor, die trotz ihrer Schuld noch vom Unheilshandeln

---

zenttragende Wort ארור ist, verlagert sich bei Hiob das Gewicht auf למה. Die Selbstverwünschung ist hier also zur Son-
derform der Klage geworden." Was Horst in Hiob 3 beobachtet,
gilt m.E. auch für unseren Text.

156 Vgl. den doppelseitigen Gebrauch des Ausdrucks in Hinsicht auf
  Individuum oder Kollektivum (s.o.S.209f.).
157 S.o.S.210.
158 S. Bak, S.31-122.
159 S.o.S.208. Vgl. noch oben S.211, Anm.150.
160 Vgl. kollektiver Sprachgebrauch in 11,18f.; 12,4; 15,15-18; 17,12f.14.
  16aß.17f.; 18,18.20b.21-22a.23aßγb; 20,7b.8 (s.o.S.129, 148, 151-153,
  161f., 186, 189f., 195.).

Jahwes verschont bleiben.[161] Dem letzteren Fall entspricht V.16 und
dem ersteren V.18.

Die kollektiven Leidenserfahrungen in V.14-18 sind in Verbindung
mit V.7-13 noch deutlicher zu erkennen. Wer in V.14-18 klagt, ist
kein anderer als derjenige, der sowohl unter dem göttlichen Zwang
in V.7-9 als auch durch die ihn verspottende und sich zusammen-
rottende Umgebung in V.7b.8b.10 leidet, der sich als Gerechter und
Armer in V.12.13 inmitten der Not auf Jahwe verläßt und von dessen Vergeltung an den Gegnern in V.11.12 überzeugt ist. Die Klage
in V.14-18 steht zwar immer noch auf dem Boden des festen Ver-
trauensverhältnisses zu Jahwe, klingt aber gerade deswegen wie
eine Klage über Jahwe angesichts der ausbleibenden Rettung durch
ihn. In dieser Hinsicht bekommt das Wort עמל in V.18 einen neuen
Sinn. Das Wort wird in Ps 73,5.16; Jes 53,11 zur Schilderung des
Leidens der Gerechten benutzt.

Mit dem Gottesknecht in Jes 40-55 vergleicht Langdon[162] Jeremia
in bezug auf die biographischen, strukturellen, sprachlichen und theologischen Gemeinsamkeiten. Langdon hält jeremianischen Einfluß auf
den deuterojesajanischen Gottesknecht für möglich. Als sprachliche
Entsprechungen zwischen beiden kommt folgendes in Betracht: Jer 10,
19//Jes 53,4, Jer 11,19//Jes 53,8, Jer 11,19; 12,3//Jes 53,7, Jer 15,11// Jes
53,6 und Jer 1,5//Jes 49,5.[163] Bei seiner Argumentation setzt Langdon
die Echtheit der Konfessionen voraus. Eine einleuchtende These stellt
E.Haag[164] auf, nach dem der Verfasser der Gottesknechtslieder die
deuteronomistische Jeremiatradition neben der deuteronomistischen
Davidtradition aufgegriffen hat.[165] Wenn wir die Konfessionen in die
spätere nachexilische Zeit ansetzen, nehmen wir an, daß auch aus dem
Bild des Gottesknechtes bei Deterojesaja einige Elemente in den Konfessionen Aufnahme gefunden haben.

In Ps 73,5 klagt der Psalmist darüber, daß die Gottlosen nicht
"in der Mühsal des Menschen"(כעמל אנוש) sind. In V.16 gesteht

161 Vgl. 17,17; 18,21-23; 20,11 (s.o.S.159, 185, 202).
162 'Ebed Yahweh', S.42-160.
163 Ebd., S.107-122. Ferner vgl. Westermann, Jes, S.183f.; Farley,
    Servant.
164 Gottesknecht, S.185-193.
165 Vgl. Blank, Paradigm, S.126f. Merkwürdigerweise sind die Be-
    rührungen der Gottesknechtslieder mit dem Jeremiabuch im
    umfangreichen Forschungsbericht von H.Haag (Gottesknecht,
    1985) kaum erwähnt.

er, daß "dies zu verstehen" in seinen Augen "eine Qual" (עמל) ist.[166]
So wird dasselbe hebräische Wort in V.5 im allgemeinen Sinne und
in V.16 im individualisierten Sinne verwendet.[167] Vor dem Hintergrund von Ps 73,5.16 ist עמל in Jer 20,18 mit dem Leiden des Gerechten in Verbindung zu bringen. Außerdem ist anzunehmen, daß
das Bild der gottlosen Gegner in die Verfluchung über den Boten
in V.16 eingedrungen ist.[168]

Nun ist aus dem Ausdruck ראה עמל in V.18 zu erschließen, daß
sich der Sprecher als *einer* der leidenden Gerechten versteht. Sein
qualvolles Leben hat den Grund nicht nur in seinen persönlichen
Erfahrungen, sondern vielmehr im Leben *der* Gerechten überhaupt.
Der implizite Ausdruck der *Leidensgemeinschaft* unterscheidet
20,14-18 von Ijob 3; 10,18f.[169]

Zwischen Jer 20,14-18 und Ijob 3; 10,18f. sind zunächst folgende
sprachliche Entsprechungen festzustellen: Jer 20,17a//Ijob 3,11a, Jer
20,18aα//Ijob 3,11b; 10,18a. Darüber hinaus kann man folgende gemeinsame Worte anführen: יום im Sinne von Geburtstag (Jer
20,14.14; Ijob 3,1.2.3.4), ילד (Jer 20,14.14.15; Ijob 3,3), קבר (Jer 20,17;
Ijob 3,22; 10,19) und עמל (Jer 20,18; Ijob 3,10).[170] Als Ausdruck der
Verfluchung dient in Jer 20,14f. ארר, während in Ijob 3,1 קלל
dafür vorkommt. Im Gegensatz zu dem überwiegenden passivischen
Gebrauch von ארר[171] kommt die Wurzel קלל im Alten Testament
hauptsächlich im Aktiv (pi.) vor.[172] Dementsprechend geht es קלל
pi. in erster Linie um den *Redeakt*, mit dem man einen anderen
oder Gott schmäht oder lästert,[173] um dessen Wesen in der "Inte-
grität zu beeinträchtigen" und auszuhöhlen.[174] Demgegenüber hat

---

166 Die Übersetzung von עמל in V.16 mit "Qual" nach Kraus (Ps,
     S.663); ZB; EÜ. Vgl. "ein qualvolles Rätsel" (Gesenius/Buhl,
     S.600) und "(qualvolle) Last/Mühsal" (Irsigler, Ps 73, S.33, 262).
167 Ebd., S.262.
168 In V.9-18 ist die dreifache Verwendung des Feindbegriffs zu
     vermuten: Jahwe in V.7-9, Verfolger in V.10-13 und die eigene
     Geburt bzw. das eigene Leben in V.14-18.
169 Nach Carroll (Chaos, S.129) spiegeln sich in Ijob 3 die Erfah-
     rungen des Einzelnen und in Jer 20,14-18 die der Gemeinde wi-
     der, und zwar in der exilischen Zeit.
170 Vgl. Ahuis, Gerichtsprophet, S.110.
171 S.o.S.207, Anm.127.
172 Nur dreimal kommt קלל im Passiv vor, während die aktivische
     Form 40mal belegt ist.
173 Vgl. Keller, קלל, Sp.634f.
174 Schottroff, Fluchspruch, S.29.

der אָרוּר-Satz eine *deklaratorische* Funktion. Mit ihm wird eine Person oder Sache als der Gegenstand des Unheils bezeichnet, das von Gott her kommt.[175] Die Verfluchung in bezug auf die eigene Geburt in Jer 20,14-18 spiegelt das Selbstgefühl eines Menschen wider, der sich vorstellt, daß seine Existenz von Anfang an "außerhalb der durch Gottes Weisung bestimmten Tatsphäre"[176] gelegen wäre. Westermann[177] vermutet eine uralte Form der Klage, die sowohl Jer 20,14-18 als auch Ijob 3 zugrundeliegen muß.[178]

## 5.6. Das Klage-Phänomen in 20,7-18

Es fällt auf, daß die Klage in V.14-18 bei der Verbindung mit V.7-13 nicht vor die Vertrauensäußerung in V.11.12 und den Aufruf zum Lob in V.13, sondern hinter sie gestellt wird.[179] Dies entzieht sich den "Formgesetzen der einzelnen Gattungen", indem "eine individuelle Klage in der 'falschen' Reihenfolge einhergeht".[180] Wie oben betrachtet, kommt auch in den ersten beiden Konfessionen die Klage (12,1-4; 15,15-18) nach der Jahwerede mit dem positiven Inhalt (11,21-23; 15,11-14).[181] Außerdem läßt sich eine Steigerung der zwei-

---

175 Keller, אָרַר, Sp.238. Vgl. Brichto, Curse, S.114f.

176 Ebd., Sp.239.

177 Jer, S.43.

178 Zum Vergleich zwischen den beiden Personen Jeremia und Ijob vgl. McDonagh, Job.

179 Trotzdem ziehen einige vor, mindestens V.13 nach V.14-18 zu besprechen (z.B. Scharbert, Propheten, S.210-212; Ridouard, L' épreuve, S.74-76; Dickinson, S.61f. Ferner vgl. Bruno, Jer, S.89, 262). Auffälligerweise interpretiert Wimmer (Confessions, S.18) V.14-18 als die Darstellung einer "more positive attitude of accepting his (=Jeremias) life as one of toil and sorrow", die "in the light of the prior acclamation of the joy of the 'ana-wim'" (V.13) angemessener verstanden wird (vgl. ders., Sociology, S.405f.)

180 Stolz, Psalmen, S.23. Als ein Beispiel für die falsche Reihenfolge nennt Stolz Ps 40. Auch dort folgt die Klage auf Vertrauensäußerung und Lob. Die Abweichung von den herkömmlichen Formgesetzen weist auf die spätere Entstehung der jeweiligen Psalmen hin. Vgl. noch oben S.162f.

181 S.o.S.119, 133f.

ten Klage gegenüber der ersten in 20,7-18 wie in 15,10-21
beobachten.[182] Zur Erklärung der gesteigerten zweiten Klage nach
den Vertrauensäußerungen und dem Lob in unserem Text ist Ps 22
aufschlußreich. Dort lösen sich Klage und Vertrauensäußerung
mehrmals ab, wobei sich die beiden sowohl umfangmäßig als auch
inhaltlich steigern. Diese Steigerung läßt sich an folgender Gliederung des ersten Klageteils des Psalms (V.1-22) erkennen:[183]

Anrufung (V.2aα)
I. Klage (V.2f.)      + Vertrauensäußerung (V.4-6)
II. Klage (V.7-9)     + Vertrauensäußerung (V.10-12)
III. Klage (V.13-19)  + Bitte (V.20-22)

Das mehrmalige Hin und Her in Ps 22,1-22 sprengt den Rahmen
der traditionellen Klagepsalmen und legt die Vermutung nahe, daß
sich dahinter die gegensätzliche Situation von Verzweiflung und
Hoffnung in mehreren Phasen verbirgt.[184] Bereits aufgrund dieser
Beobachtung kommt die spätere nachexilische Zeit, in der die Gerechten einer ständigen Notsituation ausgesetzt waren, als Entstehungszeit von Ps 22 in Betracht. Dafür spricht auch die enge Verzahnung der individuellen mit den kollektiven Elementen in einem
Psalm (z.B. V.5f.),[185] die auch in Jer 20,7-18 beobachtet wird. In
der nachexilischen Gemeinde breitet sich einerseits eine persönliche
Lebensführung aus, die die Krise der Gemeinschaft zur Folge hat,
und man bemüht sich andererseits um die Bildung einer neuen Gemeinschaft des echten Israel, die in Ps 22,27 als "Elende" (עֲנָוִים)
bezeichnet wird (vgl. V.25; Jer 20,13.18).[186] Offenbar ist Jer 20,7-18
aus einer ähnlichen Situation entstanden.[187]

---

182 S.o.S.139. 12,1-4 ist nicht die zweite Klage, weil in 11,18f. keine
    Klage vorliegt (s.o.S.105-109).
183 Welten, Psalmen-Vorlesung an der Kirchlichen Hochschule Ber-
    lin am 28.5.1984. Ferner vgl. Stolz, Ps 22, S.134-136; ders., Psal-
    men, S.36f.; Kselman, Ps 22, S.183-188.
184 Welten, Psalmen-Vorlesung am 4.6.1984. Vgl. Stolz, Ps 22, S.137.
185 S.o.S.107, Anm.14.
186 Stolz, Psalmen, S.23f.; 38; ders., Ps 22, S.142 und s.o.S.129f., 150,
    204, 212-214.
187 Zu den Entsprechungen zwischen Ps 22 und Jer 20,7-18 vgl.
    Garsiel, Parallels, S.155-161; Holladay, Background, S.316; Bon-
    nard, Psautier, S.54-61.

Die Uneinheitlichkeit von 20,7-18 gibt manchmal den Forschern Anlaß zur literarkritischen bzw. redaktionsgeschichtlichen Bearbeitung des Textes und/oder zur Aufteilung in kleinere Texte. Brandscheidt[188] hält V.10-13 für die redaktionelle Interpretation des Leidens Jeremias als des Leidens des Gerechten, während Vermeylen[189] V.7-9+14-18 in die frühere und V.10-13 in die spätere nachexilische Zeit ansetzt. Als Nachtrag zu den vermeintlichen jeremianischen Worten gilt V.12.13 bei Thiel, V.13 bei Hubmann und V.10-13.16a bei Ahuis.[190] Hingegen bezweifeln Ittmann, Clines/Gunn, Berridge und Lewin die jeremianische Autorenschaft von 20,7-18 nicht.[191] Die ersten beiden sehen jedoch wie Hubmann und Gunneweg[192] zwei ursprünglich selbständige Stücke in 20,7-18 (V.7-13.14-18). Berridge und Thiel stimmen Baumgartner[193] zu, der den Text in drei kleinere Einheiten aufteilt. (V.7-9.10-12.14-18).

Der Verfasser beruft sich inmitten der dauernden Anfechtungen auf den Propheten Jeremia, der um des Gotteswortes willen schwer gelitten hat. Dazu bedient er sich der prophetischen Sprache wie דבר בשם יהוה, חמס ושד und מגור מסביב, und zwar in enger Verbindung mit den aus den Psalmen bekannten Motiven wie Verspottung der Umgebung und Zusammenrottung der Masse/Nahestehenden gegen den Gerechten.[194] Dadurch und noch anhand weiterer Ausdrücke wie זכר, בשת und יגון wird der Text mehrdeutig konstruiert.[195] Indem der Text auf diese Weise "elements of psalmic typicality and prophetic particularity" enthält,[196] wird der leidende Jeremia mit dem unschuldig leidenden Gerechten gleichgesetzt.[197]

---

188 Gotteszorn, S.279-284.
189 Confessions, S.267f.
190 Thiel, Jer 1-25, S.228, Anm.25; Hubmann, Stationen, S.27, 37f.; Ahuis, Gerichtsprophet, S.109-111.
191 Ittmann, Konfessionen, S.25f., 53; Clines/Gunn, Jer 20, S.398; Berridge, Prophet, S.114, Anm. 1; Lewin, Authority.
192 Hubmann, Anders, S.181f.; ders., Stationen, S.37f.; Gunneweg, Konfession, S.411.
193 Klagegedichte, S.48-51, 63-67. Vgl. Ahuis, Gerichtsprophet, S.109-111.
194 S.o.S.194f., 199f.
195 S.o.S.196f., 212f.
196 Diese Worte von Polk (Persona, S.156), die er auf 20,7-13 anwendet, gelten m.E. für den ganzen Text.
197 Nicht überzeugend ist die Argumentation von Gunneweg (Konfession, S.411f.), daß es sich in 20,14-18 im Hinblick auf 17,5-11 um das Bild des Weisen-Gerechten-Jeremia handelt. Sie geht

Trotz des festen Vertrauens des Gerechten auf Jahwe, in dem er den Grund seines Leidens und zugleich seinen Helfer sieht, vertreibt die Gerechtigkeit Jahwes das Leiden seines Verehrers noch nicht.[198] Das entspricht genau dem Abschluß der letzten und der gesamten Konfessionen mit der bittersten Klage 20,14-18.[199] Das Fehlen eines "happy end" wie des Dankliedes in Ps 22,23ff. oder mindestens eines positiven Endes wie der Bitte in Ps 22,20-22 erklärt sich aus dem größeren Textzusammenhang, in dem sich 20,14-18 befindet.[200] Ein solcher positiver Ausgang der bitteren Klage ist endlich in Kap.45 zu finden, das aus den verschiedenen Überliefreungen über die Verkündigung und das Leben des Propheten einen Schluß zieht.[201] Zwischen Kap.20 und 45 kommen noch wichtige Sprüche über das Unheilsschicksal Judas und auch die sog. Leidensgeschichten Jeremias.

Eine implizite Antwort Jahwes auf die Klage 20,14-18 findet Polk[202] in den Leidensgeschichten Jeremias, die bereits in 21,1-10 anfangen.

---

m.E. insbesondere aus der gemeinsamen ארור-Konstruktion in beiden Texten hervor. Allein das reicht aber nicht aus, um eine notwendige Verbindung zwischen ihnen zu behaupten (vgl. Schottroff, Fluchspruch, S.92-97; Polk, Persona, S.144-150).

198 Stolz, Ps 22, S.142. Mutatis mutandis kommt hier das Hauptargument von Carroll in seinem Buch, Dissonance, 1979, zur Geltung, daß die Reinterpretation der Prophetie vor allem in den Jahrhunderten der nachexilischen Zeit als Reaktion auf das Ausbleiben der Erwartungen angesehen wird (ebd., S.58 u.ö. Vgl. ders., Prophecy, 1976; ders., Israelite Prophecy 1977).

199 Man empfindet in der Regel eine Steigerung der Klage entlang der Abfolge der Konfessionen (z.B. von Rad, Konfessionen, S.272; Hubmann, Stationen). Eigenartig ist dagegen die Anordnung der Texte bei Blank (Confessions, S.353-355; Jer, S.105-111): 17,14-18; 18,18-23; 11,18+12,6+11,19-23; 20,7-11; 15,10f.+15-20; 12,1f.4b.3.5. Dabei fallen 20,12f.14-18 aus. Für Lundbom (Jer, S.28-30) schließt 20,14-18 eine frühere Hauptkomposition Kap. 1-20 ab. Er sieht in יצא מרחם in 1,5; 20,18 eine Inclusio (so auch Holladay, Architecture, S.27). Man interpretiert oft 20,14-18 im Zusammenhang mit Kap. 1 (z.B. Lewin, Authority; Bonvin/Clerc/Gallay, Vocation; Mottu, Confessions, S.29-48; ders., Vocation).

200 Die Klage ohne einen positiven Abschluß findet sich auch in den Psalmen, die von Brueggemann (Ps, S.78-81) als "problem psalms" bezeichnet werden (z.B. Ps 88).

201 Zu Kap. 45 s. Bak, S.304-312.

202 Persona, S.160, 162.

Dabei zieht Polk vor allem die Heilsworte an Ebedmelech und an
Baruch in 38,2f.; 45,5 und die Klage über Zidkija in 38,18 in Betracht. Sie entsprächen der Jahwerede 21,8f. und illustrierten dadurch den endgültigen Sieg des Gotteswortes. In seiner Annahme,
daß die "in den KT (=Konfessionstext) vorgeführten Zweifel an
einer von Jahwe garantierten Gerechtigkeitsordnung" v.a. durch die
Erzählungen über die Bestrafung der Gegner und über die Rettung
Jeremias ausgelöst werden, verkennt Pohlmann[203] die erneute Miß-
handlung Jeremias durch die Zurückgebliebenen nach dem Fall Jerusalems. Nach Clines/Gunn[204] legt 20,14-18 den Übergang von den
persönlichen Erfahrungen des Propheten in Kap.19f zu den kollektiven Erfahrungen des Volkes Juda in Kap.21-24 an. In ähnlicher
Hinsicht versteht Hubmann[205] 20,14-18 als Reaktion des Propheten,
der in V.7-13 den Schlußstrich unter seine bisherigen Anfechtungen
gezogen hat,[206] auf die unmittelbar bevorstehende Katastrophe
über das ganze Volk. Aber die Differenzierung der individuellen und
kollektiven Aspekte zwischen Kap.19f. und 21-24 oder zwischen
20,7-13 und 14-18 übersieht, daß die beiden Aspekte bereits in
20,7-18 wie in den anderen Konfessionen eng miteinander verbunden
sind.[207]


Die folgenden Ausdrücke sind aus den Klagestellen der anderen
Partien des Jeremiabuches bekannt und in der letzten Konfession zu
finden: לחרפה היה (V.8b), שמע זעקה/תרועה (V.16b), בשׁת/בושׁ
(V.11/18), כלמה (V.11) und יגון (V.18).[208]

---

203 Die Ferne, S.36.
204 Jer 20, S.408. Vgl. Carroll, S.403.
205 Anders, S.187f.
206 S.o.S.204f.
207 Unter Voraussetzung der jeremianischen Verfasserschaft des Tex-
    tes vertritt Rössler (Jer 20,7-18, S.98) eine einleuchtendere An-
    sicht, daß man in 20,7-18 paradigmatische Züge für das Schick-
    sal des ganzen Volkes sieht.
208 S.o.S.193-195, 202, 208, 210.

## 6. Zusammenfassung und Auswertung

a) Mit den Konfessionen nimmt die Klagetradition des Jeremiabuches eine neue Richtung, da hier die *Klage* des *Gerechten vor*
und *über Jahwe* wegen des scheinbar ungerechten Leidens vorliegt.
In formaler Hinsicht richtet sich die Rede hauptsächlich an Jahwe.
Die Anrede an die Mitmenschen ist lediglich in 11,21; 15,10; 20,13
belegt. In 11,21 wird Jeremia von den Landsleuten angeredet, während in 15,10 die Mutter des Betroffenen und in 20,13 eine unbestimmte Mehrzahl Adressat ist. Ein Monolog im eigentlichen Sinne
ist außer 20,14-18 kaum zu finden, da auch die monologisch formulierten Verse 11,19; 12,4; 18,18; 20,8f.10.11 in den jetzigen Textzusam-
menhängen als Teil der Anrede an Jahwe verstanden werden.[1] Die
an Jahwe adressierte Rede in den Konfessionen besteht aus Elementen der Psalmen (Selbst-, Feindklage, Klage über Jahwe, Unschuldsbeteuerung, Vertrauensäußerung, Rückblick auf das frühere
Heilshandeln Jahwes, Bitte um Zuwendung/Hilfe, Verwünschung,
Lob und Aufruf zum Lob), weisheitlichen, prophetischen und juristischen Elementen. Je nach Text werden einige von den Elementen
der Psalmen als Schwerpunkte hervorgehoben: Vertrauensäußerung
und Klage über Jahwe in 11,18-12,6, Selbstklage und Klage über Jahwe in 15,10-21; 20,7-18, Feindklage und Verwünschung in 18,18-23,
Selbst-/Feindklage und doppelseitige Bitte in 17,12-18. Dennoch
kreisen alle fünf Texte, im Grunde genommen, um denselben Punkt:
das Leiden des unschuldigen Gerechten. Als seine Kehrseite wird
das Wohlergehen der gottlosen Gegner in 12,1f. ausdrücklich erwähnt und in 15,15; 17,15; 18,23; 20,16 angedeutet.[2] Angesichts dieser
widersprüchlichen Wirklichkeit wird über Jahwe geklagt, der end-

---

1    S.o.S.9f. Ferner vgl. Perlitt, Anklage, S.293f. Lundbom (Curse,
     S.590f.) hält auch in Jer 20,14-18 Jahwe für den bevorzugten
     Zuhörer, obwohl in diesem Text jeder Hinweis auf Jahwe fehlt
     (Stamm, Bekenntnisse, S.573).
2    S.o.S.116, 135-138, 154f., 184-186, 212f.

gültiger Garant der richtigen Verhältnisse ist.[3] Diese Klage über Jahwe liegt im Wesen des Klage-Phänomens in den Konfessionen. Die Klage des Menschen vor und über Jahwe ist zwar auch in den anderen Partien des Jeremiabuches mehrmals belegt (4,10; 14,7-9. 13.19-22; 31,18f. Vgl. 5,2-5),[4] wird aber in ihnen nicht so intensiv wie in den Konfessionen entfaltet.

b) Dieses Klage-Phänomen hängt mit der Situation der Gemeinde in der späteren nachexilischen Zeit zusammen. Unter den dauerhaften fremden Herrschaften existiert das Gottesvolk in kleineren Gruppen mit unterschiedlichen Interessen.[5] Nun trifft die Heilserwartung viel mehr die einzelnen Gesetzesfrommen als das Volk.[6] Die schwere soziale Krise in bezug auf unfromme Aufsteiger, auf deren Hintergrund das Ijobbuch zu verstehen ist,[7] stellt die landläufige Vergeltungslehre in Frage und läßt die leidenden Frommen nach der Gerechtigkeit Jahwes fragen.[8] Diese Situation spiegelt sich sowohl in eigenen Sprüchen als auch in der Weisheitsliteratur, besonders in vielen "Frommer-Frevler-Sprüchen" wider.[9] So entwickelt sich der *Individualismus* erst in dieser Zeit richtig, obwohl sein Keim bereits in der Königszeit entstanden sein wird.[10]

---

3  Für Diamond (Confessions, S.189-191 u.ö.), der an der jeremianischen Herkunft der Konfessionen festhält, ist die Theodizeefrage viel mehr das Thema der deuteronomistischen Redaktion von Kap.11-20 als das der Konfessionen. Darüberhinaus hebt Clemens in seinem Kommentar – der mir noch unzugänglich ist – nach Brueggemann (Jer, S.276) die Bedeutung des Theodizeeproblems im Jeremiabuch hervor, indem Clemens meint, daß das ganze Jeremiabuch mit diesem Problem ringt.

4  S.o.S.40-44, 48-67, 70-76.

5  Vgl. Weinberg, Gruppe, 1986.

6  Kaiser, Gerechtigkeit, S.171-176.

7  Albertz, Theodizee, S.351-357, 368f. Nach Albertz vertritt Ijob die fromme Oberschicht im 5.Jh.v.Chr., die im Zusammenhang mit ihrem selbstlosen Einsatz für die arme Unterschicht von der Gefahr des sozialen Abstiegs bedroht ist. Ihr gegenüber steht die unfromme Oberschicht, die auf Kosten der Armen prosperiert (vgl. Crüsemann, Hiob, S.386-393). Zur Sozialgeschichte Israels in der Perserzeit vgl. Kreissig, Achämenidenzeit, S.101-114; Kippenberg, Klassenbildung, S.23-77; Schottroff, Perserzeit; M.Smith, Religious Life, S.244-276.

8  Albertz, Theodizee, S.357-372.

9  Ebd., S.365. Vgl. Pohlmann, Die Ferne, S.36; Kuntz, Restribution Motif; Keller, Vergeltungsglauben.

10 Vgl. Welten, Leiden, S.149, Anm.117; Pohlmann, Die Ferne, S.35

J.G.Janzen[11] setzt den Aufstieg des Individualismus im Nahen
Osten zwischen 1500 und 800 v.Chr. an und betrachtet ihn als einen von sieben Kontexten von Jer 20,7-18. So schließt sich Janzen
der Forschungstradition an, in der Jeremia besonders im Hinblick
auf die Konfessionen als der Vorläufer der individuellen Religion im
Alten Testament angesehen wird.[12] Nach den Ergebnissen der sozi-
algeschichtlichen Untersuchungen in Frankreich ist jedoch der Individualismus in der Menschheitsgeschichte nach dem 5.Jh.v.Chr.
entstanden.[13]

c) Die bisher dargelegten Strömungen in der späteren nachexilischen Zeit[14] finden in den Konfessionen ihren Niederschlag in der
Art, daß die verschiedenen Elemente unterschiedlicher Herkunft frei
miteinander verbunden und umgestaltet werden. Ein ähnliches Phänomen findet sich in den Psalmen in der "nachkultischen" Zeit, in
denen die unterschiedlichen Gattungen gemischt und ihre einzelnen
Elemente frei angeordnet sind.[15] In den Konfessionen knüpft das
Bild des unschuldig leidenden Gerechten durch die prophetischen
Bezüge an das Bild des um des Gotteswortes willen leidenden Jeremia an. Dazu trägt der *doppeldeutige* Sprachgebrauch bei. Ein gutes Beispiel dafür ist die Aussage über das Wort Jahwes, das auf
das prophetische Wort und zugleich auf die Willensoffenbarung
Jahwes im allgemeinen hinweisen kann. Der Bezug auf letztere
ermöglicht, daß sich die Gesetzesfrommen in späterer Zeit dem
Propheten anschließen.[16] Darüber hinaus ist das Motiv "das Leiden

---

11  Jer 20,7-18, S.180-183.
12  Skinner, Prophecy, S.16f., 201-230; H.W.Robinson, Cross; ders.,
    Corporate Personality, S.32f.; ders., Group, S.53-56; Welch, Jer,
    S.35; Hertzberg, Prophet, S.182, 225-472 u.ö.; Gelin, Jér, 1949,
    Sp.876-884; J.W.Miller, Verhältnis, S.168-172; Jacobson, Paradox,
    S.52; Owens, Religions, S.366; Kurichianil, Prayer, S.40f.; Ridou-
    ard, L'épreuve, S.79-84; M.Simon, S.98; Lindblom, Prophecy,
    S.294-299; Nicholson, Jer I, S.18f. Dagegen Hölscher, Profeten,
    S.297, 399; Y.H.Kim, Religion. Ferner vgl. Buber, Glaube, S.223-
    226; U.E.Simon, Buber, S.258.
13  Kimbrough, Approach, S.197f.
14  Vgl. Stolz, Psalmen, S.26; Albertz, Frömmigkeit, S.190-198; Höl-
    scher, Profeten, S.396-399, 297.
15  Stolz, Psalmen, S.23-29; Soweit ich verstehe, benutzt Stolz den
    Ausdruck "nachkultisch" fast im Sinne von "nachexilisch", ob-
    wohl er im Grunde kein zeitlicher Begriff ist (ebd., S.19).
16  Vgl. Carroll, Dissonance, S.121-123. S. noch oben S.140-143, 153-
    155, 190-198.

des vom göttlichen Gerichtshandeln betroffenen Volkes" einerseits
mit dem ungerechten Leiden des wahren Gottesvolkes, dem der
Verfasser angehört, und andererseits mit der erwarteten Vergeltung
Jahwes an den gottlosen Verfolgern in Verbindung zu bringen. Dementsprechend kommen Ausdrücke bzw. Motive, die in der Regel in
*kollektiven* Zusammenhängen gebraucht werden, häufig in den Konfessionen vor.[17] Auf diese Weise werden in den Konfessionen sowohl die "kollektivierende" als auch die "frömmigkeitliche" sowie
die "historisierende Neuinterpretation" von Person und Wirken des
Propheten Jeremia ausgeführt.[18]

Offensichtlich befindet sich der Verfasser im Tradentenkreis der
jeremianischen Überlieferungen, der sich inmitten der gegenwärtigen
Not das Leiden des Propheten aneignet[19] und dadurch um das
Überleben des wahren Gottesvolkes ringt.[20] Angesichts der immer
noch bestehenden Anfechtungen bringt er seine Not und seinen
Glauben an Jahwe zur Sprache. Die manchmal kühn klingende Klage
über Jahwe ist nur auf der Grundlage des festen Vertrauens auf
Jahwe möglich und auch so zu verstehen.

Auch im Zusammenhang mit dem Leiden Jahwes werden die Konfessionen von einigen Forschern interpretiert. Nach Fretheim[21] spiegelt sich in den Konfessionen nicht das Leiden des Gottesvolkes,
sondern das Leiden Jahwes wider.[22] Zimmerli[23] sieht das Leiden
Jahwes in seinem Gericht als hermeneutischen Schlüssel des pro-

---

17  S.o., besonders S.212, Anm.160. Aus dem kollektiven Sprachge-
    brauch in den Konfessionen zieht Diamond (Confessions, S.46,
    86, 98f., 119 u.ö.) fälschlicherweise den Schluß, daß die Feinde
    mit dem Volk identisch sind.
18  Mit den Ausdrücken von Becker (Psalmen, S.24-35; Wege, S.73-
    111) formuliert.
19  Diesen Tradentenkreis bezeichnet Stolz (Psalmen, S.67) als
    "Schülergemeinde" des Propheten oder "die prophetische Ge-
    meinde". Pohlmann (Die Ferne, S.98-102 u.ö.) sucht den Träger-
    kreis der Konfessionen in der eschatologisch orientierten Grup-
    pe aus dem 4./3.Jhr.v.Chr. (ebd., S.40), die den einflußreichen
    anti-eschatologischen Vertretern des offiziellen Kultes gegen-
    übersteht.
20  Vgl. Westermann, Psalmen, S.107.
21  Suffering, S.157-159.
22  Vgl. Heschel, Prophets, S.122-126.
23  Frucht, S.142f.

phetischen Leidens in den Konfessionen an.[24] Dies läßt sich nach
Zimmerli v.a. an der Einbettung der ersten Konfession zwischen
den Jahwereden 11,15f.; 12,7ff. deutlich erkennen, die durch die
Stichworte ידיד/ידידות und ביתי miteinander verbunden sind.[25]

d) Die gedankliche Differenz der Konfessionen von den anderen
Klagetexten des Jeremiabuches zeigt sich auch darin, daß sich die
Konfessionen sprachlich weniger mit diesen als mit den anderen
alttestamentlichen Texten aus späterer Zeit berühren. Überwiegend
in den Psalmen aus exilischer bzw. nachexilischer Zeit finden sich
Parallelen zu den einzelnen Ausdrücken und Motiven in den
Konfessionen.[26] Beispielhaft sind Ps 22; 25; 50; 69; 73; 79; 106; 109;
119 anzuführen.

Auf die Parallelen zwischen den Psalmen und dem Jeremiabuch
geht u.a. Garsiel[27] in seiner Jerusalemer Dissertation ein. Außerdem
geht Bonnard[28] der Frage nach dem Verhältnis zwischen den Psalmen und dem Propheten Jeremia nach und kommt zu ziemlich
einseitigen Ergebnissen. Bonnard behauptet, den Einfluß Jeremias
auf 33 Psalmen nachgewiesen zu haben. Die meisten von diesen
Psalmen setzt er in die Perserzeit an und bezeichnet ihre Verfasser als Jünger Jeremias, die unter den leidenden Gerechten zu su-
chen sind.[29] Sie seien besonders von den Konfessionen beeinflußt
worden, wie die Berührungen der Konfessionen mit 21 von den 33
Psalmen zeigen.

Zum Gemeingut der Konfessionen gehören folgende Ausdrücke
und Motive, von denen die meisten in den anderen Klagetexten des
Jeremiabuches entweder kaum oder nur einigemal vorkommen:[30]
רדפי (15,15; 17,18; 20,11), ידע (11,18f.; 12,3; 15,15; 18,20; 20,9), ריב/
יריב (11,20; 12,1; 18,19; 20,12), נקנה/נקם (11,20; 15,15; 20,12), חרפה

---

24  Vgl. K.Koch, Profeten II, S.52.
25  Vgl. P.K.D.Neumann, Hört, S.367; Harrison, S.98; Lindblom, Pro-
    phecy, S.257.
26  Als spätere prophetische Texte, in deren Nähe die Konfessionen
    von Pohlmann (Die Ferne, S.38f., 55-58, 70-72, 105f.) gesehen
    werden, sind Jes 24-17; 30,18-26; 59,1-20; 65,8-16; 66,1-16; Mal 3
    zu nennen.
27  Parallels, 1973.
28  Psautier, 1960.
29  Ebd., S.235-244, 263f.
30  Vgl. Hermisson, Konfessionen, S.321-328.

(15,15; 20,8), זכר (11,19; 15,10), Gottes Zorn (15,15.17; 18,20.23), An-
schläge/Zusammenrottung der Gegner (11,18; 18,18; 20,10), Wort-Aus-
sage (11,21, 15,16; 17,15; 20,8f.), Verspottung (15,10; 20,7b.8b.10) und
Isolierung (11,19; 15,10.17; 18,18; 20,7b). Außerdem fällt das Wortspiel
in 11,18f.; 15,19; 17,14; 20,7 auf.

e) Als Anknüpfungspunkte an die Klagetradition des Jeremiabuches kann folgendes gelten: die Vorstellung von Verwundung/
Heilung (15,18; 17,14.17f.) und die Ausdrücke בשת/בוש (17,13.18;
20,11.18), שמע זעקה/תרועה (18,22; 20,16), חרפה (15,15; 20,8), יגון
(20,18), כלמה (20,18), קרא בשם יהוה על nif. (15,15), מגור מסביב
(20,10), אור (15,10). Wer sich aus den Konfessionen ein Bild des geschichtlichen Jeremia machen will, der hebt die prophetischen Züge
in den Konfessionen hervor, die vor allem 11,21; 15,10.16.19-21; 17,17;
20,8f.14-18 zu entnehmen sind.[31] Anhand dieser Elemente werden
die an und für sich "offenen" und "metaphorischen" Ausdrücke für
das Klage-Phänomen auf die Person Jeremias bezogen.[32] Dann werden die Konfessionen so interpretiert, daß hier der Konflikt zwischen Person und Amt zum Ausdruck kommt.[33] Dabei bieten die
Konfessionen den Forschern den Anhaltspunkt, Jeremia als den bei-
spiellosen Beter im Alten Testament zu bezeichnen.[34] Die Worte,
die als Hinweis auf die geschichtliche Situation im Leben Jeremias
angesehen werden (z.B. 11,21; 18,18), sind jedoch mit den Psalmen-
überschriften zu vergleichen, die sich auf das Leben Davids beziehen.[35]

---

31  Vgl. Plöger, Propheten, S.106-115; Neher, Jér, S.23-52; Blank, Pa-
    radigm, S.119; Mehl, Call, S.152f.; Stulmueller, Vocation, S.612f.

32  P.D.Miller, Trouble, S.35, 40-45.

33  Z.B. K.Koch, Propheten II, S.49-53 (vgl. E.Haag, Jer I, S.11, 14
    u.ö.; Plotkin, Religion, S.29; Mihelic, Dialogue, S.44-48; Schrei-
    ner, Ja sagen; Seierstad, S.234 u.ö.; Sye, Confessions, S.203-206;
    C.C.Kim, Suffering). Nachdrücklich spricht sich Stoebe (Jer,
    S.393f.) dagegen aus.

34  Z.B. Balentine, Prayer, S.333-340; Strus, Geremia, S.534-538;
    Blank, Jer, S.92; ders., Confessions; Skinner, Prophecy, S.227f.;
    Hempel, Worte, S.153. In diesem Zusammenhang ist der Ver-
    gleich Jeremias mit Paulus bei manchen Forschern zu erwähnen
    (Brandt, Jer, S.5, 128f.; Muilenburg, Jer, S.824; Vischer, Chri-
    stuszeugnis; ders., Vocation, S.313). Ferner vgl. Füglister, Jer,
    S.178; Blank, Truth, S.11-14 und s.o.S.48.

35  P.D.Miller, Trouble, S.41; Carroll, Chaos, S.109; ders., Jer, S.58,
    278; Donner, Confessions, S.59f., 64f.; Pohlmann, Die Ferne,
    S.109f.

So ist eine Rekonstruktion des Leidensweges des historischen Jeremia anhand der Konfessionen fraglich,[36] obwohl die sachliche Authentizität des prophetischen Leidens nicht bezweifelt werden kann.[37]

Zur Interpretation der Konfessionen im Zusammenhang mit der prophetischen Existenz des historischen Jeremia werden schließlich Texte aus den anderen Partien des Jeremiabuches herangezogen. Neben den Fremdberichten und den Prosareden, die ebensowenig wie die Konfessionen der Darstellung des historischen Jeremia dienen,[38] kommen die jeremianischen Sprüche in Betracht, in denen sich das Bild des mitleidenden Propheten zeigt.[39] So sieht neuerdings Bourguet[40] auch 4,10.19-21.23-26; 8,18-9,6.9.11; 13,17; 23,9 als weitere Konfessionen an und redet auf dieser breiteren Textgrundlage vom doppelten Sinn des prophetischen Leidens im Verhältnis zum Gottesvolk: dem Leiden durch das Volk und dem Leiden mit dem Volk.[41] Die jeremianischen Klagetexte und die Konfessionen sind jedoch als jeweils die erste und letzte Phase der Entwicklung der Klagetradition des Jeremiabuches nicht auf dieselbe Ebene zu stellen.

---

36  Vgl. Jobling, Quest; Brueggemann, Book; Carroll, Chaos, S.5-30; ders., Jer, S.3337, 55-64; ders., Dismantling, S.294f. Als Beispiele für die Darstellung des Lebens Jeremias unter den verschiedenen Gesichtspunkten ist folgendes aufzuführen: Peterson, Run, 1983; Laberge, Drame, 1980; Baltzer, Biographie, 1975, S.113-128; C.C.Kim, Tragedy, S.55-64; Wiesel, Von Gott gepackt, S.91-118. Zu den Romanen, Dramen (z.B. Zweig, Jeremias, 1917) und sonstigen literarischen Werken über Jeremia s. Rudolph, S.XXVI, Anm.1; Jeremiah. In the Art, EJ 9 (1971), Sp.1360f.

37  Vgl. Gunneweg, Konfession, S.414.

38  S.o.S.125f.

39  Etwa 4,19-21; 8,18-23; 10,19-21; 13,17; 14,17f.; 23,9 werden häufig angeführt (vgl. Baumgartner, Klagegedichte, S.72-79; Zimmerli, Verkünder, S.100-102; ders., Frucht, S.141; K.Koch, Profeten II, S.52; Bourguet, Confessions, S.45; H.W.Robinson, Cross, S.154-173; Wang, Frustration, S.40f.; Berridge, Prophet, S.169-183.

40  Confessions, S.45. Vgl. Bentzen, Introduction, S.121.

41  Bourguet, Confessions, S.53. Vgl. Reedy, Absurdity, S.2785: "Identification with and alienation from the people".

# IV. Schlußfolgerung

Die vorliegende Arbeit ging von der Beobachtung aus, daß das ganze Jeremiabuch stark von den klagenden Zügen geprägt ist, und machte sich eine Darstellung des Klage-Phänomens in den sogenannten Konfessionen Jeremias und in einigen anderen Texten des Buches im Rahmen der Entwicklung der jeremianischen Klagetradition zur Aufgabe.

Dabei umfaßt das Wort "Klage-Phänomen" als ein erweiterter Begriff der Klage über die Klage des Menschen vor Gott (=Klage im traditionellen Sinne) hinaus die Klage Gottes vor den Menschen, die zwischenmenschliche Klage und die monologische Klage des Menschen bzw. Gottes.[1] In diesem Verständnis des Begriffs "Klage" verwischt sehr häufig der Unterschied zwischen Klage und Anklage im üblichen deutschen Sprachgebrauch.[2]

Das Klage-Phänomen setzt in der Regel ein Verhältnis zwischen zwei Parteien voraus, entweder zwischen Gott und Menschen oder zwischen Menschen untereinander. Wenn auch die klagenden Worte monologisch formuliert sind, liegt die Ursache des Klagens doch immer in einem solchen Verhältnis.[3] In den unterschiedlichen Beziehungen, in denen das Klage-Phänomen sichtbar wird, werden sowohl das Gottesvolk als auch die ungläubigen Fremdvölker eingeschlossen. Ferner geht es innerhalb des Gottesvolkes nicht nur die Frommen, sondern auch die Frevler an. All diese Aspekte sind im Jeremiabuch belegt.

Die Bearbeitung einzelner Texte mit Klageelementen im Jeremiabuch hat bestätigt, daß das Klage-Phänomen im Buch ein ausgezeichnetes Beispiel für den Aufweis der Weiterbildung prophetischer Traditionen ist.

Der Ursprung der Klagetradition im Jeremiabuch liegt zunächst darin, daß der Prophet unter dem herannahenden und unausweichli-

---

1     S.o.S.7-14.
2     S.o.S.4f. Ferner vgl. Pohlmann, Die Ferne, S.164f.
3     Vgl. Brueggemann, Ps, S.88.

chen Unheil über sein Volk/Land und unter dem unheilbaren Zustand des Gottesvolkes furchtbar leidet. Jeremia artikuliert z.B. in
14,17f. seine (Mit-)Betroffenheit in monologischer Formulierung.[4]
Die Verbundenheit des Propheten mit seinem Volk/Land wird noch
in der Wir-Rede (z.B. 14,7-9)[5] zum Ausdruck gebracht, mit der er
sich in das vom Gericht Jahwes bedrohte Volk einbezieht. Das
vorwegnehmende Mitleiden des Propheten versteht sich vor dem
Hintergrund, daß Jahwe selbst wegen seines widerspenstigen Volkes
und wegen seines eigenen Gerichtshandelns gegen es leidet. Ein gutes Beispiel dafür liefert die monologische Klage Jahwes über sein
verwüstetes Erbe in 12,7-12, in der die Betroffenheit Gottes durch
die wiederholte Verwendung der Pronominalsuffixe in der ersten
Person intensiv ausgedrückt wird.[6]

Das Klage-Phänomen in der Propheten- und Jahwerede bei Jeremia steht in erster Linie mit seiner Unheilsankündigung in unmittelbarem Zusammenhang.[7] Dies läßt sich auch in der sogenannten
prophetischen Liturgie (14,1-15,4) erkennen, die ihre Endgestalt einer
späteren Hand verdankt. Im Anschluß und in Anlehnung an die
Wir-Klage (14,7-9) und an die monologische Klage (V.17f.), in dem
die Reaktion des Propheten auf das angekündigte und unmittelbar
bevorstehende Unheil über sein Volk zum Ausdruck kommt, artikuliert die exilische Generation einerseits ihre eigene Notlage (V.19-22)
und bringt andererseits durch ihre kompositorische Arbeit die vor-
gefundenen Klagen in einen neuen Sinnzusammenhang[8]

Die Fülle der Texte mit klagenden Zügen bei Jeremia[9] und besonders die beispiellos bitter artikulierte Klage Jahwes in 12,7-12

---

4    S.o.S.53-57.
5    S.o.S.40-49.
6    S.o.S.27-38.
7    Diesem Sachverhalt entsprechen die Ausdrücke wie "Gerichts-
     klage" und "die gerichtsprophetische Klage", die allerdings Brand-
     scheidt (Gotteszorn, 1983; Gerichtsklage, 1983) und Ahuis (Ge-
     richtsprophet, 1982) hauptsächlich im Hinblick auf die Konfessi-
     onen benutzten.
8    S.o.S.39-69.
9    Nicht nur in der Mowinckel'schen Schicht A, aus der ich die
     Konfessionen ausgenommen habe, sondern auch in anderen
     Partien des Buches (7,12.29; 16,4a.5-7; 30,5-7.12-15; 31,15.18-20;
     46,5f.11f.; 48,1-4.6). S.o.S.2 (Anm.7), 21 (Anm.88) und 22.

zeigen auf der einen Seite, welche große Rolle das Klage-Phänomen bei der Verkündigung des Propheten spielt. Sie erklärt sich auf der anderen Seite weniger aus der persönlichen Veranlagung Jeremias als vielmehr aus der kritischen Lage des Gottesvolkes unmittelbar vor dem Fall Jerusalems, der seitdem als die größte Katastrophe in der Geschichte Israels angesehen worden ist.

Weitere Funktion hat das Klage-Phänomen bei Jeremia im Zusammenhang mit Heilsworten. Z.B. folgt auf die Klage und die Bitte des gefangengenommenen Efraim in 31,18f. die affektgeladene Rede Jahwes in V.20, der sich seinem Lieblingskind zuwendet. So liegt der Schwerpunkt in diesem Fall nicht im Klage-Phänomen an sich, sondern im Heilswort Jahwes.[10]

In den Fremdvölkersprüchen läßt sich die Fortbildung der jeremianischen Klagetradition sowohl an ihren zahlreichen sprachlichen und strukturellen Bezügen zu den jeremianischen Klagestellen[11] als auch an der Jeremianisierung der fremden Quellen erkennen, die in der Umformulierung von Jes 15f. in die Ich-Klage Jahwes um Moab in Jer 48,31-39 beispielhaft beobachtet wird. Sie gilt als eine exilische Nachahmung der Klage Jahwes über sein Volk bei Jeremia (z. B. in 12,7-12).[12]

Das Klage-Phänomen hängt in den Fremdvölkersprüchen weder mit der Verspottung noch mit dem Mitleiden zusammen. Im Gefolge des Propheten, der in 46,3-12; 48,1-6 Klageelemente auf Ägypten und Moab anwendet und dadurch seine Mitbetroffenheit durch ihre Notsituation im Hinblick auf das gemeinsame Schicksal unter babylonischer Oberherrschaft zum Ausdruck bringt,[13] formulieren die exilischen Tradenten der jeremianischen Verkündigung in Kap.46-49 ihre theologischen Überlegungen über das Unheil über die Nachbarvölker bzw. -länder in Form der Notschilderungen und Untergangsklagen. Dabei ist die Weltherrschaft Jahwes der entscheidende Gesichtspunkt.[14]

---

10  S.o.S.70-79. Zu einer anderen Funktion des Klage-Phänomens im jeremianischen Heilswort (3,22-25) s.o.S.93.

11  S.o.S.100.

12  S.o.S.80-90. Zum Klage-Phänomen in den Prosareden und in den Fremdvölkersprüchen s.o.S.93-97.

13  Dazu s. Bak, S.417-432 und 456-467.

14  Zum Klage-Phänomen in den Babelsprüchen (Kap.51f.) s.o.S.102f.

Das Klage-Phänomen in den sogenannten Konfessionen (11,18-12,6;
15,10-21; 17,12-18; 18,18-23; 20,7-18), das die letzte Phase in der Weiterbildung der jeremianischen Klagetradition markiert, zeichnet sich
als Klage eines Gerechten vor und über Jahwe aus. Dabei haben die
Einzelbeobachtungen erwiesen, daß die Texte trotz ihrer geläufigen
Bezeichnung als Klagegedichte Jeremias – mindestens in ihrem
angeblichen Kern – weniger mit den Klagetexten in den anderen
Partien des Jeremiabuches gemeinsam haben als mit den anderen
alttestamentlichen Texten, die überwiegend in späterer Zeit entstanden sind. Für die spätere Entstehung der Konfessionen spricht
noch, daß sich in ihnen die freie Verbindung verschiedener Elemente
unterschiedlicher Herkunft beobachten läßt: psalmenartige, weisheitliche, prophetische und juristische Elemente. Darunter treten
Elemente aus den Psalmen stark hervor,[15] und zwar nicht nur aus
den individuellen Klagepsalmen. Unverkennbar ist das Gewicht der
Ausdrücke und Motive in allen fünf Texten, die eigentlich in kollektiven Zusammenhängen gebraucht werden.[16] Das deutet darauf
hin, daß es sich hier um eine bestimmte Gruppe handelt. Für das
wahre Gottesvolk steht nun ein Gerechter, der vielen gottlosen
Gegnern gegenübersteht und in Jahwe den Urheber seines unverständlichen Leidens sieht. Die vemeintlich guten Verknüpfungen der
Texte mit den jeremianischen Überlieferungen durch einige biogra-
phisch-prophetische Elemente tragen dazu bei, daß der um des
Gotteswortes willen leidende Prophet als ein Vorbild des unschuldig leidenden Gerechten angesehen werden kann. Dabei spielt der
zweideutige Sprachgebrauch eine wichtige Rolle, wie er sich z.B. in
der Aussage über das Wort Jahwes findet (15,16; 17,15; 20,8f.).[17] Das
Jahwewort, das für Jeremia hauptsächlich die Unheilsbotschaft
bedeutet, wird von Gesetzesfrommen aus späterer Zeit im allgemeinen Sinne von der Willensoffenbarung Jahwes verstanden. Im Rück-
griff darauf versteht sich der Beter in den Konfessionen mit seinen
Gesinnungsgenossen als legitimer Nachfolger des wahren Propheten.
Die mehrfach wiederholten Klagen und Vertrauensäußerungen in den
Texten – vor allem die bitterste Klage nach dem Aufruf zum Lob

---

15  Die Bezüge zur Spätprophetie interessieren besonders Pohlmann
    (Die Ferne, S.106 u.ö.). S.o.S.224, Anm.26.
16  S.o., besonders S.212, Anm.160.
17  S.o.S.222.

in der letzten Konfession (20,14-18) – spiegeln die dauerhaften Anfechtungen der Tradenten der jeremianischen Überlieferungen in der späteren nachexilischen Zeit wider, in der der traditionelle Vergeltungsgedanke grundsätzlich in Frage gestellt wird und die Gegensätze zwischen Frommen und Frevlern innerhalb des Gottesvolkes im Rahmen des Aufstiegs des Individuums zutage treten. Die Bemühungen dieser Tradenten um die Überwindung der Notlage finden in den Konfessionen ihren Ausdruck. Vor diesem Hintergrund läßt sich auch der anscheinend mit dem historischen Jeremia zu vereinbarende Rachegeist in den Verwünschungen verstehen (12,3; 17,17f.; 18,20-23).[18] Im zweiten Teil der vorliegenden Arbeit (III) ist ein Versuch unternommen worden, die Konfessionen im Gesamthorizont des Jeremiabuches, u.a. hinsichtlich der Fortbildung der jeremianischen Klagetradition, zu verstehen. Dabei hat sich deutlich herausgestellt, daß sich in diesen Texten eine völlig andere Welt als in den anderen Partien des Buches aufschließt.

Schließlich stellt sich die Frage, wie die Fortbildung der jeremianischen Klagetradition innerhalb der gesamten prophetischen Literatur, des Alten Testaments und sogar der ganzen Bibel einzuordnen ist. Als erste Vorarbeiten dafür wären die Bearbeitung der Texte mit Klageelementen in den einzelnen Prophetenbüchern in einer erweiterten Sicht als bisher, z.B. anhand der in der vorliegenden Arbeit gebrauchten Methode, in Betracht zu ziehen.

---

18   S.o.S.120, 160 und 184f.

# Abkürzungs- und Literaturverzeichnis

Die Abkürzungen richten sich - ausgenommen diejenigen der biblischen Bücher (s.o. S.XIII) - zunächst nach dem "Abkürzungsverzeichnis der Theologischen Realenzyklopädie, zusammengestellt von Siegfried Schwertner, Berlin/New York 1976". Zusätzliche Abkürzungen sind folgendermaßen aufzulösen:

ATSAT = Arbeiten zu Text und Sprache im Alten Testament. Münchener Universitätsschriften. Katholisch-Theologische Fakultät, St.Ottilien 1976ff.

BEATAJ = Beiträge zur Erforschung des Alten Testaments und des antiken Judentums, Frankfurt a.M./Bern/New York, 1983ff.

BJer = La Bible de Jérusalem. La Sainte Bible traduite en Français sous la Direction de l'École Biblique de Jérusalem, Paris 1975.

BThB = Biblical Theology Bulletin. A Journal of Bible and Theology, New York 1970ff.

BThZ = Berliner Theologische Zeitschrift. Theologia Viatorum Neue Folge. Halbjahresschrift für Theologie in der Kirche, Berlin 1984ff.

BuRo = Buber, Martin/Rosenzweig, Franz: Bücher der Verkündigung, Darmstadt 1985 (Nachdr. von [8]1958)

ChrTh = Christian Thought, Seoul 1957ff. (Koreanisch)

Dynamik 1983 = Dynamik im Wort. Lehre von der Bibel, Leben aus der Bibel. FS aus Anlaß des 50jährigen Bestehens des katholischen Bibelwerks, Stuttgart 1983.

EÜ = Das Alte Testament. Einheitsübersetzung der Heiligen Schrift. Hg. von den Bischöfen des deutschsprachigen Raumes in der Katholischen Bibelanstalt, Stuttgart 1974.

FS Ackroyd 1982 = Coggins, Richard/Phillips, Anthony/Knibb, Michael (Hg.): Israel's Prophetic Tradition. Essays in Honor of Peter Ackroyd, Cambridge u.a. 1982

FS Cazelles 1981 I = Caquot, André/Delcor, Mathias (Hg.): Mélanges Bibliques et Orientaux en l'Honneur de M.Henri Cazelles (AOAT 212), 1981.

FS Cazelles 1981 II = Carrez, Maurice/Doré, Josef/Grelot, Pierre (Hg.): De la Tôrah au Messie, Mélanges Henri Cazelles, Paris 1981.

FS Groß 1986 = Haag, Ernst/Hossfeld, Frank-Lothar (Hg.), Freude an der Weisung des Herrn. Beiträge zur Theologie der Psalmen. Festgabe zum 70. Geburtstag von Heinrich Groß, Stuttgart 1986.

FS Hyatt 1974 = Crenshaw, James L./Willis, John T. (Hg.): Essays in Old Testament Ethics. J.Philip Hyatt, In Memoriam, New York 1974.

FS von Rad 1971 = Wolff, Hans Walter (Hg.): Probleme biblischer Theologie, München 1971.

FS Rowley 1955 = Noth, Martin / Thomas, D. Winton (Hg.): Wisdom in Israel and in the Ancient Near East, Presented to Prof. Harold Henry Rowley (VT.S 3), 1955.

FS Rudolph 1961 = Kuschke, Arnulf (Hg.): Verbannung und Heimkehr, FS Wilhelm Rudolph, Tübingen 1961.

FS Schreiner 1982 = Künder des Wortes. Beiträge zur Theologie der Propheten, FS Josef Schreiner, Würzburg 1980.

FS Silbermann 1980 = Crenshaw, James L. / Sandmel, Samuel (Hg.): The Divine Helmsman. Studies on God's Control of Human Events, Presented to Lou H. Silberman, New York 1980.

FS Weiser 1963 = Würthwein, Ernst / Kaiser, Otto (Hg.): Tradition und Situation. Studien zur alttestamentlichen Prophetie, FS Artur Weiser, Göttingen 1963.

FS Westermann 1980 = Werden und Wirken des Alten Testaments, FS Claus Westermann, Göttingen 1980.

FS Wolff 1981 = Jeremias, Jörg / Perlitt, Lothar (Hg.): Die Botschaft und die Boten, FS Hans Walter Wolff, Neukirchen-Vluyn 1981.

FS Zimmerli 1977 = Donner, Herbert / Hanhart, Robert / Smend, Rudolf (Hg.): Beiträge zur alttestamentlichen Theologie, FS Walther Zimmerli, Göttingen 1977.

GNB = Die Bibel in heutigem Deutsch. Die Gute Nachricht des Alten und Neuen Testaments, Stuttgart [2]1982.

GTJ = Grace Theological Journal, Winona Lake 1980ff.

HAL = Hebräisches und Aramäisches Lexicon zum Alten Testament von Ludwig Köhler / Walter Baumgartner, 3.Aufl., neu bearb. von Walter Baumgartner. Lfg. 1 unter Mitarb. von Benedikt Hartmann / E.Y.Kutscher, Leiden 1967; Lfg. 2 unter Mitarb. von B. Hartmann / Ph.Reymond / Johann Jakob Stamm, Leiden 1974; Lfg. 3 neu bearb. von W.Baumgartner / J.J.Stamm unter Mitarb. von Z.Ben-Ḥayyim / B.Hartmann / Ph.Reymond, Leiden 1983.

HBCT = The Holy Bible in Common Translation, Seoul 1977 (Koreanisch).

HBKo = The Holy Bible Revised, Seoul 1964 (Koreanisch).

Hearing and Speaking 1984 = Best, Thomas F. (Hg.): Hearing and Speaking the Word. Selections from the Works of James Muilenburg (Scholars Press Homage Series 7), Chico 1984.

IDBS = Supplementary Volume to the Interpreter's Dictionary of the Bible, Nashville 1976.

Jérémie 1981 = Bogaert, Pierre-Maurice (Hg.): Le Livre de Jérémie. Le Prophète et son Milieu, les Oracles et leur Transmission (BEThL 54), 1981

JSOT = Journal for the Study of the Old Testament, Sheffield 1976ff.

JSOTS = JSOT Supplementary Series, Sheffield 1976ff.

Judaism 1984 = Davies, William David / Finkelstein, Louis (Hg.): The Cambridge History of Judaism. Vol. 1: Introduction; The Persian Period, Cambridge u.a. 1984.

Lob und Klage 1977 = Westermann, Claus: Lob und Klage in den Psalmen, Göttingen 1977.

LuB = Die Bibel nach der Übersetzung Martin Luthers in der revidierten Fassung von 1984, Stuttgart 1985.

Mosaic 1982 = Polzin, Robert/Rothman, Eugene (Hg.): The Biblical Mosaic. Changing Perspectives, Papers from a Colloquium, held in Oct. 1977 at Carleton University, Ottawa (SBL Semeia Studies), Philadelphia/Chico 1982.

Nations 1984 = Perdue, Leo G./Kovacs, Brain W. (Hg.): A Prophet to the Nations, Essays in Jeremia Studies, Winona Lake 1984.

NEB = The New English Bible. The Old Testament, Cambridge 1970.

OBT = Overtures to Biblical Theology, Philadelphia 1977ff.

Passion 1983 = Jérémie: La Passion du Prophète (LV 32/165), 1983.

Personality 1980 = Robinson, Henry Wheeler: Corporate Personality in Ancient Israel, Philadelphia 1980

Prophet 1980 = Lang, Bernhard: Wie wird man Prophet in Israel? Aufsätze zum Alten Testament, Düsseldorf 1980.

PTMS = Pittsburger Theological Monographs Series, Pittsburg 1974ff.

Qumran 1975 = Cross, Frank Moore/Talmon, Shemaryahu (Hg.): Qumran and the History of the Biblical Text, Cambridge, Massachusetts/London 1975.

Studien 1981 = Fohrer, Georg: Studien zu alttestamentlichen Texten und Themen (1966 - 1972) (BZAW 155), 1981.

Studies in Bible 1986 = Japhet, Sara (Hg.): Studies in Bible (ScrHie 31), 1986

ThV = Theologische Versuche, Berlin (Ost) 1966ff.

ThWo = The Theological World, Seoul 1916ff. (Koreanisch).

Vergeltung 1972 = Koch, Klaus (Hg.): Um das Prinzip der Vergeltung in Religion und Recht des Alten Testaments (EdF 125), 1972.

Verkündigung 1958 = Westermann, Claus (Hg.): Verkündigung des Kommenden. Predigten alttestamentlicher Texte, München 1958.

UMI = University Microfilms International, Dissertation Information Service, Ann Arbor 1938ff.

Wünschet 1988 = Augustin, Matthias/Schunck, Klaus-Dietrich (Hg.): »Wünschet Jerusalem Friede«. IOSOT Congress Jerusalem 1986 (BEATAJ 13), 1988.

ZB = Die Heilige Schrift des Alten und Neuen Testaments in der 1907-1931 revidierten Fassung der Zürcher Bibel, Zürich 1971 (=1955)

Zeit 1980 = Die Evangelische Studentengemeinde Tübingen (Hg.): Jeremia. Gottes Wort in schwerer Zeit. 14 Predigten in der Stiftskirche Tübingen, Stuttgart 1980.

Unten in den Literaturangaben sind zur Verdeutlichung die im Text verwendeten Kurztitel jeweils in Klammern genannt. Das Buch, aus dem ein mehrfach erschienener Aufsatz zitiert wird, ist mit * bezeichnet.

Ackroyd, Peter R.: The Book of Jeremiah - Some Recent Studies, JSOT 28 (1984), S.47-5 (= Book).

Aejmelaeus, Annali: Function and Interpretation of כי in Biblical Hebrew, JBL 105 (1986), S.193-209 (= כי).

Ahituv, Shmuel: Pashhur, IEJ 20 (1970), S.95f (= Pashhur).

Ahuis, Ferdinand: Der klagende Gerichtsprophet. Studien zur Klage in der Überlieferung von den alttestamentlichen Gerichtsprophe-ten, Stuttgart 1982 (= Gerichtsprophet).

Albertz, Rainer: Persönliche Frömmigkeit und offizielle Religion. Religionsinterner Pluralismus in Israel und Babylon (CThM A 9), 1978 (= Frömmigkeit).

Ders.: Der sozialgeschichtliche Hintergrund des Hiobbuches und der "Babylonischen Theodizee", in: FS Wolff 1981, S.349-372 (= Theo-dizee).

Ders.: הבל hoéboel Hauch, THAT 1 ($^3$1978), Sp.467-469 (= הבל).

Ders.: צעק ṣ'q schreien, THAT 2 ($^2$1979), Sp.568-575 (= צעק).

Alt, Albrecht: Zur Talionsformel, ZAW 11 (1934), S.303-305, jetzt in: KS zur Geschichte des Volkes Israel. Bd.1, München 1953, S.341-344 und in: *Vergeltung 1972, S.407-411 (= Talionsformel).

Althann, Robert: A Philological Ananlysis of Jeremiah 4-6 in the Light of Northwest Semitic (BibOr 38), 1983 (= Jer 4-6).

Amsler, Samuel: היה hjh sein, THAT 1 ($^3$1978), Sp.477-486 (= יה).

Ders.: עמד 'md stehen, THAT 2 ($^2$1979), Sp.328-33 (= עמד).

Anderson, Bernhard W.: "The Lord has Created Something New". A Stylistic Study of Jeremiah 31:15-22, CBQ 40 (1978), S.463-478, jetzt in: *Nations 1984, S.367-380 (= Lord).

Ayali, Meir: Gottes und Israels Trauer über die Zerstörung des Tempels, Kairos 23 (1981), S.215-231 (= Trauer).

Baar, James: Why? in Biblical Hebrew, JThS NS 36 (1985), S.1-33 (= Why?).

Bächli, Otto: Das Alte Testament in der Kirchlichen Dogmatik von Karl Barth, Neukirchen-Vluyn 1987 (= Karl Barth).

Bailey, Lloyd R., Jr.: Biblical Perspectives on Death (OBT 5), 1979 (= Death).

Bak, Dong Hyun: Klagender Gott - klagende Menschen. Das Klage-Phänomen im Jeremiabuch, 2 Bde., Diss. Berlin 1988/89.

Balentine, Samuel E.: The Prophet as Intercessor, A Reassessment, JBL 103 (1984), S.161-173 (= Intercessor).

Ders.: Jeremiah, Prophet of Prayer, RExp 78 (1981), S.331-344 (= Prayer).

Balla, Emil: Das Ich der Psalmen (FRLANT 16), 1912 (= Das Ich).

Baltzer, Klaus: Die Biographie der Propheten, Neukirchen-Vluyn 1975 (= Biographie).

Balz-Cochois, Helgard: Gomer. Der Höhenkult Israels im Selbstver-ständnis der Völkerfrömmigkeit. Untersuchungen zu Hosea 4,1-5,7 (EHS.T 191), 1982 (= Gomer).

Bardtke, Hans: Jeremiah der Fremdvölkerprophet, ZAW 53 (1935), S.209-239; 54 (1936), S.240-262 (= Fremdvölkerprophet).

Barstad, Hans M.: HBL als Bezeichnung der fremden Götter im Alten Testament und der Gott Hubal, StTh 32 (1978), S.57-65 (= HBL).

Barthélemy, Dominique: Critique Textuelle de l'Ancien Testament. Bd.2: Isaïe, Jérémie, Lamentations (OBO 50/2), 1986 (= Critique).

Bartlett, David L.: Jeremiah 31:15-20, Interp. 32 (1978), S.73-77 (= Jer 31:15-20).

Bastide, Françoise/Combet-Gallano, Corina: Essai sur la Création dans le Livre de Jérémie, FV 83,5 (Cahier Biblique 23: Prophétis-me, Sagesse et Pouvoirs) (1984), S.45-51 (= Création).

Baumann, Arnulf: Urrolle und Fastentag. Zur Rekonstruktion der Urrolle des Jeremiabuches nach den Angaben in Jer 36, ZAW 80 (1968), S.350-373 (= Urrolle).

Ders.: יָלַל jll, יֵלֵל j<sup>e</sup>lel, יְלָלָה j<sup>e</sup>lālāh, ThWAT 3 (1982), Sp.640-645 (= יָלַל).

Baumgärtl, Friedrich: Zu den Gottesnamen in den Büchern Jeremia und Ezechiel, in: FS Rudolph 1961, S.1-29 (= Gottesnamen).

Baumgartner, Walter: Die Klagegedichte des Jeremia (BZAW 32), 1917 (= Klagegedichte).

Becker, Joachim: Gottesfurcht im Alten Testament (AnBib 25), 1965 (= Gottesfurcht).

Ders.: Israel deutet seine Psalmen, Stuttgart 1966 (= Psalmen).

Ders.: Wege der Psalmenexegese, Stuttgart 1975 (= Wege).

Begrich, Joachim: Das priesterliche Heilsorakel, ZAW 52 (1934), S.81-92 (= Heilsorakel).

Ders.: Die Vertrauensäußerungen im Israelitischen Klageliede des Einzelnen und in seinem babylonischen Gegenstück, *ZAW 46 (1928), S.221-260, jetzt in: GS zum Alten Testament (ThB 21), 1964 (= Vertrauensäußerunge).

Behler, Gebhard-Maria: Le Confessions de Jérémie (BVC), 1959 (= Confessions).

Ders.: Jeremiah's Vocation Crisis, ThD 18 (1970), S.114-121 (= Crisis).

Ders.: Vocation Menacée et Renouvelée Jr 15,10-11.15-21, VS 120 (1969), S.539-567 (= Vocation).

Bennett, T. Miles: Jeremiah. Outline and Exposition, SWJT 24,1 (1981), S.19-75 (= Outline).

Bentzen, Aage: Introduction to the Old Testament. Vol 2., Kopenhagen <sup>2</sup>1952 (1949) (= Introduction).

Bergsträsser, Gotthelf: Hebräische Grammatik mit Benutzung der von E.Kautzsch bearbeiteten 28.Aufl. von Wilhelm Gesenius' hebräischer Grammatik, Leipzig 1918 (<sup>4</sup>Nachdr. 1983) (= Grammatik).

Berridge, John M.: Jeremia und die Prophetie Amos, ThZ 35 (1979), S.321-341 (= Amos).

Ders.: Prophet, People, and the World of Yahwe. An Examination of Form and Content in the Proclamation of the Prophet Jeremiah (BST 4), 1970 (= Prophet).

Beuken, W.A.M. / van Grol, H.W.M.: Jeremiah 14,1-15,9. A Situation of Distress and its Hermeneutics. Unity and Diversity of Form - Dramatic Development, in: Jérémie 1981, S.297-342 (= Jer 14,1-15,9).

Beyerlin, Walter: Religionsgeschichtliches Textbuch zum Alten Testament (ATD Erg.R.1), 1975 (= Textbuch).

Biran, Avraham: On the Identification of Anathoth, ErIs 18 (1985), S.209-214, 72* (Ivrith mit engl. Zusammenfassung) (= Anathoth).

Blackwood, Andrew W., Jr.: Commentary on Jeremiah, Waco 1977 (= Jer).

Blank, Sheldon H.: The Confessions of Jeremiah and the Meaning of Prayer, HUCA 21 (1948), S.331-345 (= Confession).

Ders.: Jeremiah. Man and Prophet, Cincinnatti 1961 (= Jer).

Ders.: The Prophet as Paradigm, in: FS Hyatt 1974, S.111-130 (= Paradigm).

Ders.: "Of a Truth the Lord hath Sent Me". An Inquiry into the Source of the Prophet's Authority (The Goldenson Lecture of

1955), in: Harry M. Orlinsky (Hg.), Interpretating the Prophetic Tradition. The Goldenson Lectures 1955-1966, New York 1969, S.1-19 (= Truth).

Bleeker, Louis H.-K.: Jeremias Profetieen tegen de Volkeren (Cap. XXV, XLVI-XLIX), Groningen 1895 (= Volkeren).

Blenkinsopp, Joseph: A History of Prophecy in Israel from the Settlement in the Land to the Hellenistic Period, Philadelphia 1983 (= History).

Boadt, Lawrence: Ezekiel's Oracles against Egypt. A Literary and Philological Study of Ezekiel 29-32 (BibOr 37), 1980 (= Egypt).

Böhmer, Sigmund: Heimkehr und neuer Bund. Studien zu Jeremia 30-31 (GTA 5), 1976 (= Heimkehr).

Bogaert, Pierre-Maurice: De Baruch à Jérémie. Les Deux Rédactions Conservées du Livre de Jérémie, in: Jérémie 1981, S.168-173 (= Baruch).

Ders.: Introduction, ebd., S.13-18 (= Introduction).

Ders.: Le Méchanisme Rédactionnels en Jér 10,1-16 (LXX et TM) et la Signification des Supplements, ebd., S.222-238 (= Méchanisme).

Ders.: Le Personnage de Baruch et du Livre de Jérémie. Aux Origines du Livre deuterocanonique de Baruch, StEv 7 (TU 126), 1982, S.73-81 (= Personnage).

Ders.: La Tradition des Oracles et du Livre de Jérémie, des Origines au Moyen Age. Essai de Synthése, RTL 8 (1977), S.305-328 (= Tradition).

Bonnard, Pierre-E.: Le Psautier selon Jérémie. Influence littétaire et spirituelle de Jérémie sur trente trois Psaumes (LeDiv 26), 1960 (= Psautier).

Bonvin, Bernard/CLERC, Danielle/GALLAY, Rose-Marie: La Vocation: Jérémie 1,4-19, in: Jérémie. Un Prophète en Temps de Crise (Essais Bibliques 10), Genève 1985, S.51-73 (= Vocatio).

Botterweck, Gerhard Johannes: Gott und Mensch in den alttestamentlichen Löwenbildern, in: FS Schreiner 1972 S.117-128 (= Löwenbildern).

Ders.: אֲרִי, אַרְיֵה, גוּר, כְּפִיר, לָבִיא, לַיִשׁ, שַׁחַל, ThWAT 1 (1973), Sp.404-418 (= אֲרִי).

Bourguet, Daniel: Les Confessions, Mémoire Prophétique, in: Passion 1983, S.45-58 (= Confessions).

Ders.: Des Métaphores de Jérémie (EtB NS 9), Paris 1987. (= Métaphores).

Bowker, John W.: Intercession in the Qu'rān and the Jewish Tradition, JSSt 11 (1966), S.69-82 (= Intercession).

Bracke, John M., Jeremiah 15:15-21, Interp. 37 (1983), S.174-177 (= Jer 15:15-21).

Brandscheidt, Renate: Gotteszorn und Menschenleid. Die Gerichtsklage des leidenden Gerechten in Klgl 3, Trier 1983 (= Gotteszorn).

Brandt, Theodor: Jeremia, ein Deuter unserer Zeit (Zum Schriftverständnis 8), Leipzig 1932 (= Jer).

Bratsiotis, Nicolaus Pan.: Der Monolog im Alten Testament, ZAW 73 (1961), S.30-70 (= Monolog).

Ders. (= Μπρατσιωτου, Ν.Π.), Εἰσαγωγὴ εἰς τοὺς μονολόγους τοῦ 'Ιερεμίου, Athen 1959 (= Εἰσαγωγὴ).

Brichto, Herbert Chanan: The Problem of "Curse" in the Hebrew Bible (JBL.MS 13), 1963 (= Curse).

Brekelmans, Christian: Jeremia 18,1-12 and its Redaction, in: Jérémie 1981, S.343-350 (= Jer 18,1-12).

Briend, Jaques: Le Peuple d'Israel et le espérance du Nouveau, in: L'Ancien et le Nouveau (CFi 111), 1982, S.59-92 (= Peuple).

Bright, John: Jeremiah's Complaints - Liturgy or Expressions of Personal Distress? in: John I. Durham/Joshua Roy Porter (Hg.), Proclamation and Presence, Old Testament Essays in Honor of Gwynne Henton Davies, London 1970, S.189-214 (= Complaints).

Ders.: Jeremiah (AncB), 1965 (= Jer).

Ders.: A Prophet's Lament and Its Answer: Jeremiah 15:10-21, *Interp. 28 (1974), S.59-74, jetzt in: Nations 1984, S.325-337 (= Lament).

Bronner, Leah: Fire and the Call of the Prophets, OTWSA 19 (1976), S.30-40 (= Fire).

Brueggemann, Walter: The Book of Jeremiah: Portrait of the Prophet, Interp. 37 (1983), S.130-145 (= Book).

Ders.: The Epistemological Crisis of Israel's Two Histories (Jer 9,22-23), in: Israelite Wisdom. Theological and Literary Essays in Honor of Samuel Terrien, New York 1979, S.85-10 (= Crisis).

Ders.: The Formfulness of Grief, Interp. 31 (1977), 263-275 (= Formfulness).

Ders.: From Hurt to Joy, From Death to Life, Interp. 28 (1974), S.3-19 (= Hurt).

Ders.: The Land (OBT 1), 1977 (= Land).

Ders.: The Costly Loss of Lament, JSOT 36 (1986), S.57-71 (= Loss).

Ders.: Israel's Sence of Place in Jeremiah, in: Jared J. Jackson/ Martin Kessler (Hg.), Rhetorical Criticism, Essays in Honor of James Muilenburg (PTMS 1), 1974, S.149-165 (= Place).

Ders.: The Message of Psalms. A Theological Commentary (Augsburg Old Testament Studies), Mineapolis 1984 (= Ps).

Ders.: Jeremiah's Use of Rhetorical Questions, JBL 92 (1973), S.358-374 (= Questions).

Ders.: A Cosmic Sigh of Relinquishment, CThMi 11 (1984), S.5-20 (= Sigh).

Ders.: A Shape for Old Testament Theology I: Structure Legitimation/ II: Embrace of Pain, CBQ 47 (1985), S.28-46/395-415 (= Theology I/II).

Ders.: Trajectories in Old Testament Literature and the Sociology of Ancient Israel, JBL 98 (1979), S.161-185 (= Trajectories).

Bruno, Arvid: Jeremia. Eine rhythmische Untersuchung, Stockholm 1954 (= Jer).

Buber, Martin: Der Glaube der Propheten, Heidelberg 1984 (2. verbesserte und um Register ergänzte Aufl., erstmals 1940 im Niederländischen) (= Glaube).

Burkitt, Francis Crawford: Justin Martyr and Jeremiah xi 19, JThS 33 (1932), S.371-373 (= Jer).

Johannes Calvins Auslegung des Propheten Jeremia, auf Grund der gedruckten Vorlesungen in Auswahl übersetzt und bearbeitet von Ernst Kochs (Gesamtausgabe von Calvins Auslegung der Heiligen Schriften NS 8), Neukirchen 1937 (= Auslegung).

Calvin, John: Commentaries on the Book of Prophet Jeremia and the Lamentations, translated from the Latin, and edited by John Owen, vol. I-VI, Grand Rapids/Michigan 1950 (= Jer).

Calvin, Jaen: Sermons sur les Livres de Jérémie et des Lamentations, publ. par R.Peter (Supplementa Calviniana VI), Neukirchen-Vluyn, 1971 (= Sermons).

Carroll, Robert P.: A Non-Cogent Argument in Jeremiah's Oracles against the Prophets, StTh 30 (1976), S.43-51 (= Argument).

Ders.: From Chaos to Covernant. Uses of Prophecy in the Book of Jeremiah, London 1981 (= Chaos).

Ders.: Dismantling the Book of Jeremiah and Deconstructing the Prophet, in: Wünschet 1988, S.291-302 (= Dismantling).

Ders.: When Prophecy Failed: Cognitive Dissonance in the Prophetic Traditions of the Old Testament, New York 1979 (= Dissonance).

Ders.: Ancient Israelite Prophecy and Dissonance Theory, Numen 24 (1977), S.135-151 (= Israelite Prophecy).

Ders.: Jeremiah. A Commentary (OTL), 1986 (= Jer).

Ders.: Prophecy, Dissonance, and Jeremiah xxvi, TGUOS 25 (1976), S.12-23, jetzt in: *Nations 1984, S.381-391 (= Prophecy).

Castellino, Giorgio R.: Observations on the Literary Structure of Some Passages in Jeremiah, VT 30 (1980), S.398-408 (= Observations).

Cazelles, Henri: Les Circonstances Historiques de la Vie et l'Œvre de Jérémie, in: Passion 1983, S.5-20 (= Circonstances).

Ders.: La Vie de Jérémie dans son Contexte National et International, in: Jérémie 1981, S.21-39 (= Vie).

Chun, Kyung Youn: Die Seele Jeremias, in: Theological Forum 1,1 (Seoul 1953), S.31-46 (Koreanisch) (= Seele).

Childs, Brevard S.: Introduction to the Old Testament as Scripture, London/Philadelphia 1979 (= Introduction).

Christensen, Duane L.: "Terror on Every Side" in Jeremiah, JBL 92 (1973), S.498-502 (= Terror).

Ders.: Transformations of the War Oracles in Old Testament Prophecy. Studies in the Oracles against the Nations (Havard Dissertations in Religion 3), Missoula 1975 (erstmals 1971) (= Transformations).

Church, Brooke Peters: The Private Lives of the Prophets and the Times in Which They Lived, New York/Toronto 1953 (= Lives).

Cinal, Stanislaw: The Literary Structure of Jeremiah's Pronouncements against Alien Gods, Studia Religiologica 7 (1982), S.21-38 (Polnisch mit engl. Zusammenfassung) (= Alien Gods).

Clements, Ronald E.: Prophecy and Tradition (Growing Points in Theology 4), Atlanta 1975 (= Tradition).

Clifford, Robert J.: The Use of HÔY in the Prophets, CBQ 28 (1966), S.458-464 (= HÔY).

Clines, David J.A./Gunn, David M.: Form, Occasion and Redaction in Jeremiah 20, ZAW 88 (1976), S.390-409 (= Jer 20).

Dies.: "You Tried to Persuade Me" and "Violence! Outlage!" in Jeremiah xx 7-8, VT 28 (1978), S.20-27 (= Jer xx 7-8).

Coggins, Richard: An Alternative Prophetic Tradition?, in: FS Ackroyd 1982, S.78-94 (= Tradition).

Collins, Terence: Line-forms in Hebrew Poetry. A Grammatical Approach to the Stylistic Study of the Hebrew Prophets (StP.SM 7), 1978 (= Line-forms).

Ders.: The Physiology of Tears in Old Testament, CBQ 33 (1971), S.18-38, 185-197 (= Tears).

Condamin, Albert: Le Livre de Jérémie (EtB 12), ³1936 (1920) (= Jér).

Conrad, Edgar W.: The "Fear Not" Oracles in Second Isaiah, VT 34 (1984), S.129-152 (= Fear Not).

Ders.: Second Isaiah and the Priestly Oracle of Salvation, ZAW 93 (1981), S.234-246 (= Priestly Oracle).

Cornill, Karl Heinrich: Das Buch Jeremia, Leipzig 1905 (= Jer).

Ders.: The Book of the Prophet Jeremiah. Critical Edition of the Hebrew Text, Arranged in Chronological Order with Notes (SBOT 11), 1985 (= Jer).

Crenshaw, James L.: A Living Tradition: The Book of Jeremiah in Current Research, Interp. 37 (1983), S.117-129 (= Tradition).

Croft, Steven J.L.: The Identity of the Individual in the Psalms (JSOTS 44), 1984 (= Individual).

Cross, Frank Moore: The Contribution of the Qumran Discoveries to the Study of the Biblical Text, IEJ 16 (1966), S.81-95, jetzt in: *Qumran 1975, S.278-292 (= Contribution).

Crüsemann, Frank: Studien zur Formgeschichte von Hymnus und Danklied in Israel (WMANT 32), 1969 (= Formgeschichte).

Ders.: Hiob und Kohelet. Ein Beitrag zum Verständnis des Hiobbuches, in: FS Westermann 1980, S.373-393 (= Hiob).

Cunliffe-Jones, Hubert: The Book of Jeremiah. Introduction and Commentary (TBC), 1960 (= Jer).

Dahood, Mitchell: The Metaphor in Jeremiah 17,13, Bib. 48 (1967), S.109f (= Jer 17,13).

Ders.: Denominative rihham, "to Concieve, enwomb", Bib. 44 (1963), S.204f (= rihham).

Ders.: A Note on tôb, "Rain", Bib. 54 (1973), S.404 (= tôb).

Dalglish, Edward R.: Jeremiah, Lamentations (LBC 11), 198 (= Jer).

Daniels, Dwight R.: Is There a »Prophetic Lawsuit« Genre? ZAW 99 (1987), S.339-360 (= Prophetic Lawsuit).

Davidson, Robert: The Courage to Doubt. Exploring an Old Testament Theme, London 1983 (= Courage).

Ders.: Jeremiah. Vol. 1 (The Daily Study Bible Series), Philadelphia 1983 (= Jer).

Davies, William David: The Territorial Dimension of Judaism, in: D.Y.Hadidian, (Hg.), Intergerini Parietis Septum (Eph. 2:14), FS Markus Barth (PTMS 33), 1981, S.61-96 (= Dimension).

Deissler, Alfons: Das "Echo" der Hosea-Verkündigung im Jeremiabuch, in: FS Schreiner 1982, S.61-75 (= Echo).

Delekat, Lienhard: Asylie und Schutzorakel am Zionheiligtum. Eine Untersuchung zu den privaten Feindpsalmen, Leiden 1967 (= Asylie).

Ders.: Zum hebräischen Wörterbuch, VT 14 (1964), S.7-66 (= Wörterbuch).

Diamond, A.R.: The Confessions of Jeremiah in Context. Scenes of Prophetic Drama (JSOTS 45), 1987 (= Confessions).

Dickinson, Geroge T.: Jeremiah, the Iron Prophet, Nashville 1978 (= Jeremiah).

Diepold, Peter: Israels Land (BWANT 95), 1972 (= Land).

Dietrich, Walter: Prophetie und Geschichte. Eine redaktionsgeschichtliche Untersuchung zum deuteronomistischen Geschichtswerk (FRLANT 108), 1972 (= Prophetie und Geschichte).

Dommerhausen, Werner: חלל II, ThWAT 2 (1977), Sp.981-986 (= חלל II).

Donner, Herbert: The Confessions of Jeremiah - Their Significance for the Prophet's Biography, OTWSA 24 (1981), S.55-66 (= Confessions).

Doohan, Helen: Contrasts in Prophetic Leadership, BthB 13 (1983), S.39-43 (= Contrasts).

Driver, Godfrey Rolles: Linguistic and Textual Problems: Jeremiah, JQR 28 (1937/38), S.97-129 (= Problems).

Duden Deutsches Universalwörterbuch, Mannheim/Wien/Zürich 1983 (= Duden Universalwörterbuch).

Duhm, Bernard: Das Buch Jeremia (KHC 11), 1901 (= Jer).

Ders.: Israels Propheten (Lebensfragen 26), Tübingen [2]1922 (1916) (= Propheten).

Durlessler, James A.: Poetic Style in Psalm 1 and Jeremiah 17:5-8. A Rhetorical Critical Study, Semitics 9 (1984), S.30-38 (= Style).

Eggebrecht, Gottfried: Die früheste Bedeutung und der Ursprung der Konzeption vom »Tage Jahwes«, ThV 13 (1983), S.41-56 (= Konzeption).

Ehrlich, Arnold B.: Randglossen zur hebräischen Bibel. Textkritisches, Sprachliches und Sachliches. Bd. 4: Jesaja, Jeremia, Leipzig 1912 (Nachdr.: Hildesheim 1968) (= Randglossen).

Eichler, Ulrike: Der klagende Prophet. Eine Untersuchung zu den Klagen Jeremias und ihrer Bedeutung zum Verstehen seines Leidens, ThLZ 103 (1978), Sp.918f (= Der klagende Prophet).

Eissfeld, Otto: Schwerterschlagende bei Hesekiel, in: Studies in Old Testament Prophecy Presented by the Society for Old Testament Study to Prof. Theodor H.Robinson, Edinburgh 1950, S.73-81, jetzt in: *KS 3, Tübingen 1966, S.1-8 (= Schwerterschlagende).

Ders.: Voraussage-Empfang, Offenbarungs-Gewissheit und Gebetskraft-Erfahrung bei Jeremia, NT 5 (1962), S.77-81, jetzt in: *KS 4, Tübingen 1968, S.58-62 (= Voraussage-Empfang).

Eldridge, Victor J.: Jeremiah, Prophet of Judgement, RExp 78 (1981), S.319-330 (= Judgement).

Elliger, Karl: Deuterojesaja. 1.Teilbd. Jesaja 40,1-45,7 (BK 11/1), 1978 (= Deuterojesaja).

Emerton, John Adney: Notes on Jeremiah 12,9 and on Other Suggestions of J.D.Michaelis about the Hebrew Words nahā, ʿœbrā, and jāda' , ZAW 81 (1969), S.182-191 (= Jer 12,9).

Ewald, Heinrich: Die Propheten des Alten Bundes. Bd.2, Stuttgart 1841 (= Propheten).

Fackenheim, Emil L.: New Hearts and the Old Covenant. On Some Possibilities of a Fraternal Jewish-Christian reading of the Jewish Bible today, in: FS Silberman 1980, S.191-205 (= Hearts).

Farley, Frederick A.: Jeremiah and "The Suffering Servant of Jehovah" in Deutero-Isaiah, ET 38 (1926/27), S.521-524 (= Servant).

Feinberg, Charles L.: Jeremiah. A Commentary, Grand Rapids [2]1982 (1978) (= Jer).

Fischer, Martin: Predigt über Jeremia 15,15-21, in: Verkündigung 1958, S.96-101 (= Jer 15,15-21).

Fishbane, Michael: "A Wretched Thing of Shame, A Mere Belly": An Interpretation of Jeremiah 20:7-12, in: Mosaic 1982, S.169-183 (= Jer 20:7-12).

Fitzgerald, Aloysius: Hebrew yd = »Love« and »Beloved«, CBQ 29 (1967), S.368-374 (= yd).

Fohrer, Georg: Einleitung in das Alte Testament, Heidelberg [12]1979 (= Einleitung).

Ders.: Die Familiengemeinschaft, in: Studien 1981, S.161-171 (= Familiengemeinschaft).

Ders.: Abgewiesene Klage und untersagte Fürbitte in Jer 14,2-15,2, in: FS Schreiner 1982, S.77-86 (= Klage).

Ders.: Krankheit im Lichte des Alten Testaments, in: Studien 1981, S.172-187 (= Krankheit).

Ders.: Neue Literatur zur alttestamentlichen Prophetie (1961-1970), ThR 45 (1980), S.109-132 (= Literatur).

Ders.: Die Propheten des Alten Testaments. Bd. 2: Die Propheten des 7.Jahrhunderts, Gütersloh 1974 (= Propheten 2).

Ders.: Vollmacht über Völker und Königreiche. Beobachtungen zu den prophetischen Fremdvölkersprüchen anhand von Jer 46-51, in: *Josef Schreiner (Hg.), Wort, Lied und Gottesspruch. Beiträge zu Psalmen und Propheten, FS Joseph Ziegler, Bd.2 (fzb 2), 1972, S.145-153, jetzt in: Studien 1981, S.44-52 (= Vollmacht).

Fowler, Mervyn D.: The Meaning of lipnê YHWH in the Old Testament, ZAW 99 (1987), S.384-390 (= lipnê YHWH).

Fox, Michael V.: The Meaning of HEBEL for Qohelet, JBL 105 (1986), S.409-427 (= HEBEL).

Fredriksson, Henning: Jahwe als Krieger, Studien zum alttestamentlichen Gottesbild, Lund 1945 (= Krieger).

Freehof, Solomon B.: The Book of Jeremiah. A Commentary (The Jewish Commentary for Bible Readers), New York 1977 (= Jer).

Frei, J.: Du hast mich betört (Jer 20,7-9), EuA 54 (1978), S.145-147 (= Du hast mich betört).

Fretheim, Terence E.: The Suffering of God. An Old Testament Perspective (OBT 14), 1984 (= Suffering).

Frest, Stanley Brice: The Memorial of a Childless Man. A Study in Hebrew Thought on Immortality, Interp. 26 (1972), S.437-450 (= Memorial).

Füglister, Notker: Ganz von Gott in Dienst genommen. Jeremias, in: Josef Schreiner (Hg.), Wort und Botschaft. Eine theologische und kritische Einführung in die Probleme des Alten Testaments, Würzburg 1967, S.178-195 (= Jer).

Fuhs, Hans Ferdinand: ירא jāre', יראה jir'āh, מוֹרָא môrā', ThWAT 3 (1982), Sp.869-893 (= ירא).

Galeotti, Gary: Annotated Bibliography, SWJT 24 (1981/82), S.76-86 (= Bibliography).

Galling, Kurt: Die Ausrufung des Namens als Rechtsakt, ThLZ 81 (1956), Sp.65-70 (= Ausrufung).

Gamberoni, Johann: Der Einzelne in den Psalmen, in: FS Groß 1986, S.107-123 (= Der Einzelne).

Garsiel, Moshe: Parallels between the Book of Jeremiah and the Book of Psalms. 2 Bde., Diss. Tel Aviv 1973 (Ivrith mit engl. Zusammenfassung) (= Parallels).

Gelin, Albert: Jérémie, Les Lamentations, Le Livre de Baruch [SB (J) ], ²1959 (= Jér).

Ders.: Jérémie (Le Livre de), DBS 6 (1949), S. 857-889 (= Jér).

Gemser, Berend: The Rib or Controversy Pattern in Hebrew Mentality, in: FS Rowley 1955, S.120-137 (= Rib).

Gerlach, Martin: Die prophetischen Liturgien des Alten Testaments, Diss.Bonn 1967 (= Liturgien).

Gerleman, Gillis: Der "Einzelne" der Klage- und Dankpsalmen, VT 32 (1982), S.33-49 (= Einzelne).

Ders.: Der Gottesknecht bei Deuterojesaja, in: ders., Studien zur alttestamentlichen Theologie (FDV 1978), 1980, S.38-60 (= Gottesknecht).

Ders.: Die Wurzel šlm, ZAW 85 (1973), S.1-14 (= Wurzel šlm).

Ders.: מות mūt sterben, THAT 1 (³1978), Sp.893-897 (= מות).

Ders.: רצה rṣh Gefallen haben, THAT 2 (²1979), Sp.810-813 (= רצה).

Ders.: שאל š'l fragen, bitten, ebd., Sp.814-844 (= שאל).

Ders.: שלם šlm genug haben, ebd., Sp.919-935 (= שלם).

Gerstenberger, Erhard S.: Jeremiah's Complaints: Observations on Jer 15,10-21, JBL 82 (1963), S.393-408 (= Complaints).

Ders.: Der klagende Mensch. Anmerkungen zu den Klagegattungen in Israel, in: FS von Rad 1971, S.64-71 (= Der klagende Mensch).

Ders.: The Woe-Oracles of the Prophets, JBL 81 (1963), S.249-263 (= Woe-Oracles).

Ders.: חלק hlq teilen, THAT 1 (³1978), Sp.576-581 (= חלק).

Gese, Hartmut: Wisdom Literature in the Persian Period, in: Judaism 1984, S.189-218, 430-436 (= Wisdom Literature).

Gesenius, Wilhelm/Buhl, Frants: Hebräisches und Aramäisches Handwörterbuch über das Alte Testament, Berlin/Göttingen/Heidelberg 1962 (Nachdr. von ¹⁷1915) (= Handwörterbuch).

Gesenius, Wilhelm/Kautzsch, Emil: Hebräische Grammatik, Hildesheim/Zürich/New York ⁴1983 (Nachdr. von ²⁸1909) (= Grammatik).

Geyer, John B.: Mythology and Culture in the Oracles against the Nations, VT 36 (1986), S.129-145 (= Mythology).

Giesebrecht, Friedrich: Das Buch Jeremia übersetzt und erklärt (HAT 3/2,1), ²1907 (1894) (= Jer).

Görg, Manfred: Jeremia zwischen Ost und West (Jer 38,1-6). Zur Krisensituation in Jerusalem am Vorabend des babylonischen Exils, in: FS Schreiner 1982, S.121-13 (= Jer).

Gosse, Bernard: La Malédiction contre Babylone de Jérémie 51,59-64 et les Rédactions du livre de Jérémie, ZAW 98 (1986), S.386-399 (= Malédiction).

Gottwald, Norman K.: All the Kingdoms of the Earth. Israelite Prophecy and International Relations in Ancient Near East, New York/Evanston/London 1964 (= Kingdoms).

Gradwohl, Roland: Bibelauslegungen aus jüdischen Quellen. Bd.2: Die alttestamentlichen Predigttexte des 4.Jahrgangs, Stuttgart 1987 (= Bibelauslegungen).

Graf, Karl Heinrich: Der Prophet Jeremia erklärt, Leipzig 1862 (= Jer).

Gramlich, M. Louis: Intercessory Prayer in Jeremiah, in: Spiritual Life 27, Washington 1981, S.219-226 (= Prayer).

Gross, Heinrich: Gab es ein prophetisches Amt in Israel?, BiKi 38 (1983), S.134-139 (= Amt).

Gross, Karl: Hoseas Einfluß auf Jeremias Anschauung, NKZ 42 (1931), S.241-256, 327-343 (= Hoseas Einfluß).

Ders.: Die literarische Verwandtschaft Jeremias mit Hosea, Diss. Berlin, Leipzig 1930 (= Verwandtschaft).

Gruber, Mayer I.: The Motherhood of God in Second Isaiah, RB 90 (1983), S.351-359 (= Motherhood).

Gunkel, Hermann: Einleitungen zu Hans Schmidt, Die großen Propheten (SAT 2/2), [2]1923, S.IX-LXX (= Einleitungen).

Ders./Begrich, Joachim: Einleitung in die Psalmen, Göttingen [4]1985 (Nachdr. von 1933) (= Einleitung).

Gunneweg, Antonius H.J.: Geschichte Israels bis Bar Kochba, Stuttgart u.a. [4]1982 (= Geschichte).

Ders.: Konfession oder Interpretation im Jeremiabuch, *ZThK 67 (1970), S.395-416, jetzt in: ders.: Sola Scriptura, Göttingen 1983, S.61-82 (= Konfession).

Haag, Ernst: Das Buch Jeremia. I/II (Geistliche Schriftlesung 5,1/2), Düsseldorf 1973/77 (= Jer).

Haag, Herbert: Der Gottesknecht bei Deuterojesaja (EdF 233), 1985 (= Gottesknecht).

Hamborg, O.R.: Reasons for Judgement in the Oracles against the Nations of the Prophet Isaiah, VT 31 (1981), S.145-159 (= Reasons).

Hamerton-Kelly, Robert: God the Father (OBT 4), 1979 (= Father).

Hanson, Paul D.: The Dawn of the Apocalyptic. The Historical and Sociological Roots of the Jewish Apocalyptic Eschatology, Philadelphia 1975.

Hardmeier, Christoph: Texttheorie und biblische Exegese. Zur rhetorischen Funktion der Trauermetaphorik in den Propheten (BEvTh 79), 1978 (= Trauermetaphorik).

Har-El, Menashe: גאון הירדן, ErIs 17 (1983), S.181-187 (= גאון הירדן).

Harner, Philip B.: The Salvation Oracle in Second Isaiah, JBL 88 (1969), S.418-434 (= Salvation Oracle).

Harrison, Roland K.: Jeremiah and Lamentations. An Introduction and Commentary (TOTC), 1975 (= Jer).

Hartman, Geoffrey: Jeremiah 20:7-12: A Literary Response, in: Mosaic 1982, S.184-195 (= Response).

Hayes, John H.: The Usage of Oracles against Foreign Nations in Ancient Israel, JBL 87 (1968), S.81-92 (= Usage).

Heinemann, Joseph: A Homily on Jeremiah and the Fall of Jerusalem (Pesiqta Rabbati Pisqa 26), in: Mosaic 1982, S.27-41 (= Homily).

Heister, Maria-Sybilla: Frauen in der biblischen Glaubensgeschichte, Göttingen 1984 (= Frauen).

Held, Moshe: Rhetorical Questions in Ugaritic and Biblical Hebrew, ErIs 9 (1969), S.71-79 (= Questions).

Heller, Jan: Das Gebet im Alten Testament (Begriffsanalyse), CV 19 (1976), S.157-162 (= Gebet).

Hempel, Johannes: Worte der Propheten, Berlin 1949 (= Worte).

Henry, Matthew: An Exposition, with practical Obsevations, on the Book of the Prophet Jeremiah, in: Matthew Henry's Commentary on the Whole Bible. Vol.4, New York/London/Edinburgh 1961, S.398-711 (erstmals 1712) (= Jer).

Hentschke, Richard: Die Stellung der vorexilischen Schriftpropheten zum Kultus (BZAW 75), 1957 (= Kultus).

Hermisson, Hans-Jürgen: Jeremias Wort über Jojachin, in: FS Westermann 1980, S.252-270 (= Jojachin).

Ders.: Jahwes und Jeremias Rechtsstreit: Zum Thema der Konfessionen Jeremias, in: FS Gunneweg 1987, S.309-343 (= Konfessionen).

Herntrich, Volkmar: Jeremia. Der Prophet und sein Volk. Eine Einführung in die Botschaft des Jeremia, Gütersloh 1938 (= Jer).

Ders.: Der Prophet Jeremia. Eine Einführung (Studienreihe der Jungen Gemeinde 40), Berlin-Dahlem 1947 (= Jer).

Herrmann, Siegfried: Forschung am Jeremiabuch. Probleme und Tendenzen ihrer neueren Entwicklung, ThLZ 102 (1977), Sp.481-490 (= Forschung).

Ders.: Geschichte Israels, München [2]1980 (= Geschichte).

Ders.: Die prophetischen Heilserwartungen im Alten Testament. Ursprung und Gestaltwandel (BWANT 5,5), 1965 (= Heilserwartungen).

Ders.: Jeremia/Jeremiabuch, TRE 16, Lfg. 4/5 (1987), S.568-586 (= Jer).

Ders.: Jeremia (BK 12, Lfg.1), 1986 (= Jer).

Hertzberg, Hans Wilhelm: Sind die Propheten Fürbitter?, in: FS Weiser 1963, S.63-74 (= Fürbitter).

Ders.: Prophet und Gott. Eine Studie zur Religiösität des vorexilischen Prophetentums (BFChTh 28,3), 1923 (= Prophet).

Heschel, Abraham Joshua: The Prophets, New York 1962 (Erweiterte Aufl. der 1936 in deutscher Sprache erschienenen Diss., "Die Prophetie") (= Prophets).

Hesse, Franz: Die Fürbitte im Alten Testament, Diss. Erlangen 1951 (= Fürbitte).

Hillers, Delbert R.: Hôy and Hôy-Oracles: A Neglected Syntactic Aspect, in: Carol L.Meyers/M.O'Connor (Hg.), The Word of the Lord Shall Go Forth, Essays in Honor of David Noel Freedman, Winona Lake 1983, S.185-188 (= Hôy).

Hitzig, Ferdinand: Der Prophet Jeremia (KEH 3), [2]1866 (1841) (= Jer).

Hobbs, T.R.: Some Remarks on the Composition and Structure of the Book of Jeremiah, CBQ 34 (1972), S.257-275 (= Composition).

Hölscher, Gustav: Die Propheten. Untersuchungen zur Religionsgeschichte Israels, Leipzig 1914 (= Propheten).

Hoffmann, Yair: The Prophecies against Foreign Nations in the Bible, Tel Aviv 1977 (Ivrith mit engl. Zusammenfassung) (= Nations).

Hohenstein, Herbert E.: Oh Blessed Rage, CThMi 10 (1983), S.162-168 (= Rage).

Holladay, William L.: The Architecture of Jeremiah 1-20, Lewisburg/London 1976 (= Architecture).

Ders.: The Background of Jeremiah's Self-Understanding. Moses, Samuel and Psalm 22, JBL 83 (1964), S.153-164, jetzt in: *Nations 1984, S.313-324 (= Background).

Ders.: A Coherent Chronology of Jeremiah's Early Career, in: Jérémie 1981, S.58-73 (= Chronology).

Ders.: The so-called "Deuteronomic Gloss" in Jer.VIII 19b, VT 12 (1962), S.494-498 (= Gloss).

Ders.: Jeremiah 1 (Hermeneia), 1986 (= Jer 1).

Ders.: Jeremiah and Women's Liberation, ANQ 12 (1972), S.212-223 (= Liberation).

Ders.: A Fresh Look at "Source B" and "Source C" in Jeremiah, *VT 25 (1975), S.394-412, jetzt in: Nations 1984, S.213-228 (= Look).

Ders.: Jeremiah and Moses: Further Observations, JBL 85 (1966), S.17-27 (= Moses).

Ders.: "The Priests scrape out on their hands", Jeremiah V 31, VT 15 (1965), S.111-113 (= Priests).

Ders.: A Proposal for Reflections in the Book of Jeremiah of the Seven-Year Recitation of the Law in Deuteronomy (Dtn 31,10-13), in: Norbert Lohfink (Hg.), Das Deuteronomium (BEThL 68), 1985, S.326-328 (= Proposal).

Ders.: Prototype and Copies. A New Approach to the Poetry-Prose Problem in the Book of Jeremiah, JBL 79 (1960), S.351-367 (= Prototype).

Ders.: The Identification of the two Scrolls of Jeremiah, VT 30 (1980), S.452-467 (= Scrolls).

Ders.: Jeremiah. Spokesman out of Time, Philadelphia 1974 (= Spokesman).

Ders.: Style, Irony and Authenticity in Jeremiah, JBL 81 (1962), S.44-54 (= Style).

Ders.: The Root šûbh in the Old Testament with Particular Reference to its Usages in Covenantal Contexts, Leiden 1958 (= šûbh).

Ders.: The Covenant with the Patriarchs Overturned: Jeremiah's Intention in "Terror on Every Side" (Jer 20:1-6), JBL 91 (1972), S.305-320 (= Terror).

Ders.: Jer. xxxi 22b Reconsidered: "The Woman Encompasses the Man", VT 16 (1966), S.236-239 (= Woman).

Ders.: The Years of Jeremiah's Preaching, Interp. 37 (1983), S.146-159 (= Years).

Homerski, Józef: The Role of Nations in the Religious Formation of Israel in the Writings of the Prophets, RTK 22,1 (1975), S.15-23 (Polnisch mit engl. Zusammenfassung) (= Nations).

Ders.: The Theological Significance of the Oracles against the Nations in Writing Prophets, STV 10,1 (1972), S.31-53 (Polnisch mit engl. Zusammenfassung) (= The Theological Significance of the Oracles against the Nations).

Honeycutt, Roy L.: Jeremiah, the Prophet and the Book, RExp 78 (1981), S.303-318 (= Prophet).

Honeyman, A.M.: Māgôr mis-sābîb and Jeremiah's Pun, VT 4 (1954), S.424-426 (= Māgôr mis-sābîb).

Horst, Friedrich: Zwei Begriffe für Eigentum (Besitz): nḥlh und 'ḥzh, in: FS Rudolph 1961, S.135-156 (= Eigentum).

Ders.: Hiob. 1.Teilbd. (BK 16/1). [3]1974 (1968 (= Hiob).

Hossfeld, Frank Lothar: Wahre und falsche Propheten in Israel, BiKi 38 (1983), S.139-144 (= falsche Propheten).

Ders./Meyer, Ivo: Prophet gegen Prophet. Eine Analyse der alttestamentlichen Texte zum Thema: Wahre und falsche Propheten (BiBe 9), 1973 (= Prophet).

Dies.: Der Prophet vor dem Tribunal. Neuer Auslegungsversuch von Jer 26., ZAW 86 (1974), S.30-50 (= Tribunal).

Houberg, R.: Note sur Jérémie XI 19, VT 25 (1975), S.676f (= Jér XI 19).

Hubbard, Robert Louis, Jr.: Dynamistic and Legal Language in Complaint Psalms, Diss. Claremont Graduate Schol 1980 (UMI 1984) (= Language).

Huber, Friedrich: Jahwe, Juda und die anderen Völker beim Propheten Jesaja (BZAW 137), 1976 (= Völker).

Hubman, Franz D.: Anders als er wollte: Jer 20,7-13, BiLi 54 (1981), S.179-188 (= Anders).

Ders.: Jer 18,18-23 im Zusammenhang der Konfessionen, in: Jérémie 1981, S.271-296 (= Jer 18,18-23).

Ders.: Stationen einer Berufung. Die "Konfessionen" Jeremias - eine Gesamtschau, ThPQ 132 (1984), S.25-39 (= Stationen).

Ders.: Untersuchungen zu den Konfessionen Jer 11,18-12,6 und 15,10-21 (fzb 30), 1978 (= Untersuchungen).

Huey, F.B., Jr.: Jeremiah (Bible Study Commentary), Grand Rapids 1981 (= Jer).

Hvidberg, Flemming Friis: Weeping and Laughter in the Old Testament. A Study of Canaanite-Israelite Religion, Leiden/København 1962 (Dänisch 1938) (= Weeping).

Ders.: Vom Weinen und Lachen im Alten Testament, ZAW 57 (1939), S.150-152 (= Weinen).

Hyatt, James Philip: The Book of Jeremiah. Introduction and Exegesis, IntB 5 (1956), S.775-1142 (= Jer).

Irsigler, Hubert: Psalm 73 - Monolog eines Weisen. Text, Programm, Struktur (ATSAT 20), 1984 (= Ps 73).

Ittmann, Norbert: Die Konfessionen Jeremias. Ihre Bedeutung für die Verkündigung des Propheten (WMANT 54), 1981 (= Konfessionen).

Izco Illundanin, José A.: El conocimiento de Dios entre los Gentiles según el Antiguo Testamento, EThL 49 (1973), S.36-75 (= Gentiles).

Jacob, Edmond: Féminisme ou Messianisme? A propos de Jérémie 31, 22, in: FS Zimmerli 1977, S.179-184 (= Féminisme).

Ders.: Prophètes et Intercesseurs, in: FS Cazelles 1981 I, S.205-217 (= Intercesseurs).

Ders.: Le Prophète Jérémie et la Terre d'Israël, in: Mélanges André Neher, Paris 1975, S.155-164 (= Terre).

Ders.: Traits féminins dans la Figure du Dieu d'Israël, in: André Caquot/S.Légasse/M.Tardieu (Hg.), Mélanges Bibliques et Orientaux en l'Honneur de M.Mathias Delcor (AOAT 215), 1985, S.221-230 (= Traits).

Jacobson, Richard: Prophecy and Paradox, Jeremiah's Logical Problems, LingBibl 38 (1976), S.49-61 (= Paradox).

Jahnow, Hedwig: Das hebräische Leichenlied im Rahmen der Völkerdichtung (BZAW 36), 1923 (= Leichenlied).

Janowski, Bernd: Sühne als Heilsgeschehen. Studien zur Sühnetheologie der Priesterschrift und zur Wurzel KPR im Alten Orient und im Alten Testament (WMANT 55), 1982 (= Sühne).

Janssen, Enno: Juda in der Exilszeit. Ein Beitrag zur Entstehung des Judentums (FRLANT 69), 1956 (= Exilszeit).

Janzen, J. Gerald: Jeremiah 20:7-18, Interp. 37 (1983), S.178-182 (= Jer 20:7-18).

Ders.: Double Readings in the Text of Jeremiah, HThR 60 (1967), S.433-447 (= Readings).

Ders.: Studies in the Text of Jeremiah (HSM 6), 1973 (= Text).

Janzen, Waldemar: Mouring Cry and Woe Oracles (BZAW 125), 1972 (= Mouring Cry).

Ders.: Withholding the Word, in: Baruch Halpern/Jon D. Levenson (Hg.), Traditions in Transformation. Turning Points in Biblical Faith. Essays in Honor of Frank Moore Cross, Winona Lake 1981, S.97-114 (= Word).

Jenni, Ernst: אהה 'ᵃhāh ach, THAT 1 (³1978), Sp.73f (= אהה).

Ders.: איב 'ojēb Feind, ebd., Sp.118-122 (= איב).

Ders.: בית bájit Haus, ebd., Sp.308-313 (= בית).

Ders.: צרר srr befeinden, ebd., Sp. 582f. (= צרר).

Ders.: שמח śmh sich freuen, ebd., Sp.828-835 (= שמח).

Ders.: שנא śn' hassen, ebd., Sp.835-837 (= שנא).

Jeremiah. In the Art, EJ 9 (1971), S.1360f (= Jeremiah. In the Art).

Jepsen, Alfred: Warum? Eine lexikalische und theologische Studie, in: Fritz Maass (Hg.), Das ferne und nahe Wort, FS Leonhard Rost (BZAW 105), 1967, S.106-112, jetzt in: *A.Jepsen, Der Herr ist Gott, Berlin 1978, S.230-235 (= Warum).

Jeremias, Jörg: Der Prophet Hosea (ATD 24/1), 1983 (= Hosea).

Ders.: Kultprophetie und Gerichtsverkündigung in der späten Königszeit (WMANT 35), 1970 (= Kultprophetie).

Jobling, David: The Quest of the Historical Jeremiah: Hermeneutical Implications of Recent Literature, USQR 34 (1978), S.3-12, jetzt in: *Nations 1984, S.285-297 (= Quest).

Johnson, Aubrey R.: The Cultic Prophet in Ancient Israel, Cardiff ²1962 (1944) (= Cultic Prophet).

Jong, Cornelius de: De Volken bij Jeremia. Hun plaats in zijn prediking en in het boek Jeremia, Kampen 1978 (= Volken).

Joüon, Paul: Grammaire de l'Hébreu Biblique, Rom 1923 (Nachdr. ² 1982) (= Grammaire).

Jüngling, Hans-Winfried: Ich mache dich zu einer ehernen Mauer. Literarische Überlegungen zum Verhältnis von Jer 1,18-19 zu Jer 15,20-21, Bib. 54 (1973), S.1-24 (= Mauer).

Ders.: "Auge für Auge, Zahn für Zahn". Bemerkungen zu Sinn und Geltung der alttestamentlichen Talionsformel, ThPh 59 (1984), S.1-38 (= Talionsformel).

Kaiser, Otto: Einleitung in das Alte Testament, Gütersloh ⁵1984 (1969) (= Einleitung).

Ders.: Von der Gerechtigkeit Gottes nach dem Alten Testament, in: ders., Der Mensch unter dem Schicksal (BZAW 161), 1985, S.154-181 (= Gerechtigkeit).

Ders.: Der Prophet Jesaja. Kapitel 1-12/13-39 (ATD 17/18), $^5$1981/$^3$1983 (= Jes 1-12/13-39).

Ders.: Wort des Propheten und Wort Gottes. Ein hermeneutischer Versuch, in: FS Weiser 1963, S.75-92 (= Wort).

Kang, Sa-Moon: Divine War in Old Testament and in the Ancient Near East (BZAW 177), 1989 (= War).

Keel, Othmar: Feinde und Gottesleugner. Studien zum Image der Widersacher in den Individualpsalmen (SBM 7), 1969 (= Feinde).

Kegler, Jürgen: Das Leid des Nachbarvolkes. Beobachtungen zu den Fremdvölkersprüchen Jeremias, in: FS Westermann 1980, S.271-287 (= Leid).

Ders.: Die Verarbeitung der Zerstörung Jerusalems 587/6 in der prophetischen Überlieferung Jeremias und Ezechiels, in: Wünschet 1988, S.303-312 (= Verarbeitung).

Keil, Carl Friedrich: Biblischer Commentar über den Propheten Jeremia und die Klagelieder (BC 3,2), 1872 (= Jer).

Keller, Carl A.: Zum sogenannten Vergeltungsglauben im Proverbienbuch, in: FS Zimmerli 1977, S.223-238 (= Vergeltungsglauben).

Ders.: אָרַר rr verfluchen, THAT 1 ($^3$1978), Sp.236-240 (= אָרַר).

Ders.: קָלַל qll leicht sein, THAT 2 ($^2$1979), Sp.641-647 (= קָלַל).

Kent, Dan G.: Jeremiah. The Man and His Times, SWJT 24 (1981), S.7-18 (= Man).

Kessler, Martin: From Drought to Exile. A Morphological Study of Jeremiah 14:1-15:4, in: Amsterdamse Cahiers voor Exegese en Bijbelse Theologie 2 (1981), S.68-85 (erstmals 1972) (= Drought).

Ders.: Jeremiah Chapters 26-45 Reconsidered, JNES 27 (1968), S.81-88 (= Jer 26-45).

Ders.: Form Critical Suggestions on Jer 36, CBQ 28 (1966), S.389-401 (= Suggestions).

Kilpp, Nelson: Eine frühe Interpretation der Katastrophe von 587, ZAW 97 (1985), S.210-220 (= Interpretation).

Kim, Chung Choon: Theology of Logos, ChrTh 15,9 (1971), S.138-144, jetzt in: *ders.: Understanding of the Old Testament Theology, Seoul 1973, S.173-184 (Koreanisch) (= Logos).

Ders.: Theology of Suffering, ChrTh 16,2 (1972), S.148-156 (Koreanisch) (= Suffering).

Kim, Eung Jo: The Exposition of the Old Testament. Vol.2, Seoul $^2$1962 (1960) (Koreanisch) (= Exposition).

Kim, Ui Won: Newness of the New Covenant in Jeremiah 31:31-34 (I)/(II), in: Presbyterian Theological Quarterly 51,3, Seoul 1984, S.7-44/51,4 (1984), S.7-57 (Koreanisch) (= Covenant).

Kim, Ee Kon: "Outcry". Its Context in Biblical Theology, Interp. 42 (1988), S.229-239 (= Outcry).

Kim, Young Hee: Jeremiah's Concept of Religion, ThWo 19,3 (1934), S.71-77 (Koreanisch) (= Religion).

Kimbrough, S.T., Jr.: A non-Weberian Sociological Approach to Israelite Religion, JNES 31 (1972), S.195-202.

Kippenberg, Hans G.: Religion und Klassenbildung im antiken Judäa. Eine religionssoziologische Studie zum Verhältnis von Tradition und gesellschaftlicher Entwicklung (StUNT 14), $^2$1982 (1979) (= Klassenbildung).

Kipper, Balduino: De Restitutione Populi Israel apud Prophetam Je-
remiam, Diss. Rom 1956, Saõ Leopoldo/Brasil 1957 (= Restitutione).

Kirst, Nelson: Formkritische Untersuchung zum Zuspruch "Fürchte
dich nicht" im Alten Testament, Diss.Hamburg 1968 (= Fürchte
dich nicht).

Kitamori, Kazoh: Theologie des Schmerzes Gottes (ThÖ 11), 1972
(Übersetzung der 1958 in japanischer Sprache erschienenen 3.Aufl.,
erstmals 1946) (= Theologie).

Kleinknecht, Karl Theodor: Der leidende Gerechtfertigte. Die altte-
stamentlich-jüdische Tradition vom leidenden Gerechten und ihre
Rezeption bei Paulus (WUNT 2,13), 1984 (= Der leidende Gerechtfertigte).

Klemm, Peter: Zum Elterngebot im Dekalog, BThZ 3 (1986), S.50-60
(= Elterngebot).

Klopfenstein, Martin A.: Scham und Schande nach dem Alten Testament. Eine begriffsgeschichtliche Untersuchung zu den hebräischen Wurzeln bôš, klm und ḥpr (AThANT 62), 1972 (= Scham).

Knierim, Rolf: חטא ḥṭ' sich verfehlen, THAT 1 ([3]1978), Sp.541-549
(= חטא).

Ders.: עון 'āwōn Verkehrtheit, THAT 2 ([2]1979), Sp.243-249 (= עון).

Knight, Douglas A.: Jeremiah and the Dimensions of the Moral Life,
in: FS Silberman 1980, S.87-105 (= Life).

Koch, Klaus: Was ist Formgeschichte?, Neukirchen-Vluyn [4]1981
(= Formgeschichte).

Ders.: Die Propheten I. Assyrische Zeit/ II. Babylonisch-Persische
Zeit (UB 280/281). 1978/80 (= Propheten I/II).

Ders.: Gibt es ein Vergeltungsdogma im Alten Testament? *ZThK
52 (1955), S.1-42, jetzt in: Vergeltung 1972, S.130-180 (= Vergeltungsdogma).

Ders.: צדק ṣdq gemeinschaftstreu/heilvoll sein, THAT 2 ([2]1979),
Sp.507-530 (= צדק).

Koch, Robert: Die Gotteserfahrung der Propheten, in: H.Boelaars/
R.Trembley (Hg.), In libertam vocati estis (Gal 5,13), Miscellanea
Bernhard Häring, Rom 1977, S.323-344 (= Gotteserfahrung).

Köberle, D.J.: Der Prophet Jeremia. Sein Leben und Wirken dargestellt für die Gemeinde (EzAT 2), [2]1925 (= Jer).

Kogut, Simcha: On the Meaning and Syntactical Status of הנה in
Biblical Hebrew, in: Studies in Bible 1986, S.133-154 (= הנה).

Koonthanam, George: Prophets and the Nations, Jeevadhara 14 (1984),
S.123-135 (= Nations).

Krašovec, Jože: Antithetic Structure in Biblical Hebrew Poetry
(VT.S 35), 1984 (= Structure).

Kraus, Hans-Joachim: Psalmen 1./2. Teilbd.: Psalmen 1-59/60-150
(BK 15/1 u. 2), [5]1978 (1961) (= Ps).

Ders.: Theologie der Psalmen (BK 15/3), 1979 (= Theologie).

Krause, Hans-Joachim: Hôj als profetische Leichenklage über das
eigene Volk im 8.Jahrhunert, ZAW 85 (1973), S.15-46 (= Hôj).

Kreissig, Heinz: Die sozialökonomische Situation in Juda zur Achämenidenzeit (SGKAO 7), 1973 (= Achämenidenzeit).

Kroeker, Jakob: Jeremia. Der Prophet tiefster Innerlichkeit und
schwerster Seelenführung (Das lebendige Wort 6), Gießen/Basel
[2]1936 (überarb. u. erg. von Hans Brandenburg) (= Jer).

Kselman, John S.: "Why have you abandon me?" A Rhetorical Study of Psalm 22, in: David J.A.Clines/David Gunn/Alan J. Hauser (Hg.), Art and Meaning. Rhetoric in Biblical Literature (JSOTS 19), 1982, S.172-198 (= Ps 22).

Küchler, Friedrich: Jahwe und sein Volk nach Jeremia, ZAW 28 (1908), S.81-109 (= Jahwe).

Kühlewein, Johannes: Geschichte in den Psalmen (CThM 2), 1973 (= Geschichte).

Kuhn, Peter: Gottes Trauer und Klage in der rabbinischen Überlieferung (Talmud und Midrasch) (AGJU 13), 1978 (= Trauer).

Kuist, Howard Tillman: The Book of Jeremiah, in: LBC 12, [6]1977 (1960), S.7-138 (= Jer).

Kuntz, J. Kenneth: The Retribution Motif in Psalmic Wisdoms, ZAW 89 (1977), S.223-233 (= Retribution Motif).

Kurichianil, John: Jeremiah, the Prophet of Prayer, in: Indian Theological Studies 18 (1981), S.34-46 (= Prayer).

Kutsch, Ernst: «Trauerbräuche» und «Selbstminderungsriten» im Alten Testament, in: *K.Lüthi/E.Kutsch/W.Dantine, Drei Wiener Antrittsreden (ThSt 78), 1965, S.25-42, jetzt in: KS (BZAW 168), 1986, S.78-95 (= Trauerbräuche).

Ders.: Unschuldbekenntnis und Gottesbegegnung. Der Zusammenhang zwischen Hiob 31 und 38ff., in: ebd., S.308-335 (= Unschuldbekenntnis).

Ders.: ברית b[e]rīt Verpflichtung, THAT 1 ([3]1978), Sp.339-32 (= ברית).

Ders.: Die Wurzel עצר im Hebräischen, VT 2 (1952), S.57-69 (= עצר).

Ders.: פרר prr hi brechen THAT 2 ([2]1979), Sp.486-488 (= פרר).

Laberge, Léo: Le Drame de la Fidélité chez Jérémie, EeT(O) 11 (1980), S.9-31 (= Drame).

Labuschagne, Casper J.: פה poē Mund, THAT 2 ([2]1979), Sp.406-411 (= פה).

Ders.: קול qōl Stimme, ebd., Sp.629-634 (= קול).

Lamparter, Helmut: Prophet wider Willen. Der Prophet Jeremia (BAT 20), [3]1982 (1964) (= Jer).

Lang, Bernhard: Altersversorgung in der biblischen Welt, in: Prophet 1980, S.90-103 (= Altersversorgung).

Ders.: Die Geburt der jüdischen Hoffnungstheologie, BiKi 33 (1978), S.74-78, jetzt in überarb. Fassung in: *Prophet 1980, S.59-68 (= Hoffnungstheologie).

Ders.: Wie wird man Prophet in Israel, ebd., S.31-58 (= Wie).

Langdon, Robert William: The ʿEbed Yahwe and Jeremiah, Diss. The Southern Baptist Theological Seminary 1980 (UMI 1984) (= ʿEbed Yahwe).

Langer, Birgit: Vom Leiden Gottes nach Jeremia, BiLi 58 (1985), S.3-8 (= Leiden).

Lapointe, Roger: The Divine Monologue as a Channel of Revelation, CBQ 32 (1970), S.161-181 (= Monologue).

Lauck, Willibald: Das Buch Jeremias (HBK 9/1), 1938 (= Jer).

Lauha, Aarre: Omnia Venitas. Die Bedeutung von hbl bei Kohelet, in: Jarmo Kiilunen/Vilho Riekkinen/ Heikki Räisänen (Hg.), Glaube und Gerechtigkeit, In Memoriam Rafael Gyllenberg (Schriften der Finnischen Exegetischen Gesellschaft 38), Helsinki 1983, S.19-25 (= hbl).

Ders.: Kohelet (BK 19), 1978 (= Kohelet).

Lenhard, Hellmut: Über den Unterschied zwischen לכן und על־כן, ZAW 85 (1983), S.269-272 (= Unterschied).

Lenhard, Pierre/von der Osten-Sacken, Peter: Rabbi Akiva. Texte und Interpretationen zum rabbinischen Judentum und Neuen Testament (Arbeiten zur neutestamentlichen Theologie und Zeitgeschichte 1), Berlin 1987 (= Akiva).

Leslie, Elmar A.: Jeremiah. Chronologically Arranged, Translated and Interpreted, New York 1954 (= Jer).

Levenson, Jon D.: Some Unnoticed Connotations in Jeremiah 20,9, CBQ 46 (1984), S.223-225 (= Connotations).

Lewin, Ellen Davies: Arguing for Authority. A Rhetorical Study of Jeremiah 1.14-19 and 20.7-18, JSOT 32 (1985), S.105-119 (= Authority).

Liedke, Gerhard: ריב rîb streiten, THAT 2 ([2]1979), Sp.771-777 (= ריב).

Ders.: שפט špṭ richten, ebd., Sp.999-1009 (= שפט).

Limbeck, Meinhard: Die Klage - eine verschwundene Gebetsgattung, ThQ 157 (1977), S.3-16 (= Klage).

Lind, Millard C.: Yahwe is a Warrior. The Theology of Warfare in Ancient Israel, Scottdale, Pennsylvania/Kitchener, Ontario 1980 (= Warrior).

Lindblom, Johannes: Prophecy in Ancient Israel, Philadelphia 1962 (= Prophecy).

Ders.: Wisdom in the Old Testament Prophets, in: FS Rowley 1955 S.192-204 (= Wisdom).

Lipiński, Edward: "Se battre la cuisse", VT 20 (1970), S.495 (= Se battre la cuisse).

Ders.: נקם nāqam, ThWAT 5 (1986), Sp.602-612 (= נקם).

Liwak, Rüdiger: Der Prophet und die Geschichte. Eine literar-historische Untersuchung zum Jeremiabuch (BWANT 121), 1987 (= Der Prophet).

Loewenstamm, Samuel E.: נחלת ה', in: Studies in Bible 1986, S.155-192 (= נחלת ה').

Lohfink, Norbert: Der junge Jeremia als Propagandist und Poet. Zum Grundstock von Jeremia 30-31, in: Jérémie 1981, S.351-368 (= Der junge Jeremia).

Ders.: "Gewalt" als Thema alttestamentlicher Forschung, in: ders. (Hg.), Gewalt und Gewaltlosigkeit im Alten Testament (QD 96), 1983, S.15-50 (= Gewalt).

Ders.: Die Gattung der "Historischen Kurzgeschichte" in den letzten Jahren von Juda und in der Zeit des babylonischen Exils, ZAW 90 (1978), S.319-347 (= Kurzgeschichte).

Long, Burke O.: The Divine Funeral Lament, JBL 85 (1966), S.85f. (= Lament).

Ludwig, Theodore M.: The Shape of Hope: Jeremiah's Book of Consolation, CTM 39 (1968), S.526-541 (= Hope).

Lundbom, Jack R.: Baruch, Seraiah, and Expanded Colophon in the Book of Jeremiah, JSOT 36 (1986), S.89-114 (= Baruch).

Ders.: The Double Curse in Jeremiah 20,14-18, JBL 104 (1985), S.589-600 (= Curse).

Ders.: Jeremiah: A Study in Ancient Hebrew Rhetoric (SBLDS 18), 1975 (= Jer).

Ders.: נטש nātaš, ThWAT 5 (1986), Sp.436-442 (= נטש).

Lust, Johan: "Gathering and Return" in Jeremiah and Ezechiel, in: Jérémie 1981, S.119-142 (= Gathering).

Maass, Fritz: כפר kpr pi. sühnen, THAT 1 ([3]1978), Sp.842-857 (= כפר).

McCarthy, Carmel: The Tiqqune Sopherim and Other Theological Corrections in the Masoretic Text of the Old Testament (OBO 36), 1981 (= Tiqqune Sopherim).

McCarthy, D.J.: The Uses of w[e]hinnēh in Biblical Hebrew, Bib. 61 (1980), S.330-342, jetzt in: *ders., Institution and Narrative (AnBib 108), 1985, S.237-249 (= w[e]hinnēh).

McDonagh, Kathleen: Job and Jeremiah: Their Approach to God, BiTod 18 (1980), S.331-335 (= Job).

Macholz, Georg Christian: Jeremia in der Kontinuität der Prophetie, in: FS von Rad 1971, S.306-334 (= Kontinuität).

McKane, William: A Critical and Exegetical Commentary on Jeremiah. Vol.1. Introduction and Commentary on Jeremiah I-XXV (ICC), 1986 (= Jer).

Ders.: špy(y)m with Special Referene to the Book of Jeremiah, in: FS Cazelles 1981 I, S.319-325 (= špy(y)m).

Ders.: Observations on the tikkûne sôp[e]rîm, in: On Language, Culture and Religions, in Honor of Eugene A. Nida, The Hague 1974, S.53-77 (= tikkûne sôp[e]rîm).

Ders.: Prophets and Wise Men (SBT 44), 1965 (= Wise Me).

Malchow, Bruce V.: The Prophetic Contribution to Dialogue, BThB 16 (1986), S.127-131 (= Contribution).

Manahan, Ronald E.: A Theology of Pseudoprophets: A Study in Jeremiah, GTJ 1 (1980), S.77-96 (= Pseudoprophets).

Margull, Hans Jochen: Zur gegenwärtigen theologischen Arbeit in Japan, VuF 13,2 (1968), S.73-87 (= Japan).

Marrow, S.: Hāmās ('violentia') in Jer 20,8, VD 43 (1965), S.241-255 (= Hamas).

Martin-Achard, Robert: Esaïe et Jérémie aux Prises avec les Problèmes Politiques. Contribution à L'étude du Thème: Prophètie et Politique, RHPhR 47 (1967), S.208-224, jetzt in: *ders., Permanence de l'Ancien Testament, Genève 1984, S.306-322 (= Esaïe et Jérémie).

Marx, Alfred: A propos des Doublets du Livre de Jérémie. Reflexions sur la Formation d'un Livre Prophetique, in: John Adney Emerton (Hg.), Prophecy, Essays presented to Georg Fohrer (BZAW 150), 1980, S.106-120 (= Doublets).

May, Herbert Gordon: Toward an Objective Approach to the Book of Jeremiah: The Biographer, JBL 61 (1942), S.139-155 (= Biographer).

Ders.: Aspect of the Imagery of World Dominion and World State in the Old Testament, in: FS Hyatt 1974, S.57-76 (= World Dominion).

Mehl, Lyn: The Call to Prophetic Ministry: Reflections on Jeremiah 1:4-10, CThMi 8 (1981), S.151-155 (= Call).

Melchert, Jürgen: Jeremia als Nachricht. Prophetische Texte im Religionsunterricht. Reflexionen und Unterrichtsplanungen, Düsseldorf 1977 (= Nachricht).

Meyer, Ivo: Jeremia und die falschen Propheten (OBO 13), 1977 (erstmals als Diss. Regensburg 1972/73) (= Propheten).

Meyer, Rudolf: Hebräische Grammatik III. Satzlehre (SG 5765, ³1972 (= Grammatik).

Michel, Diethelm: Grundlegung einer hebräischen Syntax. 1. Sprachwissenschaftliche Methodik. Genus und Numerus des Nomens, Neukirchen-Vluyn 1977 (= Syntax).

Mihelic, Joseph L.: Dialogue with God. A Study of Some Jeremiah's Confessions, Interp. 14 (1960), S.43-51 (= Dialogue).

Miller, John Wolf: Das Verhältnis Jeremias und Hesekiels sprachlich und theologisch untersucht mit besonderer Berücksichtigung der Prosareden Jeremias (GTB 28), 1955 (= Verhältnis).

Miller, Patrick D., Jr.: EL the Warrior, HThR 60 (1967), S.411-431 (= EL).

Ders.: Fire in the Mythology of Canaan and Israel, CBQ 27 (1965), S.256-261 (= Fire).

Ders.: Sin and Judgement in the Prophets (SBLMS 27), 1982 (= Sin).

Ders.: Trouble and Woe: Interpreting the Biblical Laments, Interp. 37 (1983), S.32-45 (= Trouble).

Ders.: God and Warrior. A Problem in Biblical Interpretation and Apologetics, Interp. 19 (1965), S.39-46 (= Warrior).

Min, Young-jin: The Minuses and Pluses of the LXX Translation of Jeremiah as Compaired with the Massoretic Text; Their Classification and Possible Origins, Diss. Jerusalem 1977 (= Minuses and Pluses).

Mogensen, Bent: Sᵉdāqā in the Scandinavian and German Research Traditions, in: Knund Jeppesen/Benedikt Otzen (Hg.), The Productions of Time. Tradition History in Old Testament Scholarship, Sheffield 1984, S.67-80 (= Sᵉdāqā).

Monloubou, Louis: Connaître Dieu. L'Expérience Spirituelle de Jérémie, BVC 102 (1971), S.65-76 (= Connaître).

Moore, Michel S.: Jeremiah's Progressive Paradox, RB 93 (1986), S.386-414 (= Paradox).

Mottu, Henri: Les "Confessions" de Jérémie. Une Protestation contre la Souffrance (La Monde de la Bible), Genève 1985 (= Confessions).

Ders.: Jeremiah vs. Hananiah. Ideology and Truth in Old Testament Prophecy, in: Radical Religion 2,2f. (1975), S.58-67, jetzt in: *Norman K. Gottwald (Hg.), The Bible and Liberation. Political and Social Hermeneutics, Maryknoll 1983, S.235-251 (= Hananiah).

Ders.: Aux Sources de Notre Vocation: Jérémie 1,4-19, RThPh 114 (1982), S.105-119 (= Vocation).

Mowinckel, Sigmund: Zur Komposition des Buches Jeremia (SVSK. HF 1913,5), 1914 (= Komposition).

Ders.: Psalmstudien III. Kultprophetie und prophetische Psalmen (SVSK.HF 1922,1), 1923 (Nachdr.: Amsterdam 1961). Darunter S. 4-29 (Kult und Prophetie) jetzt in: Peter H.A.Neumann (Hg.), Das Prophetenverständnis in der deutschsprachigen Forschung seit

Heinrich Ewald (WdF 307), 1979, S.181-211 (= prophetische Psalmen).

Ders.: Prophecy and Tradition. The Prophetic Books in the Light of the Study of the Growth and History of the Tradition (ANVAO. HF 2,3), 1946 (= Tradition).

Müller, Iris: Die Wertung der Nachbarvölker Israels Edom, Moab, Ammon, Philistäa und Tyrus/Sidon nach den gegen sie gerichteten Drohsprüchen der Propheten, Diss.Münster i.W. 1970 (= Nachbarvölker).

Müller, Hans-Peter: "Der bunte Vogel" von Jer 12,9, ZAW 79 (1967), S.225-228 (= Vogel).

Muffs, Yohanan: Reflections on Prophetic Prayer in the Bible, ErIs 14 (1978), S.48-54, 124* (Ivrith mit engl. Zusammenfassung) (= Prayer).

Mullenburg, James: The Terminology of Adversity in Jeremiah, in: *Harry T. Frank/William L. Reed (Hg.), Translating and Understanding the Old Testament. Essays in Honor of Herbert G. May, Nashville/New York 1970, S.541-563, jetzt in: Hearing and Speaking 1984 S.223-255 (= Adversity).

Ders.: Jeremiah the Prophet, IDB 2 (1962), S.823-835 (= Jer).

Munch, Perter Andreas: The Expression bajjôm hāhū'. Is it an Eschatological Terminus Technicus? Oslo 1936 (= bajjôm hahu).

Naegelsbach, C.W. Eduard: Der Prophet Jeremia/Die Klagelieder, Bielefeld/Leipzig 1868 (= Jer).

Nandrásky, Karol: Die Anschauungsweise und die Logik in der metaphorischen Ausdrucksweise des Propheten Hosea, LingBibl 54 (1983), S.61-96 (= Anschauungsweise).

Neher, André: Jérémie, Paris 1960 (= Jér).

Ders.: Jérémie le Pharisien. Un Exemple d'Interpretation Typologique Juive de la Bible, in: Maqqel Shâqédh. La Branche d'Amandier, Hommage à Wilhelm Vischer, Montepeller 1960, S.171-176 (= Pharisien).

Ders.: Speech and Silence in Prophecy, Dor le Dor 6,2 (1978/79), S.61-73 (= Speech).

Nestle, Eberhard: Miscellen, ZAW 25 (1905), S.201-223 (= Miscellen).

Neumann, Peter K.D.: Hört das Wort Jahwäs. Ein Beitrag zur Komposition alttestamentlicher Schriften (Schriften der Stiftung Europa-Kolleg 30), Hamburg 1975 (= Hört).

Ders.: Das Wort, das geschehen ist... Zum Problem der Wortempfangsterminologie in Jer I-XXV, VT 23 (1973), S.171-217 (= Wort).

Nicholson, Ernest W.: The Book of the Prophet Jeremiah. Vol. 1/2: Ch. 1-25/26-52 (CBC), 1975 (= Jer).

Ders.: Preaching to the Exiles. A Study of the Prose Tradition in the Book of Jeremiah, Oxford 1970 (= Preaching).

Niehr, Herbert: Herrschen und Richten. Die Wurzel špt im Alten Orient und im Alten Testament (fzb 54), 1986 (= špt).

Niyibizi, François: L'Analyse des Énoncés de Péché chez le Prophète Jérémie et les Péripéties de Conversation, Diss. Rom 1977 (= L'Analyse).

Nötscher, Friedrich: Jeremias/Klagelieder (Echter Bibel 2), Würzburg 1947 (= Jer).

Noort, Edward: JHWH und das Böse. Bemerkungen zu einer Verhältnisbestimmung, OTS 23 (1984), S.120-136 (= das Böse).

Noth, Martin: Geschichte Israels, Göttingen [9]1981 (1950) (= Geschichte).

O'Connor, Kathleen M.: The Confessions of Jeremiah: Their Interpretation and their Role in Chapters 1-25, Diss. Princeton 1984 (UMI 1984) (= Confessions).

Odaschima, Taro: *Untersuchungen zu den vordeuteronomistischen Bearbeitungen der Heilsworte im Jeremiabuch, Diss. Bochum 1985, jetzt in überarb. Form unter dem Titel: Heilsworte im Jeremiabuch (BWANT 125), 1989 (= Heilsworte).

Von Orelli, Conrad: Der Prophet Jeremia (KK 4/2), [3]1905 (= Jer).

Orlinsky, Harry M.: The Biblical Concept of the Land of Israel: Cornerstone of the Covenant between God and Israel, ErIs 18 (1985), S.43*-55* (= Land).

Ders.: Nationalism-Universalism in the Book of Jeremiah, in: *John Reumann (Hg.), Understanding the Sacred Text, Essays in Honor of Morton Scott Enslin, Valley Forge 1972, S.61-83, jetzt in: H.M.Orlinsky, Essays in Biblical Culture, New York 1974, S.117-143 (= Nationalism-Universalism).

Owens, John Joseph: Jeremiah, Prophet of True Religion, RExp 78 (1981), S.365-379 (= Religion).

Park, Hyoung Ryong: Expositions on the Book of Jeremiah, in: The Theological Review 14,4, Pyoung Yang 1932, S.79-82 (= Expositions).

Paterson, Robert M.: Reinterpretation in the Book of Jeremiah, JSOT 28 (1984), S.37-46 (= Reinterpretation).

Ders.: Repentance or Judgement: the Construction and Purpose of Jeremiah 2-6, ET 96 (1984/85), S.199-203 (= Repentance).

Pattison, George: The Moment of the Void. A Meditation on the Book of Jeremiah, ET 97 (1985/86), S.132-136 (= Moment).

Perdue, Leo G.: Jeremiah in Modern Research. Approaches and Issues, in: Nations 1984, S.1-32 (= Jer).

Perlitt, Lothar: Anklage und Freispruch Gottes. Theologische Motive in der Zeit des Exils, ZThK 69 (1972), S.290-303 (= Anklage).

Petersen, David L.: The Roles of Israel's Prophets (JSOTS 77), 1981 (= Roles).

Peterson, Eugene H.: Run with the Horses. The Quest for Life at its Best, Downers Grove/Illinois 1983 (= Run).

Plöger, Josef G.: Zum Propheten berufen. Jer 1,4-10 in Auslegung und Verkündigung, in: Dynamik 1983, S.103-118 (= Propheten).

Plotkin, Albert. The Religion of Jeremiah, New York 1974 (= Religion).

Podela, Thomas: Ṣôm-Fasten. Kollektive Trauer um den verborgenen Gott im Alten Testament (AOAT 224), 1989 (= Fasten).

Pohlmann, Karl-Friedrich: Die Ferne Gottes. Studien zum Jeremiabuch (BZAW 179), 1989 (= Die Ferne).

Polk, Timothy: The Prophetic Persona. Jeremiah and the Language of the Self (JSOTS 32), 1984 (= Persona).

Porter, Joshua Roy: The Legal Aspects of the Concept "Corporate Personality" in the Old Testament, VT 15 (1965), S.361-380 (= Corporate Personality).

Preuss, Horst Dietrich: Deuteronomium (EdF 164), 1982 (= Deutero-nomium).

Ders.: Heiligkeitsgesetz, TRE 14 (1985), S.713-718 (= Heiligkeitsgesetz).

Ders.: "...ich will mit dir sein!", ZAW 80 (1968), S.139-173 (= ...ich will mit dir sein!).

Ders.: Verspottung fremder Religionen im Alten Testament (BWANT 92), 1971 (= Verspottung).

Prijs, Leo: Die Jeremia-Homilie Pesikta Rabbati Kapitel 26. Eine synagogale Homilie aus nachtalmudischer Zeit über den Prophe-ten Jeremia und die Zerstörung des Tempels (StDel 10), 1966 (= Jere-mia-Homilie).

Ders.: Jeremia xx 14ff.: Versuch einer neuen Deutung, VT 14 (1964), S.104-108 (= Jer xx 14ff.)

Pyoun, Hong Kyu/RYU, Hyoung Kee: Jeremia, in: Bibelkommen-tar. Bd. 2, Seoul ⁴1971 (1966), S.697-795 (Koreanisch) (= Jer).

Rad, Gerhard von: Die Konfessionen Jeremias, *EvTh 3 (1936), S.265-276, jetzt in: GS 2 (ThB 48), 1973, S.224-235 (= Konfessio-nen).

Ders.: Theologie des Alten Testaments. Bd. 1: Die Theologie der geschichtlichen Überlieferungen Israels/ Bd. 2: Die Theologie der prophetischen Überlieferungen Israels, München ⁷1978/⁶1975 (= Theologie).

Raitt, Thomas M.: A Theology of Exile. Judgement/Deliverance in Jeremiah and Ezechiel, Philadelphia 1977 (= Exile).

Raurell, Frederic: El Libro de Jeremias, EstFr 82 (1981), S.1-86 (= Jere-mias).

Reedy, Gerhard: Jeremiah and the Absurdity of the Prophet, BiTod 40 (1969), S.2781-2787 (= Absurdity).

Renaud, Bernard: La Figure Prophétique de Moïse en Exode 3,1-4,17, RB 93 (1986), S.510-534.

Rendburg, Gary: Hebrew rhm = "rain", VT 33 (1983), S.357-361 (= rhm).

Rendtorff, Rolf: Priesterliche Kulttheologie und prophetische Kult-polemik, ThLZ 81 (1956), Sp.339-342 (= Kulttheologie).

Revell, E.J.: Pausal Forms in Biblical Hebrew: Their Function, Origin and Significance, JSSt 25 (1980), S.165-179 (= Pausal Forms).

Reventlow, Henning Graf: Das Amt des Propheten bei Amos (FRLANT 80), 1962 (= Amt).

Ders.: Gebet im Alten Testament, Stuttgart u.a. 1986 (= Gebet).

Ders.: Liturgie und prophetisches Ich bei Jeremia, Gütersloh 1963 (= Liturgie).

Rhodes, Arnold B.: Israel's prophets as Intercessors, in: Arthur L. Merril/Thomas W.Overholt (Hg.), Scripture in History and Theo-logy, Essays in Honor of J.Coert Rylaarsdam (PTMS 17), 1977, S.107-128 (= Intercessors).

Riaud, Jean: La Figure de Jérémie dans les Paralipomena Jeremiae, in: FS Cazelles 1981 I, S.373-385 (= Figure).

Le Rib, Procédure d'Alliance. Recherches sur les Formes du Discours Prophétique, FV 74,3 (=Cahiers Bibliques 14) (1975), S.66-73 (= Le Rib).

Ridouard, André: Jérémie. L'éprueve de la Foi (Lire la Bible 62), Paris 1983 (= L'éprueve).

Riessler, Paul: Der Prophet Jeremias (BZfr F.7,5), 1914 (= Jer).

Robert, Philippe de: Le Berger d'Israël. Essai sur le Thème Pastoral dans L'Ancien Testament (CTh 57), 1968 (= Berger).

Roberts, J.J.M.: The Hand of Yahwe, VT 21 (1971), S.244-251 (= Hand).

Robinson, Henry Wheeler: The Hebrew Conception of Corporate Personality, in: *Paul Volz/F.Stummer (Hg.), Werden und Wesen des Alten Testaments (BZAW 66), 1936, S.49-62, jetzt in: Personality 1980, S.25-44 (= Corporate Personality).

Ders.: The Cross of Jeremiah, London 1925, jetzt in: *ders., The Cross in the Old Testament, London [4]1965 (1955), S.155-192 (= Cross).

Ders.: The Group and the Individual in Israel, in: Personality 1980 S.45-60 (erstmals 1937) (= Group).

Robinson, Theodor H.: Baruch's Roll, ZAW 42 (1924), S.209-221 (= Roll).

Roche, Michael de: Yahwe's Rib against Israel: A Reassessment of the so-called "Prophetic Lawsuit" in the Preexilic Prophets, JBL 102 (1983), S.563-574 (= Rib).

Rodríguez Merino, A.: Significado del Verbo PTH en Jeremia 20,7.10, EstAg 19 (1984), S.491-506.

Rössler, Dietrich: Predigt über Jer 20,7-18, in: Zeit 1980, S.93-99 (= Jer 20,7-18).

Rogerson, J.W.: The Hebrew Conception of Corporate Personality: A Reconsideration, JThS NS 21 (1970), S.1-16 (= Corporate Personality).

Romanuik, Casimir: La Thème de la Sagesse dans les Documents de Qumran, RdQ 9 (1978), S.429-435 (= Sagesse).

Rost, Leonhard: Die Schuld der Väter, in: Solange es "heute" heißt, FS Rudolf Hermann, Berlin 1957, S.229-233, jetzt in: *ders., Studien zum Alten Testament (BWANT 101), 1974, S.66-71 (= Väter).

Rowley, Harold Henry: The Text and Interpretation of Jer 11,18-12,6, AJSL 42 (1926), S.217-227 (= Jer 11,18-12,6).

Rudolph, Wilhelm: Jeremia (HAR 1/12), [3]1968 (1947) (= Jer).

Ders.: Jesaja xv.xvi, in: D.W.Thomas/W.D.McHardy (Hg.), Hebrew and Semitc Studies, Presented to Godfrey Rolles Driver, Oxfort 1963, S.130-143 (= Jes xv.xvi).

Ruppert, Lothar: Der leidende Gerechte. Eine motivgeschichtliche Untersuchung zum Alten Testament und dem zwischentestamentlichen Judentum (fzb 5,1), 1972 (= Gerechte).

Ders.: Der leidende Gerechte und seine Feinde. Eine Wortfelduntersuchung (fzb 5,2), 1973 (= Feinde).

Saebø, Magne: חכם ḥkm weise sein, THAT 1 ([3]1978), Sp.557-567 (= חכם).

Sanders, James A.: Hermeneutics in True and False Prophecy, in: George W.Coats/Burke O.Long (Hg.), Canon and Authority. Essays in Old Testament Religion and Theology, Philadelphia 1977, S.21-41 (= Hermeneutics).

Sauer, Georg: אף 'af Zorn, THAT 1 ([3]1978), Sp.220-224 (= אף).

Ders.: נקם nqm rächen, THAT 2 ([2]1979), Sp.106-109 (= נקם).

Sawyer, John F.A.: Types of Prayer in the Old Testament. Some Semantic Observations on Hitpallel, Hithannen, etc., Semitics 7 (1980), S.131-143 (= Prayer).

Scharbert, Josef: Bēyt ʾāb als soziologische Größe im Alten Testament, in: Von Kanaan bis Kerala, FS J.P.M. van der Ploeg, O.P. (AOAT 211), 1982, S.213-237 (= Bēyt ʾāb).

Ders.: Gerechtigkeit I. Altes Testament, TRE 12 (1984), S.404-411 (= Gerechtigkeit).

Ders.: Die prophetische Literatur. Der Stand der Forschung, EThL 44 (1968), S.346-406 (= Literatur).

Ders.: Die Propheten Israels um 600 v.Chr., Köln 1967 (= Propheten).

Ders.: Der Schmerz im Alten Testament (BBB 8), 1955 (= Schmerz).

Ders.: ŠLM im Alten Testament, in: Heinrich Gross/F.Mussner (Hg.), Lex Tua Veritas, FS Herman Junker, Trier 1961, S.209-229, jetzt in: *Vergeltung 1972, S.300-324 (= ŠLM).

Ders.: Solidarität in Segen und Fluch im Alten Testament und in seiner Umwelt. Bd. 1: Väterfluch und Vätersegen (BBB 14), 1958 (= Solidarität).

Ders.: Unsere Sünden und die Sünden unserer Väter, BZ NF 2 (1958), S.14-26 (= Väter).

Ders.: Das 'Wir' in den Psalmen auf dem Hintergrund altorientalischen Betens, in: FS Groß 1986, S.297-324 (= Das 'Wir').

Schedl, Claus: "Femina circumdabit virum" oder "via salutis"? Textkritische Untersuchungen zu Jer 31,22, ZThK 83 (1961), S.431-442 (= Femina).

Schenker, Adrain: Heil und Erlösung II. Altes Testament, TRE 14 (1985), S.609-616 (= Heil).

Schmid, Hans Heinrich: Gerechtigkeit als Weltordnung. Hintergrund und Geschichte des alttestamentlichen Gerechtigkeitsbegriffes (BHTh 40), 1968 (= Gerechtigkeit).

Schmid, Herbert: Die Gestalt des Mose. Probleme alttestamentlicher Forschung unter Berücksichtigung der Pentateuchkrise (EdF 237), 1986 (= Mose).

Schmidt, Hans: Die großen Propheten (SAT 2/2), [2]1923 (1915) (= Propheten).

Schmidt, Werner H.: ברא br' schaffen, THAT 1 ([3]1978), S.336-339 (= ברא).

Schmitt, John J.: The Motherhood of God and Zion as Mother, RB 92 (1985), S.557-569 (= Motherhood).

Schmuttermayr, Georg: Studien zur hebräischen Basis DBR I. Ein Beitrag zum Problem der Homonyme, St.Ottilen 1985 (= DBR).

Schneider, Dieter: Der Prophet Jeremia (Wuppertaler Studienbibel R. AT), Wuppertal 1977 (= Jer).

Alonso Schökel, Luis: Jeremias como Anti-Moisés, in: FS Cazelles 1981 II, S.245-254 (= Anti-Moisés).

Ders.: Das Alte Testament als literarisches Kunstwerk, Köln 1971 (erstmals 1963 in spanischer Sprache) (= Kunstwerk).

Schoors, A.: The Particle כי OTS 21 (1981), S.240-276 (= כי).

Schottroff, Willy: Der altisraelitische Fluchspruch (WMANT 30), 1969 (= Fluchspruch).

Ders.: "Gedenken" im Alten Orient und im Alten Testament. Die Wurzel zākar im semitischen Sprachkreis (WMANT 15), [2]1967 (= Gedenken).

**Ders.**: Horonaim, Nimrim, Luhith und der Westrand des "Landes Ataroth". Ein Beitrag zur historischen Topographie des Landes Moab, ZDPV 82 (1966), S.163-208 (= Moab).

**Ders.**: Zur Sozialgeschichte in der Perserzeit, VF 27,1 (1982), S.46-68 (= Perserzeit).

**Ders.**: זכר zkr gedenken, THAT 1 ([3]1978), Sp.507-518 (= זכר).

**Ders.**: חשב hšb denken, ebd., Sp.641-646 (= וחשב).

**Ders.**: ידע jdʿ erkennen, ebd., Sp.82-701 (= ידע).

**Ders.**: פקד pqd heimsuchen, THAT 2 ([2]1979), Sp.466-488 (= פקד).

**Ders.**: שכח škh vergessen, ebd., Sp.898-904 (= שכח).

**Schreiner, Josef**: Ein neuer Bund unverbrüchlichen Heils. Aus der Verkündigung des Propheten Jeremias: Jer 31,1-6.31-37 (IV. Teil), BiLe 7 (1966), S.242-255 (= Bund).

**Ders.**: Geburt und Tod in biblischer Sicht, BiLe 7 (1966), S.127-150 (= Geburt).

**Ders.**: Ja sagen zu Gott – Der Prophet Jeremia, TThZ 90 (1981), S.29-40 (= Ja sagen).

**Ders.**: Jeremia 1-25,14/25,15-52,34 (Die Neue Echter Bibel 8/9), Würzburg 1981/1984 (= Jer 1-25,14/25,15-52,34).

**Ders.**: Die Klage des Propheten Jeremias. Meditation zu Jer 15,10-21, BiLe 7 (1966), S.220-224 (= Klage).

**Ders.**: Unter der Last des Auftrags. Aus der Verkündigung des Propheten Jeremias: Jer 11,18-12,6 (III Teil), ebd., S.180-192 (= Last).

**Ders.**: Prophetensein im Untergang. Aus der Verkündigung des Propheten Jeremia: Jer 1,4-19, ebd., S.15-28 (= Prophetensein).

**Ders.**: "Prophet für die Völker" in der Sicht des Jeremiabuches, in: Ortskirche – Weltkirche, FS Julius Kardinal Döpfner, Würzburg 1973, S.15-31 (= Völker).

**Ders.**: Von Gottes Wort gefordert. Aus der Verkündigung des Propheten Jeremias (WB 20), 1967 (= Wort).

**Schröter, Ulrich**: Jeremias Botschaft für das Nordreich, zu N.Lohfinks Überlegungen zum Grundbestand von Jeremia xxx-xxxi, VT 35 (1985), S.312-329 (= Botschaft).

**Schüngel-Straumann, Helen**: Gott als Mutter in Hosea 11, ThQ 166 (1986), S.119-134 (= Mutter).

**Schwally, Friedrich**: Die Reden des Buches Jeremia gegen die Heiden. XXV.XLVI-LI, ZAW 8 (1888), S.177-217 (= Heiden).

**Schwarz, O.**: Jer. 17,13 als möglicher alttestamentlicher Hintergrund zu Jo.8,6.8, in: Von Kanaan bis Kerala, FS J.P.M. van der Ploeg (AOAT 211), 1982, S.239-256 (= Jer. 17,13)

**Schwertner, Siegfried**: עמל ʿāmāl Mühsal, THAT 2 ([2]1979), Sp.332-335 (= עמל).

**Scott, Robert Balgarnie Young**: Priesthood, Prophecy, Wisdom and the Knowledge of God, JBL 80 (1961), S.1-15 (= Priesthood).

**Seeligmann, I.L.**: Zur Terminologie für das Gerichtsverfahren im Wortschatz des biblischen Hebräisch, in: Hebräische Wortforschung, FS Walter Baumgartner (VT.S 16), 1967, S.251-278 (= Terminologie).

**Seidel, Hans**: Das Erlebnis der Einsamkeit im Alten Testament (ThA 29), 1969 (= Einsamkeit).

Seidl, Theodor: Formen und Formeln in Jeremia 27-29. Literatur-wissenschaftliche Studie. T.2 (ATSAT 5), 1978 (= Formen).

Ders.: Tora für den »Aussatz«-Fall (ATSAT 18), 1982 (= Tora).

Ders.: Texte und Einheiten in Jeremia 27-29. Literaturwissenschaft-liche Studie. T.1 (ATSAT 2), 1977 (= Texte).

Seierstad, Ivar P.: Die Offenbarungserlebnisse der Propheten Amos, Jesaja und Jeremia. Eine Untersuchung der Erlebnisvorgänge unter besonderer Berücksichtigung ihrer religiös-sittlichen Art und Auswirkung (SNVAO.HF 1946,2), [2]1965 (1946) (= Offenba-rungserlebnisse).

Seitz, Christopher: The Prophet Moses and the Canonical Shape of Jeremiah, ZAW 101 (1989), S.3-27 (= Moses).

Sekine, Masao: Kommentar zum Jeremiabuch. Bd.1/2: Kap. 1-20/21-52 (Masao-Sekine-Werke 14/15), Tokyo [2]1983 (1981)/[2]1983 (1982) (Japa-nisch) (= Jer 1/2).

Selms, Adrianus van: The Year of Jeremiah's Birth, OTWSA 13/14 (1970/71, hg. 1975), S.74-86 (= Birth).

Ders.: Telescoped Discussion as a Literary Device in Jeremiah, VT 26 (1976), S.99-112 (= Discussion).

Ders.: Jeremia. Deel I/II/III en Klaagliederen (De Prediking van het Oude Testament), Callenbach Nijkerk [2]1980 (1972)/[2]1984 (1974)/1974 (= Jer I/II/III).

Ders.: Marriage and Family Life in Ugaritic Literature (POS 1), 1954 (= Marriage).

Seters, John van: The Problem of Childlessness in Near Eastern Law and the Patriarchs of Israel, JBL 87 (1968), S.401-408 (= Child-lessness).

Ders.: Joshua 24 and the Problem of Tradition in the Old Testa-ment, in: W.B.Barrick/J.R.Spencer (Hg.), in the Shelter of Elyon. Essays on Ancient Palestine Life and Literature in Honor of Gösta W. Ahlström (JSOTS 31), 1984, S.139-158 (= Jos 24).

Seybold, Klaus: Das Gebet des Kranken im Alten Testament. Un-tersuchungen zur Bestimmung und Zuordnung der Krankheits- und Heilungspsalmen (BWANT 99), 1973 (= Gebet).

Ders.: Gericht Gottes I. Altes Testament, TRE 12 (1984), S.460-466 (= Gericht).

Ders.: Der "Löwe" von Jeremia xii 8. Bemerkungen zu einem pro-phetischen Gedicht, VT 36 (1986), S.93-104 (= Löwe).

Ders.: Die Psalmen. Eine Einführung (UB 382), 1986 (= Ps).

Ders.: Der Schutzpanzer des Propheten: Restaurationsarbeiten an Jer 15,11-12, BZ 32 (1988), S.265-273 (= Schutzpanzer).

Simon, Matthias: Jeremia ausgewählt und übersetzt (Eine alttesta-mentliche Schriftenreihe), München 1925 (= Jer).

Simon, Ulrich E.: Martin Buber and the Interpretation of the Pro-phets, in: FS Ackroyd 1982, S.250-261 (= Buber).

Skinner, John: Prophecy and Religion. Studies in the Life of Jere-miah, Cambridge [2]1926 (Nachdr. von [1]1922: 1951) (= Prophecy).

Smend, Rudolf: Die Entstehung des Alten Testaments (ThW 1), [2]1981 (= Entstehung).

Ders.: Über das Ich der Psalmen, ZAW 8 (1888), S.49-147 (= das Ich).

Smith, G.V.: The Use of Quotations in Jeremiah xv 11-14, VT 29 (1979), S.229-231 (= Quotations).

Smith, Morton: Jewish Religious Life in the Persian Period, in: Judaism 1984, S.219-278, 437-439 (= Religious Life).

Soderlund, Sven: The Greek Text of Jeremiah. A Revised Hypothesis (JSOTS 47), 1986 (= Text).

Soggin, Jeremias xii 10a: Eine Parallelstelle zu Deut. xxxii 8/LXX? VT 8 (1958), S.304f. (= Jer xii 10a).

Ders.: רעה r'h weiden, THAT 2 (²1979), Sp.791-794 (= רעה).

Ders.: מלך moéloek König, THAT 1 (³1978), Sp.884-891 (= מלך).

Sollamo, Raija: Den bibliska formeln "Inför Herren/Inför Gud", SEA 50 (1985), S.21-32 (= Inför Herren/Inför Gud).

Stähli, Hans-Peter: פלל pll hitp. beten, THAT 2 (²1979), Sp.427-431 (= פלל).

Stamm, Johann Jacob: Die Bekenntnisse des Jeremia, KBRS 111 (1955), S.354-357, 370-375 (= Bekenntniss).

Ders.: Das Leiden des Unschuldigen in Babylon und Israel (AThANT 10), 1946 (= Leiden).

Ders.: סלח slh vergeben, THAT 2 (²1979), Sp.150-160 (= סלח).

Steck, Odil Hannes: Israel und das gewaltsame Geschick der Propheten (WMANT 23), 1967 (= Geschick).

Steinmann, Jean: Le Prophète Jérémie. Sa Vie, son Œuvre et son Temps (LeDiv 9), 1952 (= Jér).

Stendebach, Franz Josef: Vater und Mutter. Aspekte der Gottesvorstellung im alten Israel und ihre anthropologische wie soziologische Relevanz, in: Dynamik 1983, S.147-162 (= Vater).

Stemberger, Günter: Die Bedeutung des "Landes Israel" in der rabbinischen Tradition, Kairos 25 (1983), S.176-199 (= Bedeutung).

Sternberger, Jean-Pierre: Un Oracle Royale à la Source d'un Ajout Rédactionel aux "Confessions" de Jérémie: Hypothèses se rapportant aux "Confessions" de Jérémie xii et xv, VT 36 (1986), S.462-473.

Stock, Konrad: Predigt über Jer 12,1-5, in: Zeit 1980, S.19-23 (= Jer 12,1-5).

Stoebe, Hans-Joachim: Jeremia, Prophet und Seelsorger, ThZ 20 (1964), S.385-409 (= Jer).

Ders.: Jeremia 15,10-21, Bethel 11 (1973), S.13-22 (= Jer 15,10-21).

Ders.: Seelsorge und Mitleiden bei Jeremia. Ein exegetischer Versuch, WuD NS 4 (1955), S.115-134 (= Seelsorge).

Ders.: רחם rhm pi. sich erbarmen, THAT 2 (²1979), Sp.761-767 (= רחם).

Ders.: רפא rp' heilen, ebd., Sp.803-809 (= רפא).

Stolz, Fritz: Psalmen im nachkultischen Raum [ThSt(B) 129], 1983 (= Psalmen).

Ders.: Psalm 22: Alttestamentliches Reden vom Menschen und neutestamentliches Reden von Jesus, ZThK 77 (1980), S.129-148 (= Ps 22).

Ders.: אש 'ēš Feuer, THAT 1 (³1978), Sp.242-246 (= אש).

Ders.: בוש bōš zuschanden werden, ebd., Sp.269-272 (= בוש).

Ders.: ישע jš' hi. helfen, ebd., Sp.785-790 (= ישע).

Strack, Hermann L./Billerbeck, Paul: Kommentar zum Neuen Testament aus Talmud und Midrasch. Bd.2: Das Evangelium nach Markus, Lukas und Johannes und die Apostelgeschichte, [7]1978 (1924) (= Kommentar 2).

Strobel, Albert: Jeremias, Priester ohne Gottesdienst? Zu Jer 7,21-23, BZ NF 1 (1957), S.214-224 (= Jer).

Strus, Andrea: Geremia, Profeta die Preghiera e di Intercessione, Sal. 43 (1981), S.531-550 (= Geremia).

Stuhlmueller, Carroll: The Theology of Vocation according to Jeremiah the Prophet, BiTod 58 (1972), S.609-615 (= Vocation).

Stulman, Louis: Some Theological and Lexical Differences between the Old Greek and the MT of the Jeremiah Prose Discourses, Hebrew Studies 25, 1984, S.18-23 (= Difference).

Ders.: The Prose Sermons of the Book of Jeremiah. A Redescription of the Correspondences with Deuteronomistic Literature in the Light of Recent Textcritical Research, *Diss. Drew Univ. 1981/82 (UMI 1982), jetzt erschienen als SBLDS 83, 1987 (= Sermons).

Swidler, Leonhard: Biblical Affirmations of Woman, Philadelphia 1979 (= Woman).

Sye, In-Syek Paul: Gebot und Gesetz als Recht der Armen (Das Bundesbuch), in: Jürgen Moltmann (Hg.), Minjung. Theologie des Volkes Gottes in Südkorea, Neukirchen-Vluyn 1984, S.81-107 (Koreanisch 1979) (= Armen).

Ders.: The Confessions of Jeremiah, in: ders., Old Testament Studies Today, Seoul 1983, S.181-208 (Koreanisch, erstmals 1975) (= Confessions).

Talmon, Shemaryahu: The Textual Study of the Bible - A New Outlook, in: Qumran 1975, S.321-400 (= Study).

Terrien, Samuel: The Elusive Presence. Toward a New Biblical Theology (Religious Perspectives 26), New York 1978 (= Presence).

Thiel, Winfried: Die Rede vom "Bund" in den Prophetenbüchern, ThV 9 (1977), S.11-36 (= Bund).

Ders.: Hefer b[e]rit. Zum Bundbrechen im AT, VT 20 (1970), S.214-229 (= Bundbrechen).

Ders.: Erwägungen zum Alter des Heiligkeitsgesetzes, ZAW 81 (1969), S.40-73 (= Erwägungen).

Ders.: Die deuteronomistische Redaktion von Jeremia 1-25/26-45 (WMANT 41/52), 1973/81 (= Jer 1-25/26-45).

Ders.: Ein Vierteljahrhundert Jeremia-Forschung, VT 31,1 (1986), S.32-52 (= Jeremia-Forschung).

Ders.: Der Prophet Jeremia und das Jeremiabuch: Probleme und Tendenzen, ZdZ 39 (1985), S.190-195 (= Prophet).

Thompson, John Arthur: The Book of Jeremiah (The New International Commentary on the Old Testament), Grand Rapids 1980.

Tov, Emanuel: Some Aspects of the Textual and Literary History of the Book of Jeremiah, in: Jérémie 1981, S.145-167 (= Aspects).

Ders.: The Contribution of Textual Criticism to the Literary Criticism and Exegesis of Jeremiah - The Hebrew Vorlage of the LXX of Chapter 27, Shnaton 1 (1975), S.165-182 (Ivrith) (= Contribution).

Ders.: Criteria for Evaluating Textual Readings: The Limitations of Textual Rules, HThR 75 (1982), S.429-448 (= Criteria).

Ders.: The Literary History of the Book of Jeremiah in the Light of its Textual History, in: Jeffrey H. TIGAY (Hg.), Empirical Models for Biblical Criticism, Philadelphia 1985, S.211-237 (= History).

Ders.: L'Incidence de la Critique Textuelle sur la Critique Litéraire dans le Livre de Jérémie, RB 79 (1972), S.189-199 (= L'Incidence).

Ders.: Exegetical Notes on the Hebrew Vorlage of the LXX of Jeremiah 27 (34), ZAW 91 (1979), S.72-93 (= Notes).

Ders.: The Textcritical Use of the Septuagint in Biblical Research (Jerusalem Biblical Studies 3), Jerusalem 1981 (= Septuagint).

Ders.: The Septuagint Translation of Jeremiah and Baruch. A Discussion of an Early Revision of the LXX of Jeremiah 29-52 and Baruch 1:1-3:8 (HSM 8), 1976 (= Translation).

Towner, W. Sibley: "Blessed be YHWH" and "Blessed art Thou, YHWH": The Modulation of a Biblical Formula, CBQ 30 (1968), S.386-399 (= Blessed be YHWH).

Trible, Phyllis: The Gift of a Poem. A Rhetorical Study of Jeremiah 31:15-22, ANQ 17 (1977), S.271-280 (= Gift).

Dies.: God, Nature of, in the Old Testament, IDBS, 1976, S.368f (= God).

Dies.: God and the Rhetoric of Sexuality (OBT 2), [2]1980 (1978) (= Sexuality).

Tucker, Gene M.: Introduction, in: Personality 1980, S.7-13 (= Introduction).

Ders.: Prophetic Speech, Interp. 32 (1978), S.31-45 (= Speech).

Unterman, Jeremiah: From Repentance to Redemption. Jeremiah's Thought in Transition (JSOTS 54), 1987 (= Repentance).

Veijola, Timo: Das Klagegebet in Literatur und Leben der Exilsgeneration am Beispiel einiger Prosatexte, VT.S 36 (1985), S.286-307 (= Klagegebet).

Vermeylen, Jacques: Essai de Redaktionsgeschichte des "Confessions de Jérémie", in: Jérémie 1981, S.239-270 (= Confessions).

Vetter, Dieter: Jahwes Mit-Sein - ein Ausdruck des Segens (AzTh 1/45), 1971 (= Mit-Sein).

Vieweger, Dieter: Die Spezifik der Berufungsberichte Jeremias und Ezechiels im Umfeld ähnlicher Einheiten des Alten Testaments (BEATAJ 6), 1986 (= Berufungsberichte).

Vinton, Patricia: Radical Aloneness: Job and Jeremiah, BiTod 99 (Dez. 1978), S.1843-1849 (= Aloneness).

Vischer, Wilhelm: Das Christuszeugnis des Propheten Jeremia, Bethel 30 (1985), S.5-61 (= Christuszeugnis).

Ders.: The Vocation of the Prophet to the Nations. An Exegesis of Jeremiah 1:4-10, Interp. 9 (1955), S.310-317 (= Vocation).

Vogels, Walter: Démission ou Fidélité du Prophète: Moïse, Élie, Jérémie, RCIAfr 25 (1970), S.196-214 (= Démission).

Ders.: La Priére dans la Vie des Prophètes, RCIAfr 27 (1972), S.225-248 (= Priére).

Ders.: La Souffrance dans la Vie des Prophètes, RCIAfr 26 (1971), S.224-262 (= Souffrance).

Vollmer, Jochen: עשה 'śh machen, tun, THAT 2 ([2]1979), Sp.359-370 (= עשה).

Volz, Paul: Der Prophet Jeremia (KAT 10), [2]1928 (1922) (= Jer).

Ders.: Prophetengestalten des Alten Testaments. Sendung und Botschaft der alttestamentlichen Gotteszeugen, Stuttgart 1949 (Neu-
ausgabe von 1938) (= Prophetengestalten).

Vorländer, Hermann: Mein Gott: Die Vorstellung vom persönlichen Gott im Alten Orient und im Alten Testament (AOAT 23),
1975 (= Mein Gott).

Vriezen, Theodor C.: Einige Notizen zur Übersetzung des Binde-
wortes kī, in: Von Ugarit nach Qumran, FS Otto Eißfeld (BZAW
77), 1958, S.266-273 (= kī).

Waardenburg, Jacques: "Leben verlieren" oder "Leben gewinnen" als
Alternative in prophetischen Religionen, in: Gunther Stephenson
(Hg.), Leben und Tod in den Religionen, Symbol und Wirklich-
keit, Darmstadt 1980, S.36-60 (= Leben).

Wächter, Ludwig: Erfüllung des Lebens nach dem Alten Testament, ZdZ 22 (1968), S.284-292 (= Erfüllung).

Ders.: Überlegungen zur Umnennung von Pašḥūr in māgôr missābîb
in Jeremia 20,3, ZAW 74 (962), S.57-61 (= magôr missabib).

Ders.: Tod im Alten Testament, ZdZ 40 (1986), S.35-42 (= Tod).

Wambacq, Benjamin N.: Jeremias/Klaagliederen/Baruch/Brief van
Jeremias (BAT 10), 1957 (= Jer).

Wang, Cheng-Chang Martin: The Covenant and the Prophecy of
Salvation in the Book of Jeremiah, Caps. 30-35, Diss. Manchester
1970 (= Covenant).

Ders.: A Theology of Frustration - An Interpretation of Jeremiah's
Confessions, SEAJT 15,2 (1974), S.36-42 (= Frustration).

Ders.: Jeremiah's Message of Hope in Prophetic Symbolic Action -
The "Deed of Purchase" in Jer 32, SEAJT 14,2 (1972/73), S.13-20
(= Hope).

Ders.: Jeremiah and the Covenant Traditions, SEAJT 14,1 (1972),
S.3-13 (= Traditions).

Wanke, Gunther: Prophecy and Psalms in the Persian Period, in:
Judaism 1984, S.162-188, 427-430 (= Prophecy and Psalms).

Ders.: אוֹי und הוֹי, ZAW 78 (1966), S.215-218 (= אוֹי und הוֹי).

Ders.: נחלה naḥᵃlā Besitzanteil, THAT 2 (²1979), Sp.55-59 (= נחלה).

Weinberg, Joel P.: Die soziale Gruppe im Weltbild des Chronisten,
ZAW 98 (1986), S.72-95 (= Gruppe).

Weippert, Helga: Amos. Seine Bilder und ihr Milieu, in: dies./
Klaus Seybold/Manfred Weippert, Beiträge zur prophetischen
Bildsprache in Israel und assyrien (OBO 64), 1985, S.1-29 (= Amos).

Dies.: Der Beitrag außerbiblischer Prophetentexte zum Verständnis
der Prosareden des Jeremiabuches, in: Jérémie 1981, S.83-104
(= Beitrag).

Dies.: Das Wort vom Neuen Bund in Jeremia xxxi 31-34, VT 29
(1979), S.336-351 (= Bund).

Dies.: Jahwekrieg und Bundesfluch in Jer 21,1-7, ZAW 82 (1970),
S-396-409 (= Jahwekrieg).

Dies.: Die Prosareden des Jeremiabuches (BZAW 132), 1973 (= Prosareden).

Dies.: Schöpfer des Himmels und der Erde. Ein Beitrag zur Theologie des Jeremiabuches (SBS 102), 1981 (= Schöpfer).

Weiser, Artur: Das Buch Jeremia. Kapitel 1-25,14/25,15-52,34 (ATD 20/21), [6]1976 (1952)/[6]1977 (1955) (= Jer).

Weisman, Ze'ev: The Nature and background of bāḥūr in the Old Testament, VT 31 (1981), S.441-450 (= bahur).

Welch, Adam Cleghorn: Jeremiah. His Time and His Work, London 1928 (Oxfort [3]1955) (= Jer).

Wells, Roy D., Jr.: Indications of Late Reinterpretation of the Jeremianic Tradition from the LXX of Jer 21,1-23,8, ZAW 96 (1984), S.405-420 (= Indications).

Welten, Peter: Bestattung II. Altes Testament, TRE 5 (1980), S.734-738 (= Bestattung).

Ders.: Kulthöhe und Jahwetempel, ZDPV 88 (1972), S.19-37 (= Jahwetempel).

Ders.: Kulthöhe, [2]BRL (1977), S.194f (= Kulthöhe).

Ders.: Leiden und Leidenserfahrung im Buch Jeremia, ZThK 74 (1977), S.123-150 (= Leiden).

Westermann, Claus: Boten des Zorns. Der Begriff des Zornes Gottes in der Prophetie, in: *FS Wolff 1981 S.147-156, jetzt in: ders., Erträge der Forschung am Alten Testament (ThB 73), 1984, S.96-106 (= Boten).

Ders.: Genesis 1./2. Teilbd. Genesis Kapitel 1-11/12-36 (BK 1/1 u. 2), [3]1983 (1974)/1981 (= Gen).

Ders.: Grundformen prophetischer Rede (BEvTh 31), [5]1978 (1960) (= Grundformen).

Ders.: Zur Erforschung und zum Verständnis der prophetischen Heilsworte, ZAW 98 (1986), S.1-13 (= Heilsworte).

Ders.: Jeremia, Stuttgart 1967 (= Jer).

Ders.: Das Buch Jesaja. Kapitel 40-66 (ATD 19), [4]1981 (1966) (= Jes).

Ders.: Struktur und Geschichte der Klage im Alten Testament, ZAW 66 (1954), S.44-80, jetzt in: ders., Forschung am Alten Testament. GS I (ThB 24), 1964, S.266-305 und in: *Lob und Klage, 1977, S.125-164 (= Klage).

Ders.: Das Loben Gottes in den Psalmen, Berlin 1953, jetzt in: *ebd., S.11-124 (= Loben).

Ders.: Zu den Predigten, in: Verkündigung 1958, S.70-76, 128-134, 179-184 (= Predigten).

Ders.: Prophetische Heilsworte im Alten testament (FRLANT 145), 1987 (= Prophetische Heilsworte).

Ders.: Ausgewählte Psalmen übersetzt und erklärt, Göttingen 1984 (= Ps).

Ders.: Rache, BHH 3 (1966), Sp.1546 (= Rache).

Ders.: The Role of the Lament in the Theology of the OT, Interp. 28 (1974), S.20-38 (= Role).

Ders.: Theologie des Alten Testaments in Grundzügen (ATD Erg.R. 6), 1978 (= Theologie).

Ders.: כבד kbd schwer sein, THAT 1 ([3]1978), Sp.794-812 (= כבד).

Ders.: נפש noéfoeš Seele, THAT 2 ([2]1979), Sp.71-96 (= נפש).

Ders.: קוה qwh pi. hoffen, ebd., Sp.619-629 (= קוה).

Wharton, James A.: Hosea 4:1-3, Interp. 32 (1978), S.78-83 (= Hos 4:1-3).

Whybray, Roger N.: Prophecy and Wisdom, in: FS Ackroyd 1982, S.181-199 (= Wisdom).

Wiesel, Eli: Von Gott gepackt. Prophetische Gestalten, Freiburg/ Basel/Wien [4]1989 (1983; Engl. 1981) (= Von Gott gepackt).

Wilckens, Ulrich: Der Brief an die Römer 3.Teilbd.: Röm 12-16 (EKK 6/3), 1982 (= Röm 3)

Wildberger, Hans: Jesaja 1./2./3.Teilbd. Jesaja 1-12/13-27/28-39 (BK 10/1, 2 u. 3), [2]1980 (1972)/1978/1982 (= Jes).

Ders.: Israel und sein Land, EvTh 16 (1956), S.404-429 (= Land).

Ders.: מאס m's verwerfen, THAT 1 ([3]1978), Sp.879-892 (= מאס).

Ders.: נעץ n's verachten, THAT 2 ([2]1979), Sp.3-6 (= נעץ).

Willis, John T.: Dialogue between Prophet and Audience as a Rhetorical Device in the Book of Jeremiah, JSOT 33 (1985), S.63-82 (= Dialogue).

Wilson, Andrew: The Nations in Deutero-Isaiah. A Study on Composition and Structure (Ancient Near Eastern Text and Studies 1), Lewiston/Queenston 1986 (= Nations).

Wimmer, Donald H.: The Confessions of Jeremiah, BiTod 19 (1981), S.93-99 (= Confessions).

Ders.: Prophetic Experience in the Confessions of Jeremiah, Diss. Notre Dame 1973 (UMI 1978) (= Experience).

Ders.: The Sociology of Knowledge and "the Confessions of Jeremiah", in: Seminar Papers of the Society of Biblical Literature 114,1, Missoula/Mont. 1978, S.393-406 (= Sociology).

Winter, Urs: Frau und Göttin. Exegetische und ikonographische Studien zum Weiblichen Gottesbild im Alten Israel und in dessen Umwelt (OBO 53), 1983 (= Frau).

Wirklander, B.: זעם zāʿam, זעם zaʿam, ThWAT 2 (1977), Sp.621-626 (= זעם).

Wolff, Christian: Jeremia im Frühjudentum und Urchristentum (TU 118), 1976 (Überarb. Fassung der Diss. Greifswald 1971) (= Jeremia).

Wolff, Hans Walter: Anthropologie des Alten Testaments, München 1973 (= Anthropologie).

Ders.: Der Aufruf zur Volksklage, *ZAW 76 (1964), S.49-56, jetzt in: Anhang zu GS (ThB 22), [2]1973, S.392-401 (= Aufruf).

Ders.: Problems between the Generations in the Old Testament, in: FS Hyatt 1974, S.77-95 (= Generations).

Ders.: Dodekapropheton 1. Hosea (BK 14/1), [3]1976 (1961); 2. Joel/ Amos (BK 14/2), [2]1975 (1969); Obadja/Jona (BK 14/3), 1977; 4. Micha (BK 14/4), 1982.

Ders.: Prophecy from the Eighth through the Fifth Century, Interp. 32 (1978), S.17-20 (= Prophecy).

Ders.: Das unwiderstehliche Wort. Amos und das verschuldete Ende, in: ders., Prophetische Alternativen. Entdeckungen des Neuen im Alten Testament, München 1982, S.9-23 (= Wort).

Ders.: Das Zitat im Prophetenbuch. Eine Studie zur prophetischen Verkündigungsweise (BEvTh 4), 1937, jetzt in: *GS (ThB 22), 1964, S.36-121 (= Zitat).

Wonneberger, Reinhard: Leitfaden zur Biblica Hebraica Stuttgartensia, Göttingen 1984 (= Leitfaden).

Woude, Adam Simon van der: יד jād Hand THAT 1 ([3]1978), Sp.667-674 (= יד).

Ders.: םש šēm Name, THAT 2 (²1979), Sp.935–963 (= םש).

Woudstra, Martin H.: A Prophet to the Nations. Reflections on Jeremiah's Call to the Prophetic Office, VR 18 (1972), S.1–13 (= Prophet).

Würthwein, Ernst: Der Text des Alten Testaments, Stuttgart ⁴1973 (1952) (= Text).

Wurz, Heinrich: Die Möglichkeit der Umkehr nach Jer 3,1, in: Erbe als Auftrag, FS Joseph Pritz (WBTh 40), 1973, S.259–273 (= Umkehr).

Yadin, Yigael: The High Place Destroyed by King Josiah, BASOR 222 (1976), S.5–18 (= High Place).

Ziener, Georg: Femina circumdabit virum, Jer 31,22, BZ NF 1 (1957), S.282f (= Femina).

Zimmerli, Walther: Visionary Experience in Jeremiah, in: FS Ackroyd 1982, S.95–118 (= Experience).

Ders.: Ezechiel 1./2. Teilbd. Ezechiel 1–24/25–48 (BK 13/1 u. 2), ²1979 (1969) (= Ez).

Ders.: Frucht der Anfechtung des Propheten, in: *FS Wolff 1981, S.131–146 = The Fruit of Tribulation of the Prophet, in: Nations 1984, S.349–365 (= Frucht).

Ders.: Das "Land" bei den vorexilischen und frühexilischen Schriftpropheten, in: G.Strecker (Hg.), Das Land Israel in biblischer Zeit, Jerusalem-Symposium 1981, Göttingen 1983, S.33–45 (= Land).

Ders.: Jeremia, der leidtragende Verkünder, IKaZ 4 (1975), S.97–111 (= Verkünder).

Zweig, Stefan: Jeremias. Eine dramatische Dichtung in neuen Bildern, Leipzig 1917 (Engl. 1922) (= Jeremias).

# Autorenregister in Auswahl

# Bibelstellenregister in Auswahl

# Walter de Gruyter
# Berlin · New York

## PATRISTISCHE TEXTE UND STUDIEN
Groß-Oktav. Ganzleinen. ISSN 0553-4003

## Psalmenkommentare aus der Katenenüberlieferung

*3 Bände · Herausgegeben von Ekkehard Mühlenberg*

Band I: XXXIII, 375 Seiten. 1975. DM 155,–
ISBN 3 11 004182 0 (Band 15)

Band II: XXXIII, 398 Seiten. 1977. DM 155,–
ISBN 3 11 005717 4 (Band 16)

Band III: Untersuchungen zu den Psalmenkatenen
X, 293 Seiten. 1978. DM 108,–
ISBN 3 11 006959 8 (Band 19)

## Der Hiobkommentar des Arianers Julian

*Erstmals herausgegeben von Dieter Hagedorn*

XC, 409 Seiten. 1973. DM 120,–
ISBN 3 11 004244 4 (Band 14)

## Olympiodor, Diakon von Alexandria – Kommentar zu Hiob

*Herausgegeben von Ursula und Dieter Hagedorn*

XC, 523 Seiten. 1984. DM 148,–
ISBN 3 11 009840 7 (Band 24)

## Johannes Chrysostomos– Kommentar zu Hiob

*Herausgegeben und übersetzt von Ursula und Dieter Hagedorn*

XLIII, jeweils 200 Seiten Griechisch mit synoptischer Anordnung der
deutschen Übersetzung, Seiten 201–323 Literaturverzeichnis und
Register. 1990. DM 284,–ISBN 3 11 012540 4 (Band 35)

Preisänderungen vorbehalten